LES PREMIERS ENTRETIENS DE GURDJIEFF 1914-1931

LES PREMIERS ENTRETIENS DE GURDJIEFF 1914–1931

À Moscou, Saint-Pétersbourg, Essentuki, Tiflis, Constantinople, Berlin, Paris, Londres, Fontainebleau, New York et Chicago

Nous remercions Solita Solano, la Bibliothèque du Congrès; P.D. Ouspensky,
Maurice Nicoll, Jean Toomer, Muriel Draper; Rare Book et la Bibliothèque de
manuscrits Beinecke, l'Université de Yale. Remerciements particuliers à Matthias
Buck-Gramcko, pour avoir redessiner les illustrations; à Gert-Jan Blom pour le
partage de ses photos; et à Joseph Azize, Anthony Blake, Frank Brück et Harrison
Koehli, pour nous avoir aidé à dénicher les trésors cachés de Gurdjieff.

Couverture: (Première) Gurdjieff observant les mouvements dans le studio Dalcroze
de Jessmin Howarth, Paris, 1922. (Quatrième) Mme Ouspensky, Catherine et Maurice
Nicoll. Thomas de Hartmann au piano et Alexandre de Salzmann debout derrière.
(Photo des archives de GJ Blom, Amsterdam.)

Traduit de l'anglais au français par Stefan B. Ulmu

Données de catalogage avant publication de la British Library.
Une notice de catalogue pour cet ouvrage est disponible à la British Library
.

TABLE DES MATIÈRES

EN GUISE DE REMERCIEMENT : UN COURT ESSAI SUR LA GRATITUDE   XV
Par Joseph Azize

REFLETS DE LA VÉRITÉ. 1914   1
« Presque tous ceux qui prennent part aux discussions . . . »

CONFÉRENCE (PRÉ-INSTITUT)   39
« Ainsi est l'homme ordinaire. Il peut vivre toute sa vie comme . . . »

STUPÉFIANTS ET HORMONES   45
« Les stupéfiants qui créent des états extatiques tels que . . . »

CONFÉRENCE SUR LE SYMBOLISME, L'ENNÉAGRAMME   52
« Dans chaque homme il a été implanté . . . »

ESSENTUKI, VERS 1918   80
« Tout dans le monde est matière . . . »

ESSENTUKI, VERS 1918   84
« Plusieurs fois, en parlant sur différents sujets . . . »

CONFÉRENCE LIRE À ESSENTUKI, VERS 1918   102
« J'ai déjà dit qu'il y a des gens qui sont . . . »

PEURS, IDENTIFICATION (FRAGMENT). ESSENTUKI   106
« . . . pensées renouvelables, qui reviennent encore et encore . . . »

LE SENTIMENT CONSCIENT DE SON SOI RÉEL   108
« L'Institut ouvre de nouveaux horizons pour un homme . . . »

SUR L'HYPNOTISME. TBILISSI   110
« En Europe, on parle beaucoup d'hypnotisme et il est . . . »

MERCREDI, LE 5 JANVIER 1921   113
« Trois types d'aliments. Pain, etc., de l'air et . . . »

TABLE DES MATIÈRES

PREMIÈRE RÉUNION. NOVEMBRE 1921   119
« Une pensée observe une autre ... »

CHIEN ET ÉMOTIVITÉ. JEUDI, LE 10 NOVEMBRE 1921   121
« Chien. L'animal n'apprend rien. Il participe, pose ... »

PREMIÈRE CONVERSATION À BERLIN   122
« Vous demandez quel est le but des mouvements ... »

DEUXIÈME RÉUNION À BERLIN, DÉCEMBRE 1921   125
« Toutes nos connaissances actuelles proviennent de ... »

MARDI, LE 3 JANVIER 1922   126
« Rien ne peut être fait avec une seule activité des centres ... »

MERCREDI, LE 8 FÉVRIER 1922   127
« La considération, ne pas en tenir compte, par exemple ... »

LONDRES, 1922   129
« L'homme est un être multiple ... »

LONDRES, LUNDI, LE 13 FÉVRIER 1922   135
« Certains endroits dans le cerveau pour les familles ou les ... »

L'ÉTUDE DE LA PSYCHOLOGIE. L'HOMME, LA MACHINE   136
« Vous voulez étudier la psychologie, mais vous n'avez pas de ... »

LES JARDINS WARWICK, LONDRES, DIMANCHE LE 5 MARS 1922   143
« Les gens parlent d'union avec Dieu ... »

PERSONNALITÉ ET ESSENCE. LONDRES   147
« La personnalité dépend de l'environnement ... »

LOI DU SEPT. SAMEDI, LE 25 MARS 1922   148
« Tous les mouvements, politiques, religieux ... »

JEUDI, LE 30 MARS 1922   149
« Tout dans l'univers a une place sur une échelle ... »

TABLE DES MATIÈRES

LUNDI, LE 3 AVRIL 1922   150
« Tous les centres sont entourés par des tampons . . . »

JEUDI, LE 6 AVRIL 1922   151
« Par le rappel de soi, l'observation, etc., acquérir . . . »

LUNDI, LE 10 AVRIL 1922   152
« L'art sacré ancien produit des humeurs selon . . . »

LA LOI DE TROIS. JEUDI, LE 20 AVRIL 1922   153
« La vie est souvent la force de neutralisation . . . »

LUNDI, LE 22 MAI 1922   154
« L'essence est le germe d'un corps astral, un germe astral du . . . »

VENDREDI, LE 2 JUIN 1922   155
« Notre développement comme un papillon . . . »

SAMEDI, LE 3 JUIN 1922   156
« La loi de trois travaillant en nous . . . »

LUNDI, LE 12 JUIN 1922   157
« Nous ne pouvons faire rien de nouveau, toutes nos actions . . . »

LUNDI, LE 10 JUILLET 1922   158
« Pas de véritable hypnotisme à l'Ouest . . . »

LUNDI, LE 17 JUILLET 1922   161
« La différence entre l'essence et la personnalité . . . »

SAMEDI, LE 29 JUILLET 1922   163
« Il n'y a pas d'évolution des masses, seulement des individus . . . »

DICTÉES. VAUGIRARD, 1922   164
« Les débuts de l'Institut . . . »

LES RÈGLES FONDAMENTALES DE L'INSTITUT. VAUGIRARD, 1922   169
« Tous les membres de l'Institut . . . »

vii

TABLE DES MATIÈRES

L'EXERCICE DE L'ARRÊT. PARIS   171
« L'exercice de « l'arrêt » est obligatoire pour . . . »

L'EXERCICE D'ARRÊT   176
« Vous avez devant vous une de ces positions . . . »

CORPS, ESSENCE, PERSONNALITÉ. PARIS, AOÛT 1922   179
« Quand l'homme naît, trois machines distinctes sont . . . »

DÉVELOPPEMENT UNILATÉRAL. PARIS, AOÛT 1922   185
« Dans chacun de ceux qui sont présents ici, une de ses . . . »

QUESTIONS ET RÉPONSES. PRIEURÉ, OCTOBRE 1922   187
« Est-ce que le système éducatif de M. Gurdjieff a produit . . . »

FONTAINEBLEAU, NOVEMBRE 1922   191
« Tous les exercices qui peuvent être donnés à l'Institut . . . »

MERCREDI, LE 17 JANVIER 1923   211
« Chaque animal fonctionne selon sa constitution . . . »

PRIEURÉ, VENDREDI, LE 19 JANVIER 1923   215
« Un vingtième de toute notre énergie va à . . . »

FONTAINEBLEAU, VENDREDI, LE 19 JANVIER 1923   217
« Pour toutes mes questions . . . »

FONTAINEBLEAU, SAMEDI, LE 20 JANVIER 1923   223
« Maintenant je suis assis ici . . . »

RÉSUMÉ DES CONFÉRENCES. JANVIER 1923   231
« Nous ne pouvons pas nous souvenir de nous-mêmes, car . . . »

JEÛNER, RESPIRER. PRIEURÉ, SAMEDI, LE 27 JANVIER 1923   233
« Si quelqu'un dans le deuxième groupe . . . »

SEXE. PRIEURÉ, DIMANCHE, LE 28 JANVIER 1923   235
« La machine humaine et ses fonctions sont très limitées . . . »

TABLE DES MATIÈRES

L'APPAREIL FORMATEUR. PRIEURÉ, LE LUNDI 29 JANVIER 1923   238
« J'ai compris des conversations que . . . »

ÉNERGIE, SOMMEIL. PRIEURÉ, MARDI, LE 30 JANVIER 1923   245
« Vous avez déjà probablement entendu cela à des conférences . . . »

DEUX ESPRITS. PRIEURÉ, LE VENDREDI 9 FÉVRIER 1923   251
« Il est dit dans certains enseignements anciens que . . . »

MOUVEMENT. PRIEURÉ, VENDREDI, LE 9 FÉVRIER 1923   253
« Comme cela se passe de partout, c'est pareil dans le . . . »

LE SENS DE LA VIE. PRIEURÉ, VENDREDI, LE 9 FÉVRIER 1923   255
« Quel est le sens de la vie . . . »

RESPIRATION. PRIEURÉ, SAMEDI, LE 10 FÉVRIER 1923   259
« Essayez progressivement de comprendre le principe de la . . . »

LIBÉRATION, IDENTIFICATION. PRIEURÉ   261
« La libération conduit à la libération . . . »

LA SÉPARATION. MERCREDI, LE 28 FÉVRIER 1923   266
« Beaucoup de choses ont été dites à différents moments . . . »

SYMBOLOGIE. VENDREDI, LE 2 MARS 1923   273
« Certains symboles comme l'ennéagramme . . . »

L'ÉQUIPAGE. MARS 1923   275
« L'homme peut être comparé à un équipage . . . »

DIMANCHE DES RAMEAUX, LE 25 MARS 1923   278
« Apprenez par cœur les mots suivants . . . »

MARDI, LE 3 AVRIL 1923   281
« Le jeûne, la prière, la passion, la pacification, la confession . . . »

ASTUCES. PRIEURÉ, 1923   282
« Jusqu'à présent, notre attention s'est concentrée . . . »

TABLE DES MATIÈRES

PROLONGATION DE LA VIE, L'HORLOGE. PRIEURÉ   284
« Est-il possible de prolonger la vie . . . »

LE TROIS POUVOIRS, L'ÉCONOMIE. PRIEURÉ   287
« L'homme a trois sortes de pouvoirs . . . »

DEUX SORTES D'AMOUR. PRIEURÉ, JEUDI, LE 24 MAI 1923   291
« Il y a deux sortes d'amour . . . »

MARDI, LE 12 JUIN 1923   294
« Dieu et le microbe, le même système . . . »

ÉGOÏSME ET BUT. FONTAINEBLEAU, MARDI, LE 21 AOÛT 1923   295
« Pour une partie des gens ici . . .»

MOUVEMENTS, EXERCICES, DÉMONSTRATIONS. NEW YORK, 1924   304
« Le programme de cette soirée sera . . . »

LE LANGAGE PRÉCIS. NEW YORK, LUNDI, LE 11 FÉVRIER 1924   315
« Pour une étude précise, un langage précis est nécessaire . . . »

ANIMÉ ET INANIMÉ. MARDI, LE 12 FÉVRIER 1924   329
« Dans le monde, il y a seulement la matière et l'énergie . . . »

NEW YORK, MARDI, LE 12 FÉVRIER 1924   337
« Les hommes ont l'esprit et les femmes les sentiments . . . »

NEW YORK, MERCREDI, LE 13 FÉVRIER 1924   339
« Quelle est la méthode de l'Institut ? . . . »

LA MATIÈRE, L'ÉNERGIE, LA VIE. NEW YORK   342
« Il y a dans le monde une matière et une énergie . . . »

CENTRES ET ÂME. NEW-YORK, DIMANCHE, LE 17 FÉVRIER 1924   345
« Travailler sur soi-même n'est pas aussi difficile que vouloir . . .»

CHARIOT, CHEVAL, CONDUCTEUR. NEW YORK   349
« Le pensée peut être bien expliquée, si nous prenons l'analogie . . . »

TABLE DES MATIÈRES

NEW YORK, MERCREDI, LE 20 FÉVRIER 1924   352
« Il est impossible d'être impartial . . . »

NEW YORK, MERCREDI, LE 20 FÉVRIER 1924   354
« Partout et toujours il y a affirmation et négation . . . »

QUESTIONS ET RÉPONSES. NEW YORK   361
« Quelque chose a été dit sur le poids atomique des éléments . . . »

EXAMEN. NEW YORK, LE VENDREDI 22 FÉVRIER 1924   363
« Tout le monde a grand besoin d'un exercice particulier . . . »

BEAUTÉ, AMOUR, INFLUENCES. NEW-YORK   371
« Quel est le rapport entre la beauté et le système . . . »

DEUX RIVIÈRES. NEW YORK, MARDI, LE 26 FÉVRIER 1924   385
« Il serait utile de comparer la vie humaine en général . . . »

QUESTIONS ET RÉPONSES. NEW YORK   392
« Est-ce que le travail à l'Institut exige l'abandon . . . »

RELIGION, VOLONTÉ, ÉDUCATION. NEW YORK   402
« Au début de chaque religion, nous trouvons . . . »

NEW YORK, DIMANCHE, LE 2 MARS 1924   414
« Est-il nécessaire d'étudier la . . . »

L'AUTO-OBSERVATION. NEW YORK, JEUDI, LE 13 MARS 1924   416
« L'auto-observation est très difficile . . . »

L'ACTEUR. NEW YORK, DIMANCHE, LE 16 MARS 1924   417
« Est-ce que le métier d'acteur est utile. . . . »

PRISON. NEW YORK, LUNDI, LE 17 MARS 1924   420
« La cause principale de tous les malentendus . . . »

LE DÉPARTEMENT. NEW YORK, LUNDI, LE 17 MARS 1924   422
« L'organisme de l'homme est une entité indépendante . . . »

xi

LA RESPIRATION ARTIFICIELLE. CHICAGO 426
« Est-ce que l'expérience avec la respiration peut être utile . . . »

CHICAGO, 1924 429
« Le serpent à la base de la colonne vertébrale nous empêche . . . »

ESSENCE ET PERSONNALITÉ. AMÉRIQUE 431
« Afin de mieux comprendre . . . »

MARDI, LE 1ER JUILLET 1924 436
« Bien que portant un lourd rocher . . . »

AOÛT 1924 437
« Après son accident . . . »

LUNDI, LE 22 DÉCEMBRE 1924 441
« Toutes les nations sont comme les gens, comme les individus . . . »

L'EXTASE DE LA RÉVÉLATION 442
« Aujourd'hui, j'ai fini d'écrire ce premier livre . . . »

NEW YORK, MARDI, LE 9 DÉCEMBRE 1930 446
« Comment pouvons-nous attirer l'attention . . . »

NEW YORK, VENDREDI, LE 12 DÉCEMBRE 1930 449
« Que dois-je faire . . . »

NEW YORK, LUNDI, LE 29 DÉCEMBRE 1930 451
« Je me souviens souvent de mon but, mais . . . »

L'EXERCICE « DU COMPROMIS. » NEW YORK, 1930 453
« La totalité de l'attention de l'homme reçue de . . . »

NEW YORK, VENDREDI, LE 6 FÉVRIER 1931 457
« Il y a deux parties dans l'air, l'évolution et l'implication . . . »

EXERCICE, 1939 459
« Quinze minutes de détente . . . »

TABLE DES MATIÈRES

L'EXERCICE DES QUATRE IDÉAUX 462
« Sur la terre toutes les personnes ont un idéal... »

Fragments 466

Dictons 472

Aphorismes 476

Bibliographie 479

Index 480

EN GUISE DE REMERCIEMENT :
UN COURT ESSAI SUR LA GRATITUDE

Les idées et les méthodes de Gurdjieff offrent la possibilité d'un nouveau départ pour tous ceux qui n'ont jamais senti qu'il y avait un sens objectif à nos vies, et aussi pour ceux qui estiment que les voies, les religions, les écoles de pensée et de philosophies qu'ils ont connues sont nobles mais dépourvues d'un certain élément essentiel qui pourrait les rendre pratiques et efficaces. La vie d'un être humain conscient est si pleine de promesses. Le monde semble si plein d'activités et de réalisations que nous ne pouvons pas croire qu'il n'y ait pas de but à tout cela, que ces gens-là n'aient pas un secret que nous ne connaissons pas encore, qu'il n'y ait rien derrière les façades lumineuses.

Quand je visitais la vieille ville de Damas, je longeais des murs indifférents qui bordaient les rues étroites en pierre. De petits balcons, généralement vides, les surplombaient. Je remarquais les portes hermétiquement closes, apparemment toutes semblables, sachant qu'il devait y avoir quelqu'un et quelque chose derrière, mais incapable de deviner quoi. La plupart des portes ne cachaient rien d'autre que des résidences et des restaurants, et des personnes vivant une vie ordinaire ; mais comment pouvais-je être sûr que l'une d'entre elles ne s'ouvrait pas sur le miracle pour les quelques personnes qui en avaient la clé ? Parfois, une porte s'ouvrait et se refermait rapidement. Mais dans cette seconde je pouvais entrevoir une grande cour insoupçonnée, construite autour d'une fontaine, avec non seulement des plantes, mais de vrais arbres qui y poussaient, des oiseaux chantant sur leurs branches, et des gens qui se déplaçaient attentivement par les nombreux balcons et couloirs : un panorama de la vie utile. Ce n'était pas seulement le fruit de l'imagination, même si, bien sûr, une certaine faculté en nous peut faire des images psychiques à partir d'impressions subtiles. Il y avait quelque chose de rare dans cette ville antique, et on pouvait le sentir, en particulier à proximité et dans le cœur du Vieux Damas, dans la mosquée des Omeyyades, dans l'ancienne église Saint-Jean-Baptiste, où les traces accumulées du culte et de la vénération ont laissé un dépôt éthéré, investissant presque le site d'une âme.

Pour beaucoup d'entre nous, les idées et les méthodes de Gurdjieff sont tout simplement arrivées dans nos vies. À un certain moment, nous avons constaté que les routes scintillantes conduisaient seulement à un monde clos où nous n'étions pas si satisfaits qu'auto-satisfaits ; pas si accompli que complaisants ; pas si sages que bornés. Nous voyions des gens, et pouvions même nous sentir commencer à couper nos désirs en fonction de ce qui était facilement disponible, nous installant finalement dans une petite pièce basse de conforts et de divertissements. C'est ce que vivre dans une prison signifie, peu importe le degré de sophistication, d'amusement et de luxe de celle-ci. L'enseignement de Gurdjieff nous a offert un moyen d'en sortir, un système pratique d'idées et de méthodes qui, si diligemment appliquées, pourraient combler le fossé entre le rêve et la réalité.

Gurdjieff nous a offert une perspective étonnamment claire : nous nous oublions, et dans cet oubli, nous perdons le pouvoir de diriger nos vies conformément à la raison. Mais un homme peut se souvenir de lui-même, et peut donc commencer à développer volontairement son esprit, ses sentiments et ses impulsions organiques afin d'atteindre son but rationnel.

À la lumière de Gurdjieff, le mysticisme devient rationnel et même pratique. Le but divin n'est pas un mirage : c'est la seule poursuite saine dans ce monde. Mais nous l'abordons de manière complètement erronée : nous essayons de sauter dans le paradis tels que nous sommes. Nous avons besoin d'un objectif pratique qui comprenne l'affranchissement des émotions négatives, car nous sommes faits de telle sorte qu'avant de rendre ces émotions passives, nous ne pouvons pas devenir conscients. Dans le cas contraire, un homme conscient qui s'est adonné à la haine, la jalousie et la vengeance, pourrait causer de grands dommages. Seule une personne vertueuse peut devenir consciente. Le contenu de ce livre indique, beaucoup mieux que je ne le pourrais, ce que Gurdjieff a enseigné concernant le but, la fin et le sens, et comment les trouver et les réaliser consciemment.

Le chemin qui Gurdjieff a indiqué ne mène pas tout droit en dehors du monde, mais à travers celui-ci, en répondant aux demandes légitimes de la vie quotidienne. On ne peut transcender notre état que par l'accomplissement de deux vies à la fois, la terrestre et la céleste. Ce n'est pas une dérobade, ou une évasion de quelque nature que ce soit, sentimentale, utopique ou bienheureuse. Cette philosophie rend intelligible la force puissante et indéniablement hypnotique dans le monde, qui nous conduit à vivre nos vies pour le plaisir, et l'impulsion également indéniable, mais plus subtile, qui dit que le sens de la vie n'est pas dans quelque chose comme le plaisir, mais qu'il doit être pour la vie, la vie à une échelle supérieure.

C'est, peut-être, d'un point de vue philosophique, la grande découverte de Gurdjieff : la conscience, l'être et la vie ne sont pas des quantités fixes, stables. Ils ne sont pas infiniment plats et lisses comme l'espace et le temps euclidiens. Ils sont comme l'univers de la relativité : ils peuvent être concentrés, bouclés, raréfiés, organisés à différents niveaux et à travers un spectre.

Donc, la vie d'un être humain conscient est en effet pleine de promesses, plus que nous n'en avons jamais imaginé. Mais nous avons cru de manière subliminale que la conscience, l'être et la vie étaient quelque chose que nous avions déjà. Nous travaillons dans l'illusion qu'ils sont notre point de départ. Et ils le sont, mais nous ne les connaissons que de la manière faible, tels qu'ils passant à travers nous, pas comme étant les nôtres. Ils sont aussi le but, mais sous une forme plus pure, plus stabilisée en nous, immobilisant notre individualité. Et une fois que nous l'avons compris, un autre but, l'argent, la gloire ou le plaisir n'ont plus aucun sens.

Et maintenant, en 2014, l'héritage de Gurdjieff a atteint un point critique. La voie qu'il a ouverte, et que ceux qui la suivent appellent plus ou moins fidèlement « le Travail, » est arrivée à un intervalle ou un fossé. Je veux dire par là ce que Gurdjieff voulait dire : si le Travail est de développer dans le sens par lequel il a commencé, il doit traverser chaque intervalle avec l'aide de forces qui correspondent au courant par lequel le mouvement a commencé. Une impulsion qui n'est pas fidèle à la ligne propre de Gurdjieff le conduira dans la mauvaise direction.

La première étape de cette ligne de développement, la note do, représentait les efforts personnels de Gurdjieff : présenter ses idées et ses méthodes, l'enseignement, l'écriture, la composition, etc. Les deuxième et troisième étapes étaient, je dirais, le travail de ses élèves directs (la note ré), et ensuite la publication de ses écrits et musique (la note mi). Bien sûr, il y a un certain chevauchement à chaque étape : les processus vivants sont ainsi. Ce n'est que l'analyse qui distingue des étapes clairement séparées : une trompette ne sonne pas dans le ciel pour annoncer la fin de l'une et le commencement d'une autre.

Dans ce cas, l'intervalle entre mi et fa comporterait des risques ne serait-ce que parce que ceux qui ont appris de lui en personne sont presque tous morts. Mais l'intervalle est encore plus dangereux parce que de nombreux textes importants restent inédits. Très peu de ses élèves, que ce soit la deuxième génération ou les suivantes ont accès à tous ses entretiens, transcriptions et documents dans leur forme originale. Même la version anglaise de *Beelzebub*, dans laquelle Gurdjieff a manifestement placé beaucoup d'espoirs, a été effectivement décolorée par deux soi-disant retraductions, déplaçant ou au moins relativisant le texte qu'il a lui-même autorisé, de sorte que celui-ci n'est maintenant qu'un texte à être comparé et contrasté avec d'autres.

Ensuite, il y a l'éloignement, à l'échelle mondiale, dans les groupes Gurdjieff, de la méthode de Gurdjieff. Le style de Gurdjieff était d'engagement dans des conditions fluides. Contrairement à ses élèves, il n'a pas créé d'institutions au-delà du temporaire. Même avant l'accident de voiture, il avait dit à Nicoll que les conditions à Fontainebleau étaient temporaires. Gurdjieff se répétait rarement, et il a rendu ses élèves responsables de la transmission de ce qu'ils avaient appris. « Ce qui tombe du wagon est perdu. » Chaque élève a eu ce privilège et ce fardeau. On peut soutenir qu'un trop grand nombre d'entre eux n'ont pas transmis autant qu'ils l'auraient pu. Certaines choses ne peuvent être transmises que de personne à personne, d'autres peuvent être indiquées ou même transmises assez bien par écrit—et si elles ne sont pas transmises de cette façon, elles pourraient bien être perdues à jamais. Malgré les bonnes intentions de ceux qui les établissent, est-ce que la fondation des fondations a effectivement pu servir de substitut collectif aux efforts individuels requis ? Et bien que les associations soient nécessaires, peut-être pas les associations du type que nous avons vu.

Cela étant, que peut-on faire ? Gurdjieff n'a fondé aucune religion, secte ou dénomination, mais l'engagement envers ses idées et méthodes doit être nourri. Le contact personnel avec quelqu'un qui en sait plus que nous est nécessaire. Les groupes n'ont pas travaillé au-delà d'un certain point limité, et maintenant que ceux qui connaissaient Gurdjieff ont pratiquement tous disparu, leur valeur s'est encore diminué. Nous, ceux de la deuxième génération, ne sommes pas comme ceux d'autrefois.

Bien sûr, tous les groupes ne sont pas les mêmes, mais il est naturel que leur valeur diminue après une certaine période. Si les groupes sont, ou peuvent être bénéfiques, ils ne sont utiles que pour certains, et là encore, pas pour toujours. En outre, il y a une expérience d'une importance essentielle qu'un groupe ne peut jamais vous donner, et qui est l'expérience d'être par vous-même sans groupe, de voler en solo avec ce que vous avez rendu ou pas rendu vôtre.

Quelque chose d'autre est également nécessaire : de bons enregistrements de rencontres personnelles avec Gurdjieff, et des tentatives de développer ses idées à la lumière de l'expérience contemporaine. Celles-ci sont essentielles. Sans elles, il n'y a pas d'engagement possible de la part de ceux qui n'ont pas connu Gurdjieff. Souvent, ils ont conservé un aparté ou un mot de Gurdjieff qui, produit dans le tourbillon de la vie, est d'une grande aide pour nous dans notre état. Par exemple, dans *Martin Benson Parle*, il y a deux brèves réminiscences puissantes : « Vous savez, M. Gurdjieff dirait une chose curieuse : « Les anges sont purs et ils n'ont nulle part où aller. Nous, sur cette terre, sommes des anges déchus, mais nous avons un endroit pour lequel lutter, pour y arriver, objectivement et activement, ' « et, à un moment donné, quand Benson « souffrait énormément, » Gurdjieff lui dit : « Vous voyez cette peau ? C'est la vôtre et à personne de d'autre. C'est une partie de vous. »

Des anecdotes et des adages comme ceux-ci sont encore plus abondamment à trouver dans ce volume. Voilà pourquoi des livres comme celui-ci sont essentiels pour l'ensemble du Travail de Gurdjieff.

Si l'intervalle entre l'héritage direct de Gurdjieff (les notes do, ré et mi), doit être rempli pour permettre à la note fa (qui doit être l'héritage indirect de Gurdjieff) de sonner comme elle devrait, alors les trois premières notes devraient être pleinement sonnées.

C'est dire que, *la capacité du Travail de Gurdjieff à poursuivre dans la ligne directe initiée par Gurdjieff lui-même dépend de manière absolue et nécessaire de la transmission intégrale et complète de cet héritage.* Dans la mesure où cette transmission est défectueuse, la direction va dévier suivant les tangentes. Le Travail de Gurdjieff va perdre sa portée vivifiante.

Des difficultés croissantes se rencontrent dans le Travail, que ce soit au niveau des individus, des groupes ou en tant que mouvement. Ces difficultés sont licites, car maintenant—au jour d'aujourd'hui— *tous travaillent dans l'intervalle.* L'élan qu'il y avait autrefois est maintenant faible, et la nouvelle énergie qui est nécessaire n'est pas encore apparue. Dans le monde entier, le courant Gurdjieff et tous ceux qui se trouvent dans cette ligne sont *dans l'intervalle de son développement.*

La grande valeur des idées et des méthodes de Gurdjieff est encore manifeste. Mais la ligne de force qui venait de Gurdjieff lui-même et de ses élèves directs s'est dispersée et ne sera jamais directement récupérée. À l'intervalle, en effet, précisément à l'intervalle, de nouvelles forces sont nécessaires, et la sagesse est nécessaire, à moins qu'elle ne soit détournée dans une nouvelle direction et ne coure le risque de disparaître, ou pire encore, de continuer et de devenir son contraire.

Des mémoires et des collections d'entretiens, tels que ceux de ce volume intéressant, fournissent une partie de la force requise. Vont-ils en fournir suffisamment ? Par eux-mêmes, bien sûr que non. Les idées doivent être appliquées d'une manière équilibrée. Pourtant, je suis confiant que ce livre vous aidera. Je peux aller plus loin, et dire que j'ai un espoir objectif, un espoir fondé non pas sur ce que je voudrais penser qu'il s'est passé, mais sur mon expérience.

C'est seulement maintenant, que la durée du droit d'auteur pour ces œuvres est expirée, qu'elles peuvent être rassemblées et publiées dans leurs formes authentiques. Je ne veux pas attribuer de motifs peu généreux à qui que ce soit, mais les entretiens tels que publiés dans Vues du monde réel ne rendent pas justice au matériel. Le processus d'édition derrière ce livre a été, j'en suis sûr, subjectivement bien intentionné, mais il n'a été ni transparent, ni respectueux de l'intégrité des textes. Des matériaux disponibles ont été omis, et une certaine quantité d'épissage a été faite.

Parfois, polir signifie ternir. Et là, enfin, il y a les textes frustes, notés par les élèves anonymes. Pour autant que je sache, Gurdjieff n'a pas vérifié et corrigé ces notes, mais je suis certain qu'il le savait et avait approuvé leur existence. Précisément parce que le matériel est si brut, il devrait être pris seulement comme des souvenirs de ce que les gens croyaient que Gurdjieff avait dit. Il ne faut pas y croire aveuglément, mais le tester, par la confrontation logique, par l'expérience et par l'intuition. Qu'est-ce que nous ressentons devant ce matériel ? Est-ce qu'il produit un bénéfice subtil qui transcende l'intellect ?

Je salue les éditeurs pour leurs efforts infatigables de rassembler ces matériaux à partir des collections et des bibliothèques à travers le monde. Ils l'ont fait parce que cela signifie quelque chose pour eux. Ce n'est pas un travail d'antiquaire. Ce n'est pas non plus un exercice livresque. Ce travail est pour le Travail. Le processus a été marqué par l'intention, la conscience et un sentiment d'obligation de partager ce précieux matériel avec les autres êtres humains.

Voilà pourquoi je peux dire que j'ai un espoir objectif que ce matériel pourra nous aider.

Joseph Azize
Le 27 Février 2014

REFLETS DE LA VÉRITÉ
1914

Presque tous ceux qui prennent part aux discussions organisées par M. G. demandent tout d'abord pourquoi ces idées ne sont pas mises sur papier sous la forme de conférences populaires, afin que tous ceux qui souhaitent mais n'ont pas la possibilité de les entendre personnellement puissent se familiariser avec ces idées originales et rares quand ils peuvent trouver le temps.

J'ai pensé la même chose au début, et j'ai même essayé de commencer à écrire ; mais mes écrits ont conduit au même résultat que dans le cas de tous ceux qui ont si souvent entrepris la même tâche. Au début, l'écriture semble couler de source, mais plus tard, avec une familiarité accrue avec ces idées, ce qui a déjà été écrit devient de plus en plus dépourvu de sens.

Comme en continuant à écouter ces conférences ou discussions, de nouvelles questions semblent plus importantes, on ne sait plus à quelle question donner la préférence et laquelle devrait devenir le centre de gravité des écrits, et ainsi de suite. Mais il est impossible d'écrire sur toutes les questions à la fois, dans un espace limité, gardant la possibilité de faire la lumière là-dessus et de les rendre aussi intelligibles à tout le monde qu'elles le sont à soi-même. Pour ce faire, on aurait besoin d'écrire beaucoup de volumes, et il se peut qu'à la fin on renonce à la tentative, étant finalement persuadé de l'impossibilité et de l'inutilité d'exposer ces questions par écrit. La raison de ce fait inintelligible, je vais essayer de l'expliquer une autre fois dans un article spécial sur « Notre langue. »

À l'heure actuelle, chez les membres et les élèves de l'Institut, il y a beaucoup de manuscrits, écrits à des moments différents, et sur des thèmes variés. Certains d'entre eux représentent des enregistrements sténographiques exacts des conférences lues par M. G. et ses collègues de travail ; mais ces enregistrements, lorsqu'ils sont lus, peuvent sembler faibles et parfois comme une collection de mots, car ils ont été lus pour un type précis d'audience en conformité avec le temps passé à travailler et le nombre de conférences auxquelles ils ont participé.

D'autres représentent les expositions sous la forme d'essais littéraires écrits par les élèves de l'Institut, la plupart du temps par des écrivains professionnels. Parmi ces travaux, il y en a aussi quelques-uns écrits collectivement.

Parmi ces derniers, les manuscrits portant le nom générique de « Reflets de la Vérité » méritent une grande attention et représentent un travail scientifique très sérieux de vingt-sept grands livres manuscrits, écrits sous la forme d'essais littéraires et destinés à l'époque à être imprimés en Russie.

Mais quand la révolution a commencé, ils n'étaient pas encore publiés et, plus tard, les auteurs eux-mêmes les ont trouvés insatisfaisants et ont décidé de ne pas les imprimer du tout.

Je me suis attardé sur ces manuscrits parce que la forme d'interprétation qui y est appliquée est la meilleure, c'est-à-dire, dans le premier livret toutes les questions sont abordées et énumérées, mais très peu d'explications sont données, comme si seulement la première esquisse avait été faite sur la toile. Dans les deux chapitres suivants, on rencontre les mêmes questions ; et ici, chacune d'elles est expliquée uniquement autant qu'il faut pour fournir au lecteur une idée approximative des notions générales ; dans les quatre essais suivants, les mêmes questions sont traitées dans le même ordre, mais plus en détail. Parmi les autres livres, chacun est consacré à une question particulière.

Les premiers essais sont d'un intérêt particulier pour nous, car ils peuvent nous aider à saisir rapidement les principales caractéristiques de ces idées.

Je vais lire le premier essai ce soir.

PREMIÈRE RÉUNION

Des événements étranges et—d'un point de vue ordinaire—incompréhensibles ont guidé ma vie. Je veux dire les événements qui influent sur la vie intérieure de l'homme, en changeant sa direction et son but d'une manière radicale et en y créant de nouvelles époques. Je les appelle incompréhensibles parce que leur connexion n'était claire que pour moi. Ce fut comme si une personne invisible, poursuivant un but précis, avait placé sur le chemin de ma vie ce que j'ai trouvé, comme par hasard, au moment même où j'en avais besoin. Guidé par ces événements, je me suis habitué, dès mes premières années, à regarder plus profondément et largement les circonstances qui m'entouraient, en essayant de saisir le principe qui les connectait et de trouver dans leurs interrelations une explication plus vaste et plus complète. Je peux dire que dans chaque « résultat » que je voyais, c'était la « cause » cachée qui éveillait en moi le plus grand intérêt.

De la même façon apparemment étrange, je suis arrivé un jour, au cours de ma vie, à rencontrer l'occultisme, et je m'y suis intéressé comme à un système philosophique profond et harmonieux. Mais au moment même où j'avais atteint quelque chose de plus qu'un simple intérêt pour le sujet, j'ai perdu la possibilité de procéder systématiquement à l'étude de celui-ci aussi soudainement que je l'avais trouvé. En d'autres termes, j'étais entièrement abandonné à mes propres ressources. Cet « accident, » qui m'a paru un échec insensé et inutile, je l'ai reconnu plus tard comme une étape nécessaire, pleine de sens profond, au cours de ma vie—mais ce fut seulement après un laps de temps. Je n'ai pas délaissé le chemin, mais je l'ai continué sous ma propre responsabilité et à mes propres risques. Des obstacles insurmontables se sont dressés devant moi, et je fus obligé de reculer devant eux. La plus large des horizons s'est ouvert devant mes yeux, et en me précipitant vers l'avant, j'ai souvent glissé en arrière, trébuchant et apparemment perdant ce que j'avais trouvé, restant figé au même endroit et errant dans le brouillard. J'ai fait, dans la recherche, beaucoup d'efforts et beaucoup de travail qui me semblaient inutiles et mal payés en retour par les résultats obtenus. Maintenant, je vois qu'aucun effort n'est resté sans récompense et que chaque erreur a servi de guide à la vérité que je cherchais tout seul.

J'ai plongé dans l'étude de la littérature occulte, et je peux dire sans exagération que non seulement j'ai lu, mais que, avec patience et persévérance, j'ai maîtrisé le sens de la plus grande partie du matériel qui m'était accessible dans cette région, en essayant de saisir et de comprendre ce qui se cachait derrière les mots. Tout cela, je l'ai fait seulement pour me convaincre que je ne serais jamais capable de trouver dans les livres ce que je cherchais, et que, bien qu'ayant aperçu les contours d'un majestueux bâtiment, je ne pouvais pas les voir clairement et distinctement.

J'ai cherché ceux qui pouvaient avoir les mêmes intérêts que moi. Certains me parurent avoir trouvé quelque chose, mais à un examen plus approfondi, je les ai vus eux aussi, comme moi, tâtonner dans l'obscurité. Et pourtant j'espérais encore trouver enfin celui dont j'avais besoin ; car je cherchais un homme vivant qui pourrait me donner plus que je ne pouvais trouver dans un livre ; et je cherchais avec persévérance et opiniâtreté, et à chaque échec, l'espoir qui m'avait abandonné se ravivait et me guidait vers une nouvelle recherche. Avec cet objectif en vue, j'ai visité l'Égypte, l'Inde et d'autres pays.

Parmi mes rencontres au cours de ces recherches, il y avait un grand nombre qui ne laissait aucune trace, mais il y eut aussi quelques-unes d'une grande importance. Plusieurs années ont passé, et je comptais parmi mes connaissances quelques-unes à qui j'étais lié plus durablement par la communauté de nos intérêts. L'un d'eux, en contact plus étroit avec moi, était un certain A. Nous avons passé ensemble de nombreuses nuits blanches, nous cassant la tête sur un passage dans un livre que nous ne comprenions pas, à la recherche d'une explication appropriée. En bref, nous nous connaissions bien et intimement et marchions, pour ainsi dire, la main dans la main.

Mais sur une période de six mois environ, j'avais commencé à remarquer quelque chose d'étrange à son sujet, d'abord à de longs intervalles, puis de plus en plus souvent. Ce ne fut pas qu'il se détournât de moi, mais il semblait être devenu plus froid par rapport à cette recherche qui n'avait pas cessé d'être vitale pour moi. Et en même temps, je voyais qu'il ne l'avait pas oubliée. Il exprimait souvent des pensées et faisait des remarques qui sont devenues totalement compréhensibles pour moi seulement après une longue réflexion. Je le lui ai fait remarquer plus d'une fois, mais il a toujours habilement évité la conversation sur ce sujet.

Je dois avouer que cette perte, qui devenait de plus en plus évidente, de A., le compagnon constant de mon travail, m'a conduit à des réflexions tristes, et une fois je lui en ai parlé ouvertement—je me souviens à peine sous quelle forme.

« Qui t'a dit » a rétorqué A., « que je m'éloignais de toi ? Attends un peu et tu verras clairement que tu te trompes. »

Mais pour une raison quelconque, ni ces remarques, ni quelques autres qui parfois me semblaient étranges, n'ont attiré mon attention. Peut-être parce que j'étais occupé à me réconcilier avec l'idée de mon isolement complet.

Donc, cela a continué jusqu'à la fin et c'est seulement maintenant que je vois comment, en dépit de mon apparente capacité d'observation et d'analyse des événements actuels, j'omis de façon impardonnable la chose principale, qui était constamment mise sous mes yeux.

Mais laissons les faits parler pour eux.

Un jour vers la mi-novembre, j'ai passé la soirée avec un de mes amis. La conversation portait sur un sujet sans intérêt pour moi. Au cours d'une pause dans la conversation, l'hôte a dit, se tournant vers moi- « Au fait, connaissant ton penchant pour l'occultisme, je pense qu'un article paru dans le numéro d'aujourd'hui de « Golos Moskvi » (La Voix de Moscou) sera d'un certain intérêt pour toi. » Et allant chercher le journal, il indiqua un article intitulé « Autour du théâtre. »

Il y était question du scénario pour un ballet-mystère, « La lutte des magiciens, » écrit par un orientaliste bien connu parmi les collectionneurs de Moscou, M. G., et on donnait un bref résumé de son contenu. La mention de l'occultisme et le titre même et le contenu du scénario ont éveillé un grand intérêt en moi, mais aucun de ceux qui étaient présents n'ont pu me donner des informations supplémentaires sur l'article. L'hôte, un grand amateur d'antiquités, et lui-même un ardent collectionneur, a avoué que parmi ses connaissances il ne pouvait identifier personne correspondant à la description contenue dans l'article. Avec sa permission, je l'ai découpé et emporté.

Je ne vais pas vous ennuyer avec une exposition de ma ligne de raisonnement, ou avec une analyse de l'intérêt que je pris dans cet article moi-même. Je dirai seulement que le résultat fut que le samedi matin, je pris la ferme résolution de trouver M.G, l'auteur du scénario, coûte que coûte.

Le même samedi soir, A. m'a rendu visite. Je lui ai montré l'article bien évidemment et, après lui avoir dit que mon intention était de chercher M.G, j'ai demandé son avis à ce sujet.

A. a lu l'article et, en me regardant, a dit : « Eh bien, je te souhaite bonne chance dans ta recherche. En ce qui me concerne, il est sans intérêt pour moi. N'avons-nous pas lu assez d'histoires de toutes sortes ? « Et il a mis l'article de côté avec un air d'indifférence. Une telle attitude à l'égard d'une question qui m'intéressait à tel point me refroidit, je laissai donc tomber et ne dit plus rien sur le sujet. Je retombai dans mes propres pensées et A. aussi pensait à quelque chose. Notre conversation s'interrompit et finalement cessa entièrement. Le long silence fut interrompu par A. qui est venu vers moi et a mis sa main sur mon épaule, me rappelant de mes pensées.

« Écoute » dit-il, en me regardant, « ne sois pas offensé. J'ai eu mes propres raisons de te répondre comme je l'ai fait, mais je te les expliquerai par la suite.

Réponds d'abord à quelques questions que je vais te poser, mais garde à l'esprit que je vais le faire si sérieusement (il a souligné le mot «si ») que tu ne l'imagines même pas. »

Plutôt étonné par cette annonce, je répondis brièvement « Vassy. »

« Dis-moi, s'il te plaît, pourquoi veux-tu trouver ce M.G? Comment vas-tu le chercher ? Quel est ton but, si ta quête aboutit ? Autrement dit, de quel côté vas-tu l'aborder ? »

D'abord à contrecœur, mais ensuite avec de plus en plus d'animation, et encouragé à la fois par une grande attention de A. et par les questions qu'il jetait parfois, je lui ai expliqué toute la ligne de mon raisonnement.

Quand j'eus fini, A. m'a donné un bref résumé de ce que je lui avais dit et a ajouté : « Maintenant, je peux te dire que tu ne trouveras rien. »

Comment est-ce possible ? j'ai répondu. « Il me semble que le scénario pour le ballet, « La lutte des magiciens, » dédié par ailleurs à E.V. Gertsch, ne soit pas si peu de chose pour que son auteur disparaisse sans laisser de trace. »

« Il n'est pas question de l'auteur. Tu peux le trouver, mais il ne parlera pas avec toi de la façon dont il pourrait » dit A., mettant l'accent sur la fin de la phrase.

Je m'emportai là-dessus et je dis vivement : « Pourquoi est-ce que tu t'imagines qu'il . . . »

« Je ne m'imaginer rient » m'interrompit A. « Mais je sais pour sûr. Pour ne pas te tourmenter davantage, je vais te dire ceci. Je connais le contenu du scénario. De plus, je connais personnellement l'auteur de celui-ci, M. G., en fait, je le connais depuis longtemps. La voie que tu as choisie pour le trouver peut te conduire à faire sa connaissance, mais pas de la façon que tu souhaites. En cela, tu peux me croire, et si tu me laisses te conseiller en ami, je te recommande d'attendre un peu plus, et je vais essayer d'arranger ta rencontre avec M. G. selon tes souhaits. « Eh bien, au revoir, il est temps que je m'en aille. »

« Attends, attends » j'ai dit, m'éveillant de mon étonnement grandissant, et l'empoignant, « je ne peux pas encore te laisser partir. Comment as-tu fait sa connaissance ? Qui est-il ? Pourquoi ne m'en as-tu jamais parlé avant ? »

« Pas tant de questions à la fois, » a déclaré A. en souriant. « D'autant plus que je refuse nettement d'y répondre maintenant. En temps voulu, je vais répondre, mais en attendant, pour apaiser ton esprit, je te promets de faire tout ce que je peux pour te présenter à M. G. »

En dépit de ma persistante inquiétude et de mes questions, A. a catégoriquement refusé de répondre, et a ajouté qu'il était dans mon intérêt de ne pas le retenir plus longtemps.

Le dimanche, vers deux heures A. m'a téléphoné et m'a informé brièvement. « Si tu veux, à sept heures à la station X. »

Où allons-nous ? j'ai demandé.

« Chez M. G. » répondit-il, et raccrocha le récepteur.

« Quoi qu'il en soit, il semble assez désinvolte avec moi » fut la pensée qui me traversa l'esprit. « Il ne m'a même pas demandé si je pouvais y aller, et il se trouve que j'ai des affaires importantes ce soir. D'ailleurs, j'ignore complètement si nous irons loin. Quand serons-nous de retour ? Comment vais-je expliquer ces questions chez moi ? »

Mais ensuite j'ai pensé que A. ne pouvait pas ignorer les circonstances de ma vie, les « affaires importantes » ont soudainement perdu leur importance et j'ai commencé à attendre le moment du rendez-vous.

Dans mon impatience je suis arrivé à la station près d'une heure trop tôt, et j'ai attendu M. A., qui est venu beaucoup plus tard.

« Venez vite » dit-il, me pressant. « Les billets sont pris. J'ai été retenu et je suis en retard. »

Le portier transportait deux grandes boîtes derrière nous.

« Qu'est-ce que c'est ? » j'ai demandé à A. « Est-ce que nous partons pour un an ? »

« Non, » répondit-il en riant, « Je rentrerai avec toi et cela ne nous concerne pas. »

Nous avons pris nos places dans le compartiment et nous nous sommes retrouvés seuls, de sorte que personne n'a troublé notre conversation.

« Allons-nous loin ? » j'ai demandé à A.

A. a nommé une des stations de campagne à proximité de Moscou et a ajouté : « Pour prévenir de nouvelles questions, je vais te dire moi-même tout ce que je peux, mais la plus grande partie de mon récit sera pour toi seul. Bien sûr, tu as raison d'être intéressé par la personnalité de M. G, mais je vais juste te dire quelques faits extérieurs sur lui pour te donner une idée générale. Quant à mon opinion personnelle sur lui, je ne t'en dirai rien, pour que tu puisses analyser plus en détail tes propres impressions. Nous reviendrons sur cette question par la suite. »

Après s'être installé plus confortablement dans son siège, il a commencé son histoire.

Il m'a dit que M. G. a passé de nombreuses années à errer dans l'Est avec un but précis et qu'il avait été dans des endroits inaccessibles aux Européens ; que deux ou trois ans auparavant, il était venu en Russie et avait vécu à Petrograd, consacrant ses forces et connaissances principalement à un travail personnel. Il n'y a pas longtemps, il a déménagé à Moscou et a loué une maison de campagne d'hiver près de la ville afin de pouvoir travailler tranquillement dans l'isolement. Conformément à un rythme connu de lui seul, il abandonnait parfois son travail et déménageait à Moscou, retournant au travail après un certain temps. J'ai appris qu'il n'estimait pas nécessaire d'en informer ses « connaissances » de Moscou et qu'il n'a « reçu » personne dans sa maison de campagne.

« Quant à savoir comment je suis venu à le connaître, » a déclaré A., « on en parlera une autre fois. Cette histoire aussi est loin d'être habituelle. »

A. a poursuivi en disant que très tôt dans sa relation avec M. G. il lui a parlé de moi et voulait me présenter à lui, mais il a non seulement refusé mais même interdit à A. de me dire quoi que ce soit à son sujet. Compte tenu de ma détermination persistante à faire la connaissance de M. G et de mon but, A. a décidé de le demander à M. G. une fois de plus. Il l'avait vu la nuit précédente, quand il m'avait quitté, et après de nombreuses questions détaillées sur moi, M. G. avait accepté de me voir et a lui-même proposé à A. de m'emmener ce soir-là chez lui à la campagne, où il s'était déjà rendu dans la matinée.

« D'après ce que je lui ai dit, il te connaît certainement mieux que moi, bien que je te fréquente depuis tant d'années, » a déclaré A. « Tu vois maintenant que ce n'était pas seulement un caprice quand je t'ai dit que tu ne pouvais pas obtenir quoi que ce soit d'une façon ordinaire. Rappelle-toi qu'une grande exception est faite pour toi, parce que là où tu vas aller aucune de ses connaissances n'est allée et n'ira jamais, car même ses connaissances les plus proches ne soupçonnent pas l'existence de sa retraite. Cette exception, tu la dois uniquement à ma recommandation. Prends donc soin de ne pas me mettre dans une position délicate. »

Plusieurs de mes questions n'ont entraîné aucune réponse de la part de A., mais quand je lui ai posé des questions sur la « Lutte des magiciens » il m'a raconté son contenu en détail. Quand je lui ai demandé quelque chose qui m'avait frappé comme une incompatibilité, A. m'a dit que G. m'en parlerait lui-même s'il le jugeait nécessaire.

Tout cette conversation a suscité un très grand nombre de pensées et de conjectures en moi une fois de plus, et après un certain silence, je me suis tourné vers A. avec une question. A. me regarda avec une légère nuance de perplexité, et après une courte pause, dit :

« Rassemble tes pensées afin de ne pas te ridiculiser. Nous y sommes presque. Ne me fais pas regretter de t'avoir amené. Rappelle-toi ce que tu as dit au sujet de ton but hier. »

Après cela, il ne dit plus rien.

En silence, nous sommes descendus du train et j'ai proposé de porter l'une des boîtes. Elle pesait soixante-quatre livres ou trente-deux kilos et la boîte portée par A. n'était probablement pas plus légère. Un traîneau à quatre places nous attendait à la gare et le cocher a ôté son chapeau devant nous. En silence, nous avons pris nos places et nous avons gardé le même silence profond tout au long du chemin. Après une quinzaine de minutes, le traîneau s'est arrêté devant une porte qui ouvrait sur une haie. Une grande maison de campagne à deux étages était faiblement visible à l'extrémité du jardin.

Précédé par notre cocher qui transportait les bagages, nous sommes entrés par la porte déverrouillée et avons marché vers la maison le long d'un sentier dégagé.

A. sonna. Après un certain silence une voix derrière la porte demanda « Qui est là ? » A. Donna son nom. « Comment allez-vous, monsieur ? » dit la même voix à travers la porte entrouverte.

Le cocher porta les boîtes dans la maison, et après les avoir remises à quelqu'un, sortit de nouveau.

« Maintenant, allons-y, » dit A., qui semblait avoir attendu quelque chose.

Nous avons traversé un couloir sombre vers une antichambre faiblement éclairée. A. ferma les portes derrière nous. Il n'y avait personne dans l'antichambre. « Enlevez vos affaires, » me dit-il brièvement, montrant une patère. Nous avons enlevé nos manteaux.

« Donnez-moi votre main et n'ayez pas peur. Vous ne tomberez pas, » et me prenant par la main, il me conduisit dans une pièce parfaitement sombre. A. ferma la porte derrière lui et me conduisit vers l'avant. Le plancher de la salle était couvert d'un tapis moelleux sur lequel nos pas ne faisaient aucun bruit. J'ai tendu ma main libre sur le côté dans l'obscurité et j'ai senti un lourd rideau épais, qui semblait être étiré sur toute la largeur de ce que, à en juger par le nombre de nos pas, devait être une grande salle, laissant une sorte de passage entre les portes.

« N'oublie pas ton but » murmura A. à mon oreille, et ayant levé, comme je l'ai compris plus tard, un tapis accroché à travers la porte, il me poussa doucement dans une pièce éclairée.

Contre le mur opposé à la porte, un homme d'âge moyen était assis sur un petit tabouret avec ses pieds croisés à la mode orientale, et fumait un narguilé d'une forme curieuse qui se trouvait sur une table basse devant lui. Près du narguilé se trouvait une petite tasse de café. Ce sont les premières choses qui ont attiré mon attention.

Comme nous sommes entrés, M.G.- car c'était lui—leva la tête, et nous regardant calmement, nous salua d'un signe de tête et dit simplement : « Comment allez-vous ? » Après avoir échangé les salutations, il m'a demandé de m'asseoir, me désignant le tabouret à côté de lui.

Le teint basané du visage et les mains de M. G. trahissaient son origine orientale. Ses yeux ont particulièrement attiré mon attention, pas tant en eux-mêmes que par le regard avec lequel il me salua, comme on regarde un homme qu'on ne voit pas pour la première fois, mais qu'on connaît bien depuis longtemps.

Je me suis assis et j'ai regardé autour de la pièce. Son aspect était si inhabituel aux yeux d'un Européen que je voudrais la décrire plus en détail. En regardant tout autour, je n'ai pas vu d'espace libre qui ne fût couvert soit par des tapis soit par des chiffons. Tout le plancher de cet appartement plutôt spacieux était recouvert d'un seul tapis énorme. Tous les murs étaient entièrement tendus de tapis, dissimulant la place des portes et des fenêtres. Le plafond était recouvert de tissus de soie (manifestement des châles anciens) de plusieurs couleurs resplendissantes, étonnamment belles dans leur combinaison. Ils étaient réunis dans un modèle étrange vers le centre du plafond. Dissimulé par un abat-jour en verre dépoli de forme particulière qui ressemblait à une énorme fleur de lotus, il jetait une lumière blanche également diffuse.

Une autre lampe donnant une lumière semblable se tenait sur une étagère haute à gauche de l'ottomane sur laquelle nous étions assis. Un piano droit se trouvait contre le mur gauche recouvert de draperies antiques qui cachaient sa forme de sorte que s'il n'y avait pas eu les chandeliers, je n'aurais pas deviné ce que c'était. Au-dessus du piano, sur un grand tapis pendait toute une collection d'instruments de musique à cordes de formes inhabituelles et d'autres qui ressemblaient à des flûtes. Deux autres collections ornaient également les murs ; des armes anciennes, des élingues, des yatagans, des poignards et d'autres encore étaient accrochés derrière et au-dessus de nos têtes. Sur le mur opposé, sur un fil mince de métal blanc, étaient accrochées un certain nombre de vieilles pipes sculptées, disposées dans un ensemble harmonieux.

Sous cette dernière collection, sur le sol, contre le mur, était posée une longue rangée de gros coussins recouverts d'un seul tapis. Cette rangée s'arrêtait un peu brusquement dans le coin gauche, juste en face d'un poêle néerlandais drapé de haut en bas de tissus brodés.

Mais le coin à droite était décoré magnifiquement dans sa combinaison de couleurs, et au-dessus tait accrochée l'icône de Saint-Georges le Victorieux, sertie de pierres précieuses. Sous l'image qui était également drapée de tentures, se tenait une sorte d'étagère, sur laquelle se trouvaient plusieurs petites statues en ivoire de différentes tailles. Je reconnus à la fois le Christ, Bouddha, Moïse et Mahomet. Le reste, je n'ai pas pu le voir très bien.

Une autre ottomane basse, plus petite que celle sur laquelle nous étions assis, se tenait près du mur de droite. De chaque côté de celui-ci étaient deux petites tables d'ébène sculpté et sur l'une d'elle il y avait une petite cafetière avec une lampe à alcool.

Plusieurs coussins et poufs étaient éparpillés à travers la pièce dans un désordre minutieux. Tout ce mobilier était orné de nombreux ornements colorés, des glands, des broderies dorées et des pierres de couleur.

Dans l'ensemble, la chambre produisait une impression extraordinairement confortable, augmentée par un délicat parfum agréable mélangé à l'odeur de tabac.

Après avoir examiné la pièce, j'ai tourné mes yeux vers M. G. Il me regarda, et, aussi étrange que cela puisse paraître, j'eus un sentiment particulier, comme si, avec ce regard, il m'avait mis dans la paume de sa main et m'avait pesé. Je souris involontairement, et il détourna son regard de moi calmement et sans précipitation et, en regardant A., lui dit quelque chose.

Il ne me regarda plus de cette façon et le sentiment ne s'est pas répété.

A. se tenait sur un gros coussin à côté de l'ottomane dans la même posture que M. G., qui semblait être devenue habituelle pour lui. Il se leva ensuite de sa place et, se dirigeant vers la petite table sur la droite, pris deux grands blocs-notes et deux crayons. Il donna un bloc à M. G. et garda l'autre, et pointant vers la cafetière me dit : « Si tu veux du café, sers-toi. Je vais en prendre un peu maintenant. » Je suivis son exemple, et en me versant une tasse, je retournai à ma place avec elle et la mise à côté du narguilé sur la petite table. Après cela, je me tournai vers M.G. et, essayant de m'exprimer aussi brièvement et précisément que possible, je lui expliquai le but de ma visite. Quand j'eus fini, M. G., après un court silence, dit : « Eh bien, ne perdons plus de temps précieux, » et me demanda ce que je voulais vraiment.

Afin d'éviter les répétitions, je vais énumérer certaines particularités caractéristiques de la conversation qui s'ensuivit. Tout d'abord, je dois mentionner une circonstance assez étrange, qui à l'époque est restée comme inaperçue par moi, peut-être parce que je n'ai pas eu le temps d'y penser. M.G. ne parle pas le russe couramment ou correctement. Parfois, il lui fallait un temps considérable pour trouver les mots et les expressions nécessaires. Cette difficulté dans la conversation le fit tourner constamment vers A. pour l'aide. Il lui disait deux ou trois mots, et A. semblait attraper sa pensée au vol, la développait et complétait, et lui donnait une forme intelligible pour moi. Il semblait bien connaître le sujet. Lorsque l'un d'eux parlaient, l'autre l'observait attentivement. Avec un seul mot, M.G. montrait à A. un nouveau sens que A. comprenait et attrapait avec la même promptitude, changeant rapidement la direction de sa pensée.

Bien sûr, pour se faire comprendre par moi, sa connaissance de moi l'aidait beaucoup, car il évoquait souvent en moi, avec une seule allusion, toute une catégorie de pensées. A. a servi comme une forme d'émetteur entre M. G. et moi. Maintenant, au début de la conversation, M. G. était très souvent obligé de faire appel à A., mais à mesure que le sujet s'élargissait et se développait, comme absorbant de nouvelles régions en lui-même, M. G. se tournait vers A. de plus en plus rarement. Son discours coulait plus librement et naturellement, les mots nécessaires semblaient venir à lui d'eux-mêmes, et j'aurais pu jurer que, à la fin de la conversation, il parlait le russe le plus pur, sans accent, ses paroles se succédant avec aisance et calme, très riches en couleurs, comparaisons, exemples frappants, et perspectives larges et harmonieuses.

En plus de cela, toute la conversation a été illustrée par tous les deux avec de nombreux croquis, comprenant des séries de chiffres, qui, pris ensemble, formaient un système gracieux de symboles, une sorte d'écriture, dans lequel un nombre pouvait exprimer tout un groupe d'idées. Ils m'ont cité une foule d'exemples et de références aux données de la physique, de la mécanique, de la médecine, etc., en particulier de la chimie et des mathématiques.

M.G. se tournait parfois vers A. et, par une brève remarque, semblait se référer à quelque chose de connu de lui, de temps en temps mentionnant des noms, A. montrait d'un signe de tête qu'il avait compris, et la conversation continuait sans interruption. J'ai aussi compris que A., tout en m'enseignant à moi, apprenait lui-même en même temps.

Une autre petite particularité était que je devais demander très peu. Dès que des questions surgissaient, et avant qu'elles n'aient pu se formuler, le développement de la pensée leur avait déjà donné une réponse. Il est vrai qu'une ou deux fois j'ai fait un faux mouvement et j'ai demandé quelque chose que je ne m'étais pas donné la peine de comprendre moi-même. Mais de cela, je vais parler au bon moment.

Quant au fil de la conversation, à l'immédiateté de son courant, pour ainsi dire, je peux mieux le comparer à une spirale. M.G., après avoir abordé une pensée principale, l'élargissait et l'approfondissait et complétait le cycle du raisonnement, ensuite retournait au point de départ, et je le voyais en dessous de moi plus amplement et plus en détail. Un nouveau cycle, et encore une idée plus claire et plus précise de l'envergure de la pensée originelle.

Je ne sais pas comment je me serais senti si j'avais eu à parler avec M. G. en tête-à-tête ; mais je pense que la présence de A. et son attitude calme et sérieuse envers la conversation m'ont marqué involontairement.

Au total, le discours m'a apporté un plaisir inexprimable, comme je n'en avais jamais connu. Ces contours du majestueux bâtiment qui avait été sombres et incompréhensibles pour moi auparavant étaient maintenant dessinés sous mes yeux, et non seulement les contours, mais aussi certains détails de la façade m'apparaissaient maintenant.

Je voudrais parler, même en grandes lignes, de l'essence de la conversation, et qui sait, je pourrais peut-être aider quelqu'un dans une position similaire à la mienne. Tel est l'objet de mon croquis.

« Vous êtes familiarisé avec la littérature occulte ? » a commencé M. G. « Et donc je ferai référence à la formule qui vous est connue de la Table d'Émeraude—Ce qui est en bas est comme ce qui est en haut. ' Il est plus facile pour moi de partir de là pour construire les bases de notre discussion. En même temps, je dois vous dire qu'il n'est pas nécessaire de se fonder sur l'occultisme afin de se rapprocher de la compréhension de la vérité. La vérité parle d'elle-même quelle que soit la forme sous laquelle elle se manifeste. Vous comprendrez cela pleinement avec le temps et je veux vous donner aujourd'hui au moins un grain de compréhension. Je le répète donc, je commence par la formule occulte parce que je vous parle. Je sais que vous avez essayé de déchiffrer le sens de cette formule. Je sais que vous le comprenez. Mais la compréhension que vous en avez n'est rien qu'un faible et lointain reflet de la brillante lumière divine. Je ne vais pas vous parler de la formule elle-même—je ne vais pas l'analyser ou la déchiffrer. Notre conversation ne portera pas sur la lettre écrite. Nous allons la prendre seulement comme point de départ de notre discussion. Et pour vous donner une idée approximative de son sujet, je peux vous dire que je veux vous parler de la grande unité de toutes les choses qui existent—de l'unité dans la diversité. Je veux vous montrer deux ou trois facettes d'un cristal précieux. Je veux attirer votre attention sur les reflets pâles qui s'y trouvent.

« Je sais que vous comprenez l'unité des lois régissant l'univers, mais cette compréhension est spéculative et théorique, je devrais dire. Il ne suffit pas de comprendre avec l'esprit, il est nécessaire de sentir avec votre être la vérité absolue et immuable de ce fait, et alors seulement vous serez vraiment en mesure consciemment et avec conviction de dire «je sais.»

Tel était à peu près le sens des mots avec lesquels M. G. a commencé la conversation. Il a ensuite continué en caractérisant avec des traits larges et colorés la sphère dans laquelle se meut la vie de l'humanité entière. Les pensées qu'il a exprimées étaient des illustrations de la formule d'Hermès qu'il avait citée. Par l'utilisation d'analogies, il passa des petits événements ordinaires de la vie d'un homme individuel aux grands cycles de la vie de l'humanité entière, indiquant clairement et soulignant au moyen de ces similitudes le cercle d'action de la loi de l'analogie dans la petite sphère de la vie de l'humanité terrestre. Pratiquement de la même manière, il passait de l'humanité à ce que je devrais appeler la vie de la terre, l'analysant brièvement comme un énorme organisme semblable à celui de l'homme. Il a fait référence à la physique, à la mécanique, à la biologie, etc. Je regardais les rayons de sa pensée se rapprocher d'un épicentre, se réunir progressivement en un point. La conséquence inévitable de tout ce qu'il a dit était la grande loi de la triunité, la loi des principes d'action, la résistance et l'équilibre ; les principes actif, passif et neutre. Reposant sur le fondement solide de la terre, et armé de ce principe, il le déploya par un grand vol de la pensée au-dessus de l'ensemble du système solaire, se déplaçant non plus vers celui-ci, mais déjà hors de lui, le soulignant de plus en plus, et le manifestant dans le degré le plus proche de l'homme, celui de la Terre et du Soleil. Et tout à coup, avec une phrase courte, il passa au-delà des limites du système solaire. Premièrement, des données astronomiques ont étincelé ; puis, elles ont semblé diminuer devant l'infini de l'espace et ont disparu. Seule la grande pensée unique issue de la même grande loi est restée. Lents et solennels étaient les mots qui résonnaient, et au même moment, ils ont paru s'affaiblir et perdre leur signification. Derrière eux, on entendait les battements du pouls d'une pensée vigoureuse, qui est devenue de plus en plus abstraite.

« Nous sommes arrivés au bord de l'abîme qui ne pourra jamais être traversé par la raison humaine ordinaire. Sentez-vous combien superflus et inutiles deviennent les mots ici ? Sentez-vous que la raison elle-même est impuissante ici ? Nous avons approché le principe de tous les principes. » Et après avoir dit cela, il s'est tu, regardant pensivement devant lui.

Sous le charme de la beauté et de l'envergure de la pensée, j'avais progressivement cessé d'écouter les paroles, je pourrais dire que je les sentais, que je saisissais la pensée non pas avec ma raison, mais avec l'intuition. Loin au-dessous, l'Homme avait été laissé disparaître sans trace, converti au néant. Un étrange mélange du sens de la proximité avec le Grand Impénétrable et de la conscience de mon néant personnel me remplit.

Comme s'il devinait ma pensée, M. G. se tira de sa rêverie et dit : « N'est-ce pas de l'homme que nous sommes partis ? Où est-il ? Mais grande et complète est la loi de l'unité. Tout dans le monde est un. La différence réside seulement dans le degré. Et dans l'infiniment petit nous trouverons les mêmes lois que dans l'infiniment grand. « Ce qui est en bas est comme ce qui est en haut. Du haut de la haute montagne, ourlant la vallée encore plongée dans l'obscurité, on voit le soleil qui s'est déjà levé pour elle. De même, la raison peut atteindre des degrés surhumains et contempler les rayons divins, alors que pour ceux qui vivent au-dessous, tout est englouti dans les ténèbres. Mais encore une fois je le répète, tout dans le monde est un. Et la raison aussi est une, et cela donne à la raison humaine un puissant instrument d'investigation. Maintenant que nous avons atteint le commencement, descendons vers le lieu d'où nous sommes venus, la terre, et nous allons trouver sa position dans l'ordre de la construction de l'univers. « Regarde.»

Il a fait un croquis simple et après quelques mots explicatifs se référant aux lois de la mécanique, il a exposé le schéma de la construction de l'univers. Dans les chiffres et les dessins qui formaient des lignes harmonieuses et systématiques, le caractère multiforme de l'unité a commencé à briller. Les dessins ont commencé à parler, et les idées qui avaient été mortes jusque-là ont commencé à s'incarner. La même loi unique régnait sur tous ; ce fut avec une compréhension joyeuse que je suivis le développement harmonieux de la construction de l'univers. Le schéma partait du Grand Commencement et prenait fin avec la terre.

Au cours de l'exposition, M. G. a noté la nécessité de ce qu'il a appelé un « choc,» atteignant un endroit donné «de l'extérieur,» et reliant les deux principes opposés en une seule unité équilibrée. Cela correspond au point d'application de la force dans un système équilibré de forces en mécanique.

« Nous avons atteint le point auquel se rattache notre vie terrestre,» a déclaré M. G. « Nous n'allons pas aller plus loin pour le moment, mais afin d'examiner plus à fond ce qui vient d'être dit, et de souligner une fois de plus l'unité des lois, nous allons prendre une échelle simple et l'appliquer, proportionnellement augmentée, à la mesure du Microcosme.» Et il m'a demandé de choisir une quelconque construction régulière que je connaissais bien, suggérant, entre autres choses, le spectre de la lumière blanche, l'échelle musicale, etc. Après avoir réfléchi, je choisis l'échelle.

« Vous avez fait un bon choix,» a déclaré M. G. « En fait, l'échelle musicale sous sa forme actuelle a été construite dès les premiers jours de l'antiquité par les possesseurs d'une grande connaissance, et vous serez verrez à quel point elle contribue à la compréhension des principales lois.»

Il a dit quelques mots sur la loi de la construction de l'échelle, et en particulier il a souligné ces lacunes, comme il les appelait, (et comme je vais les appeler aussi) qui existent dans chaque octave de l'échelle entre les notes mi et fa et également entre le si d'une octave et le do de la suivante. Entre ces notes, il y a des demi-tons qui manquent, aussi bien dans les gammes ascendantes que descendantes. « Alors que dans le développement ascendant l'octave, » a remarqué M.G., « les notes do, ré, fa, sol, et la peuvent passer dans les tonalités supérieures qui suivent, les notes mi et si sont privés de cette possibilité. »

Il a expliqué comment ces deux lacunes, selon certaines lois qui dépendent de la même loi de la triunité, ont été remplies par de nouvelles octaves d'autres ordres, qui ont joué dans les lacunes un rôle similaire à celui des demi-tons dans le parcours évolutif ou involontaire de l'octave. L'octave principale était semblable à un « tronc d'arbre, » faisant pousser des branches d'octaves accessoires. Sept notes principales de l'octave et deux lacunes (« porteuses d'une nouvelle direction ») ont donné un total de neuf maillons d'une chaîne, ou trois groupes de trois liens chacun.

Après cela, il se tourna vers le schéma de la construction mondiale de l'univers et en détacha le rayon dont le cours conduisait à travers la terre.

La puissante octave originelle, dont les notes de force apparemment de plus en plus diminuée, comprenait entre autres le Soleil, la Terre et la Lune, avait inévitablement chuté, selon la loi de la triunité, dans trois octaves subordonnées. Ici, le rôle des lacunes dans l'octave et les différences dans leur nature m'a été clairement expliqué. Sur les deux intervalles, mi-fin et si-do, un était plus actif—plutôt de la nature de la volonté, tandis que l'autre jouait le rôle passif. Les « chocs » du schéma originel, qui n'étaient pas tout à fait clairs pour moi, gouvernaient ici aussi, se révélant sous un nouvel éclairage.

Dans la division de ce rayon, la place, le rôle et la destination de l'humanité sont devenus clairs. En outre, les « possibilités » de l'individu étaient plus visibles.

« Il peut vous sembler, » a dit M. G. « qu'en suivant le but de démontrer l'unité, nous ayons dévié un peu dans le sens de l'apprentissage de la multiplicité. Ce que je vais vous expliquer maintenant, vous allez sans doute le comprendre. Mais en même temps, je sais avec certitude que cette volonté de compréhension se réfère en gros, si je puis dire, à la partie technique, « constructive » de ce qui est présenté. Essayez de fixer votre intérêt et attention non pas sur la

« beauté, harmonie et ingéniosité, ' (même cet aspect, vous ne le comprendrez pas tout à fait), mais sur l'«esprit,» sur ce qui se cache derrière les mots, sur les «contenus intérieurs.» Sinon, vous ne verrez que la forme, privée de vie. Vous verrez maintenant l'une des facettes du cristal, et si votre œil pouvait percevoir en entier le reflet qui s'y trouve, vous vous approcheriez de la vérité elle-même.» Ensuite, M. G. a commencé à expliquer la manière dont les octaves fondamentales sont combinées avec leur subordonnée secondaire, comment celles-ci à leur tour renvoient de nouvelles octaves dans l'ordre suivant, et ainsi de suite. Et encore une fois, je devrais le comparer au processus de croissance, ou plus exactement, à la « construction » d'un arbre. Sur un tronc droit et vigoureux, des rameaux pousseront toujours, se couvrant de branches de plus en plus petites ; des feuilles ont poussé dessus et j'ai déjà deviné le processus de formation des nervures. Je dois avouer, en fait, que mon attention a été attirée principalement par l'harmonie et la beauté du système. Il convient de mentionner que, outre les octaves qui poussaient comme les branches d'un tronc, M. G. a souligné le fait que chaque note de chaque octave apparaît, d'un autre point de vue, comme une octave entière. Et il en va de même partout.

Ces octaves « internes, » je devrais les comparer aux couches concentriques d'un tronc d'arbre dont les anneaux s'inscrivent l'un dans l'autre.

Toute cette explication a été donnée en termes très généraux. Elle a souligné le caractère régi par la loi de la construction, et, sans les exemples qui l'accompagnaient, on aurait pu la considérer plutôt schématique. Ces exemples lui ont donné de la vie et parfois il me semblait que je commençais vraiment à deviner ce qui se cachait derrière les mots. J'ai vu cela dans cette régularité de la construction de l'univers, toutes les possibilités, toutes les combinaisons sans exception, avaient été prévues ; l'infinité des infinis a été préfigurée, et pourtant, en même temps, je ne pouvais pas la voir parce que ma raison échouait devant l'immensité de l'image. Encore une fois, je fus rempli d'une double sensation—celle de la proximité de la grande possibilité de tout savoir et la conscience de son inaccessibilité.

Une fois de plus j'ai entendu les paroles de M. G. sonner comme un écho de mes sentiments. « Aucune raison ordinaire n'est suffisante pour permettre à un homme d'absorber en lui-même la Grande Connaissance et d'en faire sa propriété inaliénable, mais il est possible pour lui. Il faut secouer la poussière de ses pieds. Des efforts titanesques et un travail colossal sont nécessaires pour devenir le possesseur des ailes sur lesquelles il est possible de monter vers le haut. Il est beaucoup plus facile de couler avec le courant, et, en se soumettant passivement, de passer avec lui d'octave en octave, mais il est aussi infiniment plus long que de vouloir et de « faire soi-même. » Le chemin est dur et la montée devient de plus en plus raide à mesure qu'on avance, mais la force augmente également ; l'homme devient tempéré et à chaque pas qui le conduit plus haut, il voit des horizons de plus en plus larges devant lui. Oui, la possibilité existe. »

Je voyais bien que cette possibilité existait. Je ne savais pas encore ce qu'elle était, mais j'ai vu qu'elle existait. Je trouve qu'il est difficile de définir avec des mots ce qui devenait de plus en plus compréhensible pour moi. Je vis que la régulation par la loi qui était de plus en plus claire pour moi était vraiment complète, que ce qui semblait à première vue une violation de celle-ci ne faisait que la confirmer à un examen plus approfondi ; on pourrait dire, avec une légère déformation du sens, que « les exceptions confirment la règle, » bien qu'en même temps ils ne fussent pas des exceptions. Pour ceux qui peuvent me comprendre, je devrais dire en utilisant la terminologie de Pythagore, que je reconnus et sentis comment les sphères d'action de la Providence—la Volonté et le Destin—existaient, se faisant mutuellement concurrence, s'entremêlant sans se mélanger et sans se séparer. Je ne me fais pas d'illusion que, par ces mots contradictoires, je puisse transmettre la moindre explication de ce que j'ai compris, mais en même temps, je ne trouve rien de mieux.

« Vous voyez, » M.G. a poursuivi en disant « que celui qui possède une compréhension pleine et entière du système d'octaves, comme on pourrait l'appeler, possède la clé de la compréhension de l'unité, car il comprend tout que l'on voit—tous les événements, toutes les choses qui existent dans leur essence—et il connaît leur place, cause et effet. En même temps, vous voyez bien que ce n'est rien d'autre qu'un développement plus détaillé du schéma initial, une représentation plus précise de la loi de l'unité, et tout ce que nous avons dit et dirons n'est autre chose qu'un développement de l'idée principale de l'unité. Et une pleine conscience, nette et claire de cette loi est précisément la Grande Connaissance dont je parlais. Celui qui possède une telle connaissance n'a pas besoin de conjectures et de suppositions ; aucune hypothèse n'existe pour lui. Pour m'exprimer plus clairement, il sait tout par « la mesure, le nombre et le poids. ' Tout dans l'univers est matériel, et donc la Grande Connaissance est plus matérialiste que le matérialisme. Penchons-nous un instant sur la chimie et cela va devenir un peu plus intelligible pour vous.» Il a montré que la chimie qui étudie la « matière » (comme il s'est exprimé) de différentes densités en dehors de la loi des octaves, admet une erreur qui affecte les résultats finaux. Que sachant cela, et introduisant certaines corrections de ses résultats, la conformité est parfaite avec ceux atteints par des moyens de calculs, sur la base des lois de octaves. En outre, il a souligné que la notion de corps simples, ou d'éléments, existante dans la chimie contemporaine ne peut pas être admise du point de vue de la chimie des octaves- « la chimie réelle.» La « matière » est une partout ; la variété de ses qualités ne dépend que de la place occupée par celle-ci dans une certaine octave et de l'ordre de l'octave elle-même.

De ce point de vue, la notion hypothétique de l'atome comme partie indivisible d'un corps simple ou d'un élément ne peut pas être utile. Un « atome » de matière d'une densité donnée, un individu réellement existant, doit représenter la plus petite quantité de la matière examinée, conservant toutes les qualités sans exception—chimique, physique et « cosmique »—qui la caractérisent comme une certaine note d'une octave définie. Par exemple, dans la chimie moderne il n'y a pas d'atome d'eau, car l'eau n'est pas un corps simple, mais une combinaison chimique de l'hydrogène avec l'oxygène. Pourtant, du point de vue de la « vraie chimie, » l'« atome » de l'eau représente un volume final et strictement défini de celle-ci, visible même à l'œil nu. M. G. m'a donné la définition exacte de l'atome d'eau, et a ajouté : « Certes, vous devez accepter cela sur la foi pour le moment. Mais ceux qui cherchent la Grande Connaissance sous la direction de celui qui est déjà en possession de celle-ci, se font personnellement, par le travail et la vérification des investigations, la démonstration de ce que sont les atomes de la matière de différentes densités. »

Ensuite, d'autres numéros sont passés devant mes yeux. J'ai clairement compris que tout dans l'univers était matériel, et que « tout pouvait être mesuré par le nombre.» La seule et unique matière chutait, selon la loi de octaves, en une série de notes séparées de différentes densités. Les nombres se combinaient selon certaines lois ; cela a été mesuré qui semblait incommensurable. Il a été précisé ce qui avait été appelé les « Qualités cosmiques » de la matière, et à mon grand étonnement, elles ont été citées, avec une explication montrant en quoi consistait l'erreur admise par la chimie contemporaine. En outre, la loi de la construction des atomes de matière de différentes densités a été montrée. Au cours de ces arguments, nous sommes passés, sans que je le remarque, à ce que l'on pourrait appeler « L'Octave de la Terre » et de cette façon, nous sommes retrouvés au point d'où nous avions commencé—sur terre, « à la maison. »

« Dans tout ce que je vous ai dit » a continué M. G., « mon but a été de ne pas vous communiquer de nouvelles connaissances. Non, je voulais seulement vous montrer avec une certaine vivacité que la connaissance de certaines lois permet vraiment à un homme, sans bouger de sa place, pour ainsi dire, de compter, mesurer et peser tout ce qui existe, l'infiniment grand tout comme l'infiniment petit. Tout dans l'univers est matériel, je le répète. Réfléchissez bien sur ces mots et vous comprendrez, même très partiellement, pourquoi je l'ai utilisé l'expression « plus matérialiste que le matérialisme . . . Maintenant, nous avons fait une légère connaissance avec les lois régissant la vie du Microcosme et nous sommes retournés à la terre. Rappelez-vous encore, « Ce qui est en bas est comme ce qui est en haut. Je pense que même maintenant, sans d'autres explications, vous n'allez pas contester le fait que la vie d'un individu—le Microcosme—est régie par les mêmes lois. Mais nous allons encore démontrer cette identité, ne serait-ce que par un seul exemple. Au cours de celui-ci, certains détails vous apparaîtront plus clairement par eux-mêmes. Prenons une question particulière, nous allons examiner le plan de travail de l'organisme humain. »

Ensuite, M. G. a tira un schéma du corps humain et l'a comparé à une usine à trois étages, les étages étant représentés par la tête, la poitrine et l'estomac. Toute l'usine prise dans son ensemble est un tout complet. C'est une octave du premier ordre, similaire à celle par laquelle l'examen du Microcosme a commencé. Chacun des étages représente également une octave entière du second ordre, subordonnée à la première. Ainsi, nous avons trois octaves subordonnées qui sont à nouveau semblables à celles du schéma de construction de l'univers. Chaque étage reçoit de l'extérieur de la « nourriture » de nature appropriée, l'assimile et se combine avec les matériaux qui sont déjà travaillés, et de cette manière l'usine travaille pour la production d'un certain type de produits.

« Je dois souligner, » a dit M. G. « qu'en dépit de la bonne conception de l'usine et de son aptitude à la production de biens, l'administration supérieure, par suite de son ignorance, gère l'entreprise de manière très peu rentable. Quel est le rôle d'une entreprise si, avec une consommation énorme et constante de matériau, la plus grande partie de ce qui est produit allait vers le simple support du fonctionnement de l'usine et de la consommation ultérieure et du travail sur le matériau que cela implique. Le reste des marchandises déjà produites est gaspillé de manière improductive et on ne sait pas dans quel but. Il est nécessaire d'organiser l'entreprise en conformité avec les données de la connaissance exacte, ensuite elle apportera un revenu important et clair, qui pourra être dépensé comme bon nous semble. Revenons, cependant, à notre schéma » . . . et il a expliqué que, alors que la nourriture de l'étage inférieur était la vraie nourriture (viande et boisson) prise par l'homme, l'air servait de nourriture pour l'étage intermédiaire et la nourriture de l'étage supérieur était ce qu'on pourrait généralement appeler les « impressions. » Ces trois sortes d'aliments, qui représentent la matière avec certaines qualités et densités, appartiennent à des octaves de divers ordres.

Je n'ai pas pu m'empêcher de demander ici : « Qu'en est-il la pensée ? »

« La pensée est matérielle, comme tout le reste, » a répondu M.G. « Il existe des méthodes au moyen desquelles on peut non seulement se convaincre de cela, mais, comme dans le cas de toutes les autres choses, on peut peser et mesurer la pensée, déterminer sa densité, et, en vertu de cela, comparer les pensées des hommes individuels et celles du même homme à des moments différents. On peut définir toutes les qualités de la pensée. Je vous ai déjà dit que tout dans l'univers était « matériel. »

Après cela, il a précisé que les trois types d'aliments mentionnés, étant reçus dans les différentes parties de l'organisme humain, le pénètre comme les points de départ de différentes octaves correspondantes (connectés entre eux par une certaine régularité de la loi), et donc chacun d'entre eux représente le « Do » de l'octave de son propre ordre. Les lois du développement des octaves sont les mêmes partout. Par exemple, « Do » de l'octave de la nourriture arrive dans l'estomac (le troisième « Do ») passe au demi-ton correspondant dans « Ré, » et par le biais du prochain passage à travers un demi-ton est ensuite converti en « Mi. » « Mi, » auquel manque un demi-ton, ne peut pas de manière indépendante, par le biais d'un développement naturel, passer dans « Fa. » Il est aidé par l'octave de la nourriture entrant dans la poitrine. Comme on l'a montré, celle-ci est une octave d'un ordre supérieur, et son « Do » (le second « Do ») ayant le demi-ton nécessaire à la transition vers « Ré, » semble rattraper le « Mi » de l'octave précédente et le transmuter dans « Fa. » Autrement dit, elle joue le rôle du demi-ton manquant et sert de « choc » pour le développement ultérieur de l'octave.

« Nous ne nous arrêterons pas maintenant, » a déclaré M. G., « sur l'examen de l'octave qui commence par le deuxième « Do, » ni sur celle du premier « Do » qui s'y joint à un endroit précis. Cela ne ferait que compliquer la situation présente. Nous avons maintenant assuré la possibilité d'un développement ultérieur de l'octave en discussion, grâce à la présence des demi-tons. « Fa » passe à travers un demi-ton dans « Sol » et en fait la matière qui est reçue ici semble être le « sel dans Sol'- la plus élevée qui puisse être produite par celui-ci. » Et se tournant de nouveau vers les numéros, il a illustré clairement sa pensée par leurs combinaisons.

« Le développement ultérieur de l'octave transfère « Sol, » à travers un demi-ton, dans « La, » et celle-ci, à travers un demi-ton, en « Si. » Ici l'octave s'arrête à nouveau. Un nouveau « choc » est nécessaire pour le passage de « Si » dans le « Do » d'une nouvelle octave de l'organisme humain. » Pour résumer, lorsque cet examen est terminé, le schéma ci-joint a aidé un peu à l'éclaircissement de la question abordée ici.

« Ajoutez ce que je viens de dire à notre conversation au sujet de la chimie et vous serez en mesure de tirer une conclusion valable, » a déclaré M. G.

À ce stade, sans attendre de comprendre moi-même la pensée qui m'est passée par la tête, j'ai demandé quelque chose sur l'utilité du jeûne. M.G. a cessé de parler. A. m'a regardé avec reproche et j'ai immédiatement vu toute l'inadéquation de ma question. J'ai voulu corriger mon erreur, mais je n'ai pas eu le temps de le faire avant que M. G. ne dise : « Je veux vous montrer une expérience, qui rendra les choses claires pour vous. » Mais après avoir échangé des regards avec A. et demandé quelque chose, il a dit : « Non, il vaut mieux plus tard, » et après un court silence, il a poursuivi : « Je vois que votre attention est fatiguée, mais je suis déjà arrivé presque au bout de ce je voulais vous dire aujourd'hui. J'avais l'intention de toucher d'une manière très générale la question du cours du développement de l'Homme, mais ce n'est pas très important maintenant. Remettons la conversation à ce sujet à un moment plus favorable.

« Puis-je conclure de ce que vous dites, » demandai-je, « que vous me permettrez de vous voir, même rarement, et de discuter sur la question qui m'intéresse ? »

« En ce qui me concerne, » répondit-il, « maintenant que nous avons commencé ces conversations, je n'ai aucune objection à les poursuivre. Beaucoup dépendra de vous à cet égard. Ce que je veux dire par là, il vous l'expliquera en détail. » Et il a désigné A. Puis, remarquant que j'allais me tourner vers A. pour cette explication, il a ajouté « mais pas maintenant, une autre fois. Maintenant, je veux vous dire ceci. Comme tout dans l'univers est un, donc par conséquent tout jouit de droits égaux, et donc de ce point de vue, la connaissance peut être acquise par une étude appropriée et complète, quel que soit le point de départ. Il faut seulement savoir comment « apprendre. » Le plus proche de nous est l'Homme et de tous les hommes, vous êtes le plus proche de vous. Commencez par l'étude de vous-même ; rappelez-vous la phrase « Connais-toi toi-même. » Il est possible qu'à présent elle acquière un sens plus intelligible pour vous. Pour commencer, A. vous aidera dans la mesure de ses propres forces et de la vôtre. Je vous conseille de bien vous souvenir du schéma de l'organisme humain que je vous ai donné. Nous allons parfois y revenir à l'avenir, en le complétant chaque fois en profondeur et en largeur. Maintenant, A. et moi allons vous laisser seul pendant un moment, car nous avons une petite affaire à régler. Je vous recommande de ne pas vous cassé la tête sur ce dont nous avons parlé, mais de leur donner un peu de repos. Même s'il arrive que vous oubliiez quelque chose, A. vous le rappellera plus tard. Bien sûr, ce serait mieux si vous n'en aviez pas besoin. Habituez-vous à ne rien oublier. Maintenant, prenez une tasse de café ; il vous fera du bien. »

Quand ils furent partis, je suivis le conseil de M. G, et, en me versant une tasse de café, je restai assis à la même place. Je compris que M. G. avait tiré sa conclusion au sujet de mon attention fatiguée de la question sur le jeûne que je lui avais posée. Et en fait, je reconnais que ma pensée était devenue plus faible en plus limitée vers la fin de la conversation. Par conséquent, en dépit de ma forte envie de parcourir tous les diagrammes et les nombre une fois de plus, j'ai décidé de laisser ma tête se reposer, pour reprendre l'expression de M. G, et je suis resté assis, les yeux fermés, essayant de ne penser à rien. Mais les pensées ont surgi en dépit de ma volonté, et j'ai essayé de les chasser.

Une vingtaine de minutes plus tard, A. est entré sans que je l'entende et m'a demandé : « Eh bien, comment vas-tu ? » Je n'avais pas eu le temps de lui répondre, quand j'ai entendu la voix de M. G. tout près, disant à quelqu'un : « Faites ce que je vous ai dit et vous verrez où est l'erreur. »

Puis il est entré, relevant le tapis sur la porte. Prenant la même place et la même attitude que précédemment, il se tourna vers moi. « J'espère que vous vous êtes reposé, même un peu. Parlons maintenant de questions au hasard, sans plan précis. »

Je lui ai dit que je voulais poser deux ou trois questions qui n'avaient pas de rapport immédiat avec le sujet de notre conversation, mais qui pourraient rendre plus clair le caractère de ce qu'il avait dit.

« Très bien, demandez, » va-t-il dit.

« Vous et A. avez cité tant de données de la science contemporaine que cette question se pose involontairement à mon esprit, « Les connaissances dont vous avez parlées sont-elles accessibles à un homme sans instruction, sans culture ? »

« Les données dont vous parlez ont été citées par nous seulement parce que vous possédez une certaine quantité de connaissances sur ces questions. Elles vous ont aidé à mieux comprendre. Elles n'étaient que des exemples. Ceci est la forme de la conversation, mais pas son essence. Les formes peuvent être très variées. Je ne dirai rien maintenant sur le rôle et l'importance de la science contemporaine. Cette question peut faire l'objet d'une conversation séparée. Je dirai seulement ceci—que le savant le plus instruit peut paraître un ignare absolu par rapport à un berger illettré, qui possède la connaissance. Cela semble paradoxal, mais en fait, la compréhension de l'essence de ces choses sur lesquelles le premier passera de longues années en recherches minutieuses sera acquise par ce dernier à un degré incomparablement plus complet pendant une méditation d'un jour. C'est une question de la façon de penser, de la « densité de la pensée. » Ce terme ne vous dit rien à l'heure actuelle, mais avec le temps, il deviendra clair de lui-même. Que voulez-vous demander d'autre ? »

« Pourquoi est-ce que se savoir est si soigneusement caché ? » j'ai demandé.

« Qu'est-ce qui vous amène à poser cette question ? »

« Certaines choses que j'ai eu la possibilité d'apprendre au cours de ma familiarisation avec la littérature occulte, » répondis-je. « Pour autant que je puisse en juger, » a déclaré M. G., « vous faites référence à la question de la soi-disant « initiation. » Oui ou non ? »—Je lui ai répondu par l'affirmative et M. G. reprit : « Oui, le fait est que, dans la littérature occulte, beaucoup a été dit qui est superflu et faux. Vous feriez mieux d'oublier tout cela. Toutes vos recherches dans ce domaine ont été un bon exercice pour votre esprit ; c'est là que réside leur grande valeur, mais seulement là. Ils ne vous ont pas donné la connaissance, d'après votre propre témoignage. Jugez tout du point de vue de votre bon sens ; devenez le possesseur de vos propres idées saines et n'acceptez pas quoi que ce soit sur la foi, et quand vous, vous-même, au moyen d'un raisonnement sain et d'arguments solides, vous arriverez à une certitude inébranlable, à une pleine compréhension de quelque chose, alors vous aurez atteint un certain degré d'initiation. Pensez-y plus profondément . . . Par exemple, aujourd'hui, nous avons eu une conversation avec vous. Rappelez-vous cette conversation, pensez, et vous serez entièrement d'accord avec moi que, en substance, je ne vous ai dit rien de nouveau. Vous saviez tout cela avant. La seule chose que j'ai faite a été de mettre vos connaissances en ordre. Je les ai systématisées, mais vous les aviez avant de me rencontrer. Vous les deviez à des efforts déjà déployés par vous dans ce domaine. Il a été facile pour moi de parler avec vous grâce à lui » -et il désigna A.-« parce qu'il a appris à me comprendre et parce qu'il vous connaissait. Par lui, je vous connaissais vous et vos connaissances (ainsi que la façon dont elles ont été obtenues) avant que vous veniez me voir. Mais en dépit de toutes ces conditions favorables, je peux dire avec confiance que vous ne maîtrisez pas même un centième de ce que j'ai dit. Mais je vous ai donné un indice sur les possibilités d'un nouveau point de vue, à partir duquel vous pouvez éclairer et combiner votre ancienne connaissance. Et grâce à ce travail, votre propre travail, vous serez en mesure de parvenir à une compréhension plus profonde de ce que j'ai dit. Vous vous « initierez » vous-même. Dans un an, nous pouvons dire la même chose, mais vous n'attendrez pas tout au long de cette année dans l'espoir que les pigeons rôtis volent tous seuls dans votre bouche. Vous travaillerez, et votre compréhension changera—vous serez plus initié. Il est impossible de donner à un homme tout ce qui pourrait devenir sa propriété inaliénable sans travail de sa part. Une telle initiation ne peut pas exister, mais malheureusement, les gens pensent souvent ainsi. Il n'y a que l'« auto-initiation. On peut montrer et diriger, mais pas « initier. » Mais les choses que vous avez rencontrées dans la littérature occulte à l'égard de cette question avaient été écrites par des personnes qui avaient perdu la clé de ce qu'ils ont transmis, sans aucun contrôle des mots des autres. Chaque médaille a son revers. L'étude de l'occultisme donne une sorte d'entraînement pour l'esprit, mais souvent, malheureusement, très souvent, les gens infectés par le poison du mystère et visant à des résultats concrets, mais ne possédant pas une connaissance complète de ce qui doit être fait, ni comment, s'infligent à eux-mêmes des dommages irréparables. L'harmonie est violée et il est cent fois mieux de ne rien faire que de faire sans connaissance. Vous avez dit que la connaissance était cachée. Ce n'est pas le cas. Elle n'est pas cachée, mais les gens sont incapables de la comprendre. Si vous commencez une conversation sur des idées mathématiques élevées avec un homme qui ne connait pas les mathématiques, à quoi cela servirait-il ? Il ne pourrait tout simplement pas vous comprendre. Et ici, la question est plus compliquée. Personnellement, je serais très heureux si je pouvais parler maintenant à quelqu'un, sans essayer de m'adapter à sa compréhension, sur ces sujets qui sont d'intérêt pour moi. Mais si je commençais à parler avec vous par exemple, vous me prendriez pour un fou, ou pire. Les gens ont trop peu de mots pour exprimer certaines notions. Mais là où les mots ne comptent pas, mais seulement de savoir d'où ils procèdent et le sens qui se trouve derrière eux, là, en l'absence de la compréhension, il est impossible de parler simplement. Vous avez eu l'occasion d'en faire l'expérience vous-même aujourd'hui. Je ne devrais pas parler à une autre personne de la même façon dont je vous ai parlé, parce qu'il ne me comprendrait pas. Vous vous êtes déjà initié tout seul dans une certaine mesure. Et avant de parler, il faut savoir et voir combien l'homme comprend. La compréhension vient seulement avec le travail. Donc, ce que vous appelez « dissimulation » est en fait l'« impossibilité de donner'—autrement tout serait tout à fait différent, et si néanmoins, en dépit de ce fait, ceux qui savent se mettaient à parler, ce serait une perte de temps et de travail inutile et tout à fait improductive. Ils ne parlent que quand ils savent que la personne qui écoute les comprend. »

« Alors, si moi par exemple, je voulais dire à quelqu'un ce que j'ai appris aujourd'hui de vous, est-ce que cela vous ennuierait ? »

« Vous voyez, » répondit M. G. « dès le début de notre conversation, j'ai prévu la possibilité de la poursuivre à l'avenir. Par conséquent, je vous ai dit quelque chose que je n'aurais pas dû vous dire dans le cas contraire. Je l'ai dit à l'avance, sachant que vous n'êtes pas prêt pour cela maintenant, mais avec l'intention de donner une certaine direction à vos réflexions sur ces questions. Vous vous convaincrez, suite à un examen plus approfondi, que c'est vraiment le cas, et vous comprendrez exactement de quoi je parle. Si vous concluez cela de vos conversations—et ce sera seulement à l'avantage de celui avec qui vous parlez—vous pouvez parler autant que vous le souhaitez. Alors, vous vous convaincrez que quelque chose qui est intelligible et clair pour vous sera inintelligible pour ceux qui écoutent. De ce point de vue, de telles conversations seront utiles pour vous. »

« Et quelle est votre attitude en ce qui concerne l'élargissement du cercle de personnes avec lesquelles vous pourriez entamer des relations, en leur donnant des indications qui pourraient les aider dans leur travail ? »—j'ai demandé.

« J'ai trop peu de temps libre pour le sacrifier pour d'autres sans être sûr que ce serait utile pour eux. Le temps a de la valeur pour moi, car j'en ai besoin pour mon travail et donc je ne peux pas et ne veux pas le dépenser de manière improductive. Mais je vous ai déjà parlé à ce sujet. »

« Non, ce n'était pas avec l'idée de faire de nouvelles connaissances que je vous l'ai demandé, mais dans le même sens que ces indications pourraient être données à travers la presse. Je pense que cela prendrait moins de temps que les conversations personnelles. »

« En d'autres termes, vous voulez savoir si les idées pourraient être présentées graduellement, dans une série de sketches, peut-être ? »

« Oui, » répondis-je, « mais je ne pense certainement pas qu'il serait possible d'exposer tout, complètement, mais il me semble qu'il pourrait être possible d'indiquer une certaine direction menant plus près de l'objectif. »

« Vous avez soulevé une question très intéressante, » a déclaré M. G., « Je l'ai souvent discutée avec certains de ceux avec qui je parle. Ce n'est pas la peine de répéter maintenant les considérations qui ont été exprimées par eux et par moi. Je peux seulement dire que nous avons tranché cette question dans le sens affirmatif pas plus tard que l'été dernier. Je n'ai pas refusé de prendre part à cette expérience, mais nous avons été empêchés de la réaliser à cause de la guerre. »

Pendant la courte conversation qui a suivi à ce sujet, l'idée m'est venue que si M. G. n'a rien contre la familiarisation du grand public avec certains points de vue et méthodes, il est possible que le ballet « La Lutte des magiciens » (le sujet de l'article qui m'a entraîné avec succès à sa recherche) puisse également contenir un sens caché qui représente non seulement une œuvre de fantaisie, mais un mystère. Je lui ai posé une question à ce sujet, exprimant ces idées, et j'ai mentionné que A. m'avait raconté le contenu du scénario.

« Mon ballet n'est pas un mystère, » répondit M. G. « Le but était de présenter un spectacle intéressant et beau. Bien sûr, sous les formes visibles un certain sens est caché, mais je n'ai pas visé à le démontrer ou à le souligner. La position principale dans ce ballet est occupée par certaines danses. Je vais vous expliquer cela brièvement. Imaginez que, dans l'étude des lois du mouvement des corps célestes, disons les planètes du système solaire, vous ayez construit un mécanisme spécial pour la représentation vivante et l'enregistrement de ces lois. Chaque planète de ce mécanisme est représentée par une balle de taille correspondante et est placée à une distance strictement déterminée par rapport à la balle centrale qui représente le soleil. Vous mettez le mécanisme en mouvement et toutes les balles commencent à tourner et à se déplacer selon des trajets précis, reproduisant d'une manière réaliste les lois qui régissent leurs mouvements. Ce mécanisme vous rappelle vos connaissances. De la même façon, dans le rythme de certaines danses, dans des mouvements et des combinaisons de danses strictement déterminés, certaines lois sont vivement rappelées. Ces danses sont appelées sacrées. Au cours de la période de mes pérégrinations en Orient, j'ai souvent vu des danses de ce genre exécutés au cours des cérémonies sacrées accomplies dans certains temples anciens. Ce spectacle est inaccessible et inconnu des Européens. Certaines de ces danses sont reproduites dans « La lutte des Magiciens. Plus encore, je peux vous dire qu'à la base de « La lutte des Magiciens » se trouvent trois idées, mais comme je n'avais aucun espoir qu'elles soient comprises par le public si je donnais seulement le ballet sur la scène, je l'ai appelé tout simplement un spectacle. »—M. G. a parlé un peu plus sur le ballet et les danses, puis il a repris :

« Telle est l'origine des danses, leur signification dans le passé lointain. Je vais vous demander maintenant, a-t-on préservé quelque chose dans cette branche de « l'art » contemporain qui puisse rappeler, même de loin, son ancienne signification profonde et son but ?

Que trouvons-nous ici, à part la trivialité ? » Et après un court silence, comme s'il attendait ma réponse, et en regardant devant lui avec une triste attention, il dit : « Et l'art contemporain dans son ensemble n'a rien à voir avec l'art sacré ancien. . . . Y avez-vous pensé ? Quelle est votre opinion sur cette question ? »

Je lui ai expliqué que, parmi d'autres questions qui m'ont intéressé, la question de l'art occupait l'une des premières places. Pour être précis, je me suis intéressé non pas tant à des œuvres d'art, c'est-à-dire à ses résultats, qu'à son rôle et importance dans la vie de l'humanité. J'ai souvent discuté de cette question avec ceux qui me semblaient être plus versés que moi dans ces questions—musiciens, peintres, sculpteurs, artistes et hommes de lettres, et ceux qui sont tout simplement intéressés par et qui étudient l'art. Il m'était arrivé d'entendre beaucoup de raisonnements de tous ordres, souvent contradictoires. Certains (il est vrai que peu nombreux) appelaient l'art un divertissement, en l'absence d'une occupation ; mais le plus grand nombre convenaient que l'art est « sacré » et que la « création » de ses serviteurs porte en soi un « sceau d'inspiration divine. » En général, je ne m'étais formé aucune opinion que je pourrais appeler une conviction solide, et cette question était restée ouverte jusqu'à présent. Tout cela je l'ai exprimé à M. G. aussi clairement que possible.

Il a écouté mon explication avec attention et a dit :

« Vous avez raison de dire qu'il y a beaucoup d'opinions contradictoires à ce sujet. Cela ne suffit-il pas pour prouver que les gens ne connaissent pas la vérité ? Là où est la vérité, il ne peut y avoir beaucoup d'opinions différentes. Dans les premiers jours de l'antiquité, ce qui est maintenant appelé art servait les objectifs de la Grande Connaissance. Et comme nous l'avons mentionné brièvement, en parlant des danses, les œuvres d'art représentaient principalement l'exposition et l'enregistrement des lois éternelles de la construction de l'univers. Ceux qui se sont consacrés à l'étude d'une question et ont ainsi acquis une connaissance des lois importantes les ont enregistrées dans les œuvres d'art, tout comme cela se fait maintenant à l'aide de livres. »

A ce stade, M. G. a cité quelques noms qui m'étaient inconnus pour la plupart et que j'ai oubliés. Puis il a continué : « Cet art n'a poursuivi ni le but de la « beauté, » ni le but de produire une similitude avec quelque chose ou quelqu'un. Par exemple, une statue antique créée par un tel artiste n'est pas la copie du corps d'un homme, ni l'expression d'une sensation subjective, mais elle est soit la reproduction des lois de la connaissance exprimée en termes du corps humain, soit le moyen d'une transmission objective d'un état d'esprit, forme et action à la fois, et tout le reste étant conforme à la loi. »

Après un bref silence pendant lequel il a semblé réfléchir sur quelque chose, M. G. a reprit : « Comme nous avons abordé l'art, je vais vous raconter un épisode qui m'est arrivé récemment et dont l'examen va éclairer quelques points de notre conversation d'aujourd'hui. Parmi mes connaissances ici, à Moscou, il se trouve qu'il y a un compagnon de ma petite enfance, le célèbre sculpteur—M. X. Après l'avoir rencontré et visité sa maison, j'ai remarqué dans sa bibliothèque un certain nombre de livres sur la philosophie hindoue et l'occultisme et au cours de la conversation j'ai découvert qu'il était sérieusement intéressé par ces questions. Voyant à quel point il était impuissant à faire un examen indépendant des questions qui s'y rattachent, et ne voulant pas lui montrer ma propre familiarité avec celles-ci, j'ai demandé à un homme qui a souvent parlé avec moi sur ces sujets, un certain M. P., de s'approcher lui-même de M. X. M. X et M. P. ont fait connaissance, se sont rencontrés et ont eu des conversations. Un jour, P. m'a dit que l'intérêt de M. X dans ces questions était purement spéculatif, son essence n'étant nullement touchée par elles, et que, par conséquent, il a vu peu d'utilité dans ces discussions. (Je lui ai conseillé de déplacer la conversation imperceptiblement sur un sujet qui préoccupait X de plus près.) Après cette indication, dans le cadre de ce qui semblait être une conversation purement occasionnelle, à laquelle j'étais présent, P. a abordé la question de l'art et de la « création, » après quoi X. a expliqué qu'il « sentait » la justesse des formes sculpturales et a demandé à P., entre autres questions : « Savez-vous pourquoi Gogol, sur le monument qui se trouve sur la place Abat, a un nez extraordinairement long ? » Et puis il raconta comment, en regardant Gogol de profil sur ce monument, il a estimé que, comme il disait, «la douceur du profil» était violée au point du nez. (Le nouveau monument au grand écrivain russe, Gogol, à Moscou, a suscité beaucoup de discussions au moment de son érection en raison d'un trop long nez.)

« Désireux de vérifier la justesse de ce « sentiment, » il a décidé de chercher le masque post mortem de Gogol, que, après une longue recherche, il a trouvé en la possession de M. H. Connaissant bien la méthode de prise des masques et les erreurs qui pouvaient s'y produire, il a examiné le masque qu'il avait trouvé, et qui était irréprochablement exécuté, en accordant une attention particulière au nez. À un examen attentif, il a remarqué le point suivant. Il est probable que lorsque le masque a été pris, un certain vide, comme une petite bulle d'air, se fût formé juste à l'endroit où, dans l'opinion de X, la douceur du profil a été violée. L'homme qui a pris le masque avait rempli le vide sans s'y connaître et avait changé la forme du nez de l'écrivain. Les sculpteurs qui ont utilisé le masque, sans le vérifier, ont meublé le visage de Gogol d'un nez qui ne lui appartenait pas . . . Que dire de cet incident ? N'est-il pas évident qu'une telle chose n'aurait pu avoir lieu qu'en l'absence de connaissance réelle ? Tandis qu'un homme a utilisé le masque, croyant pleinement à son infaillibilité, l'autre, 'sentant' le défaut dans l'exécution, a cherché la confirmation de ses « suppositions.» L'un n'est pas supérieur à l'autre. Alors que, avec la connaissance des lois de la mesure du corps humain, on pourrait, non seulement à partir du masque du visage reconstruire l'extrémité du nez de Gogol, mais à partir du nez seul reconstruire l'ensemble de son corps exactement comme il a été. Attardons-nous un peu plus là-dessus pour expliquer ce que je veux marquer par là.

« Aujourd'hui, j'ai brièvement examiné la loi de l'octave. Vous avez vu que, avec la connaissance de cette loi on connaît précisément la place de tout ce qui existe, et vice versa ; si l'on connaît la place, on sait ce qui existe en elle et de quel genre. Tout peut être calculé ; on doit seulement savoir comment calculer, comment passer d'une octave à l'autre et à la combinaison de nombres. Comme tout le reste, le corps humain, qui représente un tout, porte en lui-même et sur lui-même cette régularité de mesure. En fonction du nombre de notes de l'octave et de ses lacunes, le corps humain a neuf mesures principales exprimées en nombres d'une dimension définie. Pour les personnes individuelles, ces nombres varient beaucoup, bien sûr—dans certaines limites précises. Ces neuf mesures principales, donnant une octave complète de premier ordre, sont transmutées par une certaine méthode de combinaison dans les mesures des octaves subordonnées, et au moyen d'un large développement de ce système subordonné, elles fournissent toutes les mesures sans exception, de tout membre, et de toute partie d'un membre du corps humain, étant donné que ceux-ci se trouvent tous dans une relation réciproque définie. Chaque note d'une octave est elle-même une octave complète. Par conséquent, il est nécessaire de connaître les règles des corrélations et des combinaisons et du passage d'une échelle à une autre. Je vais l'expliquer par un exemple simple qui peut vous être familier depuis que vous étiez élève. Si vous prenez un nombre quelconque et en déduisez la somme de ses chiffres, la différence sera toujours un multiple de neuf. Pourquoi il est ainsi, je ne vais pas l'expliquer. Si vous avez une légère connaissance de la science des nombres, vous trouverez par vous-même. Par exemple:

```
 3875
  -23
 3852
```

Comme vous le voyez, le nombre obtenu (3852) est un multiple de neuf parce que la somme de ses chiffres (dix-huit) est divisible par neuf. Si vous effectuez le même processus avec un nombre initialement inconnu de moi, et déduisez du résultat un nombre quelconque, par exemple cinq, et vous me dites le total des chiffres restants (treize), moi, sachant la méthode par laquelle vous êtes arrivé à ce résultat, et sachant qu'il doit infailliblement être un multiple de neuf, je vous dirai le chiffre retenu, le trouvant par une simple déduction du nombre que vous m'avez donné (treize) du plus grand nombre suivant qui est un multiple de neuf (dix-huit). Imaginez que les chiffres du numéro d'origine sont les notes de l'octave de la mesure d'un certain ordre disposées dans une certaine succession. Après avoir effectué certaines opérations avec elles (comme la déduction du total des chiffres dans notre exemple), elles produiront une nouvelle octave subordonnée. Celui qui sait comment et pourquoi il le fait, sait exactement quel résultat et pourquoi précisément ce résultat-là sera obtenu par lui. Il connaît à la fois l'ordre de l'octave et la mesure de ses notes. Si le premier numéro a donné les mesures, supposons, en yards, les chiffres finaux seront en pieds ou en pouces. Seule une connaissance exacte est nécessaire pour savoir pourquoi, comment et à quelle fin. Supposons par exemple que les numéros originaux se réfèrent à l'octave de l'ensemble du visage qui peut être obtenu en mesurant le masque. Par certaines combinaisons, nous passons à l'octave subordonnée du nez. Et laissons le nombre déduit (cinq) se référer au bout du nez. Comme résultat de la déduction, le nez n'a pas de bout ou est mutilé. Au lieu de cinq, sept a été placé là. Et où est la loi inébranlable ? Est-ce que tout autre nombre que cinq peut se trouver ici ? . . . L'exemple des nombres que nous avons pris illustre de façon plus vivante seulement une partie de ce que j'ai dit. Tout est combiné suivant une régularité indissoluble et immuable de la loi. Chaque note de l'octave représente une octave par elle-même. C'est comme si autour de chaque point, neuf points subordonnés étaient regroupés, et ainsi de suite pour les atomes de l'atome. Connaissant les lois d'origine, l'homme connaît aussi les lois de l'ascension, et par conséquent il peut non seulement passer des principales octaves aux subordonnées, mais aussi vice versa. On peut donc, non seulement à partir du visage, reconstruire tout le visage et le corps d'un homme, inexorablement et exactement, sans devinettes, suppositions ou admissions. On ne cherche pas la beauté ou la ressemblance, mais on crée ce qui ne peut être rien d'autre que ce qu'il est . . .

« C'est plus exact que les mathématiques, parce qu'ici vous ne rencontrez pas des 'incertitudes'. Ceci est réalisé par l'étude, non pas de la nature de celle des mathématiques, mais d'une nature beaucoup plus profonde et plus vaste. Cette idée peut être quelque peu expliquée par ce que je vais dire en référence à l'exemple numérique que j'ai pris. Si vous saviez, par exemple, que dans la combinaison des nombres que nous avons faite, ce résultat serait toujours atteint et sans vous demander pourquoi il en était ainsi, vous limitant à la simple combinaison, on peut dire que vous ne savez pas de la manière dont il est nécessaire. C'est-à-dire « que vous ne savez pas.» Mais si vous examinez en détail et exactement pourquoi on est arrivé précisément à un tel résultat, pourquoi cette seule combinaison y conduit, (si tant est que vous appreniez correctement la loi), vous pouvez, en l'utilisant comme base, l'appliquer à la toute une série de combinaisons vous-même. Cette capacité de reconnaître et d'appliquer est l'une des qualités de la pensée dont je parlais. C'est la compréhension qui est nécessaire. Dans une conversation avec quelqu'un qui sait autrement, il est possible de parler pendant des dizaines d'années sur les questions les plus simples sans arriver à un résultat. D'ailleurs, en parlant à X. sur la question du nez de Gogol, j'ai voulu exprimer les mêmes pensées que j'ai exprimées devant vous.

« P. a cité un exemple numérique comme celui que nous avons examiné tout à l'heure, mais sans l'expliquer en détail—simplement en devinant le nombre que M. X avait déduit, et celui-ci a demandé : « Qu'est-ce que c'est, un truc ? » Vous voyez qu'une simple question peut montrer comment un homme n'a pas cette attitude de pensée qui est nécessaire, et que même avec le désir d'élucider la question, le manque de préparation et l'incompréhension de l'auditeur peuvent anéantir toutes les paroles du locuteur, ou alors il faut parler trop et trop longuement et les résultats obtenus ne correspondront pas aux efforts et au temps dépensés. De quoi et comment pourrais-je lui parler après cela ? Ce type de compréhension, je l'appelle la « compréhension littérale » et il est trop commun aux hommes.

« Tout cette histoire autour du nez de Gogol m'a confirmé encore une fois ce que je connaissais bien avant et avais constaté dans des milliers de cas. Il n'y a pas très longtemps, j'étais à Petrograd et j'ai eu une conversation avec un compositeur renommé. De cette conversation, j'ai vu clairement combien pauvres et lacunaires étaient ses connaissances dans le domaine de la « vraie » musique et combien profond était l'abîme de son ignorance. Rappelez-vous Orphée, qui a enseigné la connaissance au moyen de la musique, et vous comprendrez ce que j'appelle la « vraie » musique sacrée. »

« Non, » a poursuivi M. G., « pour ce genre de musique, des conditions particulières seront nécessaires, et alors « La lutte des Magiciens »ne serait plus un simple spectacle. Tel qu'il est, il y aura seulement, dans certains des actes, des fragments des airs que j'ai entendus dans certains temples. Et même une telle vraie musique ne transmettrait rien aux auditeurs, ne leur rappellerait rien, parce que ses clés sont perdues pour les hommes et peut-être n'sont-elles jamais été connues à l'Ouest. Les clés de tout art ancien sont perdues. Elles ont été perdues il y a plusieurs siècles. Et donc il n'y a plus d'art sacré incarnant les grandes lois de la Grande Connaissance et de servant comme un moyen d'influencer les instincts des masses. Il n'y a pas de créateurs. Les prêtres contemporains du Grand Art ne 'créent' pas '-ils 'imitent' quelque chose. Ils courent après la beauté et la ressemblance ou après ce qu'on appelle « l'originalité, » sans posséder, même là, les 'tendances' de l'art ; ou, en vertu de leur ignorance, ils confondent leur imagination produite par des associations subjectives avec les associations objectives. Bien que ne sachant pas, et n'étant pas être en mesure de faire quoi que ce soit, vu qu'ils errent dans les ténèbres, ils sont adulés par une foule qui les place sur un piédestal et regarde vers eux d'en bas. L'art sacré a disparu et derrière lui, il n'y a que l'auréole qui entourait ses serviteurs, et cette auréole (comme l'hypnose) est entre les mains des hommes qui l'ont attribuée à ceux qui ne le méritent pas du tout. Je dis cela avec assurance parce que je le sais. Tous les mots actuels sur l'Étincelle divine, le Talent, le Génie, la Création, l'Art sacré n'ont pas de base solide—ce sont des anachronismes. Quels sont ces talents ? Nous allons en parler un jour, quand nous aurons l'occasion. L'une des deux choses : soit le métier du cordonnier devrait être appelé art, soit tout l'art contemporain, artisanat. En quoi un cordonnier qui coud de belles chaussures à la mode sur mesure est-il pire qu'un serviteur de l'art qui, dans son travail, poursuit le but de la ressemblance ou de l'originalité ? Avec la connaissance, la confection des chaussures peut être un art sacré aussi, mais sans la connaissance, le meilleur des 'Prêtres' de l'art contemporain est pire qu'un cordonnier.»

Ces derniers mots ont été prononcés avec emphase. Ensuite, M. G. retomba dans le silence. A. était silencieux aussi.

Toute la conversation précédente a produit une telle impression sur moi que j'ai bien senti que A. avait eu raison de me prévenir que, pour que M. G. puisse parler, il fallait plus que la simple volonté de l'homme qui venait le voir. Ma pensée a fonctionné exactement et clairement. Des milliers de questions me venaient à l'esprit, mais aucune, je l'ai senti, ne correspondait à la profondeur de ce que j'avais entendu et je suis resté silencieux. Je regardai M. G. Il leva lentement la tête, et, comme s'il écoutait quelque chose, déclara :

Il faut que j'y aille. Pour aujourd'hui, cela suffit. Dans une demi-heure, une charrette sera là pour vous emmener à la gare. Nous allons vous accompagner. Quant à d'autres plans, il vous en dira plus,» dit-il, en hochant la tête en direction de A. Et, se tournant vers lui, il a ajouté :« Prenez ma place en tant qu'hôte. Prenez votre petit déjeuner avec l'invité. Après l'avoir accompagné à la gare, revenez. Bien, au revoir.»

Je me suis levé, et en lui disant que je ne pouvais pas trouver les mots pour exprimer ma gratitude, et je pris congé de lui.

À ce moment, A. traversa la pièce vers le mur de droite et tira la corde cachée du côté de l'ottomane. Le tapis, derrière lequel se trouvait une grande fenêtre italienne, s'écarta, et un matin d'hiver glacial et clair pénétra dans la pièce. Cela m'a pris un peu par surprise. Jusqu'à ce moment-là, je n'avais pas pensé une seule fois au temps.

Pourquoi ! Quelle heure est-il ? » me suis-je écrié, me remettant de mon étonnement.

« Bientôt neuf heures, » répondit A., éteignait les deux lampes.

« Comme vous le voyez, le temps n'existe pas ici, » at-il ajouté en souriant.

CONFÉRENCE (PRÉ-INSTITUT)

« Ainsi est l'homme ordinaire. Il peut vivre toute sa vie comme il est.

Dans le même temps, la nature lui a donné la possibilité de changer, mais cela ne signifie pas qu'un changement doive nécessairement avoir lieu.

Ce changement dont vous parlez est possible, mais il est difficile de dire si quelqu'un a la chance de l'atteindre. Il y a plusieurs raisons qui ne dépendent pas de nous et qui peuvent l'empêcher.

La principale raison est en nous-mêmes, et c'est Satan, comme on l'appelle.

Pour bien comprendre ce que cette nouvelle chose est, nous devons nous arrêter là-dessus et entrer dans de plus amples détails.

La nature, dans sa prévoyance, a donné à la machine de l'homme une certaine propriété, qui le protège contre la sensation et la perception de la réalité.

C'est Satan.

Prenons un fait réel. Tous les hommes sont mortels et chaque homme peut mourir à tout moment. Je peux imaginer que M. Smith sort du théâtre, et en traversant la rue, il tombe sous une automobile qui l'écrase à mort. Ou bien un panneau est arraché et tombe juste sur la tête de M. Jones et le tue sur place. Ou encore M. Brown mange des écrevisses, s'empoisonne et meurt le lendemain sans que personne ne puisse le sauver.

Tout cela, tout le monde peut facilement l'imaginer. Mais, nous le demandons, est-ce que quelqu'un peut imaginer que lui-même, en ce moment ou demain, ou dans un an ou dans dix ans mourra également ? Vraiment, si nous y pensons attentivement—la mort est une terreur. Qu'y va-t-il de plus terrible que la mort ? Qu'est-ce qui se passerait s'il imaginait vraiment cette terreur, sa propre mort ? Pouvez-vous imaginer la terreur ? Vous ne pouvez pas imaginer votre propre mort, mais vous pouvez imaginer la mort d'un autre. Outre ces terreurs, il y a beaucoup d'autres terreurs dans la réalité, dont nous ne sommes pas conscients, que nous ne voyons pas. Si les hommes en devenaient conscients, ils se pendraient de terreur. Mais personne ne le voit. Pourquoi ? Peut-être que quelqu'un va dire que c'est notre volonté qui nous protège contre la conscience de ces terreurs ? Mais alors pourquoi notre volonté ne nous protège-t-elle pas contre les petites peurs ?

Imaginez que vous rentrez à la maison, vous vous déshabillez, vous allez au lit, et au même moment où vous vous couvrez avec la couverture, quelque chose saute de sous le lit, court à travers votre corps et se cache dans les plis de la couverture. Vous jetez votre couverture, vous levez vos jambes et vous voyez une souris. Imaginez ce tableau et rien que d'y penser, un frisson parcourra votre corps. Et qu'est-ce qui était si terrifiant dans ce cas, une souris de maison, la plus inoffensive des bêtes. Vous ne ressentez pas la terreur devant les décès inévitables mais vous avez peur d'une souris, peur de mille bagatelles qui pourraient éventuellement se produire.

Ces terreurs à cause desquelles vous ne vous pendez pas sont admises par la Nature comme offensantes pour votre existence, dans la mesure où elles sont nécessaires pour vous donner l'expérience de la joie et du chagrin, du plaisir et de la douleur. Sans elles, les expériences dont notre vie est faite ne pourraient pas exister. C'est la source de nombreux problèmes, tristesses, efforts, amours-propres, vanités qui poussent l'homme à agir, à aspirer, à avoir des illusions et des désillusions. Voilà ce qui soutient la vie. Ces mêmes choses nous donnent les rêves, les imaginations et les illusions, et éveillent les désirs les plus divers chez l'homme. Et il en est toujours plein. Elles lui donnent l'impulsion nécessaire et remplissent sa vie, et il n'a pas le temps de sentir la réalité. Souvent, ces objectifs sont inaccessibles, mais l'homme ne le voit pas et continue d'essayer et d'essayer encore. Quand un type de problème passe, un autre apparaît. La machine de l'homme doit travailler tout le temps.

Et maintenant, imaginez que vous savez, que vous vous rappelez, même si seulement avec votre tête, que vous allez mourir dans un mois. Exactement un mois. Que restera alors de tout ce qui a rempli nos jours ? Tout ce que vous avez va perdre son sens et ne représentera rien. Et le journal avec votre café du matin, et le bonjour poli de vos voisins dans l'escalier, et votre travail professionnel et vos effets personnels, et le théâtre dans la soirée, et le repos et le sommeil—à quoi rime tout cela ?

Mais si la mort ne vient que dans un an ou deux ? Même alors, rien n'aurait plus le même sens qu'il avait pour nous avant. Involontairement, vous demanderez : si tel est le cas, pourquoi devrions-nous vivre ?

Précisément pas parce que votre vie est pour vous-même. Votre vie est nécessaire à quelqu'un d'autre, qui veille sur elle et prend soin d'elle, pour que vous puissiez être en mesure de vivre un peu mieux. Nous prenons soin et nous veillons sur la vie de nos moutons et de nos cochons. Lorsque nous les nourrissons, est-ce que nous ne le faisons parce que nous les aimons, ou pour les garder en vie ? Non, nous leur rendons les vies heureuses et bonnes, et nous leurs organisons toutes sortes de confort afin que, lorsque le temps de les tuer vient, nous puissions obtenir une meilleure viande et plus de graisse.

Juste de la même manière, évidemment, quelqu'un veut que nous vivions, souhaite que nous ne voyions pas toutes nos terreurs pour pas que nous nous pendions, il souhaite que nous vivions long-temps, de sorte que celui à qui nous sommes nécessaires puisse nous tuer doucement et gentiment au moment venu. Ne pas voir la réalité et ne pas la sentir comme elle est, est la principale forme de notre esclavage. Nous avons de nombreux esclavages, mais celui-ci est le premier, est le plus important. Telle est la loi de la Nature. L'existence de l'ensemble de l'humanité et de tout ce qui vit est indispensable pour les grands. Dans la vie il y a un grand but, ce qui justifie son destin. Nous devons servir d'esclaves—tel est notre destin. Et en même temps, la nature a prévu la possibilité, mais pas pour tout le monde, de se débarrasser de cet esclavage.

Le fait de s'en débarrasser est la première libération. La vie à deux directions, la vie est comme deux rivières.

Tous les êtres vivants sur terre sont subdivisés en deux courants ; une partie va avec un courant, l'autre partie avec l'autre. Ceux de la première partie sont subordonnés et ont en eux-mêmes un type de loi, les autres en ont un autre. Les deux lois sont toujours en colli-sion, l'un avec l'autre, se croisent, courent l'une à côté de l'autre, ne se mélangent jamais, se soutiennent mutuellement ; en étant né-cessaires l'une à l'autre. Toujours il en était ainsi, ce sera toujours ainsi. Maintenant, si nous prenons la vie des masses, leur vie dans leur ensemble est comme l'une des rivières, où chaque goutte d'eau représente la vie d'un individu ou d'une autre créature vivante.

Toutes ces gouttes distinctes vont former ensemble la rivière, qui à son tour est un maillon de la chaîne cosmique. Le courant de cette rivière coule selon la loi cosmique générale. Tous ses tournants, toutes ses courbes, tous ses changements ont un but très précis. À cet effet, chaque goutte a sa place seulement dans la mesure où elle est une particule du grand fleuve. La loi ne couvre pas les gouttes séparées. Le changement de la place des gouttes, leur direction, leur mouvement, ont seulement un caractère occasionnel. En ce moment la goutte est ici, le moment suivant elle ailleurs. À un moment donné, elle est à la surface, à un autre moment elle coule. Parfois, elle entre en collision avec une autre, elle coule. Ou bien elle coule rapidement ou lentement, qu'elle soit bonne ou mauvaise dépend de l'endroit où elle tombe. Elle n'a pas de lois distinctes. Elle n'a pas de destin personnel. Le destin est seulement pour l'ensemble de la rivière ; toutes les gouttes ont le même. La douleur personnelle, la joie, le bonheur, la souffrance, tout ceci est accidentel dans ce courant.

Mais chaque goutte a la possibilité principale de quitter ce courant commun et de sauter dans la deuxième rivière voisine. C'est aussi une loi de la Nature.

Pour cela, la goutte doit savoir comment utiliser l'inertie de l'ensemble de la rivière ; comment utiliser les chocs occasionnels pour remonter à la surface et se rapprocher des berges à partir desquelles il est plus facile de sauter.

Il est nécessaire de choisir le lieu et le temps. Il est nécessaire de se servir du vent, du courant des tempêtes, si tel est le cas. Ensuite, la goutte a une chance avec la gerbe de monter et de sauter dans la rivière voisine.

À partir du moment où elle y arrive, c'est dans une autre vie, et donc elle est soumise à d'autres lois.

Dans cette rivière, il y a des lois pour les gouttes distinctes. Il y a la loi du tournant. Lorsque la goutte monte ou descend vers le fond, ce n'est pas par accident, mais selon une certaine loi. Cette loi est également mécanique, tout comme dans le premier fleuve. En montant à la surface, la goutte devient plus lourde et sombre. Dans les profondeurs, elle perd du poids et remonte. Flotter à la surface est bon pour elle, mais être dans les profondeurs est mal. Et ici, beaucoup dépend de la connaissance et des efforts.

Cette rivière a de nombreux petits cours d'eau. Il est nécessaire d'entrer dans le courant juste et de rester à la surface aussi longtemps que possible afin d'obtenir la possibilité d'atteindre un autre lit, et ainsi de suite.

Nous sommes maintenant dans la première rivière. Tant que nous sommes passifs, nous serons poussés de ci de là et exposés à tous les hasards. Nous sommes les esclaves de ces hasards. Mais en même temps, la Nature nous a donné la permission d'être en mesure de sortir de cet esclavage. Et quand on parle de « libération, » cela signifie simplement arriver dans une autre rivière.

Mais cela n'est certainement pas aussi simple, « vous voulez passer et vous passez. » Il est nécessaire de faire une longue préparation ; un très fort désir est nécessaire. Il est nécessaire de renoncer à toutes les aubaines du monde qui se trouvent dans la première rivière. Pour cela, il est nécessaire de mourir pour cette rivière.

C'est précisément de cette mort qu'il est question dans toutes les religions. Si vous ne mourez pas vous ne serez pas ressuscité. On ne parle pas de la mort du corps physique. Pour cette mort, il n'est pas nécessaire d'être ressuscité. S'il y a une âme, plus encore, une âme immortelle, elle peut se passer de ce corps, dont la perte est appelée la mort.

Et la raison de la résurrection n'est pas de comparaître devant Dieu, comme nous l'enseigne les pères contemporains de l'Église. Non, le Christ et tous les autres ont parlé de la mort qui peut se produire même pendant que nous sommes en vie, de la mort du tyran dont vient notre esclavage, sur la mort duquel dépend la première libération importante de l'homme.

Ce que je suis en train de vous dire peut paraître à première vue comme le délire d'un fou. Pour certains, il le restera. Néanmoins, je vais le dire. Et en même temps, selon mes idées, je pense que c'est un grand péché d'en parler. Si j'ai péché contre la Nature, mon péché capital sera compté dans ce domaine dont je vais parler.

Toutes les guerres, tous les différends, tous les malentendus, tous les malheurs, toutes les expériences qui semblent terribles quand ils se produisent, une fois qu'elles sont passées, nous nous rendons compte qu'elles ne valent pas un cent. C'est comme si d'une mouche on devait obtenir un éléphant, et maintenant d'un éléphant, une mouche. La raison de ceci est toujours la même propriété de l'homme, le fait qu'il reflète la réalité en sens inverse.

Au cours de ces événements, tous sont des esclaves, et tous sont sous hypnose générale. Où est la dignité attribuée à l'homme ? Où est l'homme avec son libre arbitre ?

Il a toujours été ainsi et ce sera toujours ainsi avec les masses, parce que s'il n'y a pas d'esclaves, il n'y aura pas de maîtres, il n'y aura pas de vie.

Mais en même temps, il est donné à certains de s'affranchir de l'hypnose de masse. Les hommes comprennent si peu cette hypnose de masse, que celui qui est plus ou moins libre de celle-ci apparaît comme un être d'un ordre inférieur. Ce qu'on appelle la bravoure à la guerre n'est vraiment qu'une manifestation de cette hypnose de masse. Il existe des nations entières qui estiment les autres lâches, comme par exemple, les Russes qui le pensent des Juifs. Mais le batteur juif qui, selon le raisonnement des Russes, se cache par lâcheté dans un fossé pendant la bataille, est un homme bien plus normal, plus libre qu'eux. Ce qu'il a est personnel, tandis que pour les autres, tout ce qui est personnel manque. Il ne reste que l'hypnose de masse. Il n'est que l'esclave de ses qualités personnelles, alors que ceux-là sont deux fois esclaves.

Si nous enlevons à quelqu'un toutes ses illusions, tout ce qui l'empêche de voir la vraie réalité, à savoir ses intérêts, ses excitations, ses éveils, ses espoirs, toutes ses aspirations disparaîtront avec. Tout sera vide. Toutes les impulsions de son psychisme seront bloquées. Il restera un être vide, un corps vide qui ne vivra que physiologiquement. C'est la mort du « je.» La mort de tout ce dont il est composé, la destruction de tout ce qui est faux, accumulé par ignorance et manque d'expérience.

Tout ce qui restera en lui sera là seulement en tant que matière, non pas en tant que lui-même. Alors seulement il sera possible, s'il y a assez de force, de recueillir un nouveau matériau—et cela seulement par choix. Ensuite c'est l'homme lui-même qui prend, et ce n'est plus comme auparavant, lorsque des choses étaient mises en lui, selon la volonté de quelqu'un d'autre. C'est difficile, mais ce mot n'est pas approprié. Le mot « impossible » est aussi mauvais, parce que, en principe, c'est possible, même si c'est mille fois plus difficile que de devenir un millionnaire à partir de rien, à travers un travail honnête.

STUPÉFIANTS ET HORMONES

LES STUPÉFIANTS

Les stupéfiants qui créent des états extatiques, tels que le haschisch et certains autres, ne touchent pas les centres supérieurs, mais les plus faibles, suppriment temporairement en eux ce qui les empêche d'entendre la voix des centres supérieurs, et unissent les trois centres—le formateur, l'émotionnel et l'instinctif—pour un travail conjoint. Mais l'action des stupéfiants ordinaires est très incertaine et imprécise ; bien que, en même temps, il soit possible de préparer des substances spéciales qui agissent d'une manière très précise sur les centres de l'organisme humain et produisent tel ou tel autre effet sur la volonté. Ces stupéfiants spécialement préparés sont utilisés dans les écoles psychologiques de l'Est pour diverses expériences.

En ce qui concerne l'usage de stupéfiants, toutes les écoles peuvent être divisées en deux catégories : dans un premier cas, les drogues sont utilisées pour atteindre certains résultats précis, par exemple, l'expérience peut montrer qu'une certaine substance, introduite dans l'organisme, peut donner à un homme certains pouvoirs et des capacités qu'ils ne possèdent pas habituellement. Dans ce cas, les drogues peuvent être utilisées pour créer ces états, et pour les utiliser à des fins précises. Par exemple, sous l'influence de certains stupéfiants, un homme peut devenir clairvoyant, lire les pensées des autres, prédire l'avenir, voir des événements qui ont lieu à de grandes distances et ainsi de suite. Ou bien il peut obtenir une grande puissance hypnotique qui lui permet de suggérer à d'autres personnes ou à toute une foule une idée quelconque, ou de leur faire voir des photos et des images qui n'existent pas en réalité. Naturellement, une telle augmentation temporaire des pouvoirs et des capacités de l'homme n'a rien à voir avec le développement et l'évolution. Au contraire, cette intensification temporaire est suivie d'une terrible réaction au cours de laquelle l'organisme perd tout ce qu'il peut avoir acquis, parfois il perd même la possibilité d'acquérir quoi que ce soit à l'avenir, et d'autres fois il meurt tout simplement. Les effets obtenus à partir de l'usage de stupéfiants dans les écoles de ce genre peuvent être très variés et passionnants, mais ils contiennent toujours une certaine dose d'incertitude et de risque. Il n'est jamais possible de prédire exactement quels seront les résultats obtenus ; il n'est jamais possible de dire quelles seront les conséquences de ces résultats. En règle générale, ce sont des écoles qui possèdent seulement une connaissance incomplète, parfois dirigées par des gens qui ont été en contact avec de véritables écoles ésotériques, mais qui n'ont pas terminé leur formation là-bas et qui souhaitent agir à leurs propres risques et périls, sans aucun rapport avec le travail ésotérique.

Dans les écoles d'un autre genre, des écoles directement liées aux écoles ésotériques, les stupéfiants sont utilisés uniquement pour des expériences. Une ouverture temporaire des centres supérieurs au moyen d'une drogue ou d'une autre peut parfois être utile à quelqu'un, car elle peut lui montrer ce que l'avenir lui réserve. L'homme regarde par-dessus la clôture, pour ainsi dire, dans son avenir. Dans d'autres cas, les drogues sont utilisées pour lui montrer son présent, c'est-à-dire la forme et le niveau de son être. Il y a plus de cinquante formules de substances complexes capables de produire un certain effet sur un centre ou un autre, sur une fonction ou une propriété de l'organisme humain. L'utilisation de ces substances peut considérablement aider dans le travail d'auto-observation et d'auto-étude. Mais cela n'est possible que sous la direction d'une personne qui a connaissance de l'organisation et des fonctions de la machine humaine et de tous les aspects de l'action des stupéfiants. Les tentatives indépendantes dans cette direction produisent presque toujours des résultats négatifs, parce qu'un homme qui cherche à faire une expérience avec des stupéfiants ne connaît pas l'état de son organisme ou l'effet que l'un ou l'autre des stupéfiants peut produire sur celui-ci. Afin d'atteindre des résultats concrets dans un organisme, il est parfois nécessaire d'utiliser des mélanges très complexes de stupéfiants, ou encore d'introduire dans l'organisme deux, trois ou quatre substances complexes l'une après l'autre, dans des doses précises et à des intervalles de temps déterminés. Tout cela exige une connaissance approfondie de la machine humaine et ne peut pas donner de résultats précis sans cette connaissance.

L'utilisation de stupéfiants pour changer l'état de conscience et modifier les conditions des fonctions psychiques ouvre un champ énorme pour la psychologie expérimentale. Au sens strict, la psychologie expérimentale commence avec le moment où la connaissance de l'utilisation de substances pour affecter les fonctions humaines dans un sens ou un autre est atteinte. Tout le reste n'est qu'observation de la psychologie. L'usage de stupéfiants dans les écoles psychologiques est très ancien. Dans toutes les croyances populaires, dans les légendes et les contes, il y a des histoires de potions magiques, d'onguents et d'encens, qui ont changé l'aspect extérieur d'une personne, l'ont rendue invisible, ou extrêmement belle et l'ont dotée de pouvoirs miraculeux. Il y a des légendes indiennes au sujet de la potion sacrée, soma, qui a donné des pouvoirs miraculeux. Dans les Mystères d'Eleusis, les épopées, avant l'initiation, recevaient une boisson sacrée. Les historiens anciens ont envisagé cette boisson comme un rituel, une cérémonie, mais en fait, elle avait un sens beaucoup plus profond. L'idée de la pierre philosophale, de l'élixir de vie, qui a imprégné toute l'alchimie médiévale, est reliée à la même chose, c'est-à-dire, aux rumeurs qui ont pénétré les masses ou les esprits non préparés des gens superstitieux à propos de l'utilisation dans les écoles de potions et de stupéfiants produisant des effets psychiques incompréhensibles.

Mais il va sans dire qu'il est impossible de produire un changement stable de l'être par le moyen des stupéfiants ou des substances chimiques. Les préparations de ce genre ne peuvent produire qu'un effet temporaire, qui disparaît rapidement. Croire qu'il est possible de créer l'individualité, la conscience ou la volonté d'un homme au moyen de préparations chimiques revient au même que de croire, par exemple, que par l'introduction d'une substance dans son organisme, un homme peut devenir un peintre ou un musicien, ou un poète, ou connaître une langue étrangère.

Il est vrai que, par ailleurs, l'utilisation de certaines substances à des fins expérimentales peut permettre à un homme, pour une brève période, de comprendre une langue étrangère qu'il ignorait ; mais, évidemment, la comprendre, non pas la parler. Dans ce cas, pour une brève période, l'homme atteint un tel état qu'il comprend non pas les mots, mais les pensées derrière les mots, car les pensées, ou la forme des pensées est la même dans toutes les langues.

Il faut comprendre que chaque école ésotérique qui existe dans la vie ordinaire pendant un certain laps de temps donne lieu à une multitude de débats, de rumeurs et d'histoires, et beaucoup de gens curieux qui ne peuvent pas ou n'osent pas entrer dans l'école par eux-mêmes font usage de toutes sortes d'informations parasites à ce sujet afin de se former une certaine idée de l'école. De plus, chaque école laisse inévitablement dans son sillage une série de personnes qui n'ont pas terminé l'apprentissage, qui l'ont commencé, mais l'ont abandonné par faiblesse de caractère et manqué de persévérance. Ces personnes servent en règle générale comme source d'information sur les écoles. Des milliers de suppositions et de contes incroyables existent généralement concernant les méthodes de travail, les moyens d'investigation, les expériences et ainsi de suite. Ensuite, les gens eux-mêmes qui ont été en contact avec une école mais qui l'ont quittée commencent souvent, après un certain temps, à regretter de l'avoir abandonnée, ils éprouvent du remords et essayent d'inventer pour eux-mêmes des moyens de poursuivre le même travail qu'à l'école. Mais, tout naturellement, ils ne connaissent pas la substance de ce travail et imitent seulement sa forme extérieure. Dans toutes les formes d'imitation, les stupéfiants jouent toujours un rôle très important. La littérature médiévale contient du matériel très riche au sujet de la préparation de diverses potions, pommades et ainsi de suite. Toutes ces substances ont produit une double action : d'abord, par la méthode même de la préparation, elles ont hypnotisé une personne et l'ont gardée dans le cercle de certaines idées et émotions. Ensuite, comme elles contenaient des stupéfiants précis (principalement des préparations à base de chanvre, de pavot et de belladone), elles ont produit certaines hallucinations, reproduisant ce qu'une personne avait pensé ou craint ou espéré. Un exemple caractéristique est celui des soi-disant onguents de la sorcière, qui, dit-on, produisaient certaines hallucinations précises, les mêmes pour tous ceux qui les ont utilisés. Mais cela est également lié au fait que tous ceux qui les ont utilisés savaient ce qu'ils allaient voir.

LES HORMONES

Le travail des centres humains, dont la vitesse est si différente et qui sont si facilement influencés par des matières extérieures introduites dans l'organisme, est contrôlé et régi dans l'organisme lui-même, dans des conditions normales d'existence, non seulement par les courants qui passent à travers les nerfs vers le cerveau, mais aussi par une certaine action chimique à l'intérieur de l'organisme.

La théorie des hormones dans la physiologie moderne est une illustration assez proche de l'état des choses dans notre organisme. On a pensé pendant longtemps que les centres psychiques communiquent les uns avec les autres et avec les organes extérieurs au moyen de conduits nerveux. C'est vrai dans une certaine mesure, mais cela n'épuise pas tout ce qui est dit à propos de la relation entre les centres et de ceux-ci avec les organes extérieurs de perception, ainsi qu'avec la périphérie du corps en général. La théorie de la communication à travers les nerfs n'a pas réussi à expliquer de nombreux faits, parmi lesquels la vitesse extraordinaire des communications à l'intérieur de l'organisme, parce que la transmission par l'intermédiaire des conduits nerveux exige partout un certain laps de temps, même court. Et une transmission dans toutes les directions et une soumission totale de l'organisme entier à une seule émotion, à un seul sentiment aurait besoin d'un certain laps de temps, facilement enregistré et calculé, si le temps dépassait quelques secondes. Les observations montrent, cependant, que ces transmissions et assujettissements ont lieu instantanément, sans aucune possibilité d'établir l'intervalle de temps entre l'impact et le résultat. Ceci est le résultat de l'activité des hormones. Les hormones sont des nuages de matière fine, plus fine que la matière gazeuse que nous connaissons et qui est dégagée par divers organes de notre corps. Ces nuages imprègnent l'ensemble de notre organisme avec une rapidité incroyable et, s'entremêlant, sont la cause de l'état dans lequel l'organisme se trouve à un moment donné. En outre, ils constituent aussi l'atmosphère des émanations qui enveloppent un organisme humain à une certaine distance et qui, dans certaines conditions, peut même être vue. Ces émanations ou radiations de l'organisme se connectent avec l'atmosphère fine qui l'entoure et qui pénètre l'atmosphère dans laquelle nous nous déplaçons et respirons. Les radiations du corps humain, ou plutôt, le réseau de radiations qui forment les émanations est de deux sortes : d'abord, l'absorption, la succion dans l'organisme de certaines substances de l'atmosphère environnante, et la seconde, l'expulsion de certaines matières de l'organisme. Si l'activité des radiations du second type est trop intense, l'organisme perd inutilement son énergie. Si l'activité des radiations du premier type prédomine, l'organisme devient plus fort et plus sain. Certaines formes de maladies et de troubles nerveux, par exemple, les contusions, les chutes et les ecchymoses—quand il n'y a pas de lésion traumatique—dépendent de la violation des radiations justes. Un choc violent peut casser les radiations, mais une telle cassure est possible uniquement par un choc très fort et très rapide. Le mouvement lent qui se produit autour de nous ne casse pas les radiations parce que les vibrations des radiations sont si rapides que le mouvement lent ne peut pas les affecter.

En ce qui concerne les personnes qui s'influencent réciproquement, il y a beaucoup de choses qui sont restées inconnues de la science de l'Europe occidentale. Mais les recherches expérimentales dans les écoles ésotériques ont établi le fait qu'il y a des gens qui, par leurs émanations, ont une bonne ou une mauvaise influence sur les autres. Il y a des gens qui donnent aux autres et prennent aux autres et donc, pour ainsi dire, se contrebalancent les uns les autres. Mais il y a d'autres personnes qui donnent trop et ne prennent rien en retour ; et d'autres encore qui semblent prendre l'énergie des autres. L'un ou l'autre état des émanations de notre corps détermine l'état de notre santé. Des émanations justes et saines rendent une personne complètement ou presqu'immune aux maladies infectieuses, car de nombreux microbes périssent dans l'atmosphère des émanations saines de l'homme. De la même manière, à l'intérieur de l'organisme, les hormones peuvent neutraliser toute origine d'une maladie, tout poison, même un poison capable de tuer un homme.

Non seulement les émanations saines affectent les microbes, mais elles agissent également sur certains insectes, en particulier sur les larves de certains insectes, qui périssent dans l'atmosphère des émanations fortes et saines. On sait que, en temps de guerre, ou de manière générale dans les conditions de vie de camp difficile, les parasites qui vivent sur le corps humain ne troublent pas tous les hommes de la même façon. Il y a des gens qui sont littéralement dévorés par ces parasites, côtoyés par d'autres qui, exactement dans les mêmes conditions, n'en souffrent pas du tout, ou très peu. Il est également connu que les personnes vivant dans les meilleures conditions, quand elles souffrent de certaines maladies—le diabète, par exemple—elles peuvent avoir des parasites sur leur corps car, dans leur cas, leur atmosphère est très saine pour les parasites.

Gurdjieff avec ses chiens et chats à Olenka, automne 1917

CONFÉRENCE SUR LE SYMBOLISME
L'ENNÉAGRAMME

Dans chaque homme il a été implanté un besoin de connaissance, ne différant que par son intensité, et l'esprit humain passif, tout en utilisant tous les moyens de réception (assimilant des impressions) arrive souvent dans une impasse en essayant de trouver une réponse à la question « Pourquoi. »
Ses yeux sont éblouis par le jeu brillant des couleurs de la multiformité, et sous la surface étincelante, il ne voit pas le noyau caché de l'unité de tout ce qui existe. Cette multiformité est si réelle que ses modèles particuliers s'approchent de lui de tous côtés—d'aucuns par voie de déduction logique et de philosophie, d'autres par le biais de la foi et du sentiment.
Depuis les temps les plus anciens jusqu'à notre époque, à travers les âges de sa vie, l'humanité dans son ensemble a aspiré à une connaissance de cette unité et l'a recherchée, se répandant dans diverses philosophies et religions qui restent, pour ainsi dire, des monuments sur le chemin de ces recherches pour le chemin conduisant à la connaissance de l'unité. Ces recherches rayonnent sur le chemin tout comme les rayons d'un cercle se rejoignent au centre, se rapprochant les uns des autres à mesure qu'ils se rapprochent du centre. Le but détermine lui-même la direction des chemins et ramène les errants sur les chemins de la connaissance de l'unité qui atteint des profondeurs où cette connaissance devient une réalité pour le connaisseur et peut être communiquée à un autre qui n'a pas atteint le même stade de développement.
Les mots et les notions de la langue de la conversation deviennent morts et vides, ne transportant rien vers celui qui ne porte pas une telle connaissance en lui-même. De la même manière que la sensation d'une rage de dents ne peut être communiquée à celui qui n'en a pas connu l'expérience, et tout comme la différence des couleurs ne peut être transmise à un aveugle de naissance, et la richesse de la sensation auditive ne peut être communiquée aux personnes sourdes, de même vous ne pouvez pas dire ou rapporter en paroles la profondeur de la connaissance qui est devenue une partie de l'existence humaine. Les mots et les notions de différentes époques

changent en fonction des conditions de lieu et de temps—l'unité est éternelle et immuable. Les lois, agissant en nous, et produisant la pluralité assumée par nous, sont partout les mêmes. Depuis les temps les plus anciens, l'humanité a compris ceci et, en utilisant le langage des symboles et des formules, plus parfait que notre langue contemporaine, elle a assuré la transmission de ses connaissances aux générations suivantes. Et celui qui approche le symbole et possède une compréhension complète de celui-ci, possède une parfaite synthèse de celui-ci, au sens figuré, il a ce symbole en lui-même. Un symbole, tout en exprimant la connaissance des lois de l'unité, a en même temps exprimé le chemin d'accès à celle-ci. Côte à côte avec les symboles de base, comme s'ils absorbaient en eux-mêmes des sphères plus larges, ont pris naissance et se sont déclenchés dans l'existence, soumis à ceux-là, d'autres symboles et formules. Tout dans le monde est un et est régi par des lois uniformes, et pour cette raison, les « Tables d'émeraude » d'Hermès Trismégiste l'ont affirmé : « Ce qui est en bas est comme ce qui est en haut. » Toutes les lois du cosmos nous allons les trouver dans l'atome, et dans tout phénomène existant comme quelque chose de complet selon les lois. La connaissance des lois de la pluralité de l'un a toujours été basée sur la similitude du microcosme et du macrocosme, de l'homme et de l'univers et vice versa. Les lois fondamentales de trois et de sept, des principes actif, passif et neutre, les lois de l'activité, doivent être trouvées et confirmées dans tout, et donc en arrivant à une connaissance de la structure du monde, l'homme n'a pas pu éviter le chemin de la connaissance de soi, comme son objet le plus proche et toujours facilement accessible de la connaissance a toujours été lui-même, étant donné qu'il est l'expression de l'action de toutes les lois du Cosmos. La formule «Connais-toi toi-même» est à cet égard pleine de la plus profonde signification—c'est l'un des symboles de la connaissance de la vérité.

En devenant familier du symbole exprimant les lois de la création, l'homme apprendra les lois elles-mêmes, et en apprenant celles-ci en lui-même, il marchera dans la voie de la connaissance de soi, et dans ce sens, chaque symbole nous apprend sur nous-mêmes. En apprenant à distinguer les lois de l'évolution et de l'involution, de la synthèse et de l'analyse, du oui et du non, du bien et du mal, de l'énergie et de la matière, du mouvement en avant et en arrière, l'homme discernera également l'action réciproque de ces lois.

Il apprendra les grandes lois connues de la sagesse antique, la loi du binaire et du ternaire appliquée au Cosmos et à soi-même. En les reliant ensemble et en les enfermant dans le cercle de l'éternité, et leurs manifestations dans les cercles des récurrences et des cycles qui se produisent selon la loi, dans le cercle de l'émergence de l'éternité dans le plan de notre temps, dans le cercle de la vibration en spirale et de la lutte avec soi-même sur le chemin de la connaissance de soi, lui avec tout son être, étape par étape, parcourt le chemin de la construction en lui-même du grand symbole qui est descendu jusqu'à nous sous le nom de « Sceau de Salomon. »

Ce que je viens de dire montre combien il est difficile de convertir le langage des symboles dans notre propre langue, combien l'interprétation du symbole est dépourvue de finalité pour un homme qui n'a pas atteint la compréhension de celui-la. Et aussi étrange que cela puisse être, le fait demeure que le sens du symbole, la découverte de sa nature, ne peut être donnée à et reçue que par celui qui le connaissait déjà auparavant, et pour lui le symbole sera la synthèse de ses connaissances, la même formule pour l'expression de la connaissance qu'a connue celui qui l'a construite. Est-ce qu'un homme étranger à ce système de symboles comprendra quelque chose si on lui dit que la connaissance de l'unité par les moyens de la connaissance de soi et de l'auto-perfection pour l'homme est la neutralisation du binaire par le ternaire et sa transmutation dans le quaternaire afin de fermer le pentagramme et de réaliser le «sceau de Salomon,» ou si je dessine ceci :

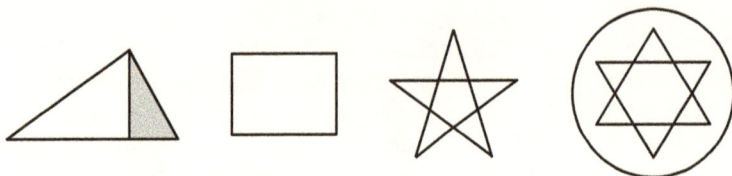

Mais supposons que nous parlions du développement harmonieux du corps de l'homme, et comme la loi est partout la même, nous appliquons la formule indiquée à ce développement. Comment peut-on traduire la formule citée dans cette relation? Que devons-nous remplacer afin de la déchiffrer? Toutes les sensations, les impressions, les sentiments et les pensées de l'homme sont divisés en correct et incorrect, nécessaire et inutile, agréable et désagréable, « plaisir » et douleur. Ceci est le binaire le long duquel voyagent toutes les impressions, toute la vie de l'homme.

Ce binaire est toute personne qui regarde en soi-même. Nous pouvons vivre selon ces dimensions transitoires, nous abandonnant à leur courant et leur permettant de nous emporter. Mais à l'ensemble de ce processus qui se passe en nous en dehors de notre volonté, à tous ces « il souhaite » nous pouvons opposer notre « je souhaite, » lier ensemble le oui et le non, provoquer un conflit entre deux opposés, une lutte entre deux principes, et les neutraliser par le ternaire. Une grande dispute, si elle n'est pas sans but, doit conduire à un résultat, une conclusion et un effet, ensuite quatre éléments seront disponibles: oui, non, dispute, résultat, c'est-à-dire la transmutation du binaire dans le quaternaire. Telle est la première moitié de la formule. La deuxième partie de celle-ci parle déjà pour elle-même et, partant, montre la direction de la solution. Chaque résultat représentant l'achèvement d'un cercle apporte quelque chose de nouveau qui, à son tour, peut agir mutuellement sur autre chose. Ce «quelque chose» s'exprimant conditionnellement, peut être bon ou mauvais, autrement dit, soit il favorise la formation de ce pourquoi il a été produit, soit il l'obstrue. Prenez n'importe quel cercle: supposons que j'aie besoin de toute urgence, pour mon but, de certaines informations que je ne peux obtenir que par l'une de mes relations. Mais je ne suis pas en bons termes avec lui—il m'a insulté une fois, et pour m'adresser à lui pour les informations requises, j'ai du soutenir un combat difficile avec mon amour-propre. Il pourrait y avoir beaucoup d'autres considérations à envisager, comme la crainte d'un refus, ou d'une attitude désagréable de sa part, etc., que nous

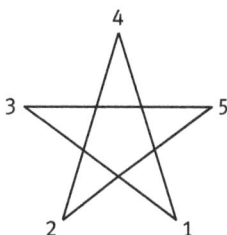

n'aborderons pas ici. Dans le cas considéré, je résolus d'aller le trouver pour ma demande et d'obtenir une réponse à tout prix. Si ma conclusion est suffisamment ferme pour ne pas permettre à un imprévu quelconque de la secouer, ma décision aidera à ma compréhension. Mais si, sous l'influence de différentes considérations, j'arrive à la décision contraire, elle va obstruer ma mission, mais il se peut que cela conduise à la préservation de mon sang-froid et à la sauvegarde de mon énergie nerveuse. En tout cas, en ce qui concerne ma mission, elle sera un obstacle. Par conséquent, chaque résultat doit être considéré par rapport à la finalité pour laquelle un effet donné a été produit.

Mais comme nous parlons du développement harmonieux du corps physique, de la machine de l'homme, tout «différend» en nous doit conduire au développement, c'est-à-dire à l'acquisition d'un nouveau fonctionnement, non habituel de cette machine. Nous savons que là-dedans se trouvent cinq centres principaux: centre de réflexion, dispositif de formation, centre émotionnel, mouvement et sexe. Le développement unilatéral de l'un d'entre eux conduit à l'hypertrophie, au type de l'homme à une seule dominante. Il y aura donc cinq types principaux. Mais si tous les cinq centres sont développés en un seul homme, il « enferme » en lui-même le pentagramme par le fait qu'il rassemble sa vie et le travail de tous les cinq centres en correspondance harmonique. En se manifestant selon la loi et en vivant en harmonie, il représente le type physique fini de l'homme moderne. Il est le type de la synthèse de cinq en un. Il est un, et en même temps cinq, car il peut vivre comme l'un des cinq et comme tous ensemble. Il est une étoile à six branches, et en devenant le possesseur de cette harmonie et en s'y isolant de toutes les influences extérieures, en se verrouillant lui-même dans un cercle indépendant, dans une vie enfermée en lui-même, il est la réalisation personnelle du «Sceau de Salomon.»

do
re
mi
fa

sol
la
si
do

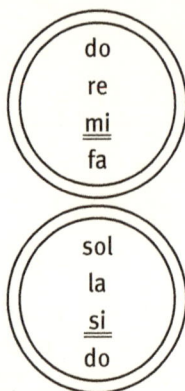

Vous voyez comment la série de symboles cités est exposée lorsqu'elle est appliquée au processus que nous envisageons. Celle-ci n'est pas une interprétation complète. Elle peut être visualisée et comprise par ceux qui, dans ce contexte, possèdent déjà une certaine connaissance et compréhension. Mais un symbole qui exprime une loi complète est ipso facto complet à son tour, et pour cette raison même il ne peut être interprété d'une manière qui ne soit pas exhaustive; il ne peut qu'être vécu (expérimenté).

Une fois de plus je reviens un peu sur le processus du développement harmonieux du corps physique, déjà envisagé par nous, pour vous rappeler que, conformément à la loi fondamentale de l'octave, tout processus fini est une transition de la note « do » à travers un série de tonalités successives jusqu'au « do » de l'octave suivante. Les sept tonalités de base de l'octave expriment la loi du septénaire, et le « do » de l'octave suivante ajouté pour achever le processus donne les huit pas d'une octave complète, étant l'expression symbolique du binaire des quaternaires : do, re, mi, fa, sol, la, si, do. Dans chacun de ces quaternaires: do, ré, mi, fa; sol, la, si, do, il y a un intervalle: mi-fa et si-do, qui nécessite la participation d'une force de l'extérieur, et uniquement de l'extérieur. Si l'on envisage le processus au moment de l'achèvement, nous allons avoir, avec ces deux intervalles, neuf pas—le ternaire des ternaires—trois trinités. En ajoutant le do de haut, nous complétons le processus de la neuvième étape. Ceux d'entre vous qui connaissent la Kabbale peuvent maintenant appliquer son symbole de neuf dans l'interprétation des lois du fonctionnement actif dans les processus de l'harmonisation de l'alimentation du corps physique de l'homme. Examinez ces deux séries de symboles. De par la nature de la chose dont ils parlent d'une seule et même chose et en eux sont donnés les nombres entiers de un à dix. Le dernier chiffre est exactement la même unité, ou, autrement dit, c'est le «do» de l'octave suivante, c'est-à-dire la fin de la précédente, le début du cycle suivant. En conséquence, le processus de développement et de travail contient en lui tous les chiffres du cycle de un à neuf. Ici, nous entrons e plein pied dans ce que l'on peut appeler le symbolisme des chiffres.

Les gens familiarisés avec le système qui, chez nous, dans l'Ouest, porte le nom d'occultisme, se heurtent au cours de leur étude de celui-ci à la méthode opératoire avec des chiffres connue sous l'appellation d'addition théosophique. Je ne vais pas m'arrêter ici pour l'approcher, mais je vais simplement dire que, pour beaucoup de gens, cette méthode de synthèse des nombres semble si arbitraire qu'ils la considèrent simplement comme un processus curieux, qui est tout à fait dépourvu de contenu. Il a cependant une signification profonde pour l'homme qui a appris à connaître l'unité des choses existantes et qui en a la clé, réduisant tous les cycles multiformes aux faits de base qui les régissent. Le nombre se connecte avec la forme géométrique du symbole—le nombre dans le symbole se déverse dans la forme. Ils se complètent mutuellement et donnent chacun un aperçu de l'autre. Pour ceux qui connaissent la Kabbale je peux donner une note de passage rappelant aussi le symbolisme des lettres et le symbolisme combiné des mots.

Mot, nombre et forme, lorsqu'ils sont combinés, donnent un symbole encore plus parfait. Il est impossible pour moi d'insister en détail sur tous les aspects du symbolisme. Par souci pour ceux qui sont familiers avec l'occultisme dans ses différentes parties, je ne peux que mentionner le système des grands symboles appelés «Tarot,» et les symboles de la magie, de l'astrologie et de l'alchimie, dont chacun représente un système symbolique, c'est-à-dire le chemin qui mène à la connaissance de la vérité de l'unité. Mais pour emprunter ce chemin, son symbolisme ne doit pas être abordé avec une compréhension et une interprétation «littérale.» Comme je l'ai souligné, il est nécessaire de les expérimenter, de les découvrir et, en creusant davantage en vous-même, d'en faire votre propriété.

Le symbole exprimant les lois de l'unité de la multiforme infinie a une multitude infinie de côtés ou de points de vue à partir desquels il peut être envisagé, tout comme une formule algébrique des racines des équations du second degré peut être appliquée à la solution en nombres d'une multitude infinie de problèmes de la section dirigée par la formule. Dans le cas d'un homme qui possède déjà toutes les données de la connaissance, le symbole synthétise en lui ces données. Dans un autre, il éveille même les processus cachés au plus profond de lui-même, les découvre et leur donne signification et vie.

Les symboles, transposées en mots de notre langue, et transmis dans ces mots, durcissent en un filament, se ternissent et peuvent donner lieu à des erreurs fatales chez les gens qui ne comprennent pas les symboles ou les comprennent littéralement. La vérité se trouve enfermée dans une coquille d'erreur, et il faudra un grand effort de la part de celui qui souhaite l'approcher pour y arriver. Quelles erreurs monstrueuses ont surgi des symboles de l'alchimie, en particulier de la magie, chez les gens qui, littéralement et de façon unilatérale, sans posséder la connaissance complète de l'unité, ont adopté ses symboles. Le symbole est une barricade contre les mots, il creuse dans la chose, prise en elle-même et prise dans sa propre réalité. Une connaissance du symbole ne laisse aucune place à la dispute, elle approfondit la compréhension et ne reste pas purement théorique, mais appuie sur le résultat réel de ce qu'on est en mesure de faire, le résultat du savoir et de l'être, la réalisation d'un grand travail. La connaissance pure n'est pas transférable, et lorsqu'elle est exprimée en mots, elle est voilée par ceux-ci, mais celui qui veut et qui est capable de voir ce voile le trouvera transparent. Et dans ce sens, il est possible de parler du symbolisme de la parole, mais il n'est pas donné à tout le monde de comprendre même simplement ce symbolisme. Comprendre la signification intérieure parlée de la pensée et de son esprit n'est possible qu'à un certain stade de développement et avec un effort de la part de l'auditeur.

Dans les cas où une personne se dispute dans le sens ordinaire des mots, en se contentant de combattre pour sa propre opinion, elle perd son temps en vain, sans acquérir quoi que ce soit de nouveau. Afin d'être en mesure de comprendre la parole quand elle est utilisée symboliquement, il est d'abord nécessaire *d'apprendre et de savoir écouter.*

Dans les cas de connaissance profonde, toute tentative de compréhension littérale est vouée à l'échec, et, au mieux, ne donnera rien, au pire, elle peut conduire à des erreurs et à l'absurdité. *La vérité est prise par la force et il est possible à celui qui utilise la force de l'obtenir.* La nécessité m'oblige à insister longuement là-dessus car, dans les conditions de notre culture et éducation moderne, il est dans notre nature d'aspirer à des définitions scholastiques, et, sans nous en rendre compte, nous nous entravons nous-mêmes inconsciemment avec notre soi-disant désir de précision dans ce domaine, dès le moment où nous mettons le pied sur son territoire et jusqu'à ce que nous atteignions le centre. Pour cette raison, chaque élément concret particulier communiqué avant que la notion de la nature du phénomène ou de la loi ne se fût formée dans l'homme, en vertu de cette singularité psychologique de notre réception moderne, rend la capacité de comprendre cette nature plus difficile pour nous. Je ne veux pas dire par là que des définitions précises et concrètes n'existent pas; au contraire, elles existent et possèdent, dans le plein sens du mot, la diversité de ces qualités, mais pas seulement telles que et de la manière dont nous les prévoyons. Et si quelqu'un pense qu'il peut se promener le long du chemin de la connaissance de soi, guidé uniquement par des faits concrets et les attendre sans se donner aucune peine, en conformité avec les indications reçues, il doit tout d'abord de comprendre la signification du symbolisme et se rappeler toujours que lui seul, et seulement par son propre effort et souhait sera en mesure de comprendre son but. Personne ne pourra jamais être en mesure de lui donner ce qu'il n'a encore jamais possédé, personne ne sera en mesure d'effectuer pour lui le travail que lui, et lui seul, peut et doit effectuer. Tout ce que l'autre peut faire pour lui est de l'encourager à travailler, mais le travail en soi, c'est lui qui doit le faire. Et de ce point de vue, le symbolisme, correctement saisi, joue le rôle de cet encouragement pour notre connaissance. Je vais actuellement vous familiariser brièvement avec l'un de ces symboles et je souhaite donc que tout ce que j'ai dit vous aide à atteindre une compréhension de celui-ci de telle manière que les explications que je vais largement exposer puissent encourager ceux qui sont désireux de pénétrer plus profondément dans la connaissance de la nature des lois et en même temps les aider à synthétiser le matériel que je leur ai à plusieurs reprises donné ici.

Je parle maintenant de la loi fondamentale de l'unité des formes multiples, la loi des octaves. On a souvent déclaré que cette loi est complète, que tout processus, dans son développement progressif, indépendamment de son échelle, est entièrement déterminé par la loi de la construction de la gamme de sept tonalités. En d'autres termes, la gamme de sept tonalités montre dans sa structure toutes les propriétés de cette loi. Il a également été dit que tout processus achevé est formé à partir d'un phénomène élémentaire considéré comme le « do » et d'un phénomène dérivé—le do de l'octave suivante, supérieure ou inférieure, selon que le processus est évolutif ou involutif. Chaque note, chaque tonalité de la gamme à une autre échelle est à nouveau, de la même manière, une octave entière, un cycle rond fermé, pour ainsi dire. Chaque intervalle entre deux tonalités contiguës est à nouveau une octave entière. Ces intervalles entre « mi » et « fa, » et entre « si » et « do, » qui ne peuvent être comblés, dans le processus que nous envisageons, par leur propre énergie et exigent de l'assistance extérieure pour passer plus loin—et seulement de l'assistance extérieure—relient ainsi leurs propres processus à d'autres processus. En d'autres termes, la loi des octaves relie tous les processus de la création du monde et offre à l'initié l'échelle par laquelle il peut passer et la loi de la structure de l'octave, et rend possible pour lui de connaître tout et tous les phénomène exactement comme ils sont et dans toutes leurs relations réciproques ainsi que les choses et les phénomènes qui leur sont attachés. Et ainsi, pour la synthétisation de toutes les connaissances relatives à la loi de la structure de l'octave, il existe un symbole ayant la forme d'une figure géométrique. Mais avant de passer à la description même du symbole, je vais dire quelques mots au sujet de l'enseignement qui utilise ce symbole, et de sa relation avec d'autres systèmes qui ont recours à des méthodes symboliques pour la transmission de la connaissance.

Au début de la conférence j'ai dit que les chemins menant à une connaissance de l'unité *sont à celle-ci ce que les rayons d'un cercle sont à son centre*. Et plus ils se rapprochent, plus ils entrent en contact. Par conséquent, des faits théoriques servant de bases et de thèses dans un sens peuvent être expliqués du point de vue des thèses dans un autre sens, et vice versa. Voilà pourquoi les symboles déjà évoqués aujourd'hui peuvent être appliqués à l'explication de la théorie de l'enseignement que nous avons à l'étude. En raison de cette propriété, il est possible de créer une direction intermédiaire qui sert en quelque sorte comme une voie médiane entre deux directions adjacentes. Et en l'absence d'une connaissance complète des principales directions, un tel cours moyen ne peut conduire qu'à un changement constant des directions et à leur confusion et ne peut conduire qu'à des complications et à des erreurs. Et au lieu d'approcher le centre, un homme qui prend la route intermédiaire s'empêtre désespérément, traîne et ne trouve aucune délivrance.

Parmi les principales directions qui nous sont plus ou moins connues, nous pouvons nommer quatre: l'hébraïque, l'égyptienne, la persane et l'hindoue; de cette dernière nous ne connaissons que la philosophie, des trois premières, nous connaissons partiellement leur théorie. Deux des directions résultant du mélange des autres, et qui sont irrémédiablement impliquées dans les conséquences de ce mélange, bien qu'elles contiennent des particules de la vérité qu'elles ont reçue, mais qu'elles n'ont pas comprise, sont à l'heure actuelle la théosophie et l'occultisme. Pour cette même raison, la pratique des deux directions en l'absence d'une connaissance complète conduit à des résultats désastreux. Il est impossible pour moi de m'arrêter plus en détail sur cette question extrêmement intéressante des différentes directions et de leur origine. Cette question sera le moment venu le thème d'une conférence séparée. Je tiens à souligner le fait que l'enseignement dont la théorie est maintenant exposée ici par nous est complètement seul dans sa direction, indépendant des autres directions et inconnu par nous. Nous ne rentrerons pas maintenant dans sa théorie et origine. Comme dans le cas des autres directions, il fait usage de la méthode symbolique et je compte maintenant vous familiariser avec l'un de ses symboles. Bien sûr, les en-têtes entourant le symbole ont été traduits dans des expressions qui nous sont compréhensibles. La structure générale, qui le relie, dans la figure géométrique, avec l'expression complète de la loi des octaves, est un peu plus compliquée que la structure que je vais vous présenter, mais elle synthétise parfaitement les lois internes d'une octave et de la connaissance de la nature des choses considérées en soi, c'est-à-dire existant isolément, pour ainsi dire, mais uniquement en ce qui concerne ses processus et sa vie. Ce symbole est constitué comme suit:

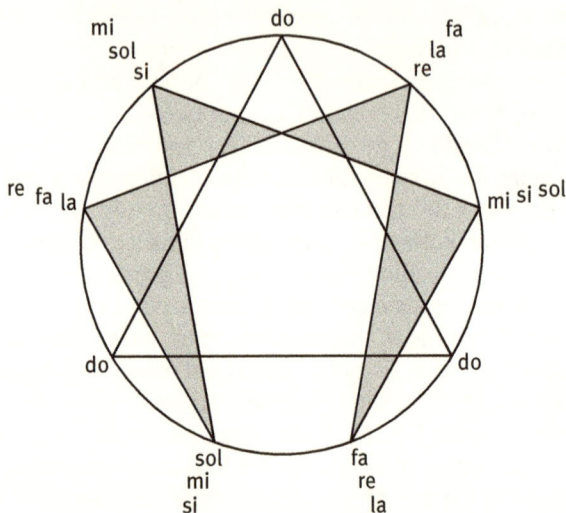

Le cercle est divisé en cinq parties distinctes, six points reliés dans un schéma symétrique par rapport au diamètre, passant par le point haut de la division et par le centre du cercle, et qui est tracé d'un trait de plume, comme on dit. En outre, le point haut de la division est le sommet d'un triangle équilatéral reliant les points de division sur ce schéma compliqué.

Ce symbole n'est pas approché dans l'étude de l'occultisme, que ce soit dans les livres ou dans la tradition orale. Une énorme importance est attachée à ce symbole par ceux qui savent, de sorte qu'il n'a jamais, nulle part, été publié ou communiqué en entier. Mais on peut trouver des allusions à ce symbole même dans la littérature occulte. Pour certaines raisons je ne dirai pas où, mais vous pouvez tomber sur une telle traduction de ce symbole; un double binaire des ternaires, pris par paires, donnant le quaternaire est neutralisé dans un pentagramme allongé par le grand ternaire libre. Et ceci est réalisé comme suit:

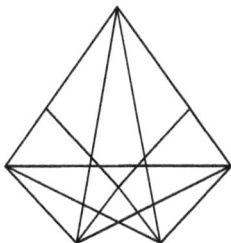

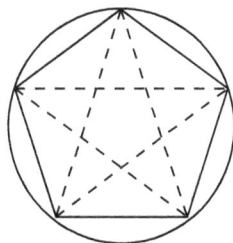

Entre temps, vous ne trouverez jamais d'explications sur ce schéma, ou sur cette formule. Presque tous les éléments sont vraiment disponibles ici géométriquement; quatre petits triangles reliés par paires, le quaternaire sous la forme du double binaire des ternaires, et le grand triangle, le ternaire libre. Un seul point de division fait défaut ici. Il y a huit sommets ou, si on les compte en dehors de l'esquisse de notre schéma, on en obtient cinq, qui sont unis par le pentagramme allongé. Evidemment, ce symbole est parfois délimité par le septénaire qui est réalisé de manière particulière, c'est-à-dire par un heptagone avec un point à l'intérieur; ceci est interprété de façon tout à fait arbitraire et donc je ne vais pas citer cette interprétation, mais seulement reproduire la figure elle-même.

Est dessinée ainsi:

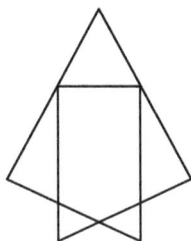

Laissant de côté tous ces fragments d'un symbole déformé et incompréhensible, nous allons maintenant procéder à son examen sous la forme dans laquelle je l'ai évoqué. J'ai déjà dit que ceci est le symbole de l'octave. L'octave comprend sept notes et la huitième sert comme répétition de la première. Avec deux chocs extérieurs pour remplir ce que nous appellerons les « lacunes » dans l'octave, nous avons neuf éléments devant nous.

Après avoir arrêté la seconde lacune dans la montée en spirale de l'octave, qui est « si-do, » nous obtenons en réalité ce qui est un cycle déjà fermé, et ipso facto, le neuvième élément étant là pour clore le cycle, cela complète le symbole dans son ensemble. L'existence isolée de la chose ou du phénomène qui est en cours d'examen est le cercle fermé du processus de changement de la vie de la chose considérée, processus qui se renouvelle sans cesse et coule sans interruption. Il est symbolisé par le cercle de la figure. Les points distincts de la division du cercle du changement ininterrompu symbolisent les étapes fondamentales successives du processus. Tout le symbole dans son intégralité est «do,» c'est une chose conforme à la loi et qui existe en entier. C'est un cercle, un cycle complet, c'est le «zéro» de notre système décimal de nombres, représentant par son propre contour un cycle fermé. Il a tout en lui-même pour sa propre existence. Il est isolé de ce qui l'entoure. La séquence des étapes du processus doit être liée par la séquence du cycle des numéros restants de un à neuf. Où est-ce que ces chiffres devraient figurer? J'ai déjà mentionné que le neuvième pas qui vient combler la lacune « si-do » complète ainsi le cercle, autrement dit, il ferme le cercle qui commence à nouveau à ce moment-là. Le sommet du ternaire ferme le binaire, sa base, recevant de lui-même, en tant que principe, la possibilité de manifestation et d'incarnation dans une multitude de formes; de la même manière que le sommet du triangle se multiplie éternellement sur la ligne de sa base, et donc chaque début et fin du cycle se trouve au sommet du triangle, est synthétisé à un moment donné où le début et la fin se rencontrent, le cercle se referme, résonnant dans le flux ininterrompu du cycle comme les deux « do » dans l'octave. Mais la neuvième étape s'achève et le cycle recommence. Par conséquent, c'est dans le point haut du triangle correspondant au «do» que se trouvera le chiffre neuf. Tous les points restants seront numérotés dans l'ordre de un à huit. Nous obtiendrons:

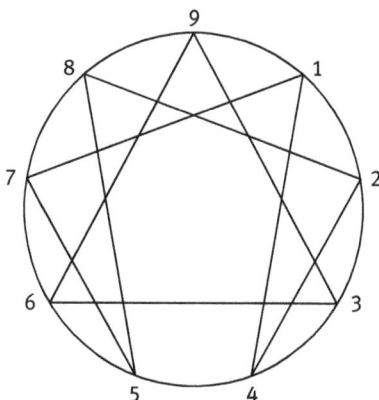

Nous allons maintenant examiner la figure complexe enfermée dans le cercle et essayer de trouver la loi de sa structure. À cette fin, je vous rappelle que les lois de l'unité se reflètent dans tous les phénomènes. Ce que l'on appelle le système décimal de calcul en vogue chez nous est, dans ses principes les plus profonds, très imparfaitement connu par nous dans la théorie des nombres qui est construite sur la base de ces lois éternelles. Prenant l'unité, tout comme nous l'avons fait ici, comme symbole de l'existence de l'ensemble de l'octave dans une note, nous devons, afin d'assurer le passage d'une note de cette octave à une autre, diviser l'unité en sept parties. Je précise que ce que nous entendons par unité correspondra ici, dans son sens symbolique, au « zéro » du symbole étudié. Maintenant, afin d'obtenir la distance de n'importe quelle note par rapport à la note principale, nous devons prendre le nombre correspondant de la septième partie de l'unité, c'est-à-dire 2/7, 3/7, et ainsi de suite. Nous allons calculer toutes ces parties comme des fractions décimales qui sont basées sur les mêmes lois que l'ensemble de notre système décimal de calcul. Voici cette série:

O est égal à 1.

$1/7 = 0.142857$

$2/7 = 0.285714$

$3/7 = 0.428571$

$4/7 = 0.571428$

$5/7 = 0.714285$

$6/7 = 0.857142$

$7/7 = 0.999999$

En contemplant cette série, vous remarquerez tout de suite que la période de ces fractions, sauf dans le cas de la dernière, est composée des mêmes nombres qui se succèdent dans un ordre défini, et en connaissant le nombre initial de la période vous pouvez immédiatement rétablir toute la période complète. Mais si nous les disposons en cercle dans leur séquence naturelle, après les avoir reliées par une ligne pointillée fermée, nous allons obtenir un certain chiffre. Si tous les neuf nombres sont disposés en cercle dans leur séquence naturelle comme nous l'avons fait dans le symbole à l'étude, la ligne fermée de la période de la dénomination sept nous donne le chiffre intérieur du symbole. Selon ce chiffre, en nous contentant de prendre la direction de sa structure comme guide, nous établirons la période complète dans chaque instance distincte. L'unité «do» ou sept-septième, est symbolisée par l'un virgule neuf. Les nombres trois et six entrent également dans la période, qui, en conjonction avec le neuf donnera le triangle indépendant—le ternaire libre du symbole. Je ferai remarquer brièvement que si nous utilisons l'addition théosophique, donc si nous prenons la somme des chiffres de la période, nous obtiendrons neuf, c'est-à-dire une unité entière en correspondance avec notre symbole, ce qui veut dire que dans chaque note nous trouverons à nouveau toute une octave, soumise en elle-même aux mêmes lois que l'octave primaire, dont la note considérée est une partie. Si vous vous rappelez maintenant ce que j'ai dit au sujet de la séquence des étapes du processus de la formation de l'octave et si vous le connectez avec la manière dont nous avons construit le chiffre du symbole à l'aide des nombres de la période, vous marquerez les places des notes sur le symbole et vous obtiendrez un croquis de l'octave sous cette forme:

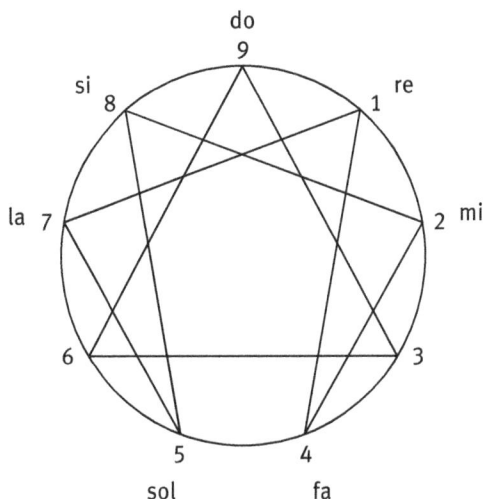

C'est ainsi que se présente la question au regard de la structure géométrique extérieure du symbole. Sa forme est prédéterminée par le fait qu'elle sert à exprimer la loi de sept sur laquelle l'octave est construite. Elle est septimale par rapport à la note « do, » ce qui veut dire que, dans un certain sens, la note « do » peut être considérée comme neutralisante. Quand il a été question ici de l'application des lois de l'octave à la structure des éléments chimiques, toute substance dérivée sur la base des lois a été symboliquement appelée un hydrogène de divers degrés de densité et d'autres qualités qui l'ont défini comme substance. Par la loi de trois, il a été construit à partir de substances actives, passives et neutres appelées respectivement oxygène, carbone et azote (ou nitrogène), et la structure suivante a été obtenue:

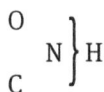

$$\left.\begin{array}{c} O \\ N \\ C \end{array}\right\} H$$

Dans le même sens que la note «do,» qui, tout en étant une résultante, est en même temps un neutraliseur de l'octave, donc, l'hydrogène aussi était à l'époque mentionnée simultanément une résultante et un neutraliseur, c'est-à-dire qu'il était lié à l'azote.

La substance de l'hydrogène est la synthèse, le résultat de l'action réciproque de trois substances: l'oxygène actif, le carbone passif, combinés avec l'azote neutre, autrement dit, il est construit selon la loi de la triunité. De la même manière, la note « do, » le sommet, marquée par le numéro neuf est, dans son achèvement, construite sur la même loi et constitue le triangle neuf, trois, six reliant en un seul les trois points qui n'entrent pas dans la période (comme nous allons appeler la figure géométrique complexe se trouvant dans le symbole) nouant en une seule la loi de sept et de trois. La période ne comprend pas deux des nombres qu'on vient de mentionner. Deux d'entre eux correspondent aux lacunes dans la gamme, le troisième est, pour ainsi dire, superflu et en même temps prend la place de la note fondamentale non comprise dans la période. Mais si vous vous rappelez que chaque chose ou phénomène qui, selon la loi de la relativité, est capable de coopérer avec un phénomène homogène, «ayant des droits égaux» avec celui-ci, résonne comme «do» dans sa propre octave correspondante, vous y percevrez ce fait symbolisé, à savoir que « do » peut sortir de son propre cercle et, conformément à la loi, entrer en relation avec un autre cercle, c'est-à-dire jouer dans un autre cycle le rôle qui, dans le cycle présent, est joué par les chocs qui remplissent les lacunes dans l'octave. Voilà pourquoi, ici aussi, ayant en lui-même cette possibilité, il est lié par le symbole de la triunité avec ces endroits où il y a des chocs de principes extérieurs, où l'octave existe pour les fins réunies, imprégnées de ce qui se trouve seulement à l'extérieur. La « loi des trois » pas, pour ainsi dire, à l'extérieur de la loi de sept, le triangle luit à travers la période et ces deux figures, par leur combinaison, donnent la structure interne de l'octave et ses notes, de sa structure atomistique, si l'on peut dire ainsi. Vous avez le droit de poser la question de savoir pourquoi l'une des lacunes—trois—est à sa place entre « mi » et « fa » et l'autre—six—a est arrivée entre « sol » et « la, » alors que sa place est entre « si » et « do. » Je vais essayer de vous donner une explication possible du phénomène. Si la condition était respectée et la seconde lacune était à sa place, nous devrions obtenir ce cercle:

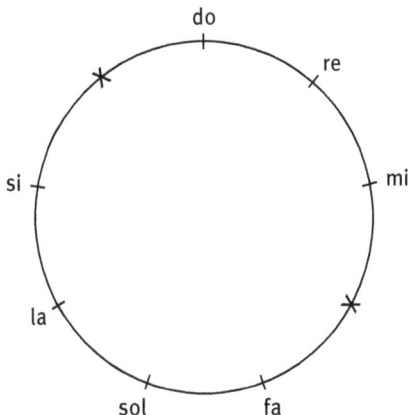

Si nous regroupons maintenant les neuf éléments du cercle fermé que nous avons devant nous de la façon suivante:

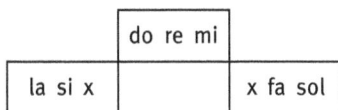

Nous allons obtenir une structure symétrique des trois ternaires, c'est-à-dire le ternaire des ternaires, trois est égal à la triunité. Les lois de la symétrie sont peu étudiées chez nous dans l'Ouest, mais vous avez quand même dû entendre parler de ce que l'on appelle l'asymétrie symétrique, c'est-à-dire la symétrie qui, sur la base des lois, apparaît comme asymétrie, et le symbole que nous sommes en train d'examiner qui, en tant que représentant de la figure d'une synthèse parfaite des lois des octaves, tout en étant symétrique dans la forme, comprend également cette asymétrie dont nous parlons maintenant (voir dessin). Mais ce n'est pas tout: en déplaçant la lacune vers ce qui semble ne pas être sa place, il montre ainsi à celui qui sait comment le lire, quel choc est nécessaire, et quand et où, pour aller de « si » à « do, » ce qui, à son tour, explique la circonstance déjà mentionnée dans la conférence sur la mécanique de la structure du monde, à savoir que le passage de « la » à « si » est, du point de vue de la différence dans le nombre de vibrations des notes, de longueur supérieure à toutes les autres transitions dans l'octave. Presque aussi définies sont les indications, dans le symbole, sur le choc nécessaire dans la lacune « mi-fa, » dont je ne suis pas en mesure de parler en détail à l'heure actuelle. Tout ce que je peux faire, c'est de vous rappeler une fois de plus le rôle de ces chocs dans les processus en cours dans l'homme et l'univers.

Lorsque nous avons examiné l'application de la loi des octaves au cosmos, il a pris la forme suivante dans la mesure où il porte sur l'étape « Soleil-Terre »:

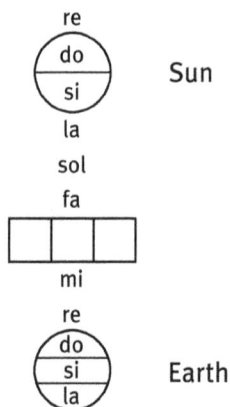

re
do
si   Sun
la
sol
fa

mi

re
do
si   Earth
la

On a également mentionné que la transition « do à si, » le remplissage de la lacune, progresse à intérieur de l'organisme du Soleil ; quand il a été question de l'Absolu, on a clairement souligné que cette transition était un acte interne de volonté.

La transition de « fa à mi » est effectuée mécaniquement à l'aide d'une sorte de machine spéciale permettant à « fa, » qui y pénètre, par une série de processus et sans modifier la note, d'acquérir les propriétés de « sol » qui se trouve au-dessus de lui, et avec elles la possibilité de passer par lui-même (dans une forme comme il celle d'un stock d'énergie intense) pour la conversion dans la note suivante—« mi, » dans le cas considéré. La chose est absolument la même dans tous les processus. Si nous examinons les processus d'alimentation et de travail de l'organisme humain, nous trouverons en eux -comme nous l'avons plus d'une fois mentionné ici, ces mêmes lacunes et chocs. On va reconstruire le schéma du fonctionnement du corps physique de l'homme de la façon dont nous l'avons déjà fait ici. Trois types d'aliments sont recueillis par l'homme. Chacun d'entre eux est le début de sa propre octave (premier, deuxième et troisième « do »).

La première octave, celle de l'aliment de l'étage inférieur, nous l'avons suffisamment examinée pour expliquer la nature de la lacune. Lorsque, dans son processus de changements, il atteint le stade correspondant à la note « mi » (troisième « mi »), il se rapproche de la lacune qu'il est incapable de traverser tout seul. Le deuxième « do, » l'air, qui vient à son aide, et que nous assimilons en respirant, se retrouvant dans le second « re » et se mêlant au troisième « mi » est transféré par nous dans le troisième « fa.» La nourriture que nous prenons en mangeant et en buvant est introduit dans notre corps, dans l'écrasante majorité des cas, en quantités plus grandes que celles qui sont nécessaires. Elle ne peut pas être complètement assimilée, c'est-à-dire que le processus chimique par lequel la substance nécessaire pour le maintien de la vie se produit dans le corps exige que les parties constitutives soient en correspondance rigoureuse. Pour élucider cette question, prenons un exemple de la chimie. Le sel de cuisine est l'union, dans certaines circonstances, du natron minéral avec du gaz chloral (NaCl). Si nous prenons 23 livres de natron et 35,5 livres de chlore, nous allons obtenir exactement 58,5 livres de sel de ménage. Si, avec la même quantité de chlore, nous prenons 30 livres de natron, au lieu de 23, dans ce cas, 7 livres de natron ne s'amalgament pas. Exactement de la même façon, si nous prenons 40 livres de chlore pour 23 livres de natron, 4,5 livres du premier resteraient libres. Dans les deux cas il y aurait 58,5 livres de sel commun. En d'autres mots, le natron et le chlore se combinent dans des conditions constantes quant au poids, dans les proportions de 23: 35,5. Tous les éléments chimiques possèdent cette propriété de constance proportionnelle, et cette propriété a donné la base sur laquelle leurs poids atomiques ont été déduits. De même, pour la production dans l'organisme d'une substance qui se caractérise par des propriétés définies, il est nécessaire d'amener la substance d'origine en correspondance strictement définie avec une autre, avec laquelle elle entre en réaction réciproque. Cela porte sur le côté qualitatif aussi bien que sur le côté quantitatif du phénomène. La nourriture qui est absorbée dans l'organisme de l'homme est également convertie de la substance produite au stade du troisième « mi » à la substance au stade du troisième « fa » à l'aide d'un mélange chimique à partir du « do » de l'air. Cela signifie que le processus de respiration entre en réaction avec le processus d'assimilation et de digestion des aliments. La substance finale de ce processus sera la substance au stade du troisième « si, » qui, pour passer dans le « do » achevé exige un nouveau choc. Comme le schéma que nous avons présenté montre que trois octaves participent à ce processus, leur influence affecte le résultat final en définissant sa qualité, c'est-à-dire que dans la transition progressive d'un stade à un autre, il y a partout des déterminants exacts. La substance du troisième stade doit prévoir de recevoir un résultat connu d'avance qui définit la quantité requise et la qualité de la substance que nous étudions. C'est la raison pour laquelle tout exercice de respiration fait sans une connaissance précise de toutes les lois ne donnera pas le résultat escompté. Mais supposons qu'un homme puisse régler deux des composantes du processus, deux de ses déterminants—la nourriture et la respiration. Là encore ce ne sera pas suffisant. Il est dans de tels cas nécessaire de connaître et d'être en mesure de régler le troisième déterminant—la nourriture de l'étage supérieur—la première octave, celle que nous sommes convenus ici d'appeler «impressions.» Seulement avec une correspondance complète et harmonieuse de tous les trois types d'aliments, en renforçant ou en affaiblissant les différentes parties du processus, nous pourrons obtenir le résultat escompté.

Voilà pourquoi toutes sortes d'exercices de respiration et d'autres exercices, qui ne sont pas en stricte correspondance avec d'autres processus qui leur sont liés, peuvent infliger des dommages irrémédiables à celui qui les pratique. Le choc qui vient de l'extérieur, par la nature substantielle de l'air dans le processus mécanique de la respiration, et qui remplit la lacune « mi-fa, » est similaire au choc qui comble cette lacune dans toute autre octave. Et le processus même du développement de l'octave dans le corps humain, la transmutation du troisième « do » de la nourriture à travers une série d'étapes dans le « do » de la prochaine octave, est similaire aux mêmes processus dans d'autres endroits.

Lorsque nous avons construit la première octave cosmique du rayon de notre monde déjà existant (en passant par le soleil et la terre), ses notes distinctes ont été disposées comme suit:

(do / si)	Absolute
(la)	All stars
(sol)	Sun
(fa)	All planets
(mi)	Earth
(re)	Organic Life
(do)	Rays

Puis cette octave originelle, selon la loi de la triunité, a été subdivisée en trois octaves subordonnées, et ce même rayon a été construit un peu différemment, à savoir:

do
si   Absolute
la
sol
fa

☐☐☐   All suns

mi
re
do
si   Sun
la
sol
fa

☐☐☐   All planets

mi
re
do
si   Earth
la
sol
fa

☐☐☐   Organic life on earth

mi
re
do

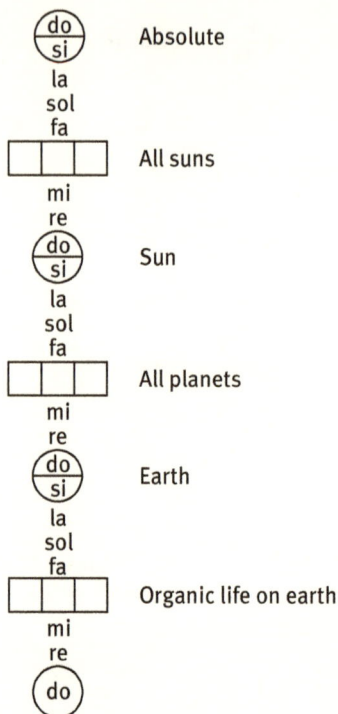

De cette façon, le cosmos ressemblait, par la nature à trois étages de sa structure, à la même structure à trois étages de l'homme. Lorsque, dans les octaves cosmiques du second ordre, la lacune « fa-mi » a été localisée, sous l'action de toutes les influences qui viennent ici ensemble, il se produit un processus, similaire au processus du passage de la nourriture dans l'organisme humain—par la conversion du « do » d'une octave dans le « do » de l'octave suivante. Voilà pourquoi dans ces endroits sont exposées les «machines,» pour ainsi dire, qui sont là, semblables au corps humain. En gros, le processus de transition « fa-mi » peut être représenté ainsi : le « fa » cosmique va dans cette « machine » à l'instar de la nourriture de l'étage inférieur et commence le cycle de changements. Par conséquent, à ses débuts, il résonne dans la machine comme «do,» le troisième « do. » La substance de la note « sol » de l'octave cosmique, qui aide la note « mi » (troisième) dans la machine à passer dans la note « fa » (troisième), remplissant l'intervalle entre eux et résonnant comme « do » (deuxième) sert de substance qui entre à l'étage du milieu, similaire à l'air lors de la respiration. A sa propre place, le cycle de la note cosmique « la, » qui entre à l'étage supérieur de la machine en tant que premier « do, » rejoint le cycle doublé, pour ainsi dire, que nous avons obtenu maintenant. Dans la somme totale finale du processus, « fa, » qui est entré dans la machine en tant que troisième « do, » est converti dans le troisième « do » de l'octave supérieure, et laisse la machine comme une note capable de passer dans la note adjacente. Avant cela, j'ai dit que « fa, » sans changer de tonalité, acquiert la propriété de « sol, » et aussi sa capacité à passer dans la note suivante, qui est « mi » dans le cas considéré actuellement. Ce que je voulais dire est ceci : comme nous le voyons, les aliments de la machine sont les notes cosmiques « la, » « sol, » « fa. » Dans l'ordre de leur séquence, par la loi de la triunité « la » sera le principe actif, « sol, » le neutralisant, et « fa, » le principe passif. L'actif, en réagissant (se liant à l'aide du neutralisant) au passif donne un certain résultat. Il a été souligné à un autre moment que si le nombre qui définit les qualités de l'actif est « 1n, » alors le même chiffre pour le passif « 4n, » et pour le résultat « 2n » peut être décrit symboliquement ainsi :

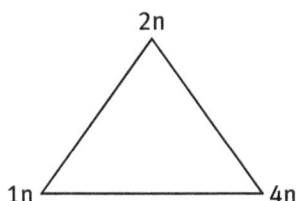

Si, à la place de ces grandeurs, nous mettons les notes qui alimentent la machine, nous obtiendrons ce symbole:

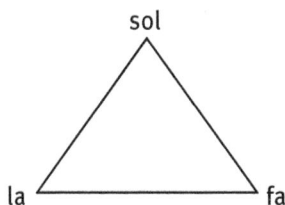

Ce qui dans le même temps montre que la substance « fa, » en se mélangeant avec la substance « la, » donne dans le résultat la substance « sol. » Mais comme ce processus se produit dans l'octave, qui, pour ainsi dire, se déplie elle-même à l'intérieur du ton « fa » de la manière indiquée pour « do, » lors de l'examen du symbole, on peut dire que « fa, » sans changer de tonalité, acquiert les propriétés de « sol. »

Nous avons en quelque sorte été détournés de notre objectif initial qui était celui d'étudier le symbole. En fait, ceux d'entre nous qui savent écouter se sont rapprochés davantage de la compréhension de celui-ci. Comme une synthèse parfaite, il contient en lui-même tous les éléments de connaissance de la loi qu'il exprime, et à l'extérieur, on peut déduire et développer en détail, de la façon la plus précise, tout ce que nous venons de dire. Par tout ce que j'ai dit aujourd'hui, je n'ai même pas épuisé la plus petite partie de ce qui peut être dit sur le sujet. A l'avenir, nous allons une fois de plus y revenir en nous y attardant davantage. Je ne pense nullement avoir été en mesure d'expliquer quoi que ce soit, car je n'ai pas poursuivi cet objectif. Ma tâche était de donner à mes auditeurs un avant-goût de la compréhension avec laquelle il faut aborder la recherche d'après les lois de la vérité. Une fois de plus, je le répète: pour comprendre quelque chose dans ces domaines, des efforts constants sont nécessaires. Avant de clore la conférence, je voudrais dire quelques mots sur ce qu'on appelle « Initiation. »

L'initiation est habituellement considérée comme un acte par lequel un homme, « Le Connaisseur, » transfère à un autre homme, « Le non-connaisseur, » des connaissances et des compétences qui, jusque-là, ne lui étaient pas propres et ce, sans aucune difficulté de sa part ; les lui attribuant comme une chose qui devient sa possession inaliénable. Mais de tout ce que j'ai dit aujourd'hui, vous êtes déjà en mesure de comprendre qu'il n'y a pas de tel transfert et qu'il ne saurait y en avoir. Il n'y a que l'auto-initiation, qui est obtenue par un travail constant et obstiné et des efforts constants. Personne ne cache la connaissance de la vérité. Il ne peut simplement pas être transféré, tout comme les meilleures idées mathématiques ne sauraient être transférées à un homme étranger aux mathématiques. Et dans les questions relatives au transfert d'une connaissance de la Vérité, les choses sont plus compliquées que dans l'exemple cité. Vous avez pu vous en convaincre vous-mêmes aujourd'hui. Il est possible d'enseigner les mathématiques à quelqu'un, mais une compréhension de la vérité, il la conquiert par lui-même. Et malheur à l'homme si, sous l'influence du poison de ce qui semble la Vérité, et courant après des résultats «pratiques» sans posséder une parfaite compréhension et la connaissance de ce qu'il faut faire et comment le faire, il commence à expérimenter sur lui-même, se causant souvent à lui-même un préjudice irréparable. L'harmonie est détruite et il est incomparablement mieux de ne rien faire du tout que de le faire sans posséder les connaissances.

Gurdjieff (à droite) et Dr. Stjernvall (centre), vers 1917

ESSENTUKI
VERS 1918

Tout dans le monde est matière et, conformément à la loi univer-
selle, tout est en mouvement, la direction de ce mouvement étant
de la meilleure à la plus grossière matière et inversement. Entre ces
deux limites, il existe de nombreux degrés de densité de la matière.
Cette transformation ne peut pas procéder d'une manière uniforme et consécutive, cependant elle devrait le faire. À certains
moments il y a des arrêts dans le développement, pour ainsi dire,
des stations.

Ces stations sont tout ce qui peut être appelé un organisme dans
le sens large du mot—le soleil, la terre, l'homme et les microbes.
Ces stations sont des commutateurs qui transforment la matière à la
fois dans son mouvement ascendant quand elle devient plus fine, et
dans son mouvement descendant à une plus grande densité. Cette
transformation a lieu d'une manière purement mécanique.

La matière est la même partout, mais à des niveaux différents
elle a une densité différente. Par conséquent, chaque substance a
sa propre place dans l'échelle générale de la matière et il est possible de prédire si elle est sur le chemin de devenir plus fine ou plus
dense.

Les commutateurs diffèrent uniquement en ce qui concerne
l'échelle. L'homme est tout autant une station de transmission
comme, par exemple, la terre ou le soleil ; il a en lui les mêmes procédés mécaniques ; la même transformation des formes supérieures
de la matière dans des formes plus basses, et de plus bas vers des
plus hautes continuent en lui.

Cette transformation des substances dans deux directions, ce
qu'on appelle évolution et involution, se poursuit non seulement au
long de la ligne principale de l'absolument parfait à l'absolument
dense et inversement, mais à toutes les stations intermédiaires, à
tous les niveaux, il se ramifie à part. Une substance, requise par
une autre entité, est prise par celle-ci et absorbée, ainsi servant la
transformation, l'évolution ou l'involution, de cette entité.

Comme je l'ai dit, tout est en mouvement.

Aucun mouvement ne suit une ligne droite mais a simultanément un mouvement double : tourner sur elle-même ou tomber dans la direction du centre de gravité le plus proche. Ceci est la loi de la chute, qui est généralement appelée la loi du mouvement (la gravité n'a pas d'existence réelle).

Ainsi, tout ce qui existe, soit absorbe, mange quelque chose d'autre, soit sert de nourriture. Voilà ce que signifie l'échange réciproque. Cet échange réciproque a lieu dans tout, à la fois dans la matière organique et inorganique.

Ces lois universelles étaient connues depuis la nuit des temps. Nous pouvons arriver à cette conclusion logique, en s'appuyant sur des faits historiques qui n'auraient pas pu avoir lieu si, dans le passé lointain, les hommes n'avaient pas possédé cette connaissance.

Depuis la nuit des temps les gens savaient comment utiliser ces lois de la nature et les contrôler. Cette mise en scène artificielle des lois mécaniques est magique, comprenant non seulement la transformation des substances dans le sens désiré, mais aussi la résistance, l'opposition à certaines influences mécaniques basées sur les mêmes lois mécaniques.

Les gens qui connaissent ces lois universelles et savent comment les utiliser sont des magiciens. Il y a la magie blanche et noire. La magie blanche utilise ses connaissances pour le bien, la magie noire les utilise pour le mal, à ses propres fins égoïstes.

En tant que Grande Connaissance, la magie qui a existé depuis la nuit des temps, n'a jamais été perdue, et la connaissance a toujours été la même. Seule la forme dans laquelle cette connaissance a été exprimée et transmise a changé en fonction du lieu et de l'époque.

Par exemple, on parle maintenant dans une langue qui ne sera plus là même d'ici deux cents ans, et il y a deux cents ans là le langage était différent. De la même manière, la forme dans laquelle la Grande Connaissance est exprimée est à peine compréhensible pour les générations suivantes, et est majoritairement prise à la lettre. Ainsi, le contenu intérieur se perd pour les masses.

Dans l'histoire de l'humanité, nous voyons deux lignes parallèles et indépendantes de la civilisation : l'ésotérique et l'exotérique. Invariablement, l'une d'entre elles domine l'autre et se développe, tandis que l'autre diminue.

Une période de civilisation ésotérique vient quand il y a des conditions externes favorables, politiques et autre. Puis la Connaissance, en prenant la forme d'un enseignement correspondant aux conditions de temps et de lieu, devient largement répandue.

Il était ainsi avec le christianisme. Mais pour certaines personnes la religion sert de guide, tandis que pour d'autres, elle est seulement un policier. Le Christ aussi était un magicien, un homme de savoir. Il n'était pas Dieu, ou plutôt il était Dieu, mais à un certain niveau. Le vrai sens et la signification de nombreux événements dans les évangiles est presque oublié maintenant. Par exemple, la dernière Cène était tout à fait différente de ce que les gens pensent généralement. Ce que le Christ a mélangé avec du pain et du vin et a donné aux disciples était vraiment son sang. Pour expliquer cela, je dois d'abord dire autre chose.

Tout ce qui vit à une atmosphère autour de soi. La différence réside seulement dans sa taille. Plus grand l'organisme, plus grande son atmosphère. À cet égard, chaque organisme peut être comparé à une usine. Une usine a une atmosphère autour d'elle composée de fumée, de vapeur, de déchets et de certains adjuvants qui s'évaporent dans le processus de production. La valeur de cette partie composante est tout à fait différente.

Exactement de la même manière l'atmosphère humaine se compose de différents éléments. Et comme l'atmosphère des différentes usines a une odeur différente, l'atmosphère de différentes personnes a de même une odeur différente. Pour un nez plus sensible, par exemple, pour un chien, il est impossible de confondre l'atmosphère d'un homme avec l'atmosphère d'un autre.

Je dis que l'homme est aussi une station de transformation des substances. Une partie des substances produites dans l'organisme est utilisée pour la transformation d'autres matières, tandis qu'une autre partie passe dans son atmosphère, ce qui veut dire qu'elle est perdue. Donc, ici aussi, la même chose se passe comme dans une usine.

Ainsi l'organisme fonctionne non seulement pour lui-même mais aussi pour autre chose. Les hommes de connaissance savent comment conserver ces matières fines en eux-mêmes et les accumuler. Seulement une grande accumulation de ces matières fines permet qu'un deuxième corps plus léger se forme à l'intérieur de l'individu.

Cependant, habituellement, les matières qui composent l'atmosphère, sont constamment utilisées et remplacées par le travail intérieur de l'homme.

L'atmosphère de l'homme n'a pas nécessairement la forme d'un ballon. Elle change constamment de forme. En période de contrainte ou menace de danger, elle devient allongée dans la direction de la pression. Ensuite, le côté opposé devient plus étroit.

L'atmosphère prend un certain espace. Dans les limites de cet espace, elle est attirée par l'organisme, mais au-delà d'une certaine limite, des particules de l'atmosphère sont arrachées et ne reviennent plus.

Cela peut se produire si l'atmosphère est très tendue dans une direction. La même chose arrive quand un homme se déplace. Des particules de son atmosphère sont arrachées et sont laissées derrière, ce qui produit une « trace » par laquelle un homme peut être tracée, par exemple, par un chien.

Ces particules peuvent rapidement se mélanger avec l'air et se dissoudre, mais elles peuvent aussi rester en place pendant un temps assez long.

Les particules de l'atmosphère se déposent également sur les vêtements d'un individu, sur ses sous-vêtements et d'autres choses qui lui appartiennent, de sorte qu'une sorte de piste reste entre ceux-ci et l'homme.

Trois groupes de phénomènes : magnétisme, hypnotisme et télépathie sont des phénomènes du même ordre. L'action du magnétisme est directe ; l'action de l'hypnotisme se trouve à une courte distance, à travers l'atmosphère ; la télépathie est une action à distance.

Cette dernière est analogue à un téléphone ou télégraphe. Là les connexions sont les câbles, les fils métalliques, mais dans la télépathie, c'est la trace laissée par l'homme. Un homme qui a le don de la télépathie peut remplir cette trace avec sa propre matière et ainsi rétablir la connexion, formant comme un câble à travers lequel il peut agir sur l'esprit d'un homme.

S'il possède un objet appartenant à un homme, alors, ayant ainsi établi une connexion, il façonne autour de cet objet une image en cire ou en argile et, agissant sur elle, agit donc sur l'homme lui-même.

ESSENTUKI
VERS 1918

Plusieurs fois, en parlant sur différents sujets, j'ai remarqué combien il est difficile de transmettre sa propre compréhension, même du phénomène le plus ordinaire, même à une personne que je connais. Notre langue est trop pauvre en mots et concepts pour une description complète et exacte du sujet. Plus tard, j'ai trouvé que ce manque de compréhension entre un homme et un autre est le même phénomène mathématiquement ordonné que la table de multiplication. Il dépend en général de la soi-disant « psyché » des personnes concernées, et en particulier de l'état de leur psychisme à un moment donné.

La vérité de cette loi peut être vérifiée à chaque étape. Afin de comprendre un autre homme, il est non seulement nécessaire que le locuteur sache comment parler, encore faut-il que l'auditeur sache écouter. Voilà pourquoi je peux dire en ce moment que si je devais parler de la manière que je considère la plus exacte, tout le monde ici, à quelques exceptions près, penserait que je suis fou. Donc, à présent, je vais devoir parler pour mon public, mais en même temps mon public va devoir m'écouter. Par conséquent, nous devons établir la possibilité d'une compréhension commune.

Au cours de notre conversation, nous devons progressivement marquer les indicateurs d'une conversation productive. Tout ce que je veux suggérer à l'heure actuelle est que *vous devriez essayer de regarder les choses et les phénomènes autour de vous, et surtout vous-mêmes, d'un point de vue et d'un angle qui serait peut-être différent de ce qui est habituel ou naturel pour vous.* Seulement regarder, car faire plus est possible uniquement avec le désir et la coopération de l'auditeur, quand il cesse d'être simplement un auditeur passif et commence à « faire, » c'est-à-dire à passer à un état actif.

Très souvent dans la conversation avec les gens, on entend l'idée directe ou implicite que l'homme que nous rencontrons dans la vie ordinaire pourrait presque être considéré comme le centre de l'univers, la « couronne de la création, » ou en tout cas une entité grande et importante ; que ses possibilités sont presqu'illimitées et ses pouvoirs presqu'infinis. Mais il y a un certain nombre de réserves : pour que cela advienne, des conditions exceptionnelles sont nécessaires ; des circonstances, l'inspiration, la révélation, et ainsi de suite.

Tout d'abord, si nous examinons cette conception de « l'homme, » nous constaterons tout de suite qu'elle est composée de caractéristiques d'un type collectif, qui appartiennent à des personnes connues ou supposées distinctes. Nous ne rencontrons jamais un tel homme dans la vie réelle, que ce soit dans le présent, ou comme un personnage historique dans le passé. Car chaque homme a ses propres faiblesses et si l'on regarde de plus près, le mirage de la grandeur et de la puissance se désintègre.

Mais la chose la plus intéressante n'est pas que les gens revêtent d'autres avec ce mirage, mais que, en raison d'une caractéristique particulière de leur propre psyché, ils le transfert à eux-mêmes, sinon dans son intégralité, au moins comme un reflet. Et donc, tout en étant eux-mêmes de la taille d'un point de fuite, ils s'imaginent être ce type collectif, ou pas loin de là.

Mais si un homme sait comment être sincère avec lui-même—je n'entends pas par-là cette sincérité qu'on comprend généralement par ce mot, mais la sincérité impitoyable—alors, à la question : « Qu'est-ce que vous êtes ? » il n'attendra pas une réponse réconfortante. Alors maintenant, sans attendre que vous vous rapprochiez de l'expérience par vous-mêmes de ce dont je parle, je suggère que chacun d'entre vous se pose maintenant la question : « Que suis-je ? » afin de mieux comprendre ce que je veux dire. Je suis certain que 95 pour cent d'entre vous seront intrigués par cette question et répondront par une autre question : « Que voulez-vous dire ? »

Et ce sera la preuve que l'homme a vécu toute sa vie sans se poser cette question, qu'il a pris pour acquis, comme un axiome, qu'il était « quelque chose, » quelque chose de très précieux, quelque chose qu'il n'a jamais remis en question. Dans le même temps, il est incapable d'expliquer ce que ce « quelque chose » est à une autre personne, incapable d'en donner la moindre idée, car il ne se sait pas lui-même ce que c'est. Et la raison pour laquelle il ne le sait pas se trouverait-elle dans le fait que ce « quelque chose » n'existe pas, mais est simplement assumé ? N'est-il pas étrange que les gens prêtent si peu d'attention à eux-mêmes dans le sens de la connaissance de soi ? N'est-il pas étrange qu'ils ferment les yeux sur ce qu'ils sont vraiment avec une obtuse complaisance et qu'ils passent leur vie dans la convention agréable qu'ils représentent quelque chose de précieux ? Ils ne voient pas le vide exaspérant caché derrière la façade bien peinte créée par leur auto-illusion et ne comprennent pas la conventionalité absolue de sa valeur. Certes, il n'est pas toujours ainsi. Tout le monde ne se regarde pas aussi superficiellement. Il y a des esprits curieux qui se languissent de la vérité du cœur, la cherchent, se battent pour résoudre les problèmes posés par la vie, tentent de pénétrer dans l'essence des choses et des phénomènes, de pénétrer en eux-mêmes. Si un homme raisonne et pense profondément, peu importe le chemin qu'il suit dans la résolution de ces problèmes, il doit inévitablement en venir à lui-même et commencer avec la solution du problème de ce qu'il est lui-même et quelle sa place est dans le monde qui l'entoure. Car sans cette connaissance, il n'aura pas de point fondamental dans sa recherche. La formule de Socrate « connais-toi toi-même » reste pleinement valable pour tous ceux qui cherchent la vraie connaissance et existence.

Je viens d'utiliser un nouveau mot, « existence. » Pour être sûr que nous entendons tous la même chose par ce terme, je dois dire quelques mots d'explication.

Nous venons de nous demander si ce qu'un homme pense de lui-même correspond à ce qu'il est en réalité, et vous vous êtes demandés ce que vous êtes. Regardez autour de vous—ici, nous avons un médecin là, un ingénieur, là-bas un artiste. Sont-ils en réalité ce que nous pensons qu'ils sont ? Peut-on traiter la personnalité de chacun d'entre eux comme étant identique à la profession qu'ils suivent, à l'expérience que cette profession, ou leur préparation pour celle-ci, leur a donné ?

Tout homme vient au monde comme une feuille de papier blanc ; et puis les gens et les circonstances qui l'entourent commencent à rivaliser les uns avec les autres pour salit cette feuille et la remplir d'écriture. L'éducation, la formation de la morale, l'information que nous appelons savoir, tous les sentiments de devoir, honneur, conscience, et ainsi de suite, entrent ici. Et tous prétendent au caractère immuable et infaillible des méthodes adaptées pour le greffage de ces pousses au tronc, connu sous le nom de « la personnalité » de l'homme. Peu à peu, la feuille se salit, et plus la feuille qu'on appelle « connaissance » est sale, plus l'homme est considéré comme intelligent. Plus il est écrit à l'endroit appelé « devoir, » plus le possesseur est considéré comme honnête, et ainsi de suite. Et la feuille sale elle-même, en voyant que les gens considèrent sa « saleté » comme un mérite, commence à la regarder de la même façon. Ici, nous avons un échantillon de ce que nous appelons un *homme* auquel nous ajoutons même souvent des mots tels que talent et génie. Pourtant, notre « talent » verra son humeur gâtée pour toute la journée s'il ne trouve pas ses pantoufles à côté de son lit quand il se réveille le matin. Un homme n'est pas libre dans ses manifestations ou dans sa vie. Il ne peut pas être ce qu'il voudrait être et ce qu'il considère qu'il est. Il ne ressemble pas à cela, et la formule « homme, » « la couronne de la création, » ne vaut pas pour lui.

« Homme »—c'est un fier mot, mais nous devons nous demander nous-mêmes de quel genre d'homme il s'agit ? Ce n'est certainement pas l'homme irrité par des bagatelles, qui prête attention à des choses sans importance et qui est impliqué dans tout ce qui l'entoure. Pour avoir le droit de se faire appeler homme, il doit être un homme ; et ce « être » est obtenu uniquement par la connaissance de soi et le travail sur soi-même dans ces directions qui deviennent claires par la connaissance de soi.

Avez-vous déjà essayé de vous regarder mentalement lorsque votre attention n'a pas été fixée sur un problème précis pour la concentration ? Je suppose que ce sont des choses familières pour la plupart d'entre vous, bien que, probablement, quelques-uns seulement aient regardé méthodiquement en eux-mêmes. Vous êtes sans doute conscients de notre capacité de penser par des associations fortuites ; lorsque notre pensée réunit des scènes et des souvenirs déconnectés ; lorsque tout ce qui entre dans le champ de notre conscience ou qui simplement y touche légèrement appelle ces associations de hasard dans nos pensées. La chaîne des pensées semble se poursuivre sans interruption, réunissant des fragments de représentations des perceptions antérieures, prises dans différents rouleaux de nos souvenirs. Et ces rouleaux s'enroulent et se déroulent—tandis que le mécanisme de notre pensée, habilement et sans interruption, tisse les fils de la pensée dans ce matériau. Les rouleaux de notre sentiment tournent de la même manière— agréable et désagréable, joie et tristesse, rire et irritation, plaisir et douleur, sympathie et antipathie. On vous encense et cela vous rend heureux ; mais si quelqu'un vous repousse, votre humeur est gâtée. Quelque chose de nouveau capte votre intérêt et vous fait oublier instantanément ce qui vous intéressait l'instant d'avant. Peu à peu, votre intérêt vous lie à cette chose à un point tel que vous vous y enfoncez de la tête aux pieds—et voilà ! vous ne possédez plus, vous avez disparu, vous êtes devenu lié à et dissous dans cette chose ; en fait, c'est elle qui vous possède, elle vous a captivé, et cet engouement, cette capacité d'être captivé, sous de nombreuses formes différentes, est une propriété de chacun de nous. Cela nous empêche d'être libre et nous lie. De même, cela enlève notre force et notre temps, ne nous donnant aucune possibilité d'être objectifs et libres—deux qualités essentielles pour toute personne qui décide de suivre la voie de la connaissance de soi. Nous devons lutter pour la liberté si nous aspirons à la connaissance de soi. *La tâche de la connaissance de soi et de l'auto-développement ultérieur est d'une telle importance et gravité, elle exige une telle intensité d'effort, que s'y essayer n'importe comment et parmi d'autres choses est impossible. La personne qui entreprend cette tâche doit la mettre au premier plan de sa vie,* ce qui n'arrivera pas tant qu'il gaspillera pour des bagatelles.

Qu'est-ce qui peut donner à un homme la possibilité de passer son temps avec profit dans cette recherche, sinon la liberté de toute espèce d'attachement ?

Liberté et Gravité. *Pas ce genre de gravité qui semble sortir de sous les sourcils froncés et des lèvres pincées,* des gestes soigneusement retenus et des mots filtrés à travers les dents, *mais la gravité, l'intensité et la constance dans la recherche, la détermination et la persévérance dans celle-ci, de sorte qu'un homme, même au repos, poursuive sa tâche principale.* Demandez-vous—êtes-vous libre ? Beaucoup sont enclins à répondre « oui, » s'ils sont relativement sûrs dans un sens matériel et n'ont pas à se soucier du lendemain, s'ils dépendent de quelqu'un pour leur subsistance ou pour le choix de leurs conditions de vie. Mais est-ce cela la liberté ? Et est-ce que c'est seulement une question de conditions ?

Vous avez beaucoup d'argent disponible, vous vivez dans le luxe, vous jouissez du respect et de l'estime générale. Les gens à la tête de votre entreprise bien organisée sont tout à fait honnêtes et vous sont dévoués. En un mot, vous avez une très bonne vie. Peut-être que vous en êtes persuadé vous-même et que vous vous considérez absolument libre, car après tout votre temps vous appartient. Vous êtes un patron des arts, vous réglez les problèmes du monde autour d'une tasse de café et vous pouvez même être intéressé par le développement des pouvoirs spirituels cachés. Les problèmes de l'esprit ne vous sont pas étrangers et vous êtes chez vous au milieu des idées philosophiques. Vous êtes éduqué et cultivé. Ayant une certaine éru-

dition dans de nombreux sujets, vous êtes connu comme un homme
intelligent, car vous trouvez votre chemin facilement dans toutes
sortes de domaines ; vous êtes un exemple d'homme cultivé. En
bref, vous êtes enviable.

Le matin, vous vous réveillez sous l'influence d'un mauvais rêve.
Une humeur légèrement dépressive, qui a disparu après votre réveil,
a laissé sa trace dans une sorte de lassitude et de l'incertitude du
mouvement. Vous allez vers le miroir pour brosser vos cheveux et
par mégarde vous faites tomber votre brosse à cheveux. (Vous la ramassez et dès que vous l'avez dépoussiérée, vous la faites tomber à
nouveau. Cette fois, vous la ramassez avec une nuance d'impatience
et du coup, vous la faites tomber une troisième fois.) Vous essayez
de la saisir dans les airs, mais vous ne réussissez qu'à faire voler à
travers le miroir. (Vous sautez pour l'attraper, en vain. Et pof ! . . .
un faisceau de fissures en forme d'étoiles apparaît sur votre miroir
ancien dont vous étiez si fier.) L'enfer ! Vous ressentez le besoin de
passer votre colère sur quelqu'un. Les rouleaux de la colère commencent à tourner. Constatant que votre serviteur a oublié de mettre
le journal à côté de votre tasse de café le matin, votre tasse de patience déborde et vous décidez que vous ne pouvez plus supporter
le malheureux dans la maison.

Maintenant, il est temps pour vous de sortir. Profitant de la belle
journée et du fait que votre destination n'est pas loin, vous décidez
de marcher pendant que votre voiture suit lentement derrière. Le
soleil vous apaise un peu. Votre attention est attirée par une foule
qui s'est rassemblée autour d'un homme allongé, inconscient, sur
le trottoir. Avec l'aide des spectateurs le portier le met dans un taxi
et le conduis vers l'hôpital. Remarquez comment le visage étrange-
ment familier du conducteur est connecté dans vos associations
avec cet accident qui vous rappelle l'accident qui vous est arrivé
l'année dernière. À ce moment-là, vous rentriez à la maison d'une
fête d'anniversaire gay. Le délicieux gâteau qu'il y avait ! Votre serviteur qui a oublié votre journal du matin a ruiné votre petit déjeuner.
Pourquoi ne pas vous rattraper maintenant ? Après tout, le gâteau
et le café sont extrêmement importants ! Voici le café à la mode
où vous allez parfois avec vos amis. Mais pourquoi vous êtes-vous
souvenu de l'accident ? Vous aviez sûrement presqu'oublié le désagrément du matin . . . Et maintenant, est-ce que votre gâteau et
le café ont vraiment un si bon goût ? Vous voyez deux dames à la
table voisine. Quelle charmante blonde ! Vous l'entendez chucho-

ter à sa compagne en vous jetant un coup d'œil : « Voici le genre d'homme qui me plaît. » A coup sûr, aucun de vos soucis ne vaut la peine de perdre du temps ou de se fâcher. A-t-on encore besoin de dire comment votre humeur a changé à partir du moment où vous avez rencontré la blonde, et comment elle a duré pendant que vous étiez avec elle ? Vous rentrez chez vous en fredonnant un air gai et même le miroir brisé ne vous tire qu'un sourire. Mais qu'en est-il de l'affaire pour laquelle vous étiez sorti le matin ? Vous venez seulement de vous en souvenir . . . c'est intelligent ! Pourtant, cela n'a pas d'importance. Vous pouvez téléphoner. Vous soulevez le récepteur et l'opérateur vous donne un mauvais numéro. (Vous appelez à nouveau et obtenez le même numéro. Quelqu'un vous dit vertement qu'il en a marre de vous—vous dites que ce ne s'est pas de votre faute, une altercation suit et vous apprendrez de façon inattendue que vous êtes un scélérat et un idiot et que si vous appelez à nouveau . . . Le tapis plié sous vos pieds vous irrite et vous devriez entendre le ton de la voix par laquelle vous réprimandez le serviteur qui vous remet une lettre. La lettre est d'un homme que vous avez respecté et dont vous appréciez la bonne opinion. Le contenu de la lettre est si flatteur pour vous que votre irritation se meurt au fur et à mesure que vous lisez et elle est remplacée par le sentiment d'embarras léger que la flatterie suscite. Vous terminez la lecture dans une excellente humeur.

Je pourrais continuer ce tableau de votre journée—vous, un homme libre. Peut-être pensez-vous que j'ai exagéré. Non, c'est un instantané de vie.

Ce fut une journée dans la vie d'un homme bien connu chez lui et à l'étranger, un jour reconstruit et décrit par lui le soir même comme étant un exemple clair et récent au cours d'une conversation au sujet de la pensée associative et du sentiment. Dites-moi, où est la liberté quand les gens et les choses possèdent un homme à tel point qu'il oublie son humeur, ses affaires et soi-même, et peut-il y avoir dans un homme soumis à de telles variations une disposition sérieuse pour sa recherche ?

Vous comprenez mieux maintenant que l'homme n'est pas nécessairement ce qu'il semble être, que la question ne porte pas sur les circonstances et les faits extérieurs, mais sur la structure interne de l'homme et son attitude à l'égard de ces faits. Mais peut-être cela est-il valable seulement en ce qui concerne les associations, peut-être qu'en ce qui concerne les choses qu'il dit « connaître » la situation est différente ?

Mais je vous demande si, pour une raison ou une autre, vous étiez incapable de mettre vos connaissances en pratique pendant plusieurs années, combien en resterait-il ? Ne serait-ce pas comme avoir des matériaux qui sèchent et s'évaporent au cours du temps ? Rappelez-vous la comparaison avec une feuille de papier blanc. Et en effet, au cours de notre vie, nous apprenons quelque chose de tout le temps, et nous appelons les résultats de cet apprentissage « connaissance. » Et dans cette connaissance, combien de fois ne nous montrons-nous ignorants ou éloignés de la vie réelle et donc maux adaptés. « Nous » sommes à demi-instruits, nous sommes des têtards, mais le plus souvent tout simplement des gens « éduqués » qui ont un quelques informations sur tout, mais toutes également cotonneuses et inadéquates. En effet, c'est simplement de l'information car *il est impossible de l'appeler connaissance, la connaissance étant une propriété inaliénable de l'homme ; elle ne peut être plus et elle ne peut être moins, car un homme sait uniquement lorsqu'il est lui-même cette connaissance.* Quant à vos convictions, n'en avez-vous jamais changé ? Ne sont-elles pas également sujettes au changement et à la fluctuation comme tout le reste en nous ? Ne serait-il pas plus juste de les appeler plutôt des opinions que des convictions, car elles sont aussi dépendantes de notre information que de notre humeur ou peut-être tout simplement de l'état de notre digestion à un moment donné ? Chacun de vous est un exemple assez inintéressant d'un automate animé. Vous estimez qu'une « âme » et même un « esprit » est nécessaire pour faire ce que vous faites et vivre ce que vous vivez. Mais il suffit peut-être d'avoir une clé pour remonter le ressort de votre mécanisme. La portion quotidienne de nourriture aide à vous remonter et les singeries des associations sans but sont ainsi renouvelées encore et encore. A partir de cet arrière-plan, vos pensées distinctes sont recueillies et vous essayez de les relier en un tout, de les considérer comme étant les vôtres et de les faire passer pour précieuses. Nous prenons également des sentiments et des sensations, des humeurs et des expériences, et de tout cela, nous créons un mirage de vie intérieure, nous nous appelons des êtres conscients et raisonnables, nous parlons de Dieu, de l'éternité, de la vie éternelle et d'autres questions plus élevées encore; nous parlons de tout ce qui est imaginable, nous jugeons et nous discutons, nous définissons et nous évaluons, mais nous omettons de parler

de nous-mêmes et de notre propre valeur réelle objective, car nous
sommes tous convaincus que s'il y a quelque chose qui manque en
nous, nous pouvons l'acquérir. Si dans ce que j'ai dit, je suis parvenu, même dans une faible mesure, à faire entendre quel chaos
est cet être que nous appelons homme, alors vous serez en mesure
de répondre par vous-mêmes à la question concernant ce qu'il lui
manque et ce qu'il peut obtenir s'il reste tel quel ; ce qu'il peut ajouter comme valeur à la valeur qu'il représente lui-même.
J'ai déjà dit qu'il y a des gens affamés et assoiffés de la vérité.
S'ils examinent les problèmes de la vie et sont sincères avec eux-
mêmes, ils vont très vite se convaincre qu'il est impossible de vivre
comme ils ont vécu et d'être ce qu'ils ont été jusque-là. Qu'un moyen
de sortir de cette situation est essentiel. Qu'un homme peut développer ses capacités et pouvoirs cachés seulement en nettoyant sa
machine de la saleté qui s'y est accumulée au cours de sa vie. Mais
pour entreprendre ce nettoyage d'une manière plus rationnelle, il
doit voir où et comment et ce qui doit être nettoyé ; mais le voir pour
soi-même est presque impossible. Afin de voir quoi que ce soit, il
faut regarder de l'extérieur ; une aide mutuelle est nécessaire. Si
vous vous rappelez l'exemple que j'ai donné (de l'identification),
vous verrez combien aveugle est un homme quand il s'identifie avec
ses humeurs, ses sentiments et ses pensées. Mais notre dépendance
à l'égard des choses est-elle limitée uniquement à ce qui peut être
observé au premier coup d'œil ? Ces choses sont tellement évidentes
qu'elles ne peuvent ne pas attirer l'attention. Ce n'est pas sans raison
que nous avons parlé des dispositions des gens, les divisant provi-
soirement en bonnes et mauvaises. A mesure qu'un homme arrive
à se connaître, il voit toujours de nouveaux domaines de sa mécanique -appelons-l 'automatisme—domaines où sa volonté, son «je
veux » n'ont aucun pouvoir, domaines qui ne lui sont pas soumis
et qui sont si confus et précaires qu'il lui est impossible de trouver
son chemin là-dedans sans l'aide et l'orientation authentique de
quelqu'un qui sait. Voici en bref l'état des choses dans le domaine
de l'auto-étude. Pour faire, il est nécessaire de connaître ; mais afin
de connaître, il est nécessaire de découvrir comment connaître.
Nous ne pouvons pas y arriver par nous-mêmes. Outre l'auto-étude
il y a un autre côté de la recherche : l'auto-développement. Voyons
voir comment les choses se présentent de ce côté. *Il est clair que,
là aussi, qu'un homme livré à lui-même ne peut pas extraire de son
petit doigt la connaissance nécessaire au développement de soi et,*

plus important encore, la connaissance de ce qu'il doit exactement développer en lui-même. Peu à peu, en rencontrant des gens qui sont à la recherche et en leur parlant et en lisant les livres idoines, un homme est attiré dans le cercle des questions relatives à l'auto-développement.

Et qu'est-ce qu'il va rencontrer ici ? Tout d'abord, un abîme du charlatanisme le plus impardonnable, entièrement basé sur le désir d'obtenir de l'argent facile par la mystification des gens crédules qui cherchent un moyen de sortir de leur état d'impuissance spirituelle. *Et avant qu'un homme apprenne à séparer le bon grain de l'ivraie, une longue période s'écoule* et peut-être que l'envie elle-même de trouver la vérité vacillera et s'éteindra en lui, ou deviendra morbidement pervertie, et son flair émoussé pourra le conduire dans des labyrinthes tels que le sentier de sortie, au sens figuré, le conduira directement au diable. Si un homme réussit à sortir de cette première tourbière, il tombera dans un nouveau bourbier de pseudo-connaissances. La vérité sera servie dans une forme tellement indigeste et vague qu'elle produira sur le nouveau venu l'impression d'un délire pathologique. On lui montrera les voies et les moyens de développer les pouvoirs et les capacités cachées qui, s'il persévère, vont, sans trop de peine, lui donner pouvoir et règne illimité sur tout, non seulement sur les créatures animées, mais aussi sur la matière inerte et les éléments. Tous ces systèmes, basés sur les théories les plus diverses, sont extraordinairement séduisante, peut-être précisément à cause de leur imprécision. Ils ont un attrait particulier pour les personnes qu'on appelle habituellement à moitié instruites, qui sont à moitié avisées en matière de connaissance positiviste.

Compte tenu du fait que la plupart des questions étudiées du point de vue des théories ésotériques et occultes vont chercher leur solution au-delà des limites des données accessibles à la science positiviste, ces théories la dédaignent souvent. Bien que, d'une part, elles donnent à la science positiviste ce qui lui est dû, de l'autre, elles rabaissent son importance de sorte que l'impression est non seulement celle d'un échec, mais d'une véritable lèpre.

A quoi bon alors aller à l'université, étudier et se mettre à rude épreuve sur les manuels officiels, si ce type d'apprentissage permet de dédaigner tout autre apprentissage et de se prononcer sur toutes les questions scientifiques. Il n'y a qu'une seule chose que cet apprentissage ne donne pas. *Il n'engendre pas d'objectivité en matière de connaissance, moins encore que le positivisme ; en fait, il tend à brouiller le cerveau de l'homme et à diminuer sa capacité de raisonner et de penser profondément,* et le conduit vers la psychopathie. Voici donc l'effet de ces théories sur les personnes à moitié instruites qui les prennent pour une révélation authentique. Mais leur effet sur les scientifiques n'est pas très différent, s'ils ont été affectés tant soit peu par le poison du mécontentement à l'égard des choses existantes. Notre machine à penser possède la capacité d'être convaincue de tout ce que vous voulez, à condition qu'elle soit à plusieurs reprises et de façon persistante influencée dans la direction voulue. Une chose qui peut paraître absurde au début, sera à la fin rationalisée, pourvu qu'elle soit répétée assez souvent et avec suffisamment de conviction. Et, tout comme un type va répéter les mots tout faits qui se sont coincés dans son esprit, un second type trouvera des preuves et des paradoxes complexes pour expliquer ce qu'il dit.

Les deux sont également à plaindre. Toutes ces théories offrent des assertions qui, comme les dogmes, ne peuvent généralement pas être vérifiées. Ou en tout cas, elles ne peuvent être vérifiées par les moyens dont nous disposons.

Ensuite, ils suggèrent des méthodes et des moyens d'auto-développement qui conduisent à un état dans lequel ces affirmations peuvent être vérifiées. Il n'y a pas d'objection de principe à la justesse de poser la question de cette façon. Mais la pratique constante de ces habitudes mène le chercheur trop zélé à des résultats tout à fait indésirables. Un homme qui accepte les théories occultes et se croit compétent dans ce domaine ne sera pas en mesure de résister à la tentation d'appliquer dans la pratique la connaissance des méthodes qu'il a tirées de ses recherches, à savoir de passer de la connaissance à l'action. Peut-être qu'il agira avec prudence, en évitant les méthodes qui, de son point de vue, sont risquées, et en appliquant les plus fiables et authentiques ; peut-être qu'il va prendre le plus grand soin. Tout de même, la tentation de les appliquer d'une part, et l'insistance sur la nécessité de le faire, ainsi que l'accent mis sur la nature miraculeuse des résultats et la dissimulation de leurs côtés sombres, tout cela va conduire un homme à les mettre à l'épreuve.

Peut-être que, en les essayant, un homme trouvera des méthodes qui sont inoffensives pour lui. Peut-être que, dans leur application, il va même obtenir quelque chose de celles-ci.

En général, tous les moyens et méthodes pour l'auto-développement qui sont offerts, que ce soit pour la vérification (c'est-à-dire comme un moyen), ou comme une fin, sont souvent si contradictoires et incompréhensible et, de plus, travaillent avec un mécanisme aussi complexe et peu connu que l'organisme humain, et avec ce côté de notre vie qui lui y étroitement lié et que nous appelons notre psychisme, que la moindre erreur dans leur mise en œuvre, la plus petite faute ou excès de pression conduit souvent à des dommages irréparables à la machine.

C'est en effet une chance si un homme échappe plus ou moins intact à ce bourbier. Malheureusement, un très grand nombre de ceux qui sont engagés dans le développement des compétences et des capacités spirituelles mettent fin à leur carrière dans un asile d'aliénés ou ruinent leur santé et leur psychisme à un degré tel qu'ils deviennent des invalides complets, des personnes qui ne peuvent pas s'adapter à la vie. Leurs rangs sont complétés par ceux qui sont attirés par le pseudo-occultisme mus par un désir pour quelque chose de miraculeux et de mystérieux. Il y a aussi ces individus exceptionnellement velléitaires qui sont des échecs dans la vie, et qui, pour des considérations de gain personnel, rêvent de développer en eux-mêmes le pouvoir et la capacité de subjuguer les autres. Et enfin, il y a des gens qui cherchent simplement la variété dans la vie, comme un moyen d'oublier leurs peines, de trouver une distraction à l'ennui de la routine quotidienne, par désir d'échapper à ses désaccords.

Et comme leurs espoirs dans la possibilité d'atteindre les qualités sur lesquelles ils comptaient commencent à diminuer, combien il est facile pour eux de tomber dans le panneau du charlatanisme intentionnel ou non intentionnel. Je me souviens d'un exemple classique. Un certain chercheur du pouvoir psychique, un homme aisé, instruit et qui avait beaucoup voyagé dans sa recherche de quelque chose de miraculeux, a fini par faire faillite et a été en même temps déçu dans toutes ses recherches.

Dans la recherche d'autres moyens de subsistance, l'idée lui est venue de faire usage de la pseudo-connaissance pour laquelle il avait dépensé tant d'argent et d'énergie. À peine dit que c'était fait.

Il a écrit un livre, portant un de ces titres qui ornent les couvertures de livres occultes—quelque chose comme : « Cours de développement des forces cachées dans l'homme. »

Ce cours a été écrit sous la forme d'une série de conférences et représentait une courte encyclopédie des méthodes secrètes pour développer les forces de magnétisme, hypnotisme, télépathie, clair-voyance, clair audience, sortie dans l'astral, lévitation, et d'autres capacités tout aussi séduisantes.

Le cours a été bien promu, mis en vente à un prix extrêmement élevé, même si à la fin une réduction significative (jusqu'à 95 pour cent) a été offerte aux clients les plus persévérants ou les moins parcimonieux avec la demande de recommander le cours à leurs amis. En raison de l'intérêt général dans ces domaines, le succès du cours a dépassé toutes les attentes de son compilateur. Bientôt, il a commencé à recevoir des lettres des acheteurs, écrites sur un ton enthousiaste, respectueux et déférent, dans lesquelles ils l'appelaient « cher maître » et « sage guide, » qui exprimaient la plus profonde gratitude et reconnaissance pour sa merveilleuse présentation de l'enseignement le plus précieux qui avait donné à ses correspondants la possibilité de développer remarquablement vite diverses capacités occultes.

Ces lettres se sont accumulées en une collection considérable et chacun d'entre elles l'ont surpris, jusqu'à ce que, à la fin, il y eut une lettre l'informant que, avec l'aide de son cours quelqu'un avait, en un mois environ, développé en lui-même la capacité de lévitation ; ce qui acheva de remplir la coupe de son étonnement. Voici ses propres paroles : « Je suis étonné de l'absurdité des choses qui arrivent. Moi, qui ai écrit le cours, je n'ai aucune idée très claire de la nature des phénomènes que j'enseigne. Pourtant, ces idiots trouvent non seulement leur chemin à travers ce charabia mais ils en apprennent même des choses, et voilà maintenant qu'un super-con a même appris à voler. Tout ceci est évidemment un non-sens. Il peut aller en enfer . . . bientôt ils vont le mettre dans une camisole de force pour cette lévitation. Ce sera bien fait pour lui. Nous allons nous entendre beaucoup mieux sans ces imbéciles. »

Occultistes, est-ce que vous appréciez l'argument de cet auteur de l'un des manuels sur les psycho-développement ? Dans ce cas, il est possible que quelqu'un apprenne quelque chose accidentellement, car souvent un homme, ignorant lui-même, peut parler de manière curieusement correcte de différentes choses sans en avoir conscience. En même temps, bien sûr, il parle de telles absurdités que toutes les vérités qu'il aurait pu exprimer sont complètement enterrées et il est tout à fait impossible de déterrer la perle de la vérité sous le tas de fumier de toutes sortes de non-sens.

« Pourquoi cette étrange divination ? » vous pourriez demander.

La raison en est simple. Comme je l'ai déjà dit, nous n'avons pas connaissance de la nôtre, c'est-à-dire, de la connaissance donnée par la vie elle-même, la connaissance qui ne peut nous être enlevée. Toute notre connaissance, qui est simplement de l'information, peut être utile ou sans valeur. En l'absorbant en nous-mêmes, comme une éponge, nous pouvons facilement la répéter et en parler logiquement et de façon convaincante, tout en n'y comprenant rien nous-mêmes. Il est tout aussi facile pour nous de la perdre, car elle ne nous appartient pas, mais a été répandue en nous comme un liquide versé dans un récipient. Des miettes de vérité, la réflexion de celle-ci sont éparpillées un peu partout, et ceux qui connaissent et comprennent peuvent voir et s'étonner à quel point les gens vivent tout près d'elle, et à quel point ils sont aveugles et impuissants à la pénétrer. Mais dans la recherche de la vérité, il est préférable de ne pas se risquer dans les labyrinthes sombres de la bêtise humaine et de l'ignorance que d'y aller seul, sans les conseils et les explications de quelqu'un qui sait. Car à chaque pas, l'homme, à son insu, peut subir une torsion, une dislocation de sa machine, après quoi il serait nécessaire de se donner beaucoup plus de mal pour la réparer qu'il n'en a fallu pour l'endommager. Que pensez-vous de la déclaration d'un individu solide qui dit de lui-même qu'il est un « homme » à la douceur craintive et que son comportement ne relève pas de la compétence de ceux qui l'entourent, car il se trouve sur un plan mental auquel les normes de la vie physique ne sauraient être appliquées.

En fait, son comportement devrait depuis longtemps avoir été l'objet d'étude d'un psychiatre. C'est un homme qui « travaille » consciencieusement et constamment sur lui-même pendant des heures, tous les jours, à savoir qu'il applique tous ses efforts pour approfondir et renforcer davantage la torsion psychologique qui est déjà si grave que je suis persuadé que je vais bientôt apprendre qu'il se trouve dans un hôpital psychiatrique.

Je pourrais citer des centaines d'exemples de cas de recherche mal dirigée. Je pourrais citer les noms de personnes très connues dans la vie publique, qui ont le cerveau dérangé par l'occultisme et qui vivent parmi nous et nous étonnent par leurs excentricités. Je pourrais vous dire exactement par quelle méthode leur cerveau a été perturbé, c'est-à-dire dans quel domaine ils « travaillaient » et se « développaient » eux-mêmes, et exactement quels types de méthodes d'auto-développement ils ont pratiqué et comment celles-ci ont affecté leur maquillage psychologique, et pourquoi.

Mais cette question pourrait faire l'objet d'une conversation longue et indépendante et donc, faute de temps, je ne m'y attarderai pas.

Plus un homme étudie les obstacles et les duperies qui sont à l'affût à chacun de ses pas dans ce domaine, plus il se convaincra qu'il est impossible de parcourir le chemin de l'auto-développement en suivant les instructions fortuites des charlatans ou le genre d'information que l'on tire de la conversation et de la lecture.

En même temps, il voit de plus en plus clair—d'abord une faible lueur, puis la claire lumière de la vérité qui a illuminé l'humanité à travers les âges passés. Les débuts de l'initiation sont perdus dans la nuit des temps.

La Grande connaissance est transmise en héritage d'époque à époque autre, de peuple à peuple, de race à race. Les grands centres d'initiation en Inde, Assyrie, Egypte, Grèce, illuminent le monde d'une lumière brillante. Les noms vénérés des grands initiés, les porteurs vivants de la vérité, sont transmis pieusement de génération en génération. La vérité est fixée au moyen d'écrits et de légendes symboliques, et elle est transmise à la foule pour la conservation sous forme de coutumes et de cérémonies différentes ; dans la transmission orale, dans des monuments, dans l'art sacré, comme la qualité invisible dans les danses, la musique, la sculpture, et divers rites et coutumes. Elle est communiquée ouvertement après une épreuve précise à ceux qui la cherchent, et elle est préservée par la tradition orale dans la chaîne de ceux qui savent. Après un certain délai, les centres d'initiation meurent l'un après l'autre et la connaissance ancienne s'éloigne par des canaux souterrains vers les profondeurs, se dérobant aux yeux des chercheurs.

Les porteurs de ces connaissances se cachent aussi, deviennent inconnus de ceux qui les entourent, mais ils ne cessent pas d'exister. De temps en temps, des courants séparés percent la surface du sol montrant que, quelque part dans les profondeurs, même de nos jours, circule le puissant courant de l'ancienne, de la vraie connaissance et existence.

Arriver à ce courant, le trouver—voilà la tâche et le but de la recherche ; car, après l'avoir trouvé, un homme peut se confier hardiment à la voie qu'il entend suivre ; alors il ne reste plus qu'à « faire » afin de « savoir » et d'« être. » Et sur ce chemin l'homme ne sera pas tout seul ; aux moments difficiles, il bénéficiera de soutien et d'orientation, car tous les chercheurs qui suivent cette voie sont reliés par une chaîne ininterrompue.

Peut-être que le seul résultat positif de toutes les errances par les sentiers sinueux et les pistes de la recherche occulte sera le fait que, si un homme conserve la capacité de jugement et de la pensée judicieuse, il va faire évoluer cette faculté particulière de discrimination qui peut être appelée flair. Il rejettera les voies de *la psychopathie et de l'erreur et cherchera constamment les vrais chemins*. Et ici, comme dans la connaissance de soi, le principe que j'ai déjà cité est toujours valable : « *Pour faire, il est nécessaire de connaître ; mais pour connaître, il est nécessaire de découvrir comment connaître* » Et l'homme qui cherche avec tout son être, avec tout son moi intérieur éprouve en lui-même ce principe et arrive à la conviction intérieure sans faille que découvrir comment connaître, dans le but de faire, n'est possible qu'en trouvant une personne dont il est possible de l'apprendre, et qui voit comment un homme « fait, » c'est-à-dire, en trouvant un guide qui possède l'expérience et la connaissance et qui assumera la direction spirituelle du chercheur et deviendra son maître.

Et c'est ici que le flair d'un homme est plus important que partout ailleurs. Il choisit un guide pour lui-même. Il est bien sûr indispensable qu'il choisisse comme guide un homme qui sait, sinon tout le sens du choix est perdu. Qui peut dire où un guide qui ne sait pas peut ne pas conduire l'homme ? *Chaque chercheur* après les voies d'auto-développement, rêve généralement d'un guide qui sait, *rêve de lui, mais c'est rare qu'il se demande objectivement et sincèrement— est-il digne d'être guidé ; est-il prêt à suivre la voie ?*

Sortez par une nuit claire et étoilée dans un espace ouvert et regardez le ciel, tous ces millions de mondes au-dessus de votre tête. Rappelez-vous que, peut-être, sur chacun d'entre eux fourmillent des milliards d'êtres semblables à vous ou peut-être supérieurs à vous dans leur organisation. Regardez la Voie lactée. La terre ne peut même pas être appelée un grain de sable dans cet infini . . . Elle se dissout et disparaît, et vous avec. *Où êtes-vous, qu'est-ce que vous êtes ? Que voulez-vous, où avez-vous l'intention d'aller ? Qu'avez-vous entrepris et n'est-ce pas de la folie ce que vous voulez ?*

Devant tous ces mondes, demandez-vous quels sont vos objectifs et vos espoirs, vos intentions et les moyens de les satisfaire, les exigences qui peuvent vous être imposées et votre préparation à y répondre.

Un voyage long et difficile vous attend ; vous vous préparez pour une terre étrange et inconnue. La voie est infiniment longue. Vous ne savez pas si le repos est possible sur le chemin et où il peut être possible. Vous devez vous préparer au pire.

Emportez tout ce qui est nécessaire pour le voyage.

Essayez de ne rien oublier, car par la suite, il sera trop tard et vous n'aurez pas de temps de revenir en arrière pour ce qui a été oublié, pour corriger l'erreur. Evaluez votre force. Est-elle suffisante pour tout le voyage et dans combien de temps pouvez-vous commencer ?

Rappelez-vous que si vous dépensez plus de force sur le chemin, vous devrez effectuer proportionnellement plus d'approvisionne-ments, ce qui vous retardera, à la fois sur le chemin et dans vos préparatifs pour le prendre. Or, chaque minute est précieuse.

Une fois que vous avez décidé d'y aller, il n'y a aucune raison de perdre du temps.

Ne songez pas à essayer de revenir. Cette expérience peut vous coûter très cher. Le guide s'engage seulement à vous y emmener, et si vous souhaitez revenir en arrière, il n'est pas obligé de vous accompagner. Vous serez abandonné à vous-même et malheur à vous si vous faiblissez ou si vous oubliez le chemin. Vous ne reviendrez jamais. Et même si vous vous souvenez du chemin, la question restera la même—reviendrez-vous sains et saufs ? Car de nombreux désagréments attendent le voyageur solitaire sur le chemin, vu qu'il n'est pas familier avec le chemin et les coutumes qui y prévalent. Gardez à l'esprit le fait que votre vue à la propriété de présenter des objets éloignés de vous comme s'ils étaient près de vous. Séduit par la proximité de l'objectif au lequel vous aspirez, aveuglé par sa beauté et ignorant l'étendue de votre propre force, vous ne verrez pas les obstacles sur le chemin. Vous ne verrez pas les fossés qui coupent le chemin. Dans une prairie verte couverte de fleurs luxu-riantes, dans l'herbe épaisse se cache un abîme profond. Il est très facile de trébucher et tomber dedans si vos yeux ne sont pas concen-trés sur le pas que vous faites. N'oubliez pas de concentrer toute votre attention sur le secteur le plus proche du chemin—ne songez pas à des objectifs distants, si vous ne voulez pas tomber dans le précipice.

Pourtant, n'oubliez pas votre but—pensez-y tout le temps et faites un effort actif en ce sens afin de ne pas perdre la bonne direction. Et une fois que vous avez commencé, soyez attentif, car ce que vous avez traversé reste derrière et n'apparaîtra pas à nouveau, donc si vous avez omis de le remarquer à ce moment-là, vous ne le remarquerez jamais. Ne soyez pas trop curieux et ne perdez pas du temps avec des choses qui attirent votre attention, mais ne la méritent pas. Le temps est précieux et ne doit pas être dépensé en choses qui n'ont aucune relation directe avec votre tâche.

Rappelez-vous où vous êtes et pourquoi vous êtes ici. Ne vous épargnez-pas et rappelez-vous qu'aucun effort n'est fait en vain. Et maintenant, vous pouvez vous mettre en marche.

J'ai déjà dit qu'il y a des gens affamés et assoiffés de vérité. S'ils examinent les problèmes de la vie et sont sincères avec eux-mêmes, ils vont très vite se convaincre qu'il est impossible de vivre comme ils ont vécu et d'être ce qu'ils ont été jusque-là. Qu'un moyen de sortir de cette situation est essentiel. *Qu'un homme peut développer ses capacités et pouvoirs cachés seulement en nettoyant sa machine de la saleté qui s'y est accumulée au cours de sa vie. Mais pour entreprendre ce nettoyage d'une manière plus rationnelle, il doit voir où, comment et ce qu'il doit nettoyer.* Mais le voir par soi-même est presqu'impossible. Afin de voir quoi que ce soit, il faut regarder de l'extérieur ; une aide mutuelle est nécessaire.

Si vous vous rappelez l'exemple que j'ai donné (de l'identification), vous verrez combien aveugle est un homme quand il s'identifie avec ses humeurs, ses sentiments et ses pensées. Mais notre dépendance à l'égard des choses est-elle limitée uniquement à ce qui peut être observé au premier coup d'œil ? Car ces choses sont tellement évidentes qu'elles ne peuvent ne pas attirer l'attention. Vous vous souvenez du fait que nous avons parlé des caractères des gens, les divisant grosso modo en bons et mauvais. À mesure qu'un homme arrive à se connaître, il trouve sans cesse de nouveaux domaines où sa volonté, son « je veux » n'a aucun pouvoir, domaines qui ne lui sont pas soumis, si confus et subtils qu'il lui est impossible de trouver son chemin au travers sans l'aide et les conseils autorisés de quelqu'un qui sait.

Ceci est brièvement l'état des choses dans le domaine de la connaissance de soi -afin de faire, il faut savoir ; mais pour savoir, il faut apprendre comment savoir. Nous ne pouvons pas y arriver par nous-mêmes.

Outre la connaissance de soi, il y a un autre côté de la quête—le développement de soi.

Il est clair que, là aussi, un homme livré à lui-même ne peut pas extraire de son petit doigt la connaissance nécessaire au développement de soi et, encore moins, la connaissance de ce qu'il doit exactement développer en lui-même.

Peu à peu, en rencontrant des gens qui cherchent et en leur parlant et en lisant les livres idoines, l'homme est attiré dans le cercle des questions relatives au développement de soi. Et qu'est-ce qu'il va rencontrer là-bas ? Tout d'abord, un abîme de charlatanisme impardonnable. Mais avant qu'un homme apprenne à séparer le bon grain de l'ivraie, beaucoup de temps doit s'écouler et peut-être que l'envie elle-même de trouver la vérité vacillera et le quittera.

Plus un homme étudie les obstacles et les duperies qui sont à l'affût à chacun de ses pas dans ce domaine, plus il se convaincra qu'il lui est impossible de parcourir le chemin de l'épanouissement de soi en suivant les instructions arbitraires des charlatans ou le genre d'informations que l'on tire de la conversation et de la lecture.

La Grande connaissance est transmise en héritage d'une époque à une autre, d'un peuple à un autre, d'une race à une autre. Les grands centres d'initiation en Inde, Assyrie, Egypte, Grèce illuminent le monde d'une lumière brillante. Les noms vénérés des grands initiés, les porteurs vivants de la vérité, sont transmis pieusement de génération en génération. La vérité est fixée au moyen d'écrits et de légendes symboliques, et elle est transmise à la foule pour la conservation sous forme de coutumes et de cérémonies différentes ; dans les transmissions orales, dans les monuments, dans l'art sacré, comme la qualité invisible dans les danses, dans la musique, la sculpture et divers rites et coutumes. Après un procès déterminé, elle est communiquée ouvertement à ceux qui la cherchent, et est préservée par la tradition orale dans la chaîne de ceux qui savent. Après un certain délai, les centres d'initiation meurent l'un après l'autre et la connaissance ancienne s'éloigne par des canaux souterrains vers les profondeurs, se dérobant aux yeux des chercheurs.

Les porteurs de ces connaissances se cachent aussi, deviennent inconnus de ceux qui les entourent, mais ils ne cessent pas d'exister.

De temps en temps, des courants séparés jaillissent à la surface, montrant que quelque part, en profondeur, le courant puissant de la vraie connaissance ancienne et de l'être continue à couler même de nos jours.

Percer jusqu'à ce courant, le trouver—voilà la tâche et le but de la recherche ; car, après l'avoir trouvé, l'homme peut se confier courageusement à la voie qu'il entend suivre ; alors il ne reste plus qu'à « faire » afin de « savoir » et d'« être. »

Et sur ce chemin un homme ne sera pas entièrement seul. Dans les moments difficiles, il bénéficiera de soutien et d'orientation, car tous les chercheurs qui suivent cette voie sont reliés entre eux par une chaîne ininterrompue.

Pour un homme qui est à la recherche avec tout son être, avec tout son moi intérieur, il arrive une conviction sans faille selon laquelle apprendre comment savoir dans le but de faire n'est possible qu'en trouvant un guide d'expérience et de connaissance. Et c'est ici que le flair d'un homme est plus important que n'importe où ailleurs.

Chaque chercheur rêve habituellement d'un tel guide, rêve de lui, mais se demande rarement, objectivement et sincèrement—est-il digne d'être guidé ; est-il prêt à suivre la voie ?

Demandez-vous—qu'est-ce que vous voulez ? Où comptez-vous aller ? Qu'est-ce que vous entreprenez, et ce que vous voulez est-ce simplement de la folie ?

Posez-vous des questions sur vos objectifs et vos espoirs, sur vos intentions et les moyens de les accomplir, sur les exigences qui peuvent vous être imposées et sur votre préparation à y répondre.

Un voyage long et difficile vous attend ; vous vous préparez pour une terre étrange et inconnue. La voie est infiniment longue. Vous ne savez pas si le repos est possible sur le chemin et où il peut être possible. Vous devez vous préparer au pire.

Evaluez votre force. Est-elle suffisante pour tout le voyage et dans combien de temps pouvez-vous commencer ?

Chaque minute est précieuse. Une fois que vous avez décidé d'y aller, il n'y a aucune raison de perdre du temps.

Ne songez pas à essayer de revenir. Cette expérience peut vous coûter très cher. Le guide s'engage seulement à vous y emmener, et si vous souhaitez revenir en arrière, il n'est pas obligé de vous accompagner. Vous serez abandonné à vous-même et malheur à vous si vous faiblissez ou si vous oubliez le chemin. Vous ne reviendrez jamais. Et même si vous vous souvenez du chemin, la question restera la même—reviendrez-vous sains et saufs ? Car de nombreux désagréments attendent le voyageur solitaire qui n'est pas familier avec la voie et avec les coutumes qui y prévalent. Gardez à l'esprit le fait que votre vue à la propriété de présenter des objets éloignés comme s'ils étaient près de vous. Séduit par la proximité de l'objectif vers lequel vous aspirez, aveuglé par sa beauté et ignorant la portée de votre propre force, vous ne verrez pas les obstacles sur le chemin, vous ne verrez pas les fossés qui criblent le chemin. Dans une prairie verte couverte de fleurs luxuriantes, dans l'herbe épaisse se cache un abîme profond. Il est très facile de trébucher et de tomber dedans si vos yeux ne sont pas concentrés sur le pas que vous faites. N'oubliez pas de concentrer toute votre attention sur le secteur le plus proche du chemin—ne songez pas à des objectifs éloignés, si vous ne voulez pas tomber dans le précipice.

Pourtant, n'oubliez pas votre but. Pensez-y tout le temps et faites un effort actif en ce sens afin de ne pas perdre la bonne direction. Et une fois que vous avez commencé, soyez attentif, car ce que vous avez traversé reste derrière et n'apparaîtra pas à nouveau, donc si vous ne l'avez pas remarqué à ce moment-là, vous ne le remarquerez jamais. Ne soyez pas trop curieux et ne perdez pas de temps avec des choses qui attirent votre attention, mais ne la méritent pas.

Le temps est précieux et ne doit pas être dépensé en choses qui n'ont aucun rapport direct avec votre tâche.

Rappelez-vous où vous êtes et pourquoi vous êtes ici.

Ne vous épargnez-pas et rappelez-vous qu'aucun effort n'est fait en vain.

PEURS, IDENTIFICATION (FRAGMENT)
ESSENTUKI

... pensées renouvelables, qui reviennent encore et encore à la même chose, le même désagrément qu'il anticipe et qui non seulement ne se produira pas, mais ne peut pas se produire dans la réalité.

Ces pressentiments de désagréments futurs, de maladies, de pertes, de situations difficiles s'emparent souvent d'un homme à un tel point qu'ils deviennent réellement des rêves éveillés. Les gens cessent de voir et d'entendre ce qui se passe réellement, et si quelqu'un réussit à leur prouver que leurs pressentiments et craintes étaient sans fondement dans certain cas particulier, ils en conçoivent une certaine déception, comme s'ils étaient ainsi privés d'une attente agréable.

Très souvent, un homme menant une vie cultivée dans un environnement culturel ne se rend pas compte de l'importance du rôle que les peurs jouent dans sa vie. Il a peur de tout : peur de ses domestiques, peur des enfants de son voisin, du portier dans le hall d'entrée, de l'homme qui vend des journaux au coin de la rue, du chauffeur de taxi, de la vendeuse, d'un ami qu'il a vu dans la rue, qu'il essaie de longer discrètement afin de passer inaperçu. Et à leur tour, les enfants, les domestiques, le portier, etc. ont peur de lui.

Et il en est ainsi en temps ordinaire, normal, mais dans ces moments que nous traversons aujourd'hui, cette peur qui imprègne tout devient clairement visible.

Il n'est pas exagéré de dire qu'une grande partie des événements de l'année dernière sont basés sur la peur et sont le résultat de la peur.

La peur inconsciente est un trait caractéristique du sommeil.

L'homme est possédé par tout ce qui l'entoure, car il ne peut jamais envisager assez objectivement sa relation avec son environnement.

Il ne peut jamais rester à l'écart et se regarder avec tout ce qui l'attire ou le repousse sur le moment. Et à cause de cette incapacité, il s'identifie avec tout.

Cela aussi est une caractéristique du sommeil.

Vous commencez une conversation avec quelqu'un dans le but précis d'obtenir des informations de lui. Pour atteindre cet objectif *vous ne devez jamais cesser de vous regarder, de vous rappeler ce que vous voulez,* de rester à l'écart et de vous regarder vous-même et l'homme à qui vous parlez. Mais vous ne pouvez pas le faire. Neuf fois sur dix, vous *allez vous identifier avec la conversation et au lieu d'obtenir les informations que vous voulez, vous allez lui dire des choses que vous n'aviez aucune intention de raconter.*

Les gens ne savent pas combien ils sont emportés.

Cette crainte n'est pas facile à définir. Très souvent, c'est la peur des situations difficiles, la peur de ce que l'autre homme pourrait penser. Parfois, cette peur devient presqu'une obsession.

LE SENTIMENT CONSCIENT DE SON SOI RÉEL

[À l'époque où il avait l'intention d'ouvrir son Travail à la connaissance du public et de participer à une sorte d'organisation formelle, nous étions assis autour de la table à manger quand quelqu'un a demandé ce que l'Institut pouvait offrir à un homme. Comme il l'a fait si souvent, il a commencé à marcher autour de la table pendant qu'il nous parlait :]

L'Institut ouvre de nouveaux horizons pour un homme et donne un sens à l'existence durable d'un homme. Un homme commence à voir clairement que tout ce qu'il estimait auparavant comme tellement précieux et important n'est qu'un château de cartes, rien que des idéaux construits artificiellement par lui ou par d'autres, dont rien ne reste. Mais l'homme se cramponne à tout cela parce qu'il a peur de se retrouver devant un vide, un abîme. . . .

Il comprend clairement qu'il est nécessaire de jeter tout cela, de souffler sur le château de cartes, puis, brique par brique, de construire quelque chose que rien ne puisse emporter. Il le sait avec son esprit, et il le souhaite, mais il a peur de renoncer à tout son passé ; peut-être qu'il ne trouvera même pas une brique ! Et ensuite ? Que va-t-il se passer ? Il pense qu'il est préférable d'avoir un château de cartes que rien. . . . Mais un risque est nécessaire. Sans avoir soufflé sur l'ancien, rien de nouveau ne peut commencer.

Parfois, dans un éclair soudain, on voit toute cette insignifiance si clairement ! Et puis un homme sent qu'il a le droit—non, il est obligé -de jeter tout ce passé, de l'écraser même sous ses pieds, car il ne lui est plus nécessaire. Et puis combien insignifiants lui apparaissent tous ces gens, avec leurs petits idéaux, aspirations, souffrances, passions et ainsi de suite. Combien il veut leur crier que tout cela n'existe pas : il n'y a pas ces souffrances, cet amour, rien, tout cela est inventé par eux-mêmes ! Et il lui semble alors que des ailes poussent dans son dos, et il ne sait pas pourquoi il commence à aimer tout le monde, à comprendre tout le monde, et souhaite dire à d'autres personnes, leur expliquer tout ce qu'il comprend et pense. Et en même temps, quand c'est vous, vous sentez que vous ne savez pas comment leur parler afin qu'ils puissent comprendre. Et pour cette raison, vous restez silencieux. . . .

Puis, quelque chose se produit, quelque chose de la vie extérieure, et alors où disparaissent toutes ces bonnes pensées et sentiments ? . . . Vous commencez à voir seulement cette vie extérieure. Vous souffrez, parce que vous commencez à nouveau à regarder seulement à travers ce verre sombre. Vous vous souvenez de tout ce qui a eu lieu quelques minutes auparavant, et vous vous rappelez même vos sensations et pensées, mais vous ne pouvez rien faire . . . Quelque chose ronge physiquement votre cœur, vous fait physiquement mal comme une rage de dents. Et des heures et des heures sont nécessaires, avec beaucoup de raisonnement et de nombreux exemples, pour repousser vos pensées et vos sentiments, pour jeter tout cela loin de vous afin que vous puissiez à nouveau, sans douleur, sentir votre Soi. . . .

Et voici la question : comment faire pour que ces mauvaises habitudes ne se reproduisent pas ? Nous pouvons peut-être même atteindre le point où personne de l'extérieur ne pourra dire ce qui se passe à l'intérieur de nous . . . Mais à quoi sert tout cet extérieur, alors qu'à l'intérieur il y a tout le temps le même tourment ? Comprendre, voir, non pas montrer—cela est possible. Mais comment enlever la racine elle-même, de sorte que rien de ce genre ne se produise plus jamais ?

SUR L'HYPNOTISME
TBILISSI

En Europe, on parle beaucoup d'hypnotisme est-il est beaucoup utilisé dans le traitement médical. Cependant, la connaissance de celui-ci est très superficielle, ce qui explique le résultat souvent infructueux du traitement.

On peut dire que la guérison d'un homme malade arrive entièrement par hasard si l'hypnotiseur fait accidentellement ce dont un patient donné a besoin.

D'une manière générale, il existe trois méthodes d'hypnose dont la troisième, le transfert de la pensée, est entièrement inconnue en Europe.

La première méthode devrait vraiment être appelée l'autohypnose, car elle ne nécessite aucun pouvoir d'aucune sorte de la part de l'hypnotiseur. Il doit simplement savoir comment briser le lien entre le centre émotionnel et le centre de la pensée.

La complexité des méthodes d'hypnose est déterminée par le nombre de combinaisons possibles.

Il y a des connexions entre tous les centres. Dans l'état de veille de l'homme, soit la pensée soit le centre émotionnel est toujours actif, tandis que l'autre, pour ainsi dire, l'observe et le critique afin de ne pas lui permettre de commettre des « bêtises. » S'il n'y a pas de connexion, s'il n'y a donc pas ce genre de critique, l'homme fera tout ce que le centre actif à ce moment-là souhaite, ce qui signifie qu'il va commettre beaucoup de « bêtises » à vue.

La tâche de l'hypnotiseur consiste à briser artificiellement, pour un temps, cette connexion, puis à donner des commandes à l'un des centres, qui les exécutera à la lettre, car il n'y aura pas de critique de la part de l'autre centre.

Pour une explication de la connexion entre les centres, il est utile de répéter la comparaison, déjà donnée, de l'équipage humain composé d'un chariot, d'un cheval et du conducteur. La connexion entre les centres peut être comparée avec les rênes et les arbres.

Mais pour un hypnotiseur ignorant, il y a une autre difficulté. En brisant le lien entre les centres, il peut, par ignorance, briser le mauvais, et dans ce cas, son hypnose se révélera infructueuse.

Si, par exemple, dans le cas d'un patient donné, il doit isoler le centre de la pensée et il brise accidentellement précisément la connexion qui isole le centre de la pensée, son hypnose va réussir ; mais s'il brise, tout aussi accidentellement, une autre connexion et isole le centre émotionnel qui ne comprend pas les mots mais comprend, disons, seulement les images, alors peu importe ce qu'il commande par des mots, rien ne se passera. C'est la raison simple pour laquelle les patients ne sont souvent pas guéris et disent que l'hypnotisme ne fonctionne pas.

Lorsque l'hypnotiseur brise la connexion, il dit au patient de faire ceci et cela ; et comme la critique de l'autre centre est absente, le patient le croit et fait ce qu'on lui dit. Même si l'autre centre voit que quelque chose n'est pas comme elle devrait être, il ne peut rien faire et ne peut rien changer, car en raison de la rupture de connexion, il ne peut envoyer aucune commande à ce centre.

Si on commande quelque chose à un homme lorsque les centres sont déconnectés ensuite, à chaque fois qu'il est dans cet état, le centre donné va le répéter. Même une action déterminée, par exemple un toucher, peut induire ce même état chez un homme.

Dans ce genre d'hypnose, le centre du mouvement est éveillé. L'ensemble de la vie d'un homme est une autohypnose ou l'hypnotisation d'un homme par un autre. Nous sommes des marionnettes dans les mains de gens plus forts que nous. Nous allons devenir plus forts en faisant que deux centres, celui de la pensée et l'émotionnel, restent éveillés ensemble pendant une période aussi longue que possible.

La deuxième méthode d'hypnose est possible uniquement si l'hypnotiseur possède un certain pouvoir précis. Pour expliquer cela, il est d'abord nécessaire de dire que chaque homme a sa propre atmosphère, semblable à l'atmosphère qui entoure la terre. Un homme est enveloppé par une couche uniforme de cette atmosphère d'une certaine épaisseur définie.

Quand un homme est très intéressé par quelque chose, son atmosphère, à savoir les rayons d'un certain type d'énergie émanant de lui vont, pour ainsi dire, dans le sens de son désir et la circonférence de son atmosphère est attirée de ce côté, au détriment de l'autre côté. Si l'attraction vers quelque chose est très forte, l'atmosphère entière peut être tirée d'un côté à un point tel qu'elle peut être arrachée à l'homme et ne jamais revenir à lui.

En règle générale, en présence d'un fort désir, l'atmosphère est aspirée et s'allonge dans la direction de ce désir.

Avec l'hypnotiseur, cette émanation ou écoulement d'énergie est volontaire, ce qui signifie qu'il doit avoir une réserve d'énergie et doit savoir comment la recueillir.

En induisant le sommeil par cette seconde méthode, l'hypnotiseur sature le patient avec sa propre énergie, et plus un homme est sain, plus vite il devient saturé ou, pour ainsi dire, alourdi par cette énergie et s'endort. Plus un homme est malade, moins il possède de cette énergie, il est donc plus difficile de l'endormir par cette méthode.

Lorsque deux personnes se rencontrent, cette énergie passe de celui qui en a moins à celui qui en a plus (ce qui explique le vampirisme). Ordinairement, cette énergie passe d'un homme à un autre involontairement.

La troisième méthode est totalement inconnue en Europe. C'est le transfert de la pensée, c'est-à-dire le transfert d'une certaine matière précise. Ce que l'on appelle le transfert de la pensée ici est soit du charlatanisme, soit de l'hypnose du premier type dont nous avons parlé plus tôt.

Trois types d'aliments. Pain, etc., de l'air, et des « impressions. »
Sans celui-ci on ne peut pas vivre. Tous les aliments sont transformés par la machine, mais nous devons apprendre à digérer « l'air »
et les impressions. Les imaginations (la collecte de laine) ou (l'esprit errant) sont notre principal ennemi pour accomplir cela. Ça
commence dans le centre émotionnel et l'esprit nous donne de la
matière pour cela. C'est la capacité de faire des images mentales
de nos désirs. Nous sommes sincères seulement dans notre imagination. Cela se poursuit dans la subconscience pendant le travail,
souvent en raison de l'impression externe qui fixe un record de déroulage. Ça trace les « rêves » à l'origine. La mémoire est la faculté
de lire des listes.

« Le centre magnétique, » centre de listes formées par les impressions et les influences conscientes. Trois influences :

1. L'inconscient dans l'origine et l'inconscient dans l'action.
   (Par exemple, les exercices ordinaires.)
2. Conscient à l'origine, inconscient dans l'action.
   (Par exemple les doctrines de Bouddha.)
3. Conscient à l'origine, conscient en action.

1. Jeté accidentellement, puis ramassé.
2. Consciemment donné et inconsciemment reçu.
3. Enseignement direct.

La façon des Fakirs de développer la volonté par la torture, puis
la réalisation très rapide de la connaissance dévie possible, mais le
corps reste toujours au-delà de la réparation. La façon des moines
d'atteindre une grande puissance émotionnelle, mais l'esprit reste
trop faible pour changer de perspective. La façon des Yogi, aucune
force pour un minimum d'action, trop faible.

Nous n'avons pas de corps astral, mais uniquement de « la matière » astrale. Du corps astral s'est formé le corps mental, du mental,
le corps encore plus élevé. Le corps astral s'est formé lorsque tous les

désirs un. Nous sommes comme un tas de poudre métallique, aucun grain ne reste jamais au même endroit. Mais à travers la « chaleur » cela peut devenir une masse, chacun ayant sa place—alors la masse en tant que masse peut être utilisée ; il peut, par exemple, être magnétisé par « quelque chose. »

A la cour de chemin de fer à Constantinople, en direction de Berlin par train de marchandises, Juillet 1921

A la gare de Berlin, Juillet 1921

Photo des archives de GJ Blom, Amsterdam

Une pensée observe une autre, pas moi. Nous n'observons pas. Réveiller la vie est une forme différente de sommeil subjectif parce que nous observons mécaniquement à travers les impressions extérieures. L'énergie doit avoir été acquise avant qu'elle ne soit utilisée. Quatre types d'énergie. L'énergie mécanique, les machines, etc. L'énergie de la vie, des plantes, cellulaire, etc. Les pensées psychiques, les émotions, etc. L'énergie spirituelle, acquise par la transmutation des autres. Rien ne peut arriver par la seule pensée. Il y a une limitation spirituelle correspondant à notre limitation physique, mais les deux peuvent être considérablement augmentées. La limitation dépend des efforts déployés. Toutes les forces de l'univers se manifestent ici. Toute vie dépend des conditions physiques d'ici. La vie frappe des notes et nous répondons. La vie n'a pas besoin d'un homme « équilibré, » la terre n'exige qu'un homme mécanique.

Il y a trois méthodes. Tout d'abord, instinctive, le fakir. La deuxième, le moine, émotionnelle. La troisième, intellectuelle, le raja yogi. Ces méthodes sont toujours ouvertes, mais impossibles, car le fakir devient paralysé, le corps ruiné. Le moine devient un « saint stupide, » incapable de pensée impartiale. Le Yogi sait, mais il est trop faible pour faire. Les cercles intérieurs de l'humanité exigent des gens particuliers pour le travail comme par exemple les cathédrales gothiques, et montrent la quatrième voie, cette voie, en retour. De cette manière, l'énergie est donnée par des « méthodes traditionnelles » particulières. Dans la prière au Seigneur, cette énergie est appelée, ou mal traduite, « notre pain quotidien. » Tout d'abord il faut obtenir la connaissance de soi, puis la maîtrise de soi. Nous n'avons pas de volonté libre, mais simplement des réponses aux forces de la vie. Un « je » contre un autre « je. » Nous avons de nombreux « je, » et quand ils sont passifs, nous devenons conscients. Nous répondons sur la base de la mémoire, nous n'avons pas le choix. Les forces de la vie travaillent automatiquement à travers nous, il y a une réponse à l'une et pas à l'autre parce que l'une est plus sensible en raison de la mémoire plus vive. Dans la vie ici, le cercle extérieur, il y a la science, la philosophie, la religion et l'art, tous opposés. Dans le cercle intérieur, il y a l'entente ; dans le troisième cercle, la connaissance ; dans le quatrième, les travaux pratiques.

JEUDI, LE 10 NOVEMBRE 1921

Chien. L'animal n'apprend rien. Il participe, pose, se dispute, agit, mais avec tout ce qu'il fait il n'y a pas de progrès.

Émotivité.
L'animal est l'émotivité.
Il vit à l'intérieur et parle et agit la plupart du temps.
Ce n'est pas vous qui parlez.
Il crie, sanglote, est terrifié.
Il bondit, est fou de joie, il a des élans d'enthousiasme.
Il se voile la face. Il ne voit jamais les choses comme elles sont.
Il n'apprend jamais. Il fait la même chose tous les jours.
Il reste le même dans toutes les situations.
Il régit le comportement presque entièrement.
C'est très difficile de le remarquer.
Il se cache.
Il semble se cacher dans les choses où nous sommes le plus fiers de nous-mêmes.
Il est tourné vers le monde entièrement.
Il comprend seulement ce qui tient de ce monde.
Il veut posséder, recevoir des éloges.
Il utilise tout pour ses propres fins.
Il ne fait rien pour personne, sauf pour soi-même.
Il n'est jamais libéré de la peur.
Toute chose inhabituelle est alarmante pour lui. Il cherche le réconfort.
Il se cache derrière grandes vertus.
Presque toute vertu est émotionnelle.
L'animal est l'émotivité.
L'émotivité est l'inconscience.
Un couteau est nécessaire pour le percer : le couteau de la prise de conscience.
Sinon, il n'y a pas de vertu.
Ce qui est diffus et inconscient ne contient pas d'essence.
La vertu réside dans l'essence.
L'essence vient avec des idées claires.

PREMIÈRE CONVERSATION À BERLIN
JEUDI, LE 24 NOVEMBRE 1921

Vous demandez quel est le but des mouvements. À chaque position du corps correspond un certain état intérieur, et réciproquement, à chaque état intérieur correspond une certaine posture. Un homme, dans sa vie, a un certain nombre de postures habituelles et il passe de l'une à l'autre sans s'arrêter à celles intermédiaires. Prendre de nouvelles postures inaccoutumées vous permet de vous observer à l'intérieur différemment de la façon dont il est possible dans les conditions habituelles. Cela devient particulièrement évident lorsqu'à la commande « Stop » vous devez vous immobiliser instantanément. À cette commande, vous devez non seulement vous immobiliser à l'extérieur, mais aussi arrêter tous vos mouvements intérieurs. Les muscles qui étaient tendus doivent s'arrêter dans le même état de tension, et de même pour les muscles qui étaient relâchés. Vous devez faire des efforts pour garder les mêmes pensées et sentiments, et pour vous observer en même temps.

Par exemple, vous souhaitez devenir une actrice. Vos postures habituelles sont adaptées pour jouer un certain rôle, par exemple, une femme de chambre, mais vous devez jouer le rôle d'une comtesse. Une comtesse a des postures tout à fait différentes. Dans une bonne école dramatique on vous enseignera deux cents postures. Pour une comtesse les postures caractéristiques sont les postures numéro quatorze, soixante-huit, cent un et cent quarante-deux. Si vous le savez, sur la scène il vous suffira de passer d'une posture à l'autre, et alors, même si vous jouez mal, vous serez une comtesse tout le temps. Mais si vous ne connaissez pas ces postures, alors même une personne non avertie sentira que vous n'êtes pas une comtesse, mais une femme de chambre.

Il est nécessaire de vous observer différemment de la vie ordinaire. Il est nécessaire d'avoir une attitude différente, pas l'attitude que vous aviez jusqu'à présent. Vous savez où ce qu'il y a eu jusqu'à présent vous a conduit. Il n'y a pas de sens à continuer comme avant, que ce soit pour vous ou pour moi, car je ne veux pas travailler avec vous si vous restez comme vous êtes. Vous voulez la connaissance, mais ce que vous avez eu jusqu'à présent ce n'était pas la connaissance. Ce ne fut que la collecte mécanique d'informations. La connaissance n'est pas en vous, mais en dehors de vous. Elle n'a pas de valeur. Qu'est-ce que cela peut vous faire si ce que vous savez a été créé à un moment donné par quelqu'un d'autre ? Vous ne l'avez pas créé, il est donc de faible valeur. Vous dites, par exemple, que vous savez comment préparer les plaques d'impression pour les journaux et vous en êtes intérieurement fier. Mais maintenant, une machine peut le faire. Combiner ne signifie pas créer.

Tout le monde a un répertoire limité de postures habituelles, d'états intérieurs. Elle est peintre et vous vous dites que peut-être elle a son propre style. Mais ce n'est pas du style, c'est de la limitation. Quel que soit le sujet de ses peintures se sera toujours le même, qu'elle brosse un tableau de la vie européenne ou de celle orientale. Je vais immédiatement reconnaître que c'est elle et personne d'autre qui l'a peint. Un acteur qui est le même dans tous ses rôles, simplement lui-même—quel genre d'acteur est-il ? Ce n'est que par accident qu'il peut avoir un rôle qui correspond tout à fait à ce qu'il est dans la vie.

Jusqu'à aujourd'hui toute connaissance a été mécanique comme tout le reste a été mécanique. Par exemple, je la regarde avec bienveillance : elle devient bienveillante sur le champ. Si je la regarde en colère, elle devient immédiatement désagréable et pas seulement avec moi, mais aussi avec son voisin et ce voisin avec quelqu'un d'autre, et ainsi de suite. Elle est en colère parce que je l'ai regardée avec humeur. Elle est en colère mécaniquement. Mais se mettre en colère par sa propre volonté, elle ne le peut pas. Elle est l'esclave de l'attitude des autres. Et ce ne serait pas si mal si tous ces autres étaient toujours des êtres vivants, mais elle est aussi l'esclave de toutes les choses. Tout objet est plus fort qu'elle. C'est un esclavage continu. Vos fonctions ne sont pas les vôtres, mais vous-mêmes vous êtes la fonction de ce qui se passe en vous.

Pour de nouvelles choses, il faut apprendre à avoir de nouvelles attitudes. Vous voyez, maintenant tout le monde écoute à sa manière, mais d'une manière correspondant à sa posture intérieure. Par exemple, Starosta écoute avec son esprit, et vous avec votre sentiment; et si l'on vous demandait de répéter, chacun répéterait à sa manière, conformément à son état intérieur du moment. Une heure passe, quelqu'un dit quelque chose de désagréable à Starosta et on vous donne à résoudre un problème mathématique : et Starosta va répéter ce qu'il a entendu ici en le colorant par son sentiment, tandis que vous le ferez sous une forme logique.

Et tout cela est dû au fait qu'un seul centre fonctionne, par exemple, soit l'esprit soit un sentiment. Pourtant, vous devez apprendre à écouter d'une manière nouvelle. La connaissance que vous aviez jusqu'ici était la connaissance d'un seul centre—la connaissances sans compréhension. Y va-t-il beaucoup de choses que vous connaissez et en même temps comprenez ? Par exemple, vous savez ce qu'est l'électricité, mais la comprenez-vous aussi clairement que vous comprenez que deux fois deux font quatre ? Cette dernière vous la comprenez si bien que personne ne peut vous prouver le contraire ; mais avec l'électricité, c'est différent. Aujourd'hui, on vous l'explique d'une certaine manière—vous le croyez. Demain, vous aurez une autre explication—vous la croirez aussi. Mais la compréhension est la perception, non pas par un, mais par au moins deux centres. Il existe une perception plus complète, mais pour le moment il est suffisant si vous faites un centre contrôler l'autre. Si un centre perçoit et l'autre approuve la perception, est d'accord avec elle ou la rejette, c'est la compréhension. Si un argument entre les centres ne parvient pas à produire un résultat définitif, ce sera une demi-compréhension. La demi-compréhension n'est pas bonne non plus. Il est nécessaire que tout ce que vous écoutez ici, tout ce dont vous parlez entre vous quelque part ailleurs, soit dit ou écouté non pas avec un centre, mais avec deux. Sinon, il n'y aura pas de résultat correct, ni pour moi ni pour vous. Pour vous, ce sera comme avant, une simple accumulation de nouvelles informations.

DEUXIÈME RÉUNION A BERLIN
DÉCEMBRE 1921

Toutes nos connaissances actuelles proviennent des impressions externes du présent ou du passé, tout étant imprimé sur des « disques phonographiques, » et nous les déroulons tout simplement. Nous avons quelque chose qui peut contrôler le déroulage. Essayez d'être indépendant des influences extérieures. Soyez un spectateur, prenez des « photographies » de vous-même, car beaucoup de photos prises peuvent commencer à vous montrer à quoi vous ressemblez. Nous avons un « maître » en nous, et tous nos « moi » doivent être passifs, des serviteurs. Un maître, pas un million de maîtres. Avant de le devenir, les serviteurs doivent être connus, en observant et en luttant. Pour contrôler l'émotion, le test est d'être en mesure de créer l'ordre. L'esprit instinctif est beaucoup plus rapide et plus intelligent que « la réflexion. » Avant d'aller plus loin, nous devons être instinctifs, émotionnels et intellectuels en même temps. Tous les centres vibratoires ont des rythmes différents et doivent obtenir le même taux pour remédier à la disproportion. Lorsque tous les trois vibrent uniformément, je peux réagir, et non seulement une partie. La pensée peut créer l'émotion, et puis l'action, observer tous les trois dans cette action, ou vice versa.

Rien ne peut être fait avec une seule activité des centres. Apprenez la combinaison des centres pour l'utiliser à volonté. L'émotion est plus rapide que la pensée. Nous devons connaître les trois centres assez bien avant de connaître « le plus haut. » « Le mental supérieur » peut être utilisé à des moments mais après nous perdons la conscience et nous ne ramenons rien. Il en est de même avec « l'extasie. » Nous ne sommes pas formés pour les utiliser. Les êtres supérieurs peuvent uniquement nous rejoindre et nous aider à travers des « centres supérieurs, » nous devons nous élever vers le haut. Nous devons combiner les éléments positifs et négatifs de chaque centre, nous devons transcender les paires d'opposés. Il existe sept types d'individus: l'instinctif, l'affectif, l'intellectuel, l'équilibré, Moi, le connaisseur, l'ambitieux. Toutes les philosophies se réfèrent à l'homme, mais de quel type, donc il n'y a pas d'accord entre eux. Elles ont toutes raison mais d'une manière limitée.

La considération, ne pas en tenir compte, par exemple à l'intérieur, mais à l'extérieur. Essayez d'être indifférent à l'intérieur mais autrement à l'extérieur. Afficher la sympathie non seulement quand nous la sentons, mais quand nous le choisissons et devons. Créer la force en écartant les sentiments. Créer des obstacles pour la machine ; des obstacles automatiques insuffisants pour la non-identification. La morale est une formation subjective. Notre connaissance dépend, et correspond à notre être. Augmentez ou modifiez l'être, et les connaissances vont augmenter et changer. Toutes nos « informations » sont acquises pendant le « sommeil » et donc ne nous appartiennent pas du tout. Nos raisons dans un centre, nos manifestations dans un autre. Nous utilisons seulement une infime partie de nos centres, le reste est gaspillé. Nos « centres supérieurs » nécessaires dans le contact avec les centres supérieurs de l'humanité, ne peuvent pas parler le langage du centre inférieur. Deux personnes ne peuvent pas donner la même définition à n'importe quel terme, des différentes associations apparaissent. Nous avons atteint tous des degrés différents du mécanisme. Observer, savoir, contrôler, connecter les centres. L'intensité de l'effort meilleure que le temps. Le cercle intérieur nous aide dans nos raisons égoïstes, nous devons donc les aider dans leur travail d'abord. Opposez vos habitudes et regardez le résultat, spécialement pour les habitudes compensatoires. Moins nous comprenons, plus nous avons besoin des mots.

Étudier sa propre machine. Beaucoup mieux que d'étudier les idées des autres. Il est difficile pour la concentration d'avoir accès au centre émotionnel. Le langage est seulement fait pour des choses simples, il n'y a pas de mots disponibles pour des choses « supérieures. » Les mots sont nécessaires parce que nous ne pouvons pas comprendre. Ici, nous comprenons les mots différemment. Nous sommes des émetteurs de vibrations pour la lune. Pour connaître quoi que ce soit, il faut connaître tout. La Terre est entourée par un film de vie organique, maintenu en équilibre par les planètes, la Terre et la Lune. La vie organique est si forte que personne ne peut changer tout seul. La Terre est trop petite pour être affectée par la volonté. Les centres sont des récepteurs pour des différents taux de vibration. Les centres ne sont pas touchés d'une façon égale. Les centres sont des récepteurs et des stations émettrices. Pour arrêter l'esprit errant de suite, on doit utiliser la force, mais il existe des moyens mécaniques de le faire progressivement. Observer l'imagination aide à détourner l'énergie de celui-ci vers la faculté d'auto-observation.

LONDRES
1922

GURDJIEFF : L'homme est un être multiple. Habituellement, lorsque nous parlons de nous-mêmes, nous disons « je. » « Je » fais ceci—« je » pense cela—« je » veux faire telle ou telle chose. Mais c'est une erreur. Ce « je » n'existe pas, ou plutôt, il y a des centaines et des milliers de « je, » de petits « je, » en chacun de nous. Nous sommes divisés en nous-mêmes, mais nous ne sommes pas en mesure de reconnaître cette multiplicité de notre être, sans l'observation et l'étude. À un certain moment, il y a un « je » qui agit. Le moment suivant, c'est un autre « je. » Et parce que les « je » en nous-mêmes sont contradictoires, nous ne fonctionnons pas harmonieusement.

Nous utilisons habituellement une très petite partie de nos fonctions et forces parce que nous ne reconnaissons pas le fait que nous sommes des machines et nous ne connaissons pas la nature et le travail de notre mécanisme. Nous sommes des machines. Nous sommes entièrement gouvernés par des circonstances extérieures. Toutes nos actions suivent la ligne de la moindre résistance. Essayez par vous-mêmes : pouvez-vous gouverner vos émotions ? Non. Vous pouvez essayer de les supprimer, ou de chasser une émotion à l'aide d'une autre émotion. Mais vous ne pouvez pas les contrôler. Ce sont elles qui vous contrôlent. Ou bien vous pouvez décider de faire quelque chose—votre « je » mental prend la décision. Mais quand vient le temps d'agir, vous serez vous-même surpris de découvrir que vous faites exactement le contraire. Si les circonstances sont favorables à votre décision, vous pouvez l'accomplir, mais si elles sont défavorables, vous faites exactement ce qu'elles exigent. Vous ne pouvez pas contrôler vos actes. Vous êtes une machine et des circonstances extérieures dirigent tous vos actes sans tenir compte de vos souhaits.

Je n'ai pas dit que personne ne peut contrôler ses actions. J'ai dit que vous ne le pouvez pas, parce que vous êtes divisés. En vous, il y a une partie forte et une partie faible. Si votre force se développe d'un côté, de l'autre côté votre faiblesse va croître de la même manière, et deviendra une force négative, à moins que vous appreniez à l'arrêter. Si nous pouvions apprendre à contrôler nos actions, tout pourrait être différent. Quand un certain niveau d'être est atteint, nous pouvons contrôler chaque partie de nous-mêmes ; mais tels que nous sommes aujourd'hui, nous ne sommes pas capables de faire ce que nous décidons de faire.

Les conditions ne changent jamais. Elles sont toujours les mêmes. Il n'y a pas de « changement, » il y a seulement un déplacement de circonstances. (Cela a été dit en réponse à une théosophe qui a affirmé que nous sommes en mesure de changer les conditions.)

QUESTION : N'est-il pas un changement si un homme devient meilleur ?

GURDJIEFF : Un homme ne veut rien dire pour l'humanité. Un homme devient meilleur, un autre devient pire ; c'est toujours la même chose.

QUESTION : Mais ne s'agit-il pas d'une amélioration si un menteur devient sincère ?

GURDJIEFF : Non, c'est la même chose. Dans un premier temps, il ment mécaniquement parce qu'il ne peut pas dire la vérité ; puis il dit la vérité mécaniquement parce qu'il est plus facile pour lui à ce moment-là. La vérité et le mensonge ont une valeur seulement par rapport à nous-mêmes, si nous pouvons les examiner. Tels que nous sommes faits, il n'y a pas de morale pour nous parce que nous sommes mécaniques. La morale est relative ; elle est subjective, contradictoire et mécanique. Tout comme nous-mêmes. L'homme physique, l'homme affectif, l'homme intellectuel—chacun avec son propre système de règles morales adaptées à sa nature. Regardez-vous vous-même à un moment donné et demandez-vous, « Quel genre de « je » est en charge en ce moment ? Appartient-il à mon centre intellectuel, à mon centre émotionnel ou à mon centre physique ? » Vous découvrirez probablement qu'il est très différent de ce que vous imaginez, mais il appartiendra à l'un des trois.

QUESTION : N'y a-t-il pas un code absolu de morale qui devrait être le même pour tous les hommes ?

GURDJIEFF : Si. Lorsque nous pourrons utiliser toutes les forces qui contrôlent les centres, nous serons capables d'être « moraux. » Mais jusque-là, aussi longtemps que nous utilisons, comme aujourd'hui, une partie de nos fonctions, nous ne pouvons pas être « moraux. » Nous agissons mécaniquement dans tout ce que nous faisons et les machines ne peuvent pas être « morales. »

QUESTION : Cela semble être une situation désespérée ?

GURDJIEFF : Exactement. C'est sans espoir.

QUESTION : Alors comment pouvons-nous changer et faire usage de toutes nos forces ?

GURDJIEFF : C'est une autre question. La principale cause de notre faiblesse est notre incapacité à appliquer notre volonté à nos trois centres en même temps.

QUESTION : Peut-on appliquer notre volonté à l'un d'eux ?

GURDJIEFF : Certainement ; parfois nous le faisons. Parfois, nous sommes même capables de contrôler l'un d'entre eux pour un court instant et d'obtenir des résultats extraordinaires. (Ici, il raconte l'histoire du prisonnier qui a jeté d'une fenêtre haute une boule de papier contenant un message pour sa femme. C'était sa seule chance de s'échapper. S'il avait manqué son but la première fois, il n'aurait plus jamais eu cette occasion. En réussissant à ce moment-là dans l'exercice d'un contrôle absolu sur son centre physique, il a été en mesure d'accomplir ce que, autrement, il n'aurait jamais été capable de faire.)

QUESTION : Connaissez-vous quelqu'un qui ait atteint ce niveau d'être supérieur dont vous parlez ?

GURDJIEFF : Que je vous réponde oui ou non, cela ne signifierait rien. Si je dis oui, vous ne seriez pas en mesure de vérifier et si je dis non, vous ne seriez pas plus sage. Vous n'avez aucune raison de me croire. Je vous demande de ne pas croire ce que vous ne pouvez pas vérifier par vous-mêmes.

QUESTION : Si nous sommes tout à fait mécaniques, que devons-nous faire pour acquérir le contrôle sur nous-mêmes ? Est-ce qu'une machine peut acquérir le contrôle d'elle-même ?

GURDJIEFF : Tout à fait. Certainement pas. Nous ne pouvons pas changer par nous-mêmes. Nous ne pouvons que nous modifier un peu. Mais nous pouvons être changés, grâce à une aide de l'extérieur. La théorie ésotérique est que l'humanité se compose de deux cercles, le plus grand, extérieur, comprend tous les êtres humains, et un autre, plus petit, dans le centre, est composé d'hommes éclairés, doués de compréhension. Une instruction réelle, capable de nous changer, ne peut venir que de ce dernier cercle, et le but du système est de nous aider à nous préparer à recevoir cette instruction. Seuls, nous ne pouvons pas nous changer ; cela doit venir de l'extérieur. Toute religion montre l'existence d'un centre unique de connaissance. Aucun livre sacré ne cache cette connaissance, mais les gens ne veulent pas comprendre.

QUESTION : Mais est-ce que nous ne possédons pas déjà une grande réserve de la connaissance ?

GURDJIEFF : Oui, trop de types de connaissances. Nos connaissances actuelles sont basées sur des perceptions sensorielles, comme celles des enfants. Si nous voulons acquérir le bon type de connaissances, nous devons changer. Par un développement de notre être, nous pouvons arriver à un état supérieur de connaissance. La progression de la connaissance vient d'un changement de l'être. La connaissance en elle-même n'est rien. Premièrement, nous devons posséder la connaissance de soi et avec l'aide de la connaissance de soi, nous allons apprendre à changer, si nous voulons changer.

QUESTION : Et pourtant, ce changement doit venir de l'extérieur ?

GURDJIEFF : Si. Lorsque nous serons prêts à recevoir la nouvelle connaissance, elle viendra à nous. (Ici, M. G. reprend sévèrement et délibérément un des élèves. C'est sa méthode d'attaquer la caractéristique principale, quelle qu'elle soit, de chacun de ses élèves, de sorte que leurs faiblesses puissent leur être révélées et qu'ils soient obligés de voir une image différente d'eux-mêmes.)

QUESTION : Peut-on modifier ses émotions par un acte de l'esprit ?

GURDJIEFF : Un centre de notre machine ne peut pas changer un autre centre. Exemple : À Londres, je suis irritable, la météo et le climat me dépriment et me mettent de mauvaise humeur, alors qu'en Inde, je suis de bonne humeur. Ainsi mon esprit me conseille d'aller en Inde, afin de se débarrasser de mon irritabilité. D'autre part, je vois que je peux travailler à Londres ; sous les tropiques, je peux travailler moins bien, et donc je serai encore irritable, mais pour une autre raison. Vous voyez que les émotions existent indépendamment de notre esprit et vous ne pouvez pas les changer par ce moyen.

QUESTION : Qu'est-ce que c'est qu'un état d'être supérieur ?

GURDJIEFF : Il existe plusieurs états de conscience Il existe plusieurs états de conscience :

1. Le sommeil, pendant lequel la machine fonctionne, mais à un niveau très bas.

2. L'état de veille, l'état dans lequel nous sommes en ce moment. Ces deux états sont tout ce que l'homme ordinaire sait.

3. L'état de veille, l'état dans lequel nous sommes en ce moment. Ces deux états sont tout ce que l'homme ordinaire sait. L'état qui est appelé « conscience de soi » ; c'est l'état d'un homme qui a pris

conscience de lui-même et de sa machine. Nous l'avons par des éclairs, mais seulement par des éclairs. Il y a des moments où vous êtes conscient non seulement de ce que vous faites, mais aussi de vous-même en train de le faire. Vous voyez simultanément dans l'affirmation « Je suis ici, » le « je » et le fait d'être « ici » ; ou en même temps votre colère et le «je» qui est en colère. Appelez-le « rappel de soi» si vous voulez. Maintenant, quand vous deviendrez pleinement et constamment conscient de vous-même, votre « je, » de ce qu'il fait, et de quel «je» il s'agit, vous aurez pris conscience de vous-même—conscient de soi. La conscience de soi est le troisième état.

QUESTION : N'est-il pas plus facile quand on est passif ?

GURDJIEFF : Si, mais c'est inutile. Vous devez observer la machine pendant qu'elle travaille. Au-delà du troisième état, il y en a d'autres—mais il est inutile d'en parler maintenant. Seul un homme qui a atteint le plus haut degré de l'être est un homme évolué, un vrai homme, un homme sans guillemets, un homme entier. Tous les autres ne sont que des fractions d'hommes. L'aide extérieure qui est nécessaire pour le développement viendra des enseignants ou du système que je représente. Les premiers principes de l'auto-observation sont :

1. Que nous ne sommes pas un, nous avons beaucoup de « je. »
2. Que nous n'avons aucun contrôle, quel qu'il soit, sur nous-mêmes. Si je dis : « Je suis en train de lire un livre » et je ne sais pas que je lis, c'est une chose ; mais si je suis conscient que c'est moi qui suis en train de lire, alors c'est le rappel de soi.

QUESTION : Est-ce que tout ceci ne conduit pas au cynisme ?

GURDJIEFF : Tout à fait. Si vous n'allez pas au-delà du stade où vous voyez que tous les hommes, vous compris, sont des machines, vous deviendrez simplement cynique. Mais si vous persévérez dans votre tâche, vous cesserez d'être cynique.

QUESTION : Pourquoi ?

GURDJIEFF : Parce que vous aurez à faire un choix ; décider si vous allez devenir entièrement mécanique ou entièrement conscient. C'est la croisée des chemins dont parlent tous les enseignements mystiques.

QUESTION : N'y a-t-il pas d'autres moyens de faire ce que je veux faire ?

GURDJIEFF : En Angleterre, non. Dans l'Est, c'est différent. Il existe différentes méthodes pour différents hommes. Mais vous devez trouver un professeur. Vous seul pouvez décider de ce que vous voulez faire. Recherchez dans les profondeurs de votre cœur ce que vous désirez le plus, et si vous êtes capable de le faire, vous saurez ce que vous avez à faire.

Réfléchissez bien à ce sujet au préalable, ensuite puis mettez-vous en route sur votre chemin.

Certains endroits dans le cerveau pour les familles ou groupes d'impressions, étudier les hommes par les postures. Trouver la nationalité par la danse. Chaque nation dispose d'un répertoire limité de mouvements et donc de pensées. La capacité d'obtenir de nouvelles impressions s'affaiblit avec l'âge. Les enfants reçoivent de nouvelles impressions et plus tard ne font que réveiller ces anciennes impressions. De nouvelles impressions réelles peuvent se produire seulement par la violence, difficilement, car notre force est limitée, un grand effort est nécessaire. Notre énergie est acquise mécaniquement et elle est dépensée mécaniquement. Il existe des méthodes pour obtenir une nouvelle énergie (prendre une pioche et creuser). Nous avons assez d'énergie pour la vie, mais pas pour les activités conscientes, nous devons en acquérir davantage. Il est impossible d'obtenir plus d'énergie seul (qui c'est qui va appliquer le poivron rouge ou enfoncer la fourche vous savez où). Nous ne pouvons qu'écouter nos propres pensées et associations lors de l'apprentissage, de sorte que de nouvelles pensées sont impossibles. De nouvelles méthodes sont nécessaires. Notre pensée est entravée par les centres du sentiment et des instincts. Vous obtenez de nouvelles pensées seulement en changeant les deux autres centres. Une force exceptionnelle est nécessaire pour ce faire et la machine doit être préparée. Même la plus faible a plus de force qu'il n'est nécessaire pour la vie. 75% est gaspillée. L'imagination, la contraction des muscles, etc. Économisez l'énergie gaspillée et utilisez-la pour le travail conscient. Le relâchement. Pour se détendre, dans un premier temps, il faut de l'énergie. Détendez-vous par habitude. La machine crée de l'énergie pour la machine, et un peu plus pour la vie. Créez des sentiments par la pensée. Toutes nos « humeurs » sont le résultat de nos expériences. Les gens « formés » peuvent les lire. Suivez la trace des associations originelles et ensuite nous pouvons créer n'importe quelle émotion. Avec l'exercice d'arrêt, l'esprit devrait compter, le centre émotionnel devrait sentir (le bien ? la bonté ?), et le centre instinctif—le corps.

L'ÉTUDE DE LA PSYCHOLOGIE. L'HOMME, LA MACHINE
LONDRES
1922

Vous voulez étudier la psychologie, mais vous n'avez pas de psyché—alors comment pouvez-vous étudier ce qui n'existe pas encore ? Vous souhaitez vous connaître en tant qu'homme, mais vous n'êtes pas encore un homme, seulement une machine ; de sorte que vous devez commencer à vous étudier comme une machine. La psychologie est seulement l'étude des idées des autres ; il est de loin préférable de vous étudier vous-même plutôt que d'étudier les fantasmes des autres. Vous voulez que je vous dise beaucoup de choses et je veux aussi partager avec vous ce que je sais à propos de l'homme et ses moyens. Mais vous ne pourriez pas comprendre ce que vous voulez savoir, même si je vous le disais. Nous n'avons pas de langage.

Notre langage ordinaire n'est fait que pour des choses simples. Nous n'avons pas de mots disponibles pour des choses « supérieures.» Les mots sont nécessaires parce que nous ne pouvons pas encore nous comprendre les uns les autres sans eux. Lorsque vous aurez appris à étudier votre propre machine, nous nous comprendrons mieux les uns les autres.

Lorsque vous vous étudiez, vous devez être en mesure de concentrer votre attention sur la partie que vous souhaitez observer. À l'heure actuelle, vous ne pouvez pas concentrer votre attention parce que votre centre émotionnel ne sera pas tranquille. Donc votre attention est régie par vos émotions et non par vous. Jusqu'à ce que vous arrêtiez d'être gouverné par vos émotions, vous ne pourrez pas être impartial ; par conséquent, vous ne pourrez pas comprendre le sens des mots.

Tout le monde comprend les mots selon l'humeur du moment. Si je suis affamé, le mot « désir » signifie nourriture pour moi ; mais si je suis rassasié, cela signifie « sommeil » ou peut-être « sexe.» Le sens des mots est en train de changer tout le temps et les gens ne le remarquent même pas.

Nous avons besoin de parler de choses très importantes. Par exemple, nous devons parler de la raison pour laquelle l'homme existe. Cela relève de la vraie connaissance, et pour en parler nous aurons à comprendre les mots différemment. Pour connaître quelque chose de réel, il faut tout connaître. Il y a un ancien dicton : « Connaître signifie tout connaître. Ne pas tout connaître signifie ne pas connaître du tout. Il n'est pas impossible de tout connaître. Il est nécessaire pour cela de connaître même très peu. Mais pour connaître ce peu il faut connaître pas mal. »

Dans ce cas, le très peu que nous devons savoir est que l'homme n'existe pas pour lui-même, il existe pour transmettre les vibrations nécessaires à la lune. L'homme fait partie de la vie de la terre. La Terre est entourée par une pellicule de vie organique, maintenue en équilibre par les planètes, la Terre et la Lune. La vie organique est si forte que personne ne peut changer son état par lui-même. Supposons que Dieu veuille nous aider ; Il ne peut pas. La terre est trop petite pour être affectée par la volonté de Dieu. Si la terre est trop petite, combien l'homme l'est-il davantage ? Où pouvons-nous obtenir l'aide dont nous avons besoin ?

Vous pouvez être aidé lorsque vous commencez à vous connaître. Tant que vous ne connaissez pas votre machine, même si l'aide est offerte, vous ne pouvez pas vous en servir. Vous devez commencer par comprendre le but de nos fonctions. Les centres sont des récepteurs pour différents taux de vibration. Les centres ne sont pas tous affectés de la même manière par toutes les vibrations. Chaque centre est un appareil de réception et de transmission. Chacun prend les vibrations correspondant à ses propres fonctions. À l'heure actuelle, vous ne pouvez que recevoir automatiquement sans discrimination. Vous ne savez pas ce que vous absorbez et donc vous ne pouvez que le transmettre mécaniquement. Cela ne donne rien pour vous-mêmes.

Supposons que vous souhaitiez transmettre quelque chose consciemment ; vous ne le pouvez pas parce que votre esprit ne sera pas tranquille. Pour arrêter l'errance de l'esprit, vous devez maintenant utiliser la force, mais vous n'avez pas assez de force ; par conséquent, vous ne pouvez pas faire ce que vous souhaitez. Plus tard, vous pourrez apprendre des moyens mécaniques pour arrêter l'errance de l'esprit, et alors peut-être que vous pourrez utiliser votre propre force pour faire ce que vous devez faire.

Toute votre énergie qui n'est pas nécessaire pour vous maintenir en vie est accaparée par l'imagination et d'autres activités inutiles. Observer votre imagination—c'est-à-dire, toutes les conversations intérieures et les images qui pénètrent votre esprit en dehors de votre intention—vous aidera. Car lorsque vous observez, vous attirez une partie de l'énergie de l'imagination dans la force d'où vient l'auto-observation. De cette façon, cette force peut grandir et un jour heureux, vous trouverez que vous avez un être indépendant en vous qui sera en mesure de faire ce qu'il veut faire.

Pour le moment, vous devez comprendre que vous ne pouvez pas observer ce que vous voulez. Votre observation est limitée par les associations déjà présentes en vous. Chez un nouveau-né, chacun des centres est libre de répondre à toutes les impressions qui entrent. C'est comme un système de rouleaux phonographiques vierges. Depuis le jour de l'apparition de cet enfant dans le monde de Dieu, la signification externe des objets et ses propres expériences intérieures sont enregistrées sur ces rouleaux en fonction de la correspondance entre les impressions et le matériau dont les différents centres sont faits. Ce « matériau, » qui est en fait une sorte d'énergie, a la possibilité d'absorber les vibrations correspondantes et d'en rejeter d'autres.

De cette façon, certains endroits dans chacun des trois cerveaux de l'homme se remplissent avec des familles d'impressions regroupées par leur similitude, ou par le hasard de leur réception simultanée. Peu à peu, celles-ci deviennent les caractéristiques habituelles qui composent la personnalité. Ces caractéristiques appartiennent à l'ensemble des centres, mais ceux du corps sont plus stables. C'est la raison pour laquelle vous pouvez mieux étudier un homme par ses attitudes et ses gestes que par ce qu'il dit.

Je vais vous donner un exemple. Chaque homme ou femme a ses propres attitudes et gestes corporels, mais ceux-ci sont reliés avec les habitudes et les caractéristiques mentales et émotionnelles que nous ne pouvons pas voir. Donc, pour comprendre cela, il faut prendre quelque chose que beaucoup de gens font. Observez comment les gens dansent. Chaque nationalité a sa propre façon de danser. Vous pouvez toujours dire la nationalité par la façon dont un homme danse. Dans l'Est, où les traditions sont beaucoup plus fortes, vous pouvez même dire de quelle tribu ou de quel village viennent les gens simplement par la façon dont ils dansent. De cette façon, les danses deviennent une sorte de langage par lequel les gens—inconsciemment, bien sûr—se racontent eux-mêmes.

Il en va de même avec tout. Chaque nation a un répertoire limité de mouvements qui viennent des impressions de l'enfance. A cause de cela il y a aussi un répertoire limité de pensée. Même les sentiments prennent leurs propres caractéristiques habituelles, qui fixent pour l'ensemble du reste de la vie la façon dont une personne peut sentir. Après l'enfance, très peu de choses peuvent être changées. À moins que des mesures spéciales soient prises, dont nous parlerons plus tard, la capacité d'obtenir de nouvelles impressions s'affaiblit avec l'âge. Les enfants reçoivent de nouvelles impressions, mais les personnes âgées ne le peuvent pas ; par conséquent, dans la vie ultérieure, tout ce qui peut être expérimenté est l'éveil et la recombinaison de ces vieilles impressions d'enfance. De véritables nouvelles impressions ne peuvent être obtenues que par la violence, parce que les rouleaux dans les centres sont déjà recouverts. Il est difficile de pénétrer jusqu'à eux parce que notre force est limitée. Néanmoins, il reste toujours dans l'homme un endroit où des impressions peuvent être reçues, à condition qu'elles soient absorbées avec une intensité suffisante. Cet endroit reste libre jusqu'à ce que la vie adulte commence ; s'il n'a pas reçu d'impression avant, il est très difficile de l'atteindre. Pour beaucoup d'entre vous qui êtes ici maintenant, cet endroit est déjà presque impossible à atteindre. Cela demandera de grands efforts si vous devez commencer une nouvelle vie.

À l'heure actuelle toutes les nouvelles impressions ne parviennent pas à entrer. Elles mettent seulement en marche les rouleaux qui tournent dans les centres par une action mécanique que vous ne pouvez même pas observer. Voilà pourquoi vous n'avez aucun contrôle conscient sur votre énergie. Toute votre énergie est mécaniquement acquise et dépensé mécaniquement. Il y a des méthodes pour obtenir une nouvelle énergie, mais vous devez creuser pour elle, comme pour extraire des roches dans une carrière. Vous devez prendre votre pioche et frapper. Même lorsque vous avez la roche, elle doit être cassée en poudre pour que vous puissiez en extraire du métal précieux. Les gens ne sont pas prêts à travailler ainsi et ils vivent leur vie seulement avec l'énergie qui leur vient mécaniquement. Cela est suffisant pour vous garder en vie, mais ne suffit pas pour un « travail » conscient. Si vous voulez faire quoi que ce soit d'efficace, vous devez acquérir plus d'énergie. Mais vous n'avez pas eu assez de détermination pour travailler de cette façon. Vous ne pouvez pas obtenir plus d'énergie tout seul. Qui c'est qui va appliquer le poivron rouge ou vous enfoncer la fourche vous-savez-où ?

Si vous n'êtes pas prêt pour cela, tout restera tel quel. Vous pensez que vous apprenez quelque chose de nouveau, mais vous n'écoutez que vos propres pensées et associations. Pendant que je vous parle maintenant, vous pensez que vous apprenez quelque chose ; mais cela signifierait avoir de nouvelles pensées et les nouvelles pensées sont impossibles pour vous avant que vous n'ayez une nouvelle force. Si vous souhaitez changer quelque chose, les anciennes méthodes ne vous aideront pas. De nouvelles méthodes sont nécessaires. Vous essayez de penser à ce que je dis, mais votre pensée est entravée par vos centres du sentiment et de l'instinct. Si vous souhaitez obtenir de nouvelles pensées, celles-ci ne peuvent venir que si vous modifiez les deux autres centres. Pour cela, une force extraordinaire est nécessaire, et votre machine ne le supportera pas sans être préparée. Rien n'a été relié avec vous durant toute votre vie. Les connexions sont maintenant rouillées. Elles doivent être graissées—mais qu'est-ce qui va mettre la graisse dans les articulations ? Vous devez faire tourner la machine, mais elle en a perdu l'habitude.

Vous devez comprendre que les connexions existent, mais c'est vous qui les avez laissées rouiller. Même la plus faible a plus de force qu'il n'est nécessaire pour la vie. Vous auriez pu faire tourner la machine et graisser les pièces rouillées si vous n'aviez pas perdu toute l'énergie. Mais plus de trois quarts de votre énergie est gaspillée sans même servir les fins de la vie. Avec un quart de l'énergie vous auriez pu faire tout ce que vous devez faire dans la vie et avoir un surplus pour le travail. Mais vous la perdez en imagination, en tensions musculaires inutiles, en tensions émotionnelles, et ainsi de suite. La première chose que vous devez apprendre est de garder l'énergie que vous gaspillez de cette manière et de l'utiliser pour le travail conscient.

Le point de départ est la relaxation. Avant d'apprendre à vous détendre, vous ne pouvez pas économiser de l'énergie. Dans un premier temps, se détendre demande de l'énergie. Maintenant, vous ne pouvez pas vous détendre sans concentration. Si vous utilisez votre attention pendant un certain temps, vous commencerez à vous détendre par habitude. Ensuite, vous pourrez utiliser votre attention pour autre chose. Votre machine peut faire beaucoup de choses pour vous si vous la laissez faire. Mais vous ne lui permettez pas de travailler pour vous. Votre machine crée l'énergie nécessaire à sa propre existence. Elle en crée même un peu plus pour que vous l'utilisiez dans votre vie extérieure. Maintenant, vous ne pouvez pas utiliser cette énergie, car elle est entièrement gaspillée dans vos sentiments. Vous ne savez même pas ce que sont vos sentiments. Vous ne comprenez pas qu'il est possible de créer des sentiments à travers la pensée. À l'heure actuelle, c'est l'inverse : vos pensées sont les esclaves de vos sentiments, mais vous ne le savez pas. Toutes nos humeurs sont les résultats de nos expériences. Par conséquent, quelqu'un qui est formé peut lire toutes les expériences passées d'une personne en observant ses humeurs. Si nous apprenons à retracer en nous les associations originaires dont proviennent nos différents sentiments, nous pourrons créer toute émotion que nous souhaitons.

Aujourd'hui, vous avez un millier de « je. » Chaque faiblesse est un « je » qui peut à tout moment se rendre votre maître. Pour avoir votre propre «je, » il est nécessaire qu'il soit né. Il a été conçu parce que vous avez laissé le travail entrer en vous. Il ne se développera pas par lui-même ; il doit être alimenté de manière à pouvoir accumuler de la substance et prendre forme un bon jour. Ensuite, il peut se développer et naître.

Cette substance du « je » ne vient que de la souffrance intentionnelle. Quand, par exemple, vous avez vraiment envie d'une cigarette et vous vous la refusez, vous allez souffrir intérieurement. Alors dites : « Je veux faire de cette force intérieure ma propre force. » « Je souhaite recevoir cette substance de ma souffrance intentionnelle pour mon propre 'je.' « Par ce moyen, vous pouvez devenir un individu et continuer sur le chemin qui mène à l'homme perfectionné.

Un signe de l'homme perfectionné et sa particularité principale dans la vie ordinaire est que, en ce qui concerne tout ce qui se passe en dehors de lui, il peut, comme un magnifique acteur, jouer à la perfection, extérieurement, le rôle correspondant à la situation donnée et, en même temps, intérieurement, ne jamais s'y identifier ou être d'accord avec elle.

Dans ma jeunesse, moi aussi, comme vous le savez plus ou moins, étant convaincu de cette vérité, j'ai travaillé sur moi-même très, très dur pour atteindre une telle bénédiction qui, comme je le pensais, était prédéterminée par le Ciel. Après d'énormes efforts et le rejet continu de presque tout ce qui est mérité dans la vie ordinaire, je suis finalement parvenu à un tel point que rien de l'extérieur ne pouvait vraiment me toucher à l'intérieur ; et, dans la mesure où la performance est concernée, j'ai amené mes rôles à une perfection idéale dont les gens instruits de l'ancienne Babylone n'ont jamais rêvé quand ils se manifestaient comme des acteurs sur la scène.

Je dois vous avertir que vous ne pouvez pas parvenir à ces bénédictions si vous insistez à vous accrocher à vos joies présentes. Regardez rétrospectivement votre vie pour voir le bien que vous avez retiré des joies passées. Elles sont aussi inutiles pour vous aujourd'hui que les neiges de l'année dernière qui ont fondu et n'ont laissé aucune trace pour nous rappeler ce qu'elles étaient. Seules les empreintes du travail conscient et de la souffrance intentionnelle sont réelles et peuvent être utilisées à l'avenir pour obtenir du bien.

LES JARDINS WARWICK, LONDRES
DIMANCHE, LE 5 MARS 1922

[*Ouspensky et ses élèves sont présents. Gurdjieff est présent avec le commandant Pinder qui traduit pour lui.*]

MME DOUGLAS: Les gens parlent d'union avec Dieu et d'union avec le Christ. Je sens souvent qu'ils ne savent pas ce que cela signifie. Comment peut-on sortir de l'esprit de troupeau ?

[*Ouspensky, après avoir traduit la question à Gurdjieff, dit : « Voulez-vous répéter votre exemple ? »*]

MME DOUGLAS: Je disais . . .

M. OUSPENSKY: Non, il suffit de répéter l'exemple.

MME DOUGLAS: L'union avec Dieu.

LE COMMANDANT PINDER: [*traduisant*] M. Gurdjieff demande, êtesvous hypnotisée par ce genre de phrases, et souhaitez-vous savoir comment vous en débarrasser ?

MME DOUGLAS: Je veux me débarrasser de l'esprit de troupeau. [*Rire.*]

M. OUSPENSKY: M. Gurdjieff veut savoir pourquoi vous riez.

LE COMMANDANT PINDER: [*traduisant*] M. Gurdjieff pense que c'est l'une des meilleures questions, et pourtant les gens la tournent en dérision.

[*Interruption.*]

MME DOUGLAS: Non, pas en dérision ; nous ressentons tous la même chose.

LE COMMANDANT PINDER: [*traduisant*] En fait, tout le monde en souffre et la cause est toute petite. L'erreur vient du fait que vous êtes tranquillement assurée que vous êtes déjà une chrétienne.

MME DOUGLAS: Ce serait une grande erreur que de penser que je suis une chrétienne.

[*Plus ici, mais impossible de suivre la voix. Poursuivant.*]

Prenez toutes les autres phrases—nous avons détesté les Allemands, et maintenant nous nous tournons dans l'autre sens.

LE COMMANDANT PINDER: [*traduisant*] M. Gurdjieff ne veut parler que de principes. M. Gurdjieff a utilisé votre mot, « chrétien, » parce qu'il était directement relié à l'exemple que vous avez cité, « Union avec Dieu. » Il voulait expliquer l'influence hypnotique. Il y a une qualité indésirable dans tout le monde, qui est l'autorité—« Chercher l'autorité » est le terme- « Le recours à l'autorité. » L'autonomie qui varie en fonction de l'individu est due à des idées préconçues qui sont en nous, et qui sont liées à la foi et à la croyance. Par exemple Vous comprenez que le recours à l'autorité signifie le recours à l'autorité de quelqu'un d'autre, pas à la vôtre ?

MME DOUGLAS: Oui.

LE COMMANDANT PINDER: [*traduisant*] L'autorité qui vient en vous de l'extérieur est erronée. Cette erreur agit comme un levier qui tire la machine, la faisant mal fonctionner, perpétuant l'erreur, et vous ne pouvez pas, avec ces conceptions erronées, vous en débarrasser jusqu'à ce que vous vous soyez libérés du recours à l'autorité extérieure.

MME DOUGLAS: N'est-ce pas de l'amour-propre ? Il y a beaucoup de gens qui n'admirent pas l'autorité extérieure.

LE COMMANDANT PINDER: [*traduisant*] M. Gurdjieff dit que la raison pour laquelle il a rapporté votre exemple au christianisme est qu'il s'est limité à la nature de l'exemple que vous avez donné. Il est faux de se fonder sur l'autorité des chrétiens. Il continue en disant que le Christ, ses disciples, leurs adeptes au cours des siècles suivants et les adeptes d'autres religions n'ont jamais dit : « Nous sommes des chrétiens, » mais, « Soyez chrétiens. » M. Gurdjieff répète qu'il n'a jamais été dit, et qu'il n'y a aucun énoncé du genre « Nous sommes tels, » mais « Soyez tel, » et il réitère et souligne ce fait.

Jadis, deux enseignements étaient parallèles, à savoir, « Soyez » et « Comment être. » « Comment être » a été rejeté et bien qu'il existe encore, il n'est jamais utilisé, il ne sert pas de guide et tout ce qui en reste est « Soyez, » « Nous sommes, » « Vous êtes. »

Il y avait deux programmes indépendants du christianisme, l'un d'eux a été complètement rejeté—éliminé de l'usage—et maintenant les gens prennent comme guide simplement l'autre programme qui est resté. Les gens ont toujours été les mêmes, tels qu'ils sont à l'heure actuelle ils l'étaient autrefois. Il est possible que jadis ils fussent un peu plus complets, mais en grandes lignes, ils étaient les mêmes qu'aujourd'hui ; toutes les nations, à toutes les époques.

[*Pause.*]

Toutes les nations à toutes les époques ont suivi, parlé et enseigné les religions, et ces religions, si vous les regardez en profondeur, ont le même but. M. Gurdjieff dit qu'il ne peut discerner dans aucune d'entre elles des différences dans leurs grands principes, la seule différence étant dans leurs formes superficielles.

Jadis, toutes les religions affirmaient « Aime ton prochain, » se rapportant au second programme, tandis que le premier disait « Enseigne et apprend comment aimer ton prochain. » Certaines religions à l'heure actuelle utilisent les deux formes. La majorité des gens ici utilisent seulement la deuxième forme. Si vous ne la prenez pas uniquement comme une autorité—une autorité extérieure—vous n'aurez pas eu en vous la qualité qui vous imposerait sur l'autorité, mais il y aurait eu quelque chose en vous qui vous aurait déterminé à chercher la partie manquante. Vous auriez trouvé « Aime ton prochain, » et vous auriez cherché à savoir ce que cela signifiait, car il est impossible d'aimer son prochain.

Laissez de côté maintenant le recours à l'autorité, et demandez-vous—est-il possible d'exécuter la commande, « Aime ton prochain, » et vous verrez qu'il est impossible. Vous ne pouvez pas aimer ou détester sur commande. Pensez-y par vous-même. Il est possible que l'enseignement dure depuis des milliers d'années. Quel temps. On voit qu'il est impossible de mettre en pratique une telle commande. Il est possible qu'une petite foule de personnes aient compris, pendant tout ce temps, que c'était absolument faux. Donc, si vous deviez tout examiner, et l'examiner à fond, et si vous deviez décider que tout le monde qui a vécu pendant tout ce temps était fou, tout en constatant qu'il est impossible d'aimer votre prochain, alors vous comprendriez qu'il doit y avoir une erreur quelque part. Où est le hic ?

Car, soit tous les gens sont fous, soit vous êtes dans l'erreur en considérant qu'il est impossible d'« aimer. » Et ces deux choses diamétralement opposées sont vraies toutes les deux— que l'on peut vraiment aimer, qu'il est vraiment possible d'aimer, et qu'il est également vrai que vous, vous ne pouvez pas aimer . . .

[*Partie confuse ici.*]

Ce n'est qu'en détruisant votre dépendance de l'autorité que vous allez vous débarrasser de cet hypnotisme dont vous parlez, d'être hypnotisé par des mots et des textes. Est-ce que cela vous satisfait, demande M. Gurdjieff ?

MME DOUGLAS: C'est l'esprit de groupe qui parle ainsi, pas l'esprit individuel comme par exemple, en temps de guerre, les hommes disent : « Nous devons être des héros, » etc., etc., et tout le monde le répète.

LE COMMANDANT PINDER: [*traduisant*] M. Gurdjieff dit que vous ne devez pas regarder les autres, vous devez prendre votre propre exemple qui était bon, et il se restreint à la religion et dit que ces troupeaux comptent sur une certaine autorité extérieure. Notre assujettissement, nos inspirations dépendent de nous-mêmes et c'est à travers eux que nous sommes inspirés par l'autorité extérieure.

MME DOUGLAS: Nous imitons les hommes qui parlent ainsi.

LE COMMANDANT PINDER: [*traduisant*] Ce sont des obsessions et nous devons commencer par l'abolition de cet hypnotisme, et quand vous vous débarrasserez de tout cela, vous serez libres. L'autorité est fixée tout au bout et nous devons la chercher dans les racines. De la même manière, en prenant l'exemple que vous avez donné, il a montré que vous vouliez devenir libre, et que c'est une instance de vos propres observations que vous n'avez pas pu accepter.

PERSONNALITÉ ET ESSENCE
LONDRES
MERCREDI, LE 15 MARS 1922

La personnalité dépend de l'environnement et varie avec celui-ci. Elle peut être modifiée par l'hypnotisme et par un effort conscient. L'essence est le tempérament, la capacité et les facultés. Le mental ne peut observer que l'interaction de la personnalité. La colère peut être due à l'essence ou à la personnalité. Les sentiments essentiels restent, ne peuvent pas être changés. L'hypnotisme en Europe se réfère uniquement à la personnalité. Nous sommes toujours sous influence hypnotique, l'hypnotisme « conscient » est plus rapide. Nos centres s'hypnotisent l'un l'autre. La personnalité n'est pas la nôtre, on ne naît pas avec elle, elle est acquise. Nous ne sommes nés qu'avec l'essence. La personnalité est ce que nous acquérons dans la vie. Le changement dans la personnalité est très facile, dans l'essence, il est peut-être impossible. Le changement inconscient dans la personnalité est temporaire, le changement conscient est permanent. Il doit classifier la personnalité et l'essence en soi. La personnalité ne peut pas contrôler l'essence. L'interaction de la personnalité et de l'essence est chimique. Les personnalités s'aiment, les essences des mêmes se haïssent. Les essences se disputent et les personnalités pardonnent. Notre soi-disant volonté vient de la personnalité, l'essence n'a pas de volonté, seulement des désirs. Des parties d'essence et de personnalité dans différentes parties du cerveau. L'essence n'a pas d'esprit critique, elle est confiante, inquiète. Vous ne pouvez pas influencer l'essence par des arguments logiques ou la convaincre. Mais la personnalité peut être facilement influencée. L'esprit sait mais l'essence est timide. L'esprit sait qu'il doit aimer tout le monde, mais l'essence ne peut pas. L'essence croît jusqu'à environ cinq ans, mais elle peut vieillir. Encore. Nous ne pouvons pas dire comment l'essence peut être changée, avant de connaître le « langage » et d'avoir plus de connaissances. Par l'auto-observation, nous saurons ce qu'il faut changer et le programme individuel ne peut être organisé pour les personnes à l'Institut qu'après une longue étude par d'autres et soi-même.

LA LOI DE SEPT OU LA LOI DE LA CONTINUITÉ DES VIBRATIONS
SAMEDI, LE 25 MARS 1922

Tous les mouvements, politiques, religieuses, etc., commencent par une direction et se finissent avec le contraire, parce que cela ne peut pas aller au-delà des intervalles. La nécessité d'une connaissance consciente. De même dans notre vie quotidienne, nous n'accomplissons jamais ce que nous avons l'intention de faire, tant pour les choses grandes, que petites. Nous allons à « mi » et revenons à « do. » De même, le développement personnel est impossible sans une force supplémentaire de l'extérieur et aussi de l'intérieur. Nous sommes toujours détournés à « mi. » La connaissance des lois est nécessaire et ne peuvent pas être connues objectivement sans les connaître d'abord subjectivement. Absolument impossible. Toute compréhension et connaissance réelle en dépend. La connaissance objective est impossible sans la connaissance subjective complète des lois. Toute la vie est cette loi. La vie consciente va jusqu'à la fin de l'octave, mais la vie mécanique se déclenche à une tangente à chaque « mi » et se termine dans la direction opposée.

JEUDI, LE 30 MARS 1922

Pensées, sentiments et actions, tous en groupes. Nous ne pouvons pas maintenant avoir des sentiments opposés au même instant, mais des pensées opposées.

Les « trinités » formées à l'origine. Dans « la formation, » les centres s'entraident. L'énergie de l'un aidera un autre, le fort développement de l'un peut forcer les autres à agir. Quand l'un d'entre eux va à « fa, » il peut entraîner d'autres à « fa. » Tous devraient être sur la même note, autrement il y a déséquilibre et c'est dangereux. Le développement d'un centre ou d'une activité est mauvais.

LUNDI, LE 3 AVRIL 1922

Tous les centres qui sont entourés par des tampons, doivent être brisés avant que l'on obtienne la moindre compréhension. Quand la personnalité est observée, elle devient passive, puis l'essence grandit et devient active. La plupart des actions viennent de la personnalité. Lorsque nous étudions de tout notre être, nous voyons d'un coup beaucoup plus loin que maintenant, à partir d'un ou deux centres. Nous ne pouvons pas changer les habitudes, seulement les modifier, car une nouvelle habitude est formée quand une ancienne est cassée. Pouvons-nous nous souvenir de nous-mêmes tel qu'on était hier ? Le danger des exercices de respiration. Le centre formateur usurpe les fonctions de centre de mouvement qui cesse progressivement de fonctionner correctement et souvent pendant le sommeil il peut cesser entièrement de fonctionner et on peut s'étouffer et le cœur peut s'arrêter de battre. Dans tous les cas, les machines délicates s'abîment, des vis peuvent manquer et ne peuvent pas être remplacés.

JEUDI, LE 6 AVRIL 1922

Par le rappel de soi, l'observation, etc., acquérir de la matière « supérieure. » « Les centres supérieurs » entièrement développés mais moins capables de les utiliser, car les vibrations sont trop rapides, doivent augmenter l'intensité des centres inférieurs. Par des stupéfiants, les centres inférieurs peuvent contacter les plus élevés, mais l'esprit ne peut pas percevoir quoi que ce soit, il est trop lent. Les gens conscients peuvent produire l'impression qu'ils veulent aux autres gens, et se montrer à volonté, jouer le rôle qu'ils souhaitent. Dans la vie, nous formons uniquement la mémoire. Nos sentiments ne sont jamais instruits, ni les mouvements. Notre éducation est un uni-centrée, par conséquent, nous sommes comme nous sommes, sans espoir. Nous avons deux étrangers dans notre maison et nous ne pouvons rien faire avec eux. Dans toutes les écoles, l'enseignement est le même, mais la différence est sur les niveaux inférieurs.

LUNDI, LE 10 AVRIL 1922

L'art sacré ancien produit des humeurs selon les calculs. L'art est mathématique, ce n'est pas du talent ou du génie. L'art véritable est objectif. L'art ordinaire est subjectif, produit de l'humeur en fonction de l'état de la subjectivité des êtres à un moment donné, ou en fonction des impressions antérieures, etc., etc. Étudiez le travail de la loi de trois en soi, suivez une action « consciente » ou une décision sur une mécanique. Regardez le conflit intérieur.

LA LOI DE TROIS
JEUDI, LE 20 AVRIL 1922

La vie est souvent la force de neutralisation, annule les deux autres. Par exemple, la vie nous oblige à nous lever le matin. Faites un but de la troisième force. Étudiez le positif et le négatif de chaque centre et vice-versa. Étudiez le positif et le négatif de chaque centre et utilisez les deux. Un positif puissant doit impliquer un négatif puissant. Et vice-versa. Les deux forts et « obéissants, » mais seulement après des luttes et une auto-observation et du temps, ensuite on peut utiliser les deux à volonté. Nous ne pouvons pas lire et « nous souvenir » en même temps car nous, maintenant, nous « nous souvenons » avec le centre formateur, mais par la pratique nous pouvons nous souvenir avec d'autres centres. Arrêtez les sentiments qui entrent, arrêtez-les au début, car sinon, ils doivent s'épuiser en nous. Nous rêvons jour et nuit. Le jour, nous ne les observons pas, la nuit, nous ne nous en souvenons pas. Les rêves commencent dans des centres différents.

L'essence est le germe du corps astral, le germe du corps astral du mental. Dans les lois de Manu, il existe quatre groupes d'hommes dans l'humanité. Les Brahmanes qui enseignent, les Kshatriyas qui gouvernent, les Vaishyas qui travaillent, les Sudras qui servent. Pour devenir un Brahmane efficace, on doit passer par toutes les autres trois étapes. Aujourd'hui il n'existe plus des vrais Brahmanes. La loi de Manu est corrompue. Nous avons des castes. Essentuki, Vers 1918 L'intellect est entravé par le manque de mouvements physiques dont nous avons quelques-uns, en raison de l'absence d'utilisation des membres. Plus nous avons de mouvements, à savoir plus le travail physique est varié, danses, etc., plus la possibilité d'obtenir de nouvelles pensées et de « voir » est grande. Le développement du centre du mouvement éveille les deux autres. Le travail réel du corps vers le haut, doit commencer par lui. Tout sentiment arrêté aide le rappel de soi grâce à ce sentiment. Toute énergie dépensée sur le travail conscient est un investissement qui, dépensé mécaniquement est perdu à jamais. L'étude des mouvements et postures, à travers eux, peut facilement lire les émotions et les pensées. Les guerres se produisent lorsque certaines énergies sont disponibles. Il en est de même avec les écoles, les énergies ne sont pas toujours disponibles.

Le barème des cosmos analogues à l'homme. Un, deux, corps, physique, trois centres, quatre, nerfs et d'autres systèmes, cinq, organes, six, tissus, sept, cellules.

VENDREDI, LE 2 JUIN 1922

Notre développement comme un papillon. Nous devons « mourir et renaître » comme l'œuf qui meurt et devient une chenille, qui meurt puis qui devient une chrysalide, elle meurt, puis le papillon est né. Il s'agit d'un long processus, et le papillon ne vit qu'un jour ou deux. Mais le but cosmique est accompli. Il en est de même avec les hommes, nous devons détruire nos protections. Les enfants n'en ont pas; par conséquent, nous devons devenir comme des petits enfants.

SAMEDI, LE 3 JUIN 1922

La loi de trois travaillant en nous, la vie est maintenant la force de neutralisation, mais l'objectif devrait être la troisième force, et l'école fournira plus tard le canal pour celle-ci. Les forces cosmiques connaissent l'humanité en masse, non pas les individus, mais aident les « plus rapides » par des intermédiaires.

L'émotion peut être la force de neutralisation de la pensée positive et négative ; l'esprit, la force de neutralisation des sentiments positifs et négatifs ; etc. Transférez la réaction émotionnelle à l'esprit, soyez conscient de cette réaction, mais laissez l'esprit réagir, selon la discrimination.

LUNDI, LE 12 JUIN 1922

Nous ne pouvons rien faire de nouveau, toutes nos actions sont déterminées par notre passé—nos rouleaux. Le bien et le mal sont liés à quelque chose ; ils sont la droite et à gauche d'une ligne. Pour nous, cette ligne est le Travail. La lutte entre oui et non crée des facultés permanentes et une nouvelle force.

Essayez de faire toutes les choses en toutes circonstances. Beaucoup d'aide est donnée à ceux qui s'aident dans la bonne direction. Nous devons nous aider nous-mêmes, le travail, le groupe et l'enseignant. Vous ne pouvez pas faire une seule chose, il faut tout faire. Sans lutter et obtenir ainsi le pouvoir, il est impossible de continuer après un certain stade.

Pas de véritable hypnotisme dans l'Ouest. Personne n'a le pouvoir, mais simplement suggère des choses à utiliser après l'induction d'un état élevé de suggestibilité. On ne peut pas hypnotiser contre notre volonté, seulement de petites choses. Il n'y a qu'un seul type de magie, Faire. Racine du mot de « faire. » Pas noir ou toute autre couleur. Il peut y avoir des imitateurs de la vraie magie, qui ne terminent pas l'école. Tous les magiciens sont des égoïstes, mais les vrais ont une vision plus large et plus élevée. Toutes les tendances créées se répètent. Tous les efforts sont plus faciles la fois d'après. Toutes les indulgences aussi sont plus faciles. Regardez comment notre « centre de gravité » flotte d'un centre à un autre. Nous devrions être dans les trois à la fois.

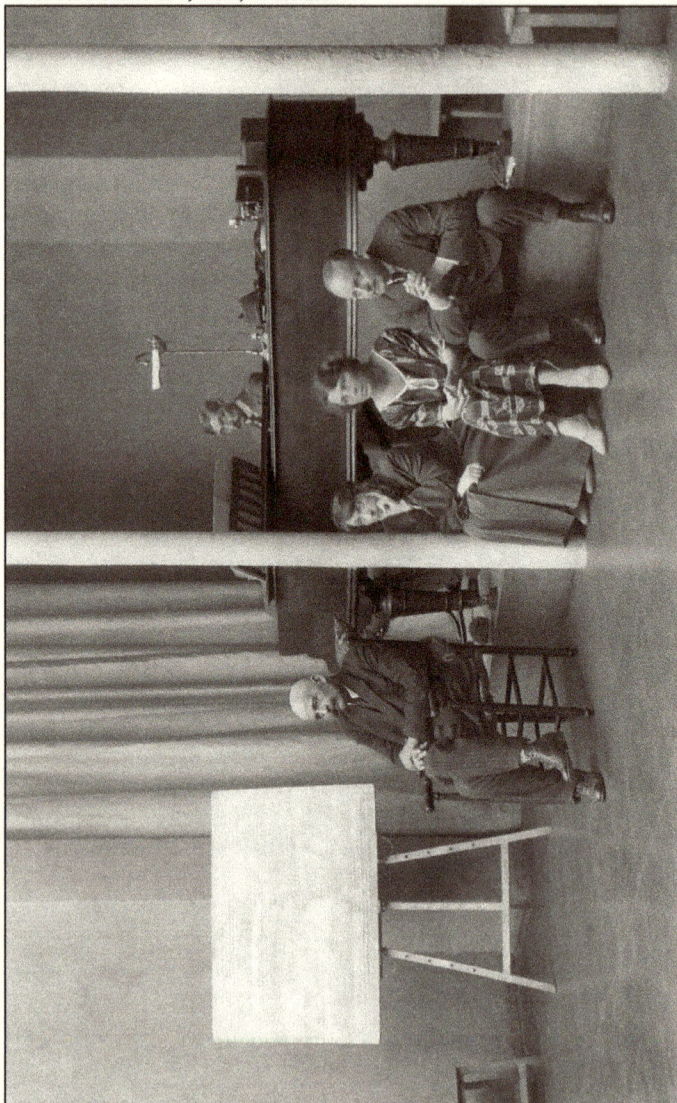

Gurdjieff observer les mouvements dans le studio de Dalcroze de Jessmin Howarth, Paris 1922. À la gauche de Gurdjieff sont Mme Ouspensky, Catherine et Maurice Nicoll. Thomas de Hartmann est assis au piano et Alexandre de Salzmann est debout à l'arrière.

La différence entre l'essence et la personnalité ne peut être vue que par l'homme conscient. Tout rôle habituel est la personnalité, tout nouveau rôle que nous jouons est l'essence, mais pour ce nouveau rôle, certaines conditions sont nécessaires. L'essence réagit toujours de la même façon, la personnalité, différemment. Nous ne pouvons jamais concentrer nos énergies sur notre travail; beaucoup est gaspillé en activités inconscientes de l'esprit et des sentiments, tensions des muscles, etc. Nous attirons les forces en fonction de notre être. Dans les rêves, au moment où nous nous rendons compte que nous dormons, nous nous réveillons. De même, dans la vie, quand nous nous rendons compte que nous sommes « endormis » nous essayons de nous réveiller. Beaucoup de nos activités telles que la peur, le mensonge, le vol, la cupidité, etc. sont dues à une accumulation d'énergies correspondantes.

Non-identifier—L'identification dans le travail signifie le travail d'un centre; nous ne voyons que l'aspect avec lequel nous nous sommes identifiés. Tout cet enseignement donné par fragments doit être reconstitué, et on doit y connecter toutes les observations et les actions. À l'Institut, nos faiblesses sont observées; on nous donne des occasions répétées de les voir, mais nous devons absolument les voir pour nous-mêmes; par exemple, des questions, des remarques occasionnelles dans certaines circonstances font ressortir certaines réponses qui peuvent indiquer beaucoup de choses. L'augmentation de la connaissance implique une augmentation de l'ignorance. L'humanité représente les extrémités nerveuses de la terre, à travers lesquelles les vibrations planétaires sont reçues pour être transmises.

Aucune énergie ne se perd jamais dans le plan cosmique. L'homme a une individualité réelle inhérente à lui, mais il ne peut l'atteindre qu'après un long processus et une croissance progressive grâce à un grand effort. Nous pouvons facilement sacrifier nos plaisirs, mais pas nos souffrances; nous sommes trop identifié avec celles-ci—nous nous aimons trop. Nous devons apprendre à exprimer des sentiments opposés. Tout dans l'univers a une place sur une échelle.

Il n'y a pas d'évolution des masses, seulement des individus. Toute la vie coule comme les vagues. Tout recours. La vie individuelle est une petite roue sur la terre, qui se trouve dans une plus grande roue du soleil, etc. Si la roue solaire tourne, la vie tourne; si le soleil s'arrête, il n'y a plus de vie. Les types émotionnels produisent l'art et la religion; les types intellectuels, les sciences et la philosophie. Toutes nos émotions sont des organes rudimentaires de « quelque chose » de plus élevé. Par exemple, la peur peut être un organe de la clairvoyance future, la colère—celui de la force réelle, etc. Ces qualités que nous ne pouvons pas changer sont l'essence, celles que nous pouvons changer sont la personnalité. Certaines tendances innées de l'essence, si elles sont nuisibles, doivent être changées avant de se développer.

DICTÉES
RUE DE VAUGIRARD, PARIS
1922

Les débuts de l'Institut peuvent être situés en 1895, lorsque trois touristes se sont rencontrés par hasard en Egypte, près des pyramides.

Constatant que tous les trois étaient Russes, ils sont devenus des amis proches et ont décidé de poursuivre leur voyage en Egypte ensemble. Leurs conversations durant leurs promenades sur le Nil et dans la zone des fouilles de l'ancienne Thèbes ont permis à chacun de se rendre compte que les questions qu'ils touchaient les avaient, comme prouvé plus tard, intéressés tous les trois depuis quelque temps. Tous les trois avaient beaucoup voyagé avant cette rencontre. Le premier, le prince L., avait déjà été en Inde, au Tibet et au Baloutchistan. Comme il était riche et un chercheur ardent, il avait réussi à visiter des lieux où aucun Européen n'avait pénétré avant lui.

Il avait commencé ses voyages dix ans auparavant, immédiatement après un malheur qui lui était arrivé—la perte d'une personne aimée qui lui a fait prendre la voie du spiritisme.

Comme il était un homme doué d'un esprit curieux, le premier enthousiasme à bientôt laissé la place à une recherche sérieuse sur ces questions.

Ne trouvant rien de satisfaisant à proximité et dans la littérature disponible, et influencé par l'opinion courante en Europe selon laquelle l'Inde était le pays des miracles où on pouvait trouver une réponse à ces questions, il a décidé d'y aller.

L'Inde l'avait déçu, mais il n'avait pas perdu l'espoir de trouver ce qu'il cherchait. À partir de ce moment-là, ses voyages avaient commencé, et depuis, il était rarement rentré en Russie pour de courtes visites.

Le deuxième homme était depuis sa jeunesse attiré par l'archéologie. Comme il était un homme dynamique, dès la fin de ses études universitaires, il avait été nommé conservateur adjoint d'un musée bien connu et il était souvent envoyé en expéditions archéologiques.

Avant cette rencontre, il avait visité des fouilles à Delhi, dans les vallées de l'Hindu Kush, à Ani (Arménie), à Babylone et d'autres. À ce moment-là, il était avec une mission archéologique dans la vieille Thèbes. Personnellement, cependant, il était surtout intéressé par les dolmens, sur lesquels il rassemblait toutes les informations qu'il pouvait trouver, n'épargnant ni le temps ni l'argent.

Le troisième et le plus jeune d'entre eux, Gurdjieff, était surtout intéressé par la magie. Ayant passé sa jeunesse parmi des gens comme les Yézidis, les Aisors, les Appicles (ou Annicles) il est constamment entré en contact avec des phénomènes et des traditions qui nul esprit curieux n'aurait pu côtoyer sans d'innombrables questions.

Ce qui suit peut servir d'illustration à ces phénomènes. Un cercle tracé autour d'un Yézidi ne lui permet pas de l'enjamber, non pas à cause d'une superstition religieuse, mais en réalité. Chez les Annicles, une jeune fille à marier est soumise à certaines manipulations après quoi elle est jetée dans l'eau, ce qui conduit à un phénomène inexplicable pour la science européenne—le poids de la fille s'avère être plus léger que l'eau et elle ne coule pas. Si elle coule, c'est la preuve qu'elle n'appartient pas à la tribu. Les Aisors ont un phénomène de clairvoyance (egungashah) . . . Les investigations ont montré que pas un seul cas de clairvoyance ne s'est avérée fausse. Et ainsi de suite.

Etant un homme d'esprit critique et ne croyant pas aux miracles, G. a voulu comprendre ces phénomènes. (L'esprit critique, incrédule, et en même temps curieux de G. ne pouvait pas passer à côté de ces phénomènes sans en trouver l'explication.)

Avec cet objectif en tête, il se consacra à des études qui expliqueraient tout cela. Il a commencé à étudier la physique, la chimie, la mécanique, la psychologie, etc.

Mais l'étude de toute la littérature disponible ne l'a conduit à aucun résultat souhaité, car du point de vue de ces sciences, les phénomènes qui l'intéressaient étaient contre les lois naturelles. Mais cela ne rendait pas leur existence moins réelle, et ainsi G. n'a-t-il jamais abandonné son désir originel. Renonçant aux livres, il a commencé à chercher des gens qui pourraient le satisfaire.

Ce fut le début de ses pérégrinations, qui l'ont amené, avant cette rencontre, en Perse, en Afghanistan et en Turquie. Le même but l'a amené en Egypte.

Échangeant leurs impressions et le matériel acquis au cours de leurs voyages, les trois étaient en désaccord sur de nombreux points, mais étaient unanimes dans leur conviction, fondée sur des choses vues et étudiées par eux, qu'il a existé une autre civilisation qui, dans le domaine de la science et de l'art, a été beaucoup plus développée que celle actuelle, et que la majorité des phénomènes que la science moderne est incapable d'expliquer étaient connus dans les temps anciens. Ils n'avaient aucune donnée pour l'étude de cette civilisation et l'obstacle constant du manque d'informations leur a clairement prouvé la nécessité d'un savoir universel. Toutefois, trois personnes ne pouvaient pas maîtriser l'étude de toutes les religions, histoires et sciences spéciales au cours d'une vie brève. Ce qui les a conduites à la nécessité d'un travail collectif, c'est-à-dire à la nécessité de rassembler des gens de différentes professions et connaissances.

Mais puisque toutes les connaissances des spécialistes qui manqueraient d'intérêt dans la recherche mentionnée ci-dessus n'auraient été d'aucune utilité, un nouveau plan s'est imposé de lui-même : trouver des gens appropriés, les diriger, et les aider à la fois par des conseils et matériellement.

A cet effet, ils se sont séparés et sont allés dans des directions différentes, à la suite de quoi quinze autres personnes se sont jointes à eux, parmi lesquelles se trouvaient des hommes de foi orthodoxe, catholique, arménienne-grégorienne, juive et bouddhiste, des représentants de la médecine, de la mécanique, de la chimie, de l'histoire naturelle, de l'astronomie, de l'archéologie et de la philologie. En outre, chacun d'entre eux a été obligé d'étudier un certain métier. Parmi eux se trouvaient aussi des femmes.

Quelques années plus tard, ils se sont tous réunis, par arrangement préalable, en Perse et à partir de là, armés de toutes les connaissances nécessaires, ils sont partis en 1899, un groupe pour l'Inde, à travers le Pamir, le Tibet et le Siam, et un autre groupe pour la Palestine à travers la Turquie et l'Arabie.

Pour certaines raisons, le lieu de rencontre devait être Kabul en Afghanistan où, quelques années plus tard, douze personnes sont arrivées au lieu de dix-huit. Six ont péri en chemin.

Ils ont décidé d'aller à Chitral. Juste avant leur départ, le prince est mort, et peu après le début de leur voyage, sept d'entre eux ont été capturés par la tribu nomade sauvage des Afridis. Donc, ils n'ont jamais atteint leur but et n'ont rencontré les autres que beaucoup plus tard. Ainsi, seulement quatre personnes ont atteint Chitral et, après avoir rempli la tâche qu'ils s'étaient eux-mêmes assignée, ils sont retournés à Kabul trois ans plus tard.

Ici, ils ont commencé à nouveau à rassembler des gens appropriés, ils ont mis sur pied une maison ensemble et ont ainsi jeté les bases de l'Institut. Le nombre de personnes autour d'eux a augmenté rapidement et ils leur ont transmis les résultats de leur longue et difficile recherche.

En 1910, ils ont commencé leur activité en Russie, où trois d'entre eux se sont réunis à Saint-Pétersbourg : Gurdjieff, un Persan, Tachtamiroff, et le Dr. Ornitopulo. Des groupes ont été formés à Saint-Pétersbourg et à Moscou, où G. a déménagé plus tard.

La guerre et la révolution qui ont suivi ont arraché beaucoup de gens aux groupes, et en 1916, ceux qui sont restés, se sont réunis dans le Caucase, où G. était à l'époque.

Ici a été fondée pour la première fois, le Mouvement international des idées et du travail dans le but de continuer avec les mêmes problèmes et recherches. En même temps, une école a été fondée sous le nom de l'Institut pour le développement harmonieux de l'Homme.

Les objectifs et le programme sur lequel l'Institut a été fondé sont annexés.

À partir de là, les membres du Mouvement International ont organisé une expédition scientifique. En raison de bouleversements politiques, l'école a été dissoute et seulement un petit groupe de personnes est resté.

Les membres de l'expédition se sont installés à Tbilissi et ont à nouveau formé une branche de l'Institut du développement harmonieux de l'Homme. Le nombre d'élèves est bientôt monté à 500, mais là aussi, les événements politiques ont forcé les fondateurs de l'Institut à déménager à Constantinople, où les membres des branches d'Essentuki et de Tbilissi ont progressivement commencé à se rassembler, et une nouvelle branche de l'Institut a été ouverte.

Les autorités turques ont montré un grand intérêt pour l'Institut et ont exhorté les fondateurs à ouvrir l'Institut à Kadıköy (la partie asiatique de la ville), où, à leur demande, plusieurs manifestations ont été organisées.

La défaite de l'armée de Wrangel, le flot de réfugiés en provenance de la Russie, et la crise économique de Constantinople ont forcé les fondateurs d'accepter une offre pour ouvrir l'Institut en Allemagne. Mais compte tenu de la situation économique et d'autres considérations politiques, ils abandonnèrent l'idée d'ouvrir l'Institut en conformité avec le programme complet, comme cela avait été prévu à l'origine, et se contentèrent d'ouvrir une maison pour les membres et les élèves qui ne pouvaient pas suivre le corps principal de l'Institut, qui a reçu à l'époque l'offre de s'installer en Angleterre où, un an plus tôt, un groupe anglais d'environ une centaine de personnes s'était formé pour étudier les matériaux et les principes de l'Institut sous la direction d'un des plus anciens élèves de l'Institut, M. Ouspensky, écrivain et professeur de psychologie.

Mais comme l'Institut avait un caractère international et comptait des membres de toutes les nationalités, en raison de considérations géographiques et autres, Paris, en tant que centre du monde, était le seul endroit où la branche centrale de l'Institut pouvait être ouverte.

LES RÈGLES FONDAMENTALES POUR LES RÉSIDENTS DES RÉSIDENCES TEMPORAIRES DE L'INSTITUT DE G.I. L'INSTITUT DE G RUE DE VAUGIRARD, PARIS 1922

1. Tous les membres de l'Institut, à la fois les payants et les non payants, peuvent vivre dans les résidences de l'Institut, à condition qu'ils respectent strictement toutes les règles énumérées ci-dessous ou à établir plus tard.

2. Il est strictement interdit, sans exception, aux hommes d'entrer dans les quartiers des femmes, ou aux femmes d'entrer dans les quartiers des hommes, ainsi que de recevoir des visiteurs ailleurs que dans la salle de réception, située dans l'appartement numéro quatre, où les uns et les autres peuvent aller de 10h30 à midi et de sept à dix heures du soir. Il est essentiel qu'ils soient décemment vêtus. Les visiteurs de l'extérieur peuvent être reçus dans la même pièce et pendant les mêmes heures.

3. Le nettoyage des quartiers des hommes des femmes et leur surveillance doivent être organisés par les résidents eux-mêmes, à l'exception de la cuisine commune et des courses à l'extérieur de l'Institut, pour lesquelles des personnes seront nommées par le directeur.

Remarque : Cette règle ne se réfère pas aux étudiants payants de la première catégorie.

4. Aucun résident de la maison n'a le droit d'envoyer ou de recevoir des lettres sans noter dans le livre approprié la date, le nom et l'adresse de la personne à qui la lettre est envoyée, ou dont il l'a reçue.

Les noms des visiteurs doivent être inscrits dans le même livre, avec indication de la personne que le visiteur est venue voir.

5. Tous les résidents de la maison doivent sans réserve obéir à tous les ordres et directives du directeur de la maison, J.I. Ostrovsky, et de ses assistants désignés par elle.

6. Aucun résident de la maison ne doit venir chercher des informations ou adresser des questions, des demandes ou des réclamations relatives à la maison à G.I.G.

Tout cela devrait être traité exclusivement par le directeur de la maison qui est le seul arbitre en toutes choses liées à la maison, étant un agent confidentiel de G.I.G. qui suit ses directives conformément au programme général de l'Institut.

7. Si l'un des résidents doit s'absenter de l'Institut, soit pour des activités de l'Institut, soit pour des raisons personnelles, il doit noter la période et la raison de son absence, ainsi que le moment de son retour, dans un livre tenu à cet effet par la personne en service. Tous ceux qui viennent pour rester dans la maison doivent indiquer à quelle catégorie ils souhaitent appartenir. Les résidents de l'Institut sont divisés en deux catégories : payants et non payants. Les résidents payants sont divisés en trois sections à leur tour :

1. Paiement sur la base d'un accord.
2. Paiement de 700 francs par mois.
3. Paiement de 336 francs par mois.

L'exercice de l'arrêt est obligatoire pour tous les étudiants de l'Institut. Cet exercice signifie que, à la commande « Stop » ou, à un signal décidé au préalable, chaque étudiant doit immédiatement arrêter son mouvement, où qu'il soit et quoi qu'il fasse ; que ce soit au milieu de mouvements rythmiques ou dans la vie ordinaire à l'Institut, au travail, à la gym, ou à table. Et il doit non seulement arrêter son mouvement, mais aussi conserver l'expression de son visage, le sourire, le regard et la tension de tous les muscles de son corps dans l'état exact où ils se trouvaient au moment de la commande « Stop » ; et il doit garder ses yeux rivés sur l'endroit exact vers lequel ils regardaient au moment de la commande. Pendant qu'il est dans cet état de mouvement arrêté, l'étudiant doit également arrêter le flux de ses pensées, ne pas admettre de nouvelles pensées, et il doit concentrer toute son attention sur l'observation de la tension des muscles dans les différentes parties de son corps, guidant l'attention d'une partie du corps à une autre, et veillant à ce que la tension des muscles ne se modifie pas, ne diminue ni n'augmente.

Dans des figures ainsi arrêtées et en restant immobile, il n'y a pas de postures. C'est tout simplement le mouvement interrompu au moment du passage d'une posture à une autre.

En général, on passe d'une posture à une autre si rapidement que nous ne remarquons pas les attitudes que nous prenons au passage. « Stop » nous donne la possibilité de voir et de sentir notre propre corps dans des postures et des attitudes qui lui sont tout à fait inhabituelles et artificielles.

Chaque race, chaque nation, chaque époque, chaque pays, chaque classe et chaque profession ont leur propre nombre défini de postures dont ils ne peuvent jamais s'écarter, et qui représentent le style particulier de l'époque, de la race, ou de la profession donnée. Chaque personne, selon sa propre individualité, adopte un certain nombre de postures du style qui lui est accessible. Par conséquent, le répertoire des postures de chaque individu est extrêmement limité. Cela peut être facilement observé par exemple, dans le mauvais art, lorsque l'artiste habitué mécaniquement à représenter le style et les mouvements d'une personne ou d'une classe, tente de peindre une autre personne ou une autre classe. Un matériel riche à cet égard est offert par les journaux illustrés, où l'on peut voir souvent des Noirs africains avec les mouvements et les attitudes des soldats anglais, ou des paysans russes avec les mouvements et les postures des personnages de l'opéra italien.

Le style des mouvements et des postures de chaque époque, de chaque race, de chaque classe, est indissolublement lié à des formes distinctes de pensée et de sentiment. Et ils sont si étroitement liés entre eux que l'homme ne peut changer ni la forme de sa pensée, ni la forme de ses sentiments sans avoir changé son répertoire de postures.

Les formes de pensée et de sentiments peuvent être appelées postures de pensée et de sentiments. Chaque homme a un nombre défini de postures intellectuelles et émotionnelles, comme il a un nombre défini de postures de mouvement, et ses postures de mouvement, intellectuelles et émotionnelles sont toutes interconnectées. Ainsi, un homme ne peut jamais sortir de son propre répertoire de postures intellectuelles et émotionnelles à moins que ses postures de mouvement soient modifiées.

L'analyse psychologique et l'étude des fonctions psychomotrices, appliquées d'une certaine manière, démontre que chacun de nos mouvements, volontaire ou involontaire, est une transition inconsciente d'une posture automatiquement fixée à une autre tout aussi automatique. C'est une illusion que de croire que nos mouvements sont volontaires, en réalité, nos mouvements sont automatiques. Nos pensées et nos sentiments sont tout aussi automatiques. Et l'automatisme de nos pensées et de nos sentiments est certainement lié à l'automatisme de nos mouvements. On ne peut pas modifier l'un sans l'autre. Et si, par exemple, l'attention d'un homme se concentre sur le changement de l'automatisme de pensée, les mouvements habituels et les postures habituelles empêcheront le nouveau mode de pensée de s'installer en créant les anciennes associations habituelles.

Nous ne reconnaissons pas à quel point les fonctions intellectuelle, émotionnelle et de mouvement en nous sont interdépendantes, l'une de l'autre, bien que, en même temps, nous sachions combien notre humeur et notre état émotionnel dépendent de nos mouvements et de nos postures. Si un homme prend une posture qui correspond, en lui, avec un sentiment de tristesse ou de découragement, ensuite, très vite, il va réellement sentir la douleur ou l'accablement. La peur, l'indifférence, l'aversion, et ainsi de suite, peuvent être créées par des changements artificiels de posture. Les gens familiarisés avec la psychologie peuvent se rappeler la théorie de James-Lange. La vieille idée de « l'expression physique des émotions » a depuis longtemps été abandonnée. L'émotion, dans la psychologie scientifique d'aujourd'hui, est considérée comme la perception des changements dans les organes intérieurs, changements qui, à leur tour, sont reliés à des manifestations de mouvements extérieurs. Ces manifestations et changements mouvants dans les organes internes précèdent les perceptions et, à un degré important, les évoquent, alors qu'ils apparaissent eux-mêmes comme des réflexes, entièrement automatiques.

Mais si toutes les fonctions de l'homme : intellectuelle, émotionnelle et de mouvement possèdent leur propre répertoire défini de postures et se trouvent en interaction constante, il résulte que l'homme ne peut jamais se départir de son propre répertoire.

Les méthodes de travail de l'Institut pour le développement harmonieux de l'Homme offrent la possibilité de se départir du cercle de l'automatisme inné, et l'un des moyens pour y arriver, surtout au début du travail sur soi-même, est l'exercice de l'arrêt.

Le mouvement qui a commencé est interrompu à la commande ou au signal soudain. Le corps devient immobile et fixe au milieu du passage d'une posture à une autre, dans une attitude dans laquelle il ne s'arrête jamais dans la vie ordinaire. En se percevant soi-même dans cet état, c'est-à-dire dans l'état d'une posture inhabituelle, l'homme se regarde à partir de nouveaux points de vue, se voit et s'observe lui-même à nouveau. Dans cette posture, qui ne lui est pas familière, il peut penser à nouveau, ressentir à nouveau, et se connaître lui-même à nouveau. De cette manière, le cercle des vieux automatismes est cassé. Le corps lutte en vain pour reprendre la posture habituelle qui lui est confortable. La volonté de l'homme, mise en action par la commande « Stop » l'en empêche. L'exercice de l'arrêt est un exercice à la fois pour la volonté, l'attention, la pensée, les sentiments et les mouvements.

Mais il est nécessaire de comprendre que, pour mettre en action la volonté, assez forte pour garder une personne dans la posture inhabituelle, la commande externe « Stop » est indispensable. Un homme ne peut pas se donner la commande « Stop » à lui-même, sa volonté ne se soumettra pas à cet ordre. La raison réside dans le fait que la combinaison des postures habituelles, intellectuelle, émotionnelle et de mouvement, est plus forte que la volonté. La commande « Stop, » venant de l'extérieur, se substitue aux postures intellectuelle et émotionnelle, et, dans ce cas, la posture de mouvement se soumet à la volonté.

L'exercice du Stop. Paris, le 19 août 1922

L'EXERCICE D'ARRÊT

Vous avez devant vous une de ces positions dans lesquelles les débutants à l'Institut effectuent divers exercices pour le développement de la mémoire, de l'attention, de la patience, etc. Dans l'exercice d'arrêt, chaque élève de l'Institut doit, à la commande « Stop ! » ou sur un signal déterminé au préalable, arrêter immédiatement tout mouvement, quoi qu'il fasse, que ce soit pendant le travail, le repos, aux repas, dans les locaux de l'Institut, ou à l'extérieur. En cela, l'élève ne doit pas seulement suspendre tout mouvement, mais aussi maintenir la tension de ses muscles, son expression faciale et son sourire tels qu'ils étaient au moment du mot d'ordre, en gardant les yeux fixés sur le point qu'il regardait lorsque la commande a été prononcée. Il n'y a pas de posture dans les figures suspendues ou imprécises ainsi obtenues. C'est tout simplement un mouvement naissant interrompu au moment de la transition d'une posture à une autre. Nous habitués à passer si rapidement d'une posture à une autre, que nous ne remarquons pas les positions que nous assumons au cours de ces transitions. L'exercice « d'arrêt » nous permet de voir et de sentir notre corps dans des postures et des positions qui lui sont tout à fait inhabituelles et artificielles.

Chaque race, dit Gurdjieff, chaque nation, chaque époque, chaque pays, chaque classe, chaque profession ont leur nombre fixe de postures, qui représentent le style d'une époque, race, ou profession donnée. Selon son individualité, un homme adopte un certain nombre de postures du style qui lui est accessible, de sorte que le répertoire de postures de chaque homme est très limité. Cela peut être très clairement observé dans le mauvais art, quand un artiste ayant dans une certaine mesure étudié le style de mouvements et de postures d'une nation ou d'une classe, tente de peindre une autre nation ou classe. De nombreuses preuves peuvent en être trouvées dans les journaux illustrés, où vous trouverez des Noirs avec des mouvements et des postures adoptés par des soldats anglais, et des paysans russes avec les mouvements et les postures des figurants des opéras italiens.

Le style des mouvements et des postures de chaque période, race ou classe est indissolublement lié à certaines formes de pensée et de sentiment. Un homme est incapable de modifier la forme de sa pensée et de ses sentiments sans changer d'abord le répertoire de ses postures. Les formes de pensée et de sentiment peuvent être appelées postures du sentir et du penser. Chaque homme a un nombre défini de postures mentales et émotionnelles, alors que les postures de mouvement, mentales et émotionnelles sont toutes connectées en lui, et un homme ne peut jamais aller au-delà de son répertoire de postures mentales et émotionnelles avant de changer ses postures de mouvement ; et vice versa, sans changer ses postures mentales et émotionnelles, il est impossible d'acquérir de nouvelles postures de mouvement.

L'analyse psychologique et l'étude des fonctions psychomotrices, telles que définies par le système Gurdjieff, montrent que chacun de nos mouvements, volontaire ou involontaire, est une transition inconsciente d'une posture automatique à une autre posture automatique. Le caractère arbitraire de nos mouvements est illusoire, nos mouvements automatiques ; automatiques aussi, nos pensées et nos sentiments. Et le caractère automatique de nos pensées et de nos sentiments est certainement lié à l'automaticité de nos mouvements. On ne peut pas modifier l'un sans l'autre. En d'autres termes, si l'attention d'un homme est concentrée, disons, sur le changement de l'automaticité de sa pensée, les mouvements habituels et les postures habituelles empêcheront une nouvelle façon de penser, en créant les vieilles associations mentales habituelles.

Nous ne nous rendons pas compte à quel point les fonctions mentales, de mouvement et émotionnelles en nous dépendent les unes des autres, même si nous sommes en même temps conscients à quel point notre humeur et notre état émotionnel dépendent de nos mouvements et postures. Si un homme adopte une posture correspondant en lui à un sentiment de chagrin ou d'abattement, très vite il sentira le chagrin ou l'abattement.

La peur, l'indifférence, l'aversion, etc., peuvent être créées par le changement artificiel de posture. Mais comme chaque fonction de l'homme, mentale, émotionnelle ou de mouvement a son répertoire défini des postures et se trouve en interaction constante, il ne peut jamais aller au-delà de son répertoire.

La méthode de développement harmonieux de l'Institut consiste à faire sortir l'homme du cercle de son automaticité innée, et l'un des moyens pour y arriver, en particulier au début du travail sur soi-même, est l'exercice d'« arrêt, » qui propose des exercices spéciaux pour les fonctions mentales et émotionnelles dans le but de changer les états habituels indésirables et de donner en échange d'autres états désirables.

Un mouvement déjà commencé est interrompu par une commande soudaine ou un signal. Le corps est au repos et se place comme une gelée au milieu de la transition d'une posture à une autre, dans une position dans laquelle il ne s'arrête jamais dans la vie ordinaire. S'éprouvant dans cet état, c'est-à-dire dans l'état d'une posture inhabituelle, l'homme se sent, pour ainsi dire, à partir d'un nouveau point de vue, se voit et s'observe d'une manière nouvelle. Dans cette position, à laquelle il n'est pas habitué, il peut penser d'une manière nouvelle, sentir d'une manière nouvelle, et être conscient de lui-même d'une manière nouvelle. De cette manière, le cercle de la vieille automaticité est brisé. Le corps cherche en vain de prendre une posture pratique, qui lui est habituelle. La volonté de l'homme, déclenchée par le mot « Stop, » l'en empêche.

L'exercice d'« arrêt » est tout à la fois un exercice de la volonté, de l'attention, de la pensée, du sentiment et du mouvement.

Il est cependant essentiel de se rappeler qu'une commande d'arrêt externe est nécessaire afin de déclencher la volonté d'un homme, capable de le maintenir dans une position inhabituelle. Un homme ne peut pas se commander à lui-même de s'arrêter, sa volonté ne se soumettrait pas à la commande. La raison en est que la combinaison totale des postures habituelles, mentales, émotionnelles et de mouvement, est plus forte que la volonté venant d'une autre, la commande « Stop » prend la place des postures mentale et émotionnelle, et dans ce cas, la posture de mouvement, n'étant pas dans son état habituel, perd sa force, permettant ainsi à notre faible volonté de subordonner nos fonctions à elle-même.

CORPS, ESSENCE, PERSONNALITÉ
PARIS
AOÛT 1922

Quand l'homme naît, trois machines distinctes naissent en même temps qui continuent à se former jusqu'à sa mort. Ces machines n'ont rien en commun l'une avec l'autre : elles sont notre corps, notre essence et notre personnalité. Leur formation ne dépend de nous en aucune façon. Leur développement futur, le développement de chacune d'elles séparément, dépend des données qu'un homme possède et des données qui l'entourent, comme l'environnement, les circonstances, les conditions géographiques et ainsi de suite. Pour le corps, ces données sont l'hérédité, les conditions géographiques, la nourriture, le mouvement. Elles ne portent pas atteinte à la personnalité. Au cours de la vie d'un homme, la personnalité est formée exclusivement par ce que l'homme entend (données : matériau, formulations) et par la lecture.

L'essence est purement émotionnelle. Elle se compose de l'hérédité, qui est reçue avant la formation de la personnalité, et plus tard, seulement des sensations et des sentiments parmi lesquels vit l'homme. Ce qui vient après dépend simplement de la transition.

Donc, la première commence à se développer dans chaque homme subjectivement. Le développement de tous les trois commence dès les premiers jours de la vie d'un homme. Toutes les trois se développent indépendamment les unes des autres. Ainsi, il peut arriver, par exemple, que le corps commence sa vie dans des conditions favorables, sur un sol sain, par conséquent, il est puissant ; mais cela ne signifie pas nécessairement que l'essence de l'homme est du même caractère. Dans les mêmes conditions, l'essence peut être faible et lâche. Un homme peut avoir un corps téméraire contrastant avec une essence lâche. L'essence ne se développe pas nécessairement avec le développement du corps. Un homme peut être très fort et en bonne santé, mais être aussi craintif qu'un lapin. Le centre de gravité du corps, son âme, est le centre du mouvement. Le centre de gravité de l'essence est le centre émotionnel, et le centre de gravité de la personnalité est le centre de la pensée. L'âme de l'essence est le centre émotionnel. Tout comme un homme peut avoir un corps sain et une essence lâche, de la même façon la personnalité peut être audacieuse et l'essence timide. Prenons, par exemple, un homme de bon sens ; il a étudié et il sait que les hallucinations peuvent se produire ; il sait qu'elles ne peuvent pas être réelles. Ainsi, dans sa personnalité, il ne les craint pas, mais son essence a peur. Si son essence voit un phénomène de ce genre, il ne peut pas aider à avoir peur. Le développement d'un centre ne dépend pas du développement d'un autre et ne peut pas produire de résultats pour un autre.

Il est impossible de dire positivement que l'homme est comme ceci ou comme cela. Un de ses centres peut être courageux, un autre lâche ; l'un bon, l'autre méchant ; l'un peut être sensible, un autre très grossier ; l'un donne facilement, un autre est lent à donner, ou bien incapable de donner. Il est donc impossible de dire : bon, courageux, fort ou méchant.

Comme nous l'avons déjà dit, chacune des trois machines est l'ensemble de la chaîne, l'ensemble du système se reliant à l'un, à l'autre, à un tiers. En soi, chaque machine est très compliquée, mais elle est mise en marche très simplement. Plus les parties de la machine sont compliquées, moins il y a de leviers. Chaque machine humaine est complexe, mais le nombre de leviers dans chacune d'elles séparément peut varier—dans l'une, il y a plusieurs leviers ; dans une autre, moins.

Au cours de la vie, une machine peut développer de nombreux leviers pour se mettre en marche, alors qu'une autre peut être mise en marche par un petit nombre de leviers. Le temps pour le développement des leviers est limité. À son tour, ce temps dépend aussi de l'hérédité et des conditions géographiques. En moyenne, de nouveaux leviers sont formés jusqu'à sept ou huit ans ; plus tard, jusqu'à l'âge de quatorze ou quinze ans, ils sont capables de modifications ; mais après seize ou dix-sept ans, les leviers ne sont ni développés, ni modifiés. Donc, plus tard dans la vie, seuls agissent les leviers qui ont été développés auparavant. Voici comment les choses sont dans la vie normale, ordinaire, peu importe combien un homme souffle ou pousse. Cela est vrai même de la capacité à apprendre de l'homme. De nouvelles choses peuvent être apprises seulement jusqu'à l'âge de dix-sept ans ; ce qui peut être appris plus tard n'est que de « l'apprentissage » entre guillemets, c'est-à-dire simplement un remaniement de l'ancien. Au début, cela peut sembler difficile à comprendre.

Chaque individu avec ses leviers dépend de son hérédité et de l'endroit, du cercle social et des circonstances au milieu desquelles il est né et a grandi. Le fonctionnement des trois centres ou âmes est similaire. La construction est différente, mais les manifestations sont les mêmes. Les systèmes sont différents.

Les premiers mouvements sont enregistrés. Les souvenirs des mouvements du corps sont purement subjectifs. Il est comme un disque de phonographe—au début, jusqu'à trois mois, il est très sensible ; puis, après quatre mois, il devient plus faible ; après une année, encore plus faible. Dans un premier temps, même la respiration peut être entendue, une semaine plus tard, on ne peut rien entendre sauf une conversation à voix basse. Il en va de même avec le cerveau humain : au début, il est très réceptif et chaque nouveau mouvement est enregistré. Comme résultat final, un homme peut avoir de nombreuses postures, un autre, seulement quelques-unes. Par exemple, un homme peut avoir acquis cinquante-cinq postures et la possibilité de les enregistrer a duré, tandis qu'un autre, vivant dans les mêmes conditions, peut en avoir obtenu 250. Ces leviers, ces postures sont formées dans chaque centre selon les mêmes lois et y restent pour le reste de la vie de l'homme. La différence entre eux réside seulement dans la forme d'enregistrement. Prenez, par exemple, les postures du centre du mouvement. Jusqu'à un certain moment, certaines postures sont formées dans chaque homme. Ensuite, elles cessent de se développer, mais les postures déjà formées restent jusqu'à sa mort. Leur nombre est limité, donc, quoi qu'il fasse, un homme utilisera les mêmes postures. S'il veut jouer un rôle ou un autre, il va utiliser une combinaison de postures qu'il a déjà, car il n'en aura jamais d'autres. Dans la vie ordinaire, il ne peut y avoir de nouvelles postures. Si un homme veut être un acteur, sa position sera la même à cet égard.

La différence entre le sommeil et l'éveil du corps est que, dans le sommeil, lorsqu'un choc vient de l'extérieur, il ne provoque pas, ne produit pas des associations dans ce cerveau.

Disons qu'un homme est accidentellement fatigué. Le premier choc est donné. Un certain levier commence à bouger mécaniquement. C'est toujours mécaniquement qu'il touche un autre levier et le fait bouger ; ce levier touche un troisième, le troisième, un quatrième, et ainsi de suite. C'est ce que nous appelons les associations du corps. Une autre machine a également des postures et elles sont mises en marche de la même manière.

Outre les machines centrales, travaillant indépendamment—le

corps, la personnalité et l'essence, nous avons aussi des manifestations sans âme qui se déroulent en dehors des centres. Pour comprendre cela, il est très important de noter que nous divisons les postures du corps et du sentiment en deux catégories : (1) les manifestations directes de tout centre et (2) les manifestations purement mécaniques provenant des centres extérieurs. Par exemple, le mouvement de soulever mon bras est initié par le centre. Mais chez quelqu'un d'autre, il peut être lancé en dehors du centre. Supposons qu'un processus similaire soit en cours dans le centre émotionnel, comme la joie, le chagrin, la contrariété, la jalousie. À un moment donné, une posture forte peut avoir coïncidé avec l'une de ces postures émotionnelles et les deux postures ont ainsi donné lieu à une nouvelle posture mécanique. Cela se produit indépendamment des centres, mécaniquement.

Quand j'ai parlé de machines, j'ai appelé le travail normal, la manifestation d'un homme, qui implique tous les trois centres pris ensemble. Voici sa manifestation. Mais en raison de la vie anormale, certaines personnes ont d'autres leviers, qui deviennent des centres extérieurs développés et qui provoquent le mouvement indépendamment de l'âme. Il peut être dans la chair, dans les muscles, partout.

Les mouvements, les manifestations, les perceptions par des centres séparés sont des manifestations des centres, mais pas de l'homme, si nous gardons à l'esprit le fait que l'homme est composé de trois centres. La capacité de ressentir la joie, la tristesse, le froid, la chaleur, la faim, la fatigue est dans chaque centre. Ces postures existent dans chaque centre, petit, grand ou varié. Leur qualité peut être différente. Nous parlerons plus loin de la façon dont cela se produit dans chaque centre distinct et de la manière de savoir à quel centre elles appartiennent. Pour le moment, vous devez garder à l'esprit et comprendre une chose : vous devez apprendre à distinguer la manifestation de l'homme des manifestations des centres. Quand les gens parlent d'un homme, ils parlent de lui. Il est méchant, intelligent, idiot—tout cela s'est lui, lui. Mais ils ne peuvent pas dire que celui-ci est John ou Simon. Nous sommes habitués à dire « il. » Mais il faut s'habituer à dire « il » dans le sens de-il comme corps, il comme essence, il comme personnalité.

Supposons que nous prenions l'essence comme trois unités. Trois est son nombre, le résultat donné par certaines postures. Dans le cas du corps de l'homme, une certaine combinaison donne quatre.

Une autre combinaison pourrait être six. Quand nous parlons de six, nous ne devons pas évaluer l'homme entier. Nous devons l'évaluer quand nous prenons treize, car treize représente ses manifestations, sa perception. Quand il s'agit de la tête seule, ce serait six. La chose importante n'est pas l'évaluation de six seul, mais de treize. Il existe un total défini. Un homme devrait être en mesure de donner un total de trente en tant que tout pris ensemble. Ce chiffre ne peut être obtenu que si chaque centre peut donner un certain nombre correspondant, par exemple douze plus dix plus huit. Supposons que ce chiffre représente la manifestation d'un homme, un maître de maison. Si nous constatons qu'un centre doit nécessairement donner douze, il doit contenir certaines postures correspondantes qui donnent douze. S'il en manque une et il donne seulement onze, le trente ne peut être obtenu. S'il y a seulement vingt-neuf, il n'est pas un homme si nous sommes habitués à appeler un homme celui dont la somme totale est de trente.

Quand nous avons parlé dans les conférences sur les centres et un développement harmonieux des centres, nous voulions dire que pour devenir un tel homme, pour être en mesure de produire ce dont nous parlions, ce qui suit est nécessaire. Au tout début, nous avons dit que nos centres sont formés indépendamment l'un de l'autre et ont rien en commun l'un avec l'autre. Mais il devrait y avoir une corrélation entre eux, parce que la somme totale des manifestations ne peut être obtenue que des trois ensembles, et non d'un seul. S'il est correct que treize est la véritable manifestation de l'homme et ce treize est produit par trois centres dans une corrélation correspondante, alors il est impératif que les centres soient dans cette corrélation. Il devrait en être ainsi, mais en réalité, il n'en est pas ainsi. Chaque centre est séparé (je parle de ceux qui sont présents), ils n'ont pas de relation appropriée entre eux et ils sont donc disharmoniques.

Par exemple, on a un grand nombre de postures dans un centre, une autre dans un autre centre. Si nous prenons chaque type séparément, la somme totale de chacun sera différente. Si, selon le principe, il devrait y avoir douze, dix et huit (et dix et huit sont ici), mais, au lieu de douze il y a zéro. Prenez une substance, par exemple du pain. Il exige une proportion déterminée de farine, d'eau et de feu. Il est bon seulement lorsque les ingrédients se trouvent dans la proportion correcte. Pour obtenir le chiffre trente, chaque source doit contribuer avec une qualité et une quantité correspondante. Si

J. a beaucoup de farine, c'est-à-dire des postures physiques, mais pas d'eau ou de feu, il est tout simplement de la farine et pas un individu, pas de pain. Elle (O.I.) produit de l'eau (sentiment), elle a beaucoup de postures. Mais le pain ne peut être obtenu à partir de l'eau—à nouveau, cela ne vaut rien ; la mer est pleine d'eau. L. a beaucoup de feu, mais pas de farine ou d'eau—encore une fois, cela ne vaut rien. S'ils pouvaient être mis ensemble, le résultat serait trente—un individu. Tels quels, ce ne sont que des morceaux de viande ; mais les trois ensembles donnerait trente comme manifestation. Pourrait-elle dire « je » ? "Nous," pas "je." Elle produit de l'eau, mais elle dit "je." Chacune de ces trois machines est, pour ainsi dire, un homme. Et toutes les trois s'adaptent l'une à l'autre. L'homme est composé de trois hommes ; chacun des trois à un caractère différent, une nature différente et souffre du manque de correspondance avec les autres. Notre objectif doit être de les organiser de manière à les faire correspondre. Mais avant de commencer à les organiser et avant de penser à une manifestation qui vaut trente, arrêtons-nous pour voir consciemment que nos trois machines sont en effet en désaccord l'une avec l'autre. Quiconque a travaillé un peu a commencé à voir que sa machine est une chose, et sa personnalité, une autre. Elles ne se connaissent pas mutuellement. Non seulement elles ne s'écoutent pas l'une l'autre, mais si l'une d'entre elles implore l'autre de faire quelque chose, et sait comment cela doit être fait, l'autre ne pourra ou ne voudra pas le faire.

Comme il est tard, il faut remettre tout le reste à une autre fois. D'ici là, vous pouvez peut-être apprendre à faire.

DÉVELOPPEMENT UNILATÉRALE
(ENREGISTREMENT DE MÉMOIRE)
PARIS
AOÛT 1922

Dans chacun de ceux qui sont présents ici, une de ses machines internes est plus développée que les autres. Il n'y a pas de lien entre elles. Seul peut être appelé Homme sans guillemets celui en qui toutes les trois machines sont développées. Un développement unilatéral est seulement nuisible. Même si un homme possède la connaissance et même s'il sait tout ce qu'il doit faire, cette connaissance est inutile et peut même faire du mal. Chacun d'entre vous est déformé. Si la personnalité seule est développée, il y a difformité ; un tel homme ne peut en aucun cas être pleinement appelé un homme—il est un quart, un tiers d'un homme. La même chose vaut pour un homme avec l'essence développée ou pour un homme avec les muscles développés. Et on ne peut pas non plus appeler un homme complet celui chez qui une personnalité plus ou moins développée est combinée avec un corps développé, tandis que son essence reste totalement sous-développée. En bref, les hommes chez qui seulement deux des trois machines sont développées ne peuvent être appelés hommes. Un homme avec un tel développement unilatéral a plus de désirs dans une sphère donnée, des désirs qu'il ne peut satisfaire, et auquel en même temps il ne peut renoncer. La vie devient misérable pour lui. Pour cet état de désirs inutiles, à demi-satisfaits, je ne trouve pas de mot plus approprié qu'onanisme. Du point de vue de l'idéal du développement intégral et harmonieux, un tel homme unilatéral est dépourvu de valeur.

La réception des impressions extérieures dépend du rythme des stimuli extérieurs des impressions, et du rythme des sens. La réception juste des impressions n'est possible que si ces rythmes correspondent les uns aux autres. Si moi ou quelqu'un d'autre devait dire deux mots, l'un d'entre eux serait dit avec un sens, l'autre avec un autre sens. Chacun de mes mots à un rythme défini. Si je dis douze mots, dans chacun de mes auditeurs quelques-uns, disons trois, seraient pris en charge par le corps, sept par la personnalité et deux par l'essence. Étant donné que les machines ne sont pas reliées les unes aux autres, chaque partie d'une personne a enregistré seulement une partie de ce qui a été dit et, en les rassemblant, l'impression générale est perdue et ne peut être reproduite. La même chose arrive quand un homme veut exprimer quelque chose à un autre. En raison de l'absence de connexion entre les machines, il n'est capable d'exprimer qu'une fraction de lui-même.

Chaque homme veut quelque chose, mais il doit d'abord trouver et vérifier tout ce qui est faux ou manquant en lui-même, et il doit garder à l'esprit que nul ne peut jamais être un homme s'il n'a pas les rythmes justes en lui-même.

Prenez la réception du son. Un bruit atteint les dispositifs de réception des trois machines simultanément, mais en raison du fait que le rythme des machines est différent, un seule d'entre elles a le temps de recevoir l'impression, car la faculté de réception des autres est en retard. Si un homme entend le son avec sa faculté de penser et s'il est trop lent à le transmettre au corps auquel il est destiné, ensuite le son suivant qu'il entend, également destiné au corps, chasse complètement le premier et le résultat souhaité n'est pas obtenu. Si un homme décide de faire quelque chose, par exemple, de frapper quelque chose ou quelqu'un, et au moment de la décision, le corps n'exécute pas cette décision, car il n'a pas été assez rapide pour la recevoir à temps, la force du coup sera beaucoup plus faible, ou il n'y aura pas de coup du tout.

Tout comme dans le cas de la réception, les manifestations de l'homme aussi peuvent ne jamais être complètes. Le chagrin, la joie, la faim, le froid, l'envie, et d'autres sentiments et sensations ne sont vécus que par une partie de l'être d'un homme ordinaire, au lieu de l'être entier.

QUESTIONS ET RÉPONSES
PRIEURÉ
OCTOBRE 1922

QUESTION 1 : Est-ce que le système éducatif de M. Gurdjieff a produit un exemple du type d'homme qu'il souhaite développer ?

RÉPONSE : En ce qui concerne les résultats obtenus par les élèves ici au cours de cette brève période de temps, tout d'abord on peut noter :

1. Une amélioration de leur santé. Cela veut dire qu'une base pour améliorer leur santé future à partir des maladies chroniques qu'ils avaient a été établie. Les éléments suivants peuvent servir d'exemples : l'amélioration de l'obésité, le renforcement de leurs mémoires faibles et la réorganisation de leurs nerfs désordonnés.

2. Le deuxième résultat est l'élargissement de leurs horizons. En général, les gens ont une vision très étroite de la vie ; c'est comme s'ils portaient des œillères qui les empêchent de voir davantage. Ici, grâce à une grande variété de nouvelles conditions de travail, et grâce à beaucoup d'autres choses, ce champ de vision est agrandi, comme si un nouvel horizon était acquis.

3. Un nouvel intérêt a été créé. La majorité des gens qui sont venus ici avaient perdu tout intérêt dans et pour la vie. C'est également dû à leur perspective si étroite sur la vie. Ici, un nouvel intérêt est né pour eux. (Ce résultat doit être souligné comme étant le plus important, a dit M. Gurdjieff.)

Il est possible d'énumérer mille exemples de résultats acquis par les gens durant leur séjour ici, mais la plupart des résultats proviendraient de ces trois effets principaux ; voilà pourquoi il n'est pas important de les énumérer.

Comme l'Institut existe depuis peu de temps, ce n'est que récemment que certains élèves se sont élevés jusqu'aux résultats que j'attendais. Mais de façon générale, il n'y a pas de limites pour l'auto-perfectionnement, de sorte que chaque réalisation est seulement un état temporaire. Les gens ne sont pas liés à l'Institut dans leur vie extérieure. Ils peuvent jouer un rôle social, avoir n'importe quel emploi ou occupation normale dans la vie. Beaucoup de gens vivent leur propre vie indépendante et Travaillent en même temps. La seule différence est que, si avant, quelqu'un était un bon cordonnier, en devenant un élève de l'Institut et en continuant à apprendre, il va devenir un cordonnier différent ; si quelqu'un était prêtre, il deviendra un prêtre différent.

QUESTION 2 : Comment expliquez-vous le désespoir dans lequel sombrent certains élèves de l'Institut au début ?

RÉPONSE : Il existe un principe de l'Institut dont je vais vous parler tout de suite, ensuite cette période de désespoir va commencer à être tout à fait claire pour vous.

Un homme vit généralement avec un esprit « étranger. » Il n'a pas sa propre opinion et se trouve sous l'influence de tout ce que les autres lui disent.

[*Il a donné l'exemple d'un homme qui pense mal d'une autre personne uniquement parce que quelqu'un d'autre lui a dit de mauvaises choses sur cette personne.*]

Dans l'Institut, vous devez apprendre comment vivre avec votre propre esprit, comment être actif et développer votre propre individualité. Ici, à l'Institut, beaucoup de gens viennent seulement à cause de leur esprit « étranger » ; ils n'ont aucun intérêt propre dans le Travail.

Voilà pourquoi, quand un homme arrive à l'Institut, des conditions difficiles sont créées et toutes sortes de pièges lui sont tendus intentionnellement, afin qu'il puisse lui-même savoir s'il est venu par intérêt propre ou seulement parce qu'il a entendu parler de l'intérêt des autres. Peut-il, malgré les difficultés extérieures qui sont créées pour lui, continuer à travailler pour l'objectif principal ? Et est-ce que cet objectif existe en lui ? Lorsque le besoin de ces difficultés artificielles est terminé, alors elles ne sont plus créées pour lui.

Les périodes de désespoir dans la vie sont le résultat de la même cause. L'homme vit avec un esprit « étranger » et son intérêt s'éveille accidentellement, en raison de certaines influences extérieures. Tant que l'influence continue, l'homme semble tout à fait satisfait. Mais quand, pour une raison ou une autre, l'influence extérieure cesse, son intérêt perd toute signification et il sombre dans le désespoir.

Ce qui lui appartient toujours et ne peut jamais lui être enlevé— cela n'existe pas encore. Seulement quand cela commence à exister, il est possible que ces périodes de désespoir disparaissent.

QUESTION 3 : Est-ce que M. Gurdjieff voit l'Institut comme quelque chose d'expérimental ? C'est-à-dire, est-ce que l'un des buts de M. Gurdjieff vise l'acquisition de certaines connaissances à travers l'Institut ? Ou bien s'agit-il de la mise en pratique d'un système qu'il a déjà achevé au cours de sa vie ?

RÉPONSE : C'est la mise en pratique d'un système que j'ai parachevé au cours de ma vie, mais en même temps il y a aussi d'autres objectifs.

QUESTION 4 : Pourquoi M. Gurdjieff met-il autant l'accent sur le travail physique ? Est-il temporaire ou permanent ?

RÉPONSE : Temporaire. Pour la plupart des gens réunis maintenant à l'Institut, le travail physique est indispensable, mais il est seulement une partie de l'ensemble du plan du Travail.

QUESTION 5 : Est-ce que la réalisation de n'importe quel type de possibilité occulte est un des sujets de cette « éducation » ?

RÉPONSE : La vérité est une. Elle a toujours existé et elle est aussi vieille que le monde lui-même.

Jadis, il existait une réelle connaissance, mais en raison de toutes sortes de circonstances de la vie, politiques et économiques, elle a été perdue et il n'en reste que des fragments. Ces fragments, je les ai recueillis avec d'autres personnes. Ils nous ont appris des choses et nous les avons trouvés dans des gens, des monuments, des coutumes, dans la littérature, dans nos propres expériences, dans des comparaisons et ainsi de suite.

QUESTION 6 : Quelle est l'origine de ce système ? Est-ce que M. Gurdjieff l'a personnellement acquis ? Ou bien lui va-t-il été transmis ?

[*Ici, M. Gurdjieff n'a pas répondu. Le silence de M. Gurdjieff n'était pas destiné à éviter la question. Il était évident qu'il estimait avoir déjà répondu à la question en d'autres termes.*]

QUESTION 7 : Qu'est-ce que M. Gurdjieff espère faire en Europe ? Quelle est son opinion sur la valeur de la science occidentale ? Pourquoi M. Gurdjieff va-t-il choisi Paris ?

RÉPONSE : J'ai choisi Paris car il est un centre de l'Europe et j'ai pensé pendant longtemps qu'un Institut était nécessaire ici. Seules les circonstances politiques on fait trainer les choses pendant deux ans.

De l'Ouest, j'ai voulu prendre le savoir l'Orient ne pouvait pas me donner. De l'Est, j'ai pris la théorie ; de l'Ouest, la pratique. Ce qui existe dans l'Est n'existait pas dans l'Ouest et vice versa. Voilà pourquoi chacun d'eux tout seul n'a pas de valeur. Ensemble, ils se complètent.

QUESTION 8 : Qu'est-ce qui a déterminé M. Gurdjieff à choisir ses

189

élèves ? Va-t-il pensé qu'il produirait des enseignants de certains d'entre eux ? Peuvent-ils commencer à être comme il est ?

RÉPONSE : Chaque élève est un enseignant pour celui qui se trouve plus bas que lui. Tout le monde peut devenir comme moi à condition qu'ils souhaitent souffrir et travailler comme je l'ai fait.

QUESTION 9 : M. Gurdjieff est-il seul dans cette entreprise, ou fait-il partie d'un groupe déjà existant ?

RÉPONSE : : Seul. Toutes mes actions sont personnelles. Ceux qui sont venus avant se sont dispersés à travers le monde et je l'ai perdu le contact avec eux.

QUESTION 10 : Est-ce que l'enseignement de M. Gurdjieff fait partie d'une certaine école historique encore existante ? Est-ce que la connaissance qu'il possède a jamais été la propriété d'une caste dirigeante ? Et y va-t-il eu de civilisation fondée là-dessus ? Par exemple, il va-t-il eu en Inde un gouvernement entre les mains de personnes qui souhaitaient mettre en pratique les idées de M. Gurdjieff ?

RÉPONSE : Le Tibet est un exemple où, il y a dix ans, tout le gouvernement était entre les mains des moines. Mais ils ne pouvaient pas mettre mes idées en pratique, parce que mon enseignement n'était pas connu d'eux. Mon enseignement m'appartient en propre. Il combine toutes les preuves de la vérité ancienne que j'ai recueillies pendant mes voyages avec toutes les connaissances que j'ai acquises par mon propre travail personnel.

QUESTION 11 : Quelle est la doctrine de M. Gurdjieff au sujet de la nécessité, du libre arbitre et de la mort ? Est-ce que tous les gens peuvent devenir immortels ou seulement certains d'entre eux ? Que va se passer avec ceux qui n'ont pas acquis l'immortalité ? Est-ce qu'il existe pour eux quelque chose comme la réincarnation ou l'éternel retour ?

RÉPONSE : Oui et non. Les personnes qui ont une âme sont immortelles, mais tout le monde n'a pas une âme. L'homme naît sans âme, avec seulement la possibilité d'en acquérir une, et il doit s'y évertuer toute sa vie.

Rien n'arrive à ceux qui n'ont pas acquis une âme. Ils vivent et ils meurent. Les individus meurent, mais les atomes vivent parce que dans le monde rien ne cesse de vivre.

Mais même les âmes immortelles existent en différentes étapes. L'immortalité complète est tout à fait unique.

Tous les exercices qui peuvent être donnés à l'Institut peuvent être divisés en sept catégories. Le centre de gravité de la première catégorie est que leur but est dirigé spécialement sur le corps ; celui de la seconde catégorie, sur l'esprit, et celui de la troisième catégorie, sur le sentiment ; la quatrième catégorie, sur l'esprit et le corps ensemble ; le cinquième sur le corps et le sentiment ; le sixième type sur les sentiments, les pensées et le corps ; le septième type sur tous les trois ensembles, plus notre automatisme. Notez bien que nous vivons surtout dans cet automatisme. Si nous vivions tout le temps uniquement par les centres, ils n'auraient pas assez d'énergie pour nos besoins. Par conséquent, cet automatisme est tout à fait indispensable pour nous, même si à l'heure actuelle, il est notre plus grand ennemi et nous devons temporairement nous en libérer pour, d'abord, pour former un corps et un esprit conscient. Plus tard, cet automatisme doit être étudié dans le but de l'adapter.

Jusqu'à ce que nous arrivions à nous débarrasser de l'automatisme, nous ne pouvons pas apprendre autre chose, donc nous devons faire avec temporairement. Certains exercices sont déjà connus pour nous. Par exemple, nous étudions des exercices pour le corps. Les diverses tâches que nous avons faites étaient des exercices élémentaires pour l'esprit. On n'a pas encore fait des exercices pour les sentiments ; ceux-ci sont plus complexes. Au début, ils sont difficiles même à les visualiser. Pourtant, ils sont d'une importance première pour nous. Le domaine des sensations vient en premier dans notre vie intérieure ; en effet, tous nos malheurs sont dus à notre sentiment désorganisé. Nous avons trop de matériel et nous vivons sur lui tout le temps, mais en même temps, nous n'avons pas le sentiment. Je veux dire que nous n'avons ni un sentiment objective ni subjective. Le royaume entier du sentiment est rempli de quelque chose d'étranger et complètement mécanique. Par exemple, il n'y a pas de sentiment de morale subjectif ou objectif. (Il y a trois sortes de sentiment—subjectif, objectif et automatique.) Le sentiment objectif de la morale est lié à certaines lois morales générales, ordonnées et immuables, établies au cours des siècles, et conformes aux circonstances et à la nature humaines à la fois chimiquement et physiquement, établies objectivement pour tous et en rapport avec la nature, ou comme on dit, avec Dieu.

Le sentiment subjectif de la morale est quand un homme, sur la base de sa propre expérience et de ses propres qualités personnelles, de ses observations personnelles, d'un sens de la justice qui lui appartient entièrement, et ainsi de suite, forme une conception personnelle de la morale sur les principes de laquelle il vit. Tant le premier que le second sentiment de moralité n'est pas seulement absent chez les gens, mais ils n'en ont même pas l'idée.

Ce que nous disons à propos de la moralité se rapporte à tout.

Nous avons dans nos esprits une idée plus ou moins théorique de la morale. Nous en avons entendu parler et nous avons lu. Mais nous ne pouvons pas l'appliquer à la vie. Nous vivons comme notre mécanisme nous permet. Théoriquement, nous savons que nous devons aimer N., mais en réalité, il nous est peut-être antipathique—nous pouvons ne pas aimer son nez. Je comprends avec mon esprit que je devrais avoir une bonne attitude envers lui émotionnellement aussi, mais j'en suis incapable. Quelque part loin de N. je peux, au cours d'une année, décider d'avoir une bonne attitude envers lui. Mais si certaines associations mécaniques se sont établies, il sera pareil qu'avant quand je le revois. Chez nous, le sentiment de la moralité est automatique. Je peux avoir établi une règle pour moi de penser de cette façon, mais « il » ne vit pas comme ça.

Si nous voulons travailler sur nous-mêmes, nous ne devons pas être seulement subjectifs ; nous devons nous habituer à comprendre ce qu'objectif signifie. Le sentiment subjectif ne peut pas être le même chez tout le monde puisque tous les gens sont différents. L'un est Anglais, un autre Juif . . . un autre aime les pluviers, et ainsi de suite. Nous sommes tous différents, mais nos différences devraient être unies par des lois objectives. Dans certaines circonstances, les petites lois subjectives sont suffisantes. Mais dans la vie communale la justice peut être atteinte uniquement par l'objectif. Les lois objectives sont très limitées. Si tous les gens avaient ce petit nombre de lois en eux, notre vie intérieure et extérieure serait beaucoup plus heureuse. Il n'y aurait pas de solitude, ni des états malheureux. Depuis les temps les plus anciens, par l'expérience et les états de sagesse, la vie elle-même a évolué et établi progressivement quinze commandements pour le bien de l'individu, ainsi que pour tous les peuples. Si ces quinze commandements étaient en fait en nous tous, nous serions en mesure de comprendre, d'aimer, de haïr. Nous aurions des leviers pour la base d'un jugement droit.

Toutes les religions, tous les enseignements viennent de Dieu et parlent au nom de Dieu. Cela ne signifie pas que Dieu les a donnés effectivement, mais ils sont liés à un ensemble et avec ce que nous appelons Dieu.

Par exemple : Dieu dit, aime tes parents, et tu vas m'aimer moi. Et en effet, celui qui n'aime pas ses parents ne peut pas aimer Dieu. Avant d'aller plus loin, arrêtons-nous pour nous demander : Avons-nous aimé nos parents, est-ce qu'on les a aimés comme ils le méritaient, ou était-ce simplement un cas de « il aime, » et comment nous aurions dû aimer ?

M. Gurdjieff

Construction de la maison d'étude

Le poêle utilisé pour le chauffage de la maison d'étude

Dr. Nicoll

Dr. Nicoll

Dr. Nicoll

Travailler dans la maison d'étude

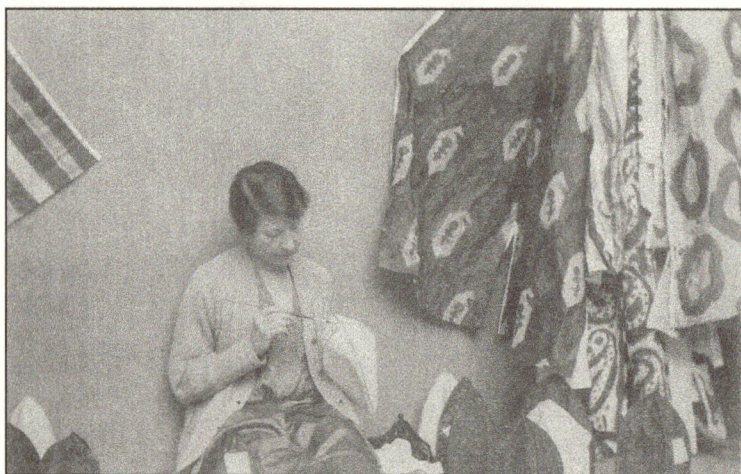

L'exercice "Stop" pendant les mouvements

Le cochon qui a été mangé pour Noël

ICI
KATHERINE
MANSFIELD
EST MORTE LE 9 JANVIER 1923
Les Amis de la Forêt-Le Sentier domaine
Fontainebleau, juin 1939

Ci-dessus: (de gauche à droite) J. Thompson, A. R. Orage, Frank Pinder;
et ci-dessous, avec Rowland Kenney

Chaque animal travaille selon sa constitution. Un animal travaille plus, un autre moins, mais chacun travaille autant qu'il lui est naturel. Nous travaillons tous également ; parmi nous, il y en a qui sont plus capables de travailler, d'autres moins. Celui qui travaille comme un bœuf est dépourvu de valeur et celui qui ne travaille pas l'est également. La valeur du travail ne réside pas dans la quantité mais dans la qualité. Malheureusement, je dois dire que tous les gens qui sont ici ne travaillent pas trop bien en ce qui concerne la qualité. Cependant, laissons le travail qu'ils ont fait jusqu'à présent servir de source de remords. S'il sert de source de remords, il sera utile ; sinon, il n'est bon à rien.

Chaque animal, comme je l'ai déjà dit, travaille selon le type d'animal qu'il est. Un animal, disons un ver, fonctionne assez mécaniquement ; on ne peut attendre rien d'autre de lui. Il n'a pas d'autre cerveau que le cerveau mécanique. D'autres animaux fonctionnent et se déplacent uniquement par le sentiment—telle est la structure de son cerveau. Un troisième animal perçoit le mouvement, qui est appelé travail, uniquement par l'intellect, et on ne peut exiger de lui autre chose, car il n'a pas d'autre cerveau ; rien d'autre ne peut en être attendu, car la nature l'a créé avec ce genre de cerveau.

Ainsi, la qualité du travail dépend du cerveau qu'il a. Lorsque nous analysons différents types d'animaux, nous constatons qu'il y a des animaux à un cerveau, deux cerveaux et trois cerveaux. L'homme est un animal à trois cerveaux. Mais il arrive souvent que celui qui a trois cerveaux doit travailler, disons, cinq fois plus que celui qui en a deux. L'homme est ainsi créé que plus de travail est exigé de lui qu'il ne peut produire selon sa constitution. Ce n'est pas la faute de l'homme, c'est la faute de la nature. Le travail aura une valeur lorsque l'homme donnera autant qu'il peut dans la limite de sa possibilité. Normalement, dans le travail de l'homme la participation du sentiment et de la pensée est nécessaire. Si l'une de ces fonctions est absente, la qualité du travail de l'homme sera au niveau du travail accompli par celui qui travaille avec deux cerveaux. Si l'homme veut travailler comme un homme, il doit apprendre à travailler comme un homme. C'est facile à déterminer—tout aussi facile que de faire la distinction entre l'animal et l'homme—et nous allons bientôt apprendre à le voir. Jusque-là, vous devez me croire sur parole. Tout ce dont vous avez besoin est de discriminer avec votre esprit. Je dis que, jusqu'à présent, vous n'avez pas travaillé comme des hommes ; mais il y a une possibilité d'apprendre à travailler comme les « hommes. » Travailler comme un homme signifie qu'un homme sent ce qu'il fait et pense pourquoi et dans quel but il le fait, comment il le fait maintenant, comment il a dû le faire hier et comment aujourd'hui, comment il aura à le faire demain, et comment il est généralement préférable de le faire—s'il existe une meilleure façon de le faire. Si l'homme travaille correctement, il réussira à travailler de mieux en mieux. Mais quand une créature à deux cerveaux travaille, il n'y a pas de différence entre son travail d'hier, d'aujourd'hui ou de demain. Au cours de notre travail, pas un seul homme n'a travaillé comme un homme. Mais pour l'Institut, il est essentiel de travailler différemment. Chacun doit travailler pour lui-même, car les autres ne peuvent rien faire pour lui. Si vous pouvez faire, disons, une cigarette comme un homme, vous savez déjà comment faire un tapis. Tous les mécanismes nécessaires pour tout faire ont été donnés à l'homme. Tout homme peut faire tout ce que les autres peuvent faire. Si un homme peut, tout le monde peut. Le génie, le talent, tout cela est un non-sens. Le secret est simple— faire les choses comme un homme. Celui qui peut penser et faire des choses comme un homme peut tout de suite faire une chose aussi bien qu'un autre qui l'a faite toute sa vie mais pas comme un homme. Ce qui celui-ci a appris en une dizaine d'années, celui-là apprend en deux ou trois jours, et ensuite il le fait mieux que celui qui a passé sa vie à le faire. J'ai rencontré des gens qui, avant d'apprendre, avaient travaillé toute leur vie mais pas comme les hommes, et une fois qu'ils ont appris, ils ont pu facilement faire le travail le plus délicat, tout comme le travail le plus rude qu'ils n'avaient même jamais vu auparavant. Le secret est petit et très facile—il faut apprendre à travailler comme un homme. Et cela se passe quand un homme fait une chose et en même temps pense à ce qu'il fait et étudie comment le travail doit être fait, et tout en le faisant oublie tout—sa grand-mère et son grand-père et son dîner.

Au début, c'est très difficile. Je vais vous donner des indications théoriques quant à la façon de travailler, le reste dépendra de chaque personne. Mais je vous préviens que je ne dirai que ce que vous mettez en pratique. Plus vous mettez de choses en pratique, plus je parlerai. Même si les gens ne le font que pour une heure, je leur parlerai aussi longtemps que nécessaire, vingt-quatre heures s'il le faut. Mais à ceux qui vont continuer à travailler comme avant—le cinquième paragraphe.

Comme je l'ai déjà dit, l'essence du travail correct de l'homme réside dans la collaboration des trois centres—du mouvement, de l'émotion et de la pensée. Lorsque tous les trois travaillent ensemble et produisent une action, c'est l'œuvre d'un homme. Il y a mille fois plus de valeur même dans le nettoyage du sol, s'il est fait correctement, que dans l'écriture de vingt-cinq livres. Mais avant de commencer à travailler avec tous les centres et les concentrer sur le travail, il est nécessaire de préparer chaque centre séparément afin que chacun soit capable de se concentrer. Il est nécessaire d'entraîner le centre du mouvement à travailler avec les autres. Et il faut se rappeler que chaque centre se compose de trois.

Notre centre du mouvement est plus ou moins adapté. Le deuxième centre, dans la progression des difficultés, est le centre de la pensée, et le plus difficile est le centre émotionnel. Nous commençons déjà à réussir dans les petites choses avec notre centre du mouvement. Mais ni la pensée, ni le centre émotionnel ne peuvent se concentrer. Réussir à rassembler les pensées dans une direction souhaitée n'est pas ce qui est demandé. Lorsque nous y parvenons, il s'agit de la concentration mécanique, que tout le monde peut avoir—ce n'est pas la concentration d'un homme. Il est important de savoir ne pas dépendre des associations, et nous allons donc commencer avec le centre de la pensée. Nous exercerons le centre du mouvement en poursuivant les mêmes exercices que nous avons fait jusqu'à présent. Avant d'aller plus loin, il serait utile d'apprendre à penser selon un ordre défini. Que chacun prenne un objet. Que chacun de vous se pose des questions relatives à l'objet et réponde à ces questions en fonction de ses connaissances et du matériel.

1. Son origine.
2. La cause de son origine.
3. Son histoire.
4. Ses qualités et attributs.
5. Des objets connectés et liés avec celui-ci.
6. Son utilisation et son application.
7. Ses résultats et effets.
8. Ce qu'il explique et prouve.

9. Sa fin ou son avenir.
10. Votre opinion, la cause et les motifs de cette opinion.

PRIEURÉ
VENDREDI, LE 19 JANVIER 1923

Un vingtième de toute notre énergie va vers les centres émotionnels et instinctifs. Alors rappelez-vous de votre soi, avec ces deux centres. Le rappel de soi est une lampe qui doit être tenue allumée par l'énergie de ces deux centres. Notre centre de réflexion n'est pas vraiment un centre, mais un appareil pour recueillir les impressions, et où les associations sont désormais collectées, et qui submergent toutes les nouvelles impressions réelles. Différents types de sentiments pour le rappel de soi.

Appareil formateur est une mine d'anciennes impressions et associations. Toute pensée vient par la suite d'eux par des associations. Elle est comme une dactylo engagée dans un cabinet, qui a un grand nombre de réponses stéréotypées pour les impressions externes. Elle envoie des réponses imprimées à d'autres centres qui sont des « administrateurs » de l'entreprise et qui sont étrangers les uns aux autres. Des mauvaises réponses sont souvent envoyées car la dactylographe est endormie ou paresseuse. Il y a quatre canaux à l'appareil formateur. Le plus grand vient du centre instinctif, à côté du centre du sexe, le troisième du centre émotionnel et le quatrième canal, très étroit, du centre mental. « Les plus grandes » et « les plus nobles » soi-disant pensées viennent toujours des centres instinctifs ou du sexe.

Les centres communiquent souvent entre eux sans connaître l'appareil formateur et sans les connaissances d'un individu. Dans le sommeil profond, toute communication entre les centres est fermée, mais les centres travaillent à l'intérieur d'eux-mêmes. Notre sommeil est mauvais parce que nous ne coupons pas les lignes de communication. L'utilisation volontaire des muscles utilise moins d'énergie que de rester assis dans une position qui n'est pas relaxée.

Chaque centre a son propre accumulateur et il y a aussi un accumulateur général de réserve, qui peut être exploité uniquement en épuisant tous les trois. Plus importante l'utilisation des accumulateurs, plus ils deviennent grands. Nous avons de bons et des mauvais anges. Le premier travaille à travers notre nature volontaire active, et le deuxième à travers notre nature passive. Nous avons de

215

la fierté réelle et fausse ; presque entièrement fausse. Rester sur les sentiments blessés nous empêche de vivre notre vie en raison de l'inertie des sentiments.

M. Amour-Propre et madame Vanité sont les deux principaux agents du diable. Un peu de liberté intérieure, donne une grande liberté extérieure. Avant d'être quoi que ce soit, il faut souhaiter d'être, après apprendre à être en mesure d'être.

Pour toutes mes questions : « *Est-ce que quelqu'un aurait pensé, pendant qu'il travaillait aujourd'hui, à notre dernière leçon ?* » Je reçois invariablement la même réponse—ils ont oublié. Et encore *penser pendant le travail est la même chose que de se rappeler de soi-même.* Il est impossible de se rappeler de soi-même. Et les gens ne s'en souviennent pas parce qu'ils veulent vivre uniquement par l'esprit. Pourtant, le stockage de l'attention dans l'esprit (comme la charge électrique d'une batterie) est très faible. Et d'autres parties du corps ne souhaitent pas s'en souvenir.

Peut-être que vous vous souvenez d'avoir entendu en cours que l'homme est comme une équipe composée du passager, du conducteur, du cheval et du transport. Il n'y a pas question de passager, car il n'y est pas, donc nous pouvons parler uniquement du conducteur. Notre esprit est le conducteur.

Cet esprit qui est le nôtre veut faire quelque chose, il s'est fixé la tâche de travailler différemment de la façon dont il a travaillé avant, dans l'action de se souvenir de soi-même. Tous les intérêts que nous avons liés au changement de soi, à l'auto-altération, appartiennent au conducteur, ex. ils sont que mentaux. En ce qui concerne le sentiment et le corps—ces parties ne sont pas du tout intéressées à mettre cela en pratique. Et pourtant, la chose principale n'est pas de changer l'esprit, mais les parties qui n'y sont pas intéressées. L'esprit peut changer assez facilement. La réalisation n'est pas acquise par l'esprit ; si ça se produit par l'esprit, cela ne sert à rien du tout.

Par conséquent, on devrait enseigner et apprendre, non pas à travers l'esprit, mais à travers le sentiment et le corps. Dans le même le sentiment et le corps n'ont pas de langage ; ils n'ont ni le langage ni la compréhension que nous possédons. Ils ne comprennent ni le russe, ni l'anglais, tout comme le cheval qui ne comprend pas la langue du conducteur, ou le chariot le langage du cheval. Si le conducteur dit en anglais : « Tourne à droite !» —rien ne se passera. Le cheval comprend la langue des rênes et va tourner à droite (seulement en obéissant aux rênes), ou un autre cheval tournera sans rênes si vous le frottez dans un certain endroit dont il a l'habitude, comme par exemple les ânes qui sont formés en Perse. Il en est de même avec le chariot—il a sa propre structure. Si les joints tournent à droite, les roues arrière vont aller à gauche. Ensuite, un autre mouvement et les roues vont aller à droite. Il en est ainsi parce que le chariot comprend seulement ce mouvement et réagit à lui à sa manière. Ainsi, le conducteur doit connaître les côtés faibles, ou le caractère, du chariot. C'est uniquement comme ça qu'il peut le diriger dans la direction qu'il souhaite. Mais s'il reste simplement assis et dit dans sa langue « vas à droite » ou « vas à gauche, » l'attelage ne bougera pas même s'il crie pendant un an.

Nous sommes une réplique exacte d'un tel attelage. L'esprit seul ne peut pas être appelle un individu, tout comme un pilote qui est assis dans un bistrot ne peut pas être appelé un conducteur qui accomplit sa fonction. Notre esprit est comme un cabby professionnel qui reste assis à la maison ou dans un bistrot et conduit les passagers à des endroits différents dans ses rêves. Tout comme sa conduite n'est pas réelle, le fait d'essayer de travailler avec l'esprit seul ne mènera nulle part. On ne deviendra qu'un professionnel, un fou.

Le pouvoir de se changer soi-même ne réside pas dans l'esprit, mais dans le corps et les sentiments. Malheureusement, notre corps et nos sentiments sont ainsi faits qu'ils ne se soucient pas beaucoup sur quoi que ce soit tant qu'ils sont heureux. Ils vivent pour le moment, et leur mémoire est courte. L'esprit seul vit pour demain. Chacun a ses propres mérites. Le mérite de l'esprit est qu'il regarde vers l'avant. Mais ce sont seulement les deux autres qui peuvent « actionner. »

Jusqu'à présent, jusqu'à aujourd'hui, la plus grande partie des désirs et des aspirations étaient accidentels, uniquement dans l'esprit. Cela signifie que le désir existe uniquement dans l'esprit. Jusqu'à présent, dans l'esprit de ceux qui étaient présents, un désir d'atteindre quelque chose, de changer quelque chose, a surgi accidentellement. Mais seulement dans l'esprit. Mais rien n'a encore changé en eux. Il n'y a que cette idée dans la tête, mais chacun est resté comme il était. Même s'il travaille dix ans avec son esprit, s'il étudie jour et nuit, s'il se souvient dans son esprit et cherche, il va atteindre rien d'utile ou réel, parce que dans l'esprit rien a changé ; ce qui doit changer est la disposition du cheval. Le désir doit être dans le cheval, et l'aptitude dans la voiture.

Mais, comme nous l'avons déjà dit, la difficulté réside dans le fait que, en raison de l'éducation moderne erronée, et du fait que l'absence de connexion interne entre le corps, le sentiment et l'esprit n'a pas été reconnue depuis l'enfance, la majorité des gens sont tellement déformés qu'il n'y a pas de langage commun entre ces parties. Voilà pourquoi il est si difficile pour nous d'établir une telle connexion, et encore plus difficile de forcer nos parties à changer leur mode de vie. Ceci est la raison pour laquelle nous sommes obligés de les faire ne communiquer non pas dans le langage qui nous est donné naturellement, ce qui aurait été facile et qui nous aurait aidé réconcilier nos parties très vite, en leur permettant de se mettre d'accord et, par des efforts et une compréhension concertés, auraient atteint le but recherché commun à toutes. Pour la plupart d'entre nous ce langage commun dont je parle est irrémédiablement perdu. La seule chose qui nous reste à faire est d'établir une connexion dans une manière détournée « frauduleuse. » Et ces connexions artificielles indirectes « frauduleuses » doivent être très subjectives, car elles doivent compter sur le caractère de la personne et la forme prise par sa constitution intérieure. Alors maintenant, nous devons établir cette subjectivité pour chaque personne et, selon cette subjectivité, trouver un programme de travail, afin d'établir des liens avec ses autres parties. L'établissement de cette subjectivité est aussi une chose compliquée ; on ne peut pas y arriver d'un coup, pas avant qu'un homme soit soigneusement analysé et démantelé, et pas avant qu'il soit examiné jusqu'à sa « grand-mère. »

Par conséquent, d'une part, nous continuerons à établir cette subjectivité pour chaque individu séparément, et d'autre part nous commencerons le travail général qui est possible pour tout le monde—exercices pratiques. Il existe certaines méthodes subjectives, et des méthodes générales. Nous allons donc essayer de trouver des méthodes subjectives et en même temps essayer d'appliquer des méthodes générales.

Gardez à l'esprit que les orientations subjectives seront données seulement à ceux qui vont se montrer motivés, qui vont prouver qu'ils veulent travailler et ne resteront pas passifs. Les méthodes générales, les orientations générales seront accessibles à tous, mais les méthodes subjectives seront données dans les groupes uniquement à ceux qui travaillent, qui essayent et veulent essayer de travailler avec tout leur être. Ceux qui sont paresseux, qui se fient au hasard, ne verront ni entendre jamais en quoi consiste le vrai travail, même s'ils restent pendant dix ans.

Ceux qui ont assisté à des conférences doivent avoir déjà entendu parler, pensé et essayé le soi-disant « rappel de soi. » Ceux qui ont essayé ont probablement découvert que, en dépit des grands efforts et du désir, cette chose, si incompréhensibles pour l'esprit, intellectuellement si facilement possible et admissible, est, en pratique impossible. Et elle est en effet impossible.

Quand nous disons « rappelle-toi de toi-même, » nous voulons dire toi-même. Mais nous nous-mêmes, mon « moi » sont mes sentiments, mon corps, mes sensations. Par moi-même je n'entends pas mon esprit, ni ma pensée. Notre esprit n'est pas nous—il est seulement une petite partie de nous. Il est vrai que cette partie a un lien avec nous, mais seulement un petit lien, et donc très peu de matériel lui est attribué dans notre organisation. Si notre corps et nos sentiments reçoivent pour leur existence l'énergie nécessaire et les éléments divers dans une proportion de, disons, vingt parties, notre esprit reçoit seulement une partie. Notre attention est le produit évolué à partir de ces éléments, ce matériau. Nos parties séparées ont une attention différente : sa durée et sa puissance sont proportionnelles au matériel reçu. La partie qui reçoit plus de matériel a plus d'attention. Etant donné que notre esprit est alimenté par moins de matière, son attention, c'est à dire, sa mémoire, est courte, et il est efficace seulement tant que sa matière dure. En effet, si nous voulons et allons vouloir nous souvenir de nous-mêmes seulement avec notre esprit, nous serons incapables de nous en souvenir plus longtemps que ce que notre matériau nous permet, peu importe à quel point nous pouvons en rêver, peu importe à quel point nous pouvons le souhaiter ou quelles mesures nous prenons. Lorsque ce matériau est dépensé, notre attention disparaît. Il est exactement comme un accumulateur à des fins d'éclairage. Il fera une lampe brûler tant qu'il est chargé. Quand l'énergie est dépensée la lampe ne donne plus de lumière, même si elle est en ordre et le câblage en bon état. La lumière de la lampe est notre mémoire. Cela devrait expliquer pourquoi un homme ne peut pas se rappeler de lui-même plus longtemps. Et en effet, il ne peut pas, parce que ce souvenir particulier est court, et sera toujours court. Il est ainsi fait.

Il est impossible d'installer un plus grand accumulateur, ou de le remplir avec une plus grande quantité d'énergie que ce qu'il peut contenir. Mais il est possible d'augmenter notre capacité de se souvenir de soi-même non pas en élargissant notre accumulateur, mais en faisant appel à d'autres parties avec leurs propres accumulateurs et en les faisant participer à l'ensemble des exercices. Si cet objectif est atteint, toutes nos parties vont s'aider mutuellement maintenir le brûlage général souhaité de la lumière.

Étant donné que nous faisons confiance à notre esprit et que notre esprit est arrivé à la conclusion que cela est bien et nécessaire pour nos autres parties, nous devons faire tout ce que nous pouvons pour susciter leur intérêt, essayer de les convaincre que l'accomplissement souhaité leur est utile et nécessaire aussi.

Je dois admettre que la plus grande partie de notre « moi » tout entier n'est pas du tout intéressé par la perception de soi. En plus, il ne soupçonne même pas l'existence de ce désir dans leur frère— la pensée. Par conséquent, nous devons essayer de les familiariser avec ces désirs. S'ils conçoivent un désir de travailler vers cette direction, la moitié du travail est faite ; nous pouvons commencer à enseigner et à les aider.

Malheureusement, on ne peut pas leur parler intelligemment à la fois, parce que, du fait de l'éducation négligente, le cheval et le chariot ne connaissent pas le langage pour devenir des individus bien élevés. Leur vie et leurs pensées sont instinctives, comme chez un animal, et il est donc impossible de leur prouver logiquement en quoi consiste leur profit futur ou leur expliquer toutes les possibilités. Pour le moment, il est possible seulement de les faire commencer à travailler par des méthodes frauduleuses détournées. Si cela est fait, ils peuvent éventuellement développer le bon sens. La logique et le bon sens ne leurs sont pas étrangers, mais ils ont reçu aucune éducation. Ils sont comme un homme qui a été obligé de vivre loin de ses semblables, sans aucune communication avec eux. Un tel homme ne peut pas penser logiquement comme nous le faisons. Nous avons cette capacité parce que, dès l'enfance, nous avons vécu parmi les hommes, et nous avons eu affaire à eux. Comme cet homme, isolé des autres, nos parties vivaient guidées par des instincts animaux, sans pensée et logique. À cause de cela, ces capacités ont dégénéré, les qualités qui leur sont données par la nature ont été émoussées et atrophiée. Mais en raison de leur nature originelle, cette atrophie n'a pas des conséquences irréparables et il est possible de les ramener à la vie dans leur forme originale.

Mais, naturellement, beaucoup de travail est nécessaire pour détruire la croûte des vices (conséquences) qui s'est formé. Donc, au lieu de commencer des nouveaux exercices, il est nécessaire de corriger les anciens péchés.

Par exemple, je voudrais me rappeler de moi-même aussi longtemps que possible. Mais je me suis prouvé à moi-même que j'oublie très vite la tâche que je me suis fixée, car mon esprit a très peu d'associations qui lui sont liées.

Je constate que d'autres associations engloutissent les associations liées à la perception de soi. Nos associations ont lieu dans notre appareil formateur en raison des chocs que celui-ci reçoit des centres. Chaque choc a des associations avec leur propre caractère particulier ; leur force dépend de la matière qui les produit.

Si le centre de la pensée produit des associations de rappel de soi, des associations entrantes d'un caractère différent, qui sont venues d'autres régions et qui n'ont rien à voir avec le rappel de soi, absorbent ces associations attirantes, car elles viennent de plusieurs endroits différents, et sont donc plus nombreuses.

Et me voilà donc assis ici. Mon problème est d'amener mes autres parties à un point où mon centre de réflexion serait en mesure de prolonger l'état de rappel de soi autant que possible, sans épuiser l'énergie immédiatement.

Il convient de souligner à ce stade que le rappel de soi, plein et entier, peut-être de deux types, conscient et mécanique—se souvenir de soi-même consciemment et s'en souvenir par des associations.

Mécanique, c'est-à-dire, rappel de soi associatif, peut ne pas apporter du profit essentiel, pourtant un tel rappel de soi associatif est d'une valeur inestimable au début. Il ne devrait pas être utilisé par la suite, car un tel rappel de soi, pourtant complet, ne résulte pas de quelque chose de réel ou concret. Mais au début, il est nécessaire aussi.

Il existe un autre rappel de soi mental qui n'est pas mécanique.

Maintenant je suis assis ici. Je suis totalement incapable de me rappeler de moi-même et je n'ai aucune perception de moi-même. Mais j'en ai entendu parler ; un de mes amis m'a prouvé aujourd'hui que cela est possible. Après j'ai réfléchi à ce sujet et ça m'a convaincu que si je pouvais me rappeler de moi-même assez longtemps, je ferais moins d'erreurs et faire plus de choses désirables. Maintenant, je vais essayer de me rappeler, je tente. Par moments, je me souviens, mais chaque bruissement, chaque personne, chaque son distraient mon attention, et j'oublie. Devant moi se trouve une feuille de papier sur laquelle j'ai délibérément écrit ça dans le but que cela agisse sur moi comme un choc pour me rappeler de moi-même. Mais le papier s'est avéré être d'aucune aide. Tant que mon attention se concentre sur ce papier, je m'en souviens. Dès que mon attention est distraite, je regarde le papier, mais ne me souviens pas de moi-même.

Je tente d'une autre façon. Je me le répète—je voudrais me rappeler de moi-même. Mais cela ne suffit pas non plus. Par moments, je remarque que je le répète mécaniquement, mais mon attention n'est pas là.

Je tente dans toutes les manières possibles. Par exemple, je suis assis et j'essaye d'associer certains malaises physiques avec le rappel de soi. Par exemple, mes maux de cor. Mais le cor m'aide seulement pendant une courte période ; plus tard, ce cor commence à se faire sentir de manière purement mécanique. Cependant, j'essaye par tous les moyens possibles parce que j'ai un grand désir de réussir à me souvenir de moi-même.

Pour savoir comment procéder, je serais intéressé de savoir qui a pensé comme moi, et qui a essayé de la même façon ?

Supposant je n'ai pas encore essayé de cette façon. Supposant que jusqu'à maintenant, je l'ai toujours essayé directement par l'esprit. Je n'ai pas encore essayé de créer en moi-même des associations d'une autre nature également, des associations qui ne tiennent pas uniquement du centre de la réflexion. Je veux essayer ; peut-être le résultat sera meilleur ; peut-être je vais comprendre plus rapidement la possibilité de l'existence de quelque chose de différent. Je veux me souvenir—en ce moment je me souviens, je me souviens grâce à mon esprit. Je me demande : est-ce que je me souviens grâce aux sensations tout aussi bien ? En fait, je trouve que par la sensation que je ne me souviens pas de moi-même.

Quelle est la différence entre la sensation et le sentiment ? Est-ce que tout le monde comprend ?

Ici je suis assis. En raison de ma posture inhabituelle mes muscles sont exceptionnellement tendus. En règle générale, je n'ai pas la perception de mes muscles dans ma posture habituelle établie. Comme tout le monde j'ai un nombre limité de postures. Mais maintenant, j'ai pris une nouvelle posture avec laquelle je ne suis pas habitué. J'ai une perception de mon corps, si non pas sur la totalité de celui-ci, au moins sur certaines parties, de la chaleur, de la circulation du sang. Comme je suis assis, je sens que derrière moi il y a un poêle chaud. Comme il fait chaud derrière et froid devant, il y a une grande différence dans l'air, et je ne cesse jamais de me percevoir grâce à cette différence contrastante externe de l'air.

Ce soir, j'ai eu du lapin pour le dîner. Etant donné que le lapin et le habur-chubur étaient très bons, j'ai trop mangé. Je sens que mon ventre et ma respiration sont anormalement lourds. Je le ressens tout le temps.

J'étais en train de préparer un plat tout à l'heure avec A. et l'ai mis dans le four. Pendant que je le préparais, je me suis rappelé comment ma mère cuisinait ce plat. Je me suis rappelé de ma mère et de certains moments liés à cela. Cette mémoire éveilla un sentiment en moi. Je sens ces moments et mon sentiment ne part pas.

Maintenant, je regarde cette lampe. Quand il n'y avait pas encore d'éclairage dans la résidence, je pensais que j'avais besoin précisément de ce genre de lumière. A cette époque, je fis un plan de ce qui était nécessaire pour obtenir ce type d'éclairage. Cela a été fait, et voilà le résultat. Quand la lumière s'est allumée et je l'ai vu, j'ai eu un sentiment d'autosatisfaction ; et le sentiment qui a été suscité à l'époque continue maintenant—je ressens cette autosatisfaction.

Il y a un moment, je revenais de la salle de bain. Il faisait sombre et comme je ne pouvais pas voir devant moi, j'ai heurté un arbre. Je me suis souvenu par association comment, à une occasion, je me promenais dans des ténèbres semblables et je suis entré en collision avec un homme. J'ai reçu l'impact de cette collision dans ma poitrine, alors je me suis laissé aller et j'ai frappé l'inconnu qui m'a poussé. Plus tard, j'ai découvert que l'homme n'était pas à blâmer ; pourtant je l'ai frappé si fort qu'il a perdu plusieurs dents. Sur le moment je n'avais pas pensé que l'homme qui m'avait poussé serait peut-être innocent, mais plus tard, quand je m'étais calmé, j'ai compris. Plus tard, quand j'ai vu cet homme innocent dans la rue, avec son visage défiguré, j'étais tellement désolé pour lui que lorsque je me rappelle de lui maintenant, je ressens la même culpabilité que j'avais senti à l'époque. Et maintenant, quand j'ai frappé l'arbre, ce sentiment est revenu en moi à nouveau. Je revu devant moi le malheureux visage fracassé de ce pauvre monsieur.

Je vous ai donné des exemples de six états intérieurs différents. Trois d'entre eux concernent le centre mobile et trois, le centre émotionnel. Dans le langage ordinaire tous les six sont appelés sentiments. Pourtant, dans la classification correcte, ceux dont la nature est reliée au centre mobile devraient être appelés sensations, et ceux dont la nature vient du centre émotionnel—sentiments. Il y a des milliers de sensations différentes qui sont généralement appelées sentiments. Ils sont tous différents, leur matière est différente, leurs effets différents et leurs causes différentes.

En les examinant de plus près, nous pouvons établir leur nature et leur donner un nom approprié. Ils sont souvent si différents de par leur nature qu'ils ont rien en commun. Certains sont créés dans un certain endroit, d'autres dans un autre endroit. Chez certaines personnes, un lieu d'origine (d'un type donné de sensations) est absent, d'autres peuvent faire défaut dans un autre lieu où ils sont produits. Pourtant, d'autres peuvent les avoir tous. Le temps viendra où nous nous efforcerons de couper artificiellement un, ou deux, ou plusieurs ensembles, d'apprendre leur vraie nature. Mais à l'heure actuelle la raison pour laquelle nous avons soulevé ce sujet est parce que nous devons avoir une idée de deux sentiments différents, l'un d'entre eux dont nous allons convenir de l'appeler « sentiment » et l'autre « sensation. » Nous appellerons « sentiment » ceux dont le lieu d'origine est ce que nous appelons le centre émotionnel. Les sensations sont ces sentiments dont le lieu d'origine est ce que nous appelons centre de mouvement. Maintenant, bien sûr, chacun doit comprendre et examiner leurs sensations et sentiments et apprendre en lignes générales quelles sont les différences entre eux. Mais jusque-là, je vais vous les signaler moi-même.

Pour les exercices débutants dans l'auto-souvenir, la participation de tous les trois centres est nécessaire. Nous avons commencé à parler de la différence entre sentiments et sensations seulement parce qu'il est nécessaire d'avoir simultanément le sentiment et la sensation.

Nous pouvons arriver à cet exercice seulement avec la participation de la pensée. La première chose est la pensée. Nous les connaissons déjà. Nous voulons, nous désirons, donc les pensées peuvent être plus ou moins facilement adaptés à ce travail, parce que nous avons déjà eu l'expérience pratique en ce qui les concerne. Pour commencer, tous les trois doivent être évoqués artificiellement. Dans le cas de nos pensées les moyens de les évoquer artificiellement sont les conversations, les conférences et ainsi de suite. Par exemple, si on ne dit rien, rien est évoqué. Les lectures, les discussions, ont servi comme choc artificiel. Je l'appelle artificiel parce que je ne suis pas né avec ces désirs, ils ne sont pas naturels, il ne s'agit pas d'une nécessité organique. Ces désirs sont artificiels et leurs conséquences seront tout aussi artificielles.

Et si les pensées sont artificielles alors je peux créer en moi-même à cet effet des sensations qui sont aussi artificielles. Je le répète, les choses artificielles sont nécessaires uniquement au début. La plénitude de ce que nous désirons ne peut pas être atteinte artificiellement, mais pour commencer, cette manière est nécessaire.

Je prends la plus facile, la chose la plus simple, je veux commencer à essayer avec ce qui est de plus simple. Dans mes pensées, j'ai déjà un certain nombre d'associations pour le rappel de soi, surtout grâce au fait que nous avons ici des conditions et la place appropriés et sommes entourés de gens qui ont les mêmes objectifs. En raison de tout cela, en plus des associations que j'ai déjà, je vais continuer à former de nouveaux. Par conséquent, je suis plus ou moins assuré que, de ce côté, je vais avoir des rappels et des chocs, et donc je vais payer peu d'attention aux pensées, mais vais me préoccuper principalement d'autres parties et leur consacrerai tout mon temps.

La plus simple sensation, plus accessible pour le début peut être obtenue grâce à des postures inconfortables. Maintenant, je suis assis comme je n'ai jamais été assis. Pendant un certain temps c'est bien, mais après un certain temps je développe une douleur, une étrange sensation inhabituelle commence dans mes jambes. Premièrement, je suis convaincu que la douleur que je ressens n'est pas dangereuse et conduira à aucune conséquence négative, mais il s'agit simplement d'une sensation inhabituelle et donc désagréable.

Je pense que ce serait mieux si à partir de ce moment, vous prenez tous une posture inconfortable, afin de mieux comprendre les sensations dont je parlerai.

J'ai tout le temps une envie de me balancer, de déplacer ma jambe afin de changer cette posture inconfortable. Mais j'ai entrepris, à présent, la tâche de la supporter, de marquer un « arrêt » sur l'ensemble du corps, sauf ma tête.

Par exemple, je ne fais pas avec mes mains ce que M. P. fait.

Parfois, je veux oublier du rappel de soi. Maintenant, je veux temporairement concentrer toute mon attention, toutes mes pensées sur le fait de ne pas me permettre automatiquement, inconsciemment à changer ma posture. Maintenant, nous allons tourner notre attention sur ce qui suit. Au début, les jambes commencent à faire mal, après cette sensation commence à monter plus haut, de sorte que la région de la douleur s'élargit. Fixez-vous l'attention sur le dos. Y at-il un endroit où une sensation spéciale est localisée ? Seulement celui qui a déjà assumé une posture inhabituelle, inconfortable, peut détecter cela. Maintenant, quand une sensation désagréable dans le corps, en particulier dans des endroits précis, est déjà apparue, je commence à penser dans mon esprit : « Je souhaite. Je souhaite beaucoup être capable souvent de me rappeler, afin de me souvenir qu'il est nécessaire de se rappeler de moi-même. Je souhaite ! Vous—c'est moi, c'est mon corps ! » Je dis à mon corps : « Toi. Toi—moi. Vous êtes aussi moi. Je souhaite. Ces sensations dont mon corps est en train de faire l'expérience, chaque sensation similaire— je souhaite qu'elles m'aident à m'en rappeler. Je souhaite. Vous êtes aussi moi. Je souhaite. Je tiens à me rappeler aussi souvent que possible que je tiens à me souvenir, que je voudrais me rappeler de moi-même. »

Mes jambes se sont endormies. Je me lève. Je voudrais m'en rappeler. Ceux qui le veulent aussi, peuvent se lever. Je voudrais m'en rappeler souvent. Toutes ces sensations vont me le rappeler. Maintenant nos sensations vont commencer à changer à des degrés divers. Que chaque degré, chaque changement de ces sensations me rappellent la perception de soi. Penser—se promener. Marchez et réfléchissez. Mon état inconfortable a disparu. Je prends une autre posture.

(1) Je (2) souhaite (3) me souvenir de (4) moi-même.

Je-simplement « je » mentalement. Souhait—Je ressens. Maintenant rappelez-vous des vibrations qui se produisent dans votre corps lorsque vous définissez une tâche pour le lendemain. Une sensation similaire à celle qui se produirait demain lorsque vous allez effectuer votre tâche devrait avoir lieu en vous maintenant dans une moindre mesure. Je souhaite me rappeler de la sensation. Par exemple, je voudrais aller m'allonger. Je ressens une sensation agréable avec ma pensée à ce sujet. En ce moment, je ressens cette sensation agréable dans tout mon corps, dans une moindre mesure. Si l'on fait attention, il est possible de ressentir clairement cette vibration en soi. Pour cela, on doit faire attention à quel genre de sensations surgissent dans le corps. A l'heure actuelle, nous devons comprendre le ressenti de la sensation du souhait mental. Lorsque vous prononcez ces quatre mots : « Je voudrais me rappeler de moi-même, » je veux que vous ressentiez ce dont je vais maintenant parler.

Lorsque vous prononcez le mot « je, » vous aurez une sensation purement subjective dans la tête, la poitrine, le dos, selon l'état où vous êtes en ce moment. Je ne dois pas dire « je » simplement mécaniquement, comme un mot, mais je dois remarquer en moi-même cette réponse. Cela signifie que, en prononçant le mot « je, » il faut seulement écouter la sensation, seulement faire attention et veiller à ne plus dire une fois le mot « je » automatiquement, peu importe combien de fois nous le disons.

Le deuxième mot est « souhait. » Il faut sentir avec son corps tout entier cette sensation qui se produit à l'intérieur de chaque personne.

« À ne pas oublier. » Chaque individu, quand il se souvient, a un processus à peine perceptible à cet endroit (au milieu de la poitrine).

« Moi-même. » Quand je dis « moi, » je parle de moi-même tout entier. Habituellement, quand je dis le mot « moi, » je suis habitué à faire référence à la pensée, ou à un sentiment, ou au corps. Maintenant, nous devons prendre le tout entier, l'atmosphère, le corps et tout ce qui se trouve dedans.

Tous les quatre mots, chacun par lui-même, ont leur propre nature et de leur propre lieu de réponse.

[Quelqu'un a bougé]

Ivan est prêt à ne pas manger pour le reste de sa vie tant qu'il ne travaille pas, tant qu'il est inactif. Il invente toutes sortes de trucs.

Si tous les quatre mots appartenaient à un seul et même lieu, il ne serait jamais possible pour tous les quatre d'être d'une égale intensité, car nos appareils sont disposés de telle sorte qu'une réponse plus dynamique est impossible si un individu n'a pas eu de repos.

Nos appareils sont comme du courant galvanique qui, si ont appuyé sur un bouton, s'arrête après un certain temps et le bouton doit être libéré afin de permettre à la batterie galvanique de se remplir avec de l'électricité.

Mais dans nos appareils, la dépense d'énergie est encore plus rapide que dans une batterie galvanique. Ces appareils que l'on possède, qui produisent une réponse quand nous prononçons chacun des quatre mots, doivent être laissés se reposer, si l'on veut qu'ils soient en mesure d'enregistrer des informations. Chacune de ces cloches possède sa propre batterie. Alors que je dis « je » une cloche répond, « souhaite » —une autre cloche, « se souvenir » —une troisième cloche, « moi » —la sonnerie générale.

Il y a quelque temps, il a été dit que chaque centre a son propre accumulateur. En même temps, notre machine comporte un accumulateur général, indépendamment de l'accumulateur appartenant aux centres, et l'énergie de cet accumulateur général est générée uniquement lorsque tous les accumulateurs travaillent l'un après l'autre dans une certaine combinaison définie. Cela charge l'accumulateur général.

Dans un tel cas, l'accumulateur général devient un accumulateur à part entière, car l'énergie de réserve est collectée et stockée à l'intérieur de celui-ci pendant les moments où l'énergie n'est pas dépensée. Une caractéristique commune pour nous tous est le fait que les accumulateurs de nos centres sont remplis avec de l'énergie uniquement dans la mesure où elle est dépensée, de sorte qu'aucune énergie ne reste en eux au-dessus du montant qui a été dépensé.

Il est possible de prolonger la mémoire de la perception de soi en faisant en sorte que l'énergie stockée puisse durer plus longtemps, si nous sommes capables de fabriquer un stockage de cette énergie.

[À ce stade, M. Gurdjieff a donné un exercice].

Jusqu'à présent, nous avons fait tous les exercices mécaniquement, sans penser. Tous les exercices que nous avons fait jusqu'à présent, sans exception, sont conçus à harmoniser le sentiment, la pensée et de mouvement. En parallèle avec de nouveaux exercices intérieurs nous allons aussi travailler sur nos anciens exercices, mais en ajoutant un contenu intérieur.

A partir de maintenant il n'y aura plus d'exercices à l'Institut sans pensée, sans contenu intérieur. Chaque mouvement aura un contenu intérieur.

La musique jouée pendant les exercices détourne le mouvement crée en nous qui dans la vie est la principale source d'interférence. La musique seule ne peut pas séparer l'ensemble de notre automatisme inconscient, mais elle aide à réussir cela.

La musique ne peut pas éloigner l'ensemble de notre mécanicité et ne peut pas la séparer, ne peut pas nous libérer de son ingérence, mais pour le moment, en raison de l'absence d'autres moyens, nous allons utiliser seulement la musique.

Une chose est importante : en effectuant toutes les tâches extérieures accompagné par la musique, vous devez apprendre dès les premières étapes à ne pas prêter attention à la musique, mais à l'écouter automatiquement. Tout d'abord l'attention va se diriger vers elle de temps en temps, mais plus tard il sera possible d'écouter de la musique et faire d'autres choses entièrement en mode automatique, ce qui sera d'une nature différente.

Il est important d'apprendre à distinguer notre attention de l'attention mécanique. Tant que les deux attentions ne sont pas séparées les unes des autres, elles demeurent si semblables qu'une personne ignorante du sujet serait incapable d'en faire la distinction. Une attention entière, profonde, hautement concentrée rend possible la séparation de l'une de l'autre. Apprenez à connaître la différence entre ces deux types d'attention par goût afin de faire la différence entre nos pensées qui arrivent, les informations d'un côté et la différenciation de l'autre.

Le mouvement joue un double rôle. Premièrement, le mouvement absorbe l'attention automatique et, deuxièmement, chaque mouvement dû aux exercices différents, répétés avec une pensée harmonieuse, devient connecté à cette pensée et plus tard, conformément à l'exercice, s'associe à lui, en évoquant ce souvenir, cette pensée qui a été répétée pendant que le mouvement donné était en cours d'exécution.

RÉSUMÉ DES CONFÉRENCES

PREMIÈRE CONFÉRENCE
SAMEDI, LE 20 JANVIER 1923

Nous ne pouvons pas nous souvenir de nous-mêmes, car c'est seulement avec l'esprit que nous l'essayons. Les deux autres centres n'y ont aucun intérêt, mais ils doivent changer, car le changement total n'est possible qu'à travers les centres émotionnel et instinctif. Mais ils n'ont pas de langage commun. Pourtant, l'esprit seul n'est pas un être humain, tout comme un conducteur seul n'est pas tout un équipage. Ce centre de gravité du changement se trouve dans les centres émotionnel et instinctif, mais ceux-ci ne se préoccupent que du présent—l'esprit regarde vers l'avant. Mais le désir de changement doit se trouver dans notre centre émotionnel et la capacité de changer doit se trouver dans notre corps. Pourtant, la raison n'est pas totalement étrangère aux sentiments du corps, mais elle doit apprendre leur langue. Ceci est un travail d'auto-observation.

DEUXIÈME CONFÉRENCE
JEUDI, LE 25 JANVIER 1923

Le premier avantage du souvenir de soi est que l'on fait moins d'erreurs dans la vie. Pour accomplir le souvenir de soi, trois centres sont nécessaires et tous doivent être stimulés artificiellement, le centre intellectuel de l'extérieur, les deux autres de l'intérieur. Faites la distinction entre sensations, émotions et pensées. Par la suite, dites à chaque sensation, émotion et pensée « rappelle-moi de me souvenir de toi. »

TROISIÈME CONFÉRENCE

Le travail humain doit être fait par les trois centres, tout autre est sous-humain. Pour cette raison, il est mille fois plus précieux pour l'âme humaine de frotter un plancher consciemment que d'écrire une centaine de chefs-d'œuvre inconsciemment. Le travail combiné des trois centres est impossible jusqu'à ce que chaque centre ait appris à travailler par lui-même.

QUATRIÈME CONFÉRENCE

La liberté est le but ultime de toutes les écoles, consciemment ou inconsciemment. Il y a deux libertés ; la plus grande liberté—la liberté des influences extérieures ; la moindre liberté—la liberté des influences intérieures. Les deux principaux obstacles à la moindre liberté sont l'orgueil (l'émotion) et la vanité (le corps).

L'orgueil « authentique » commence par le travail du « je. » Celui qui a un orgueil authentique est déjà à moitié libre.

CINQUIÈME CONFÉRENCE : LE CHRISTIANISME

Avant qu'un homme ne se sépare de lui-même, il ne peut ni faire quoi que ce soit lui-même, ni être aidé. Nous avons deux objectifs, de séparer « je » de « ceci » et par la suite de gouverner « ceci » sans aide. Un adulte est quelqu'un qui veut sérieusement se séparer. L'esprit et l'essence vivent des vies séparées. L'essence change toujours avec la nourriture, les gens, la météo, etc. À l'heure actuelle, l'esprit s'astreint à servir cette essence changeante. L'esprit est gouverné par un démon. Ne laissez pas votre esprit trimer pour votre essence. Le centre de la pensée est chrétien, le centre émotionnel est préchrétien, le corps est païen. Le centre émotionnel avec le corps fait le diable, que le centre de la pensée doit apprendre à contrôler.

Si quelqu'un dans le deuxième groupe de ceux qui jeûnent estime que c'est difficile, il peut mettre fin à son jeûne. Mais il faut le dire, car il ne doit pas commencer à manger tout d'un coup. Un régime est nécessaire.

Deux buts sont atteints par le jeûne : la guérison des maladies et le développement de la volonté. Tout le monde devrait se rendre compte que l'effet (du jeûne) est seulement psychologique et non organique, car certains pourraient craindre que cela leur fasse du mal. L'expérience de nombreuses années avec le jeûne a prouvé que le jeûne entrepris volontairement ne peut pas faire de mal. Un très long jeûne est nécessaire pour que des dommages se produisent. Par exemple, il y a des gens ici qui n'ont pas mangé depuis trois jours. Dans la vie ordinaire, si l'on devait enfermer un homme et ne lui donner aucune nourriture pendant trois jours, il mourrait de faim. Il existe de nombreux cas de gens qui sont morts même après un jour. Mais en cas de jeûne volontaire jusqu'à trois semaines aucun accident n'a été enregistré. Après trois semaines il peut y avoir des dommages biologiques.

Vous devez réaliser que sans prendre des mesures pour vous nettoyer, même un jeûne volontaire est inutile, parce que nous avons tant de nourriture en nous que même si nous arrêtons l'introduction de nouveaux aliments, l'ancienne nourriture qui est en nous durera encore dix ou douze jours. Le profit obtenu du jeûne commence seulement après douze jours. Si nous jeûnons sans prendre ces mesures, nous ne pourrons jamais obtenir de profit. Mais si nous parvenons dès le premier jour à nous nettoyer soigneusement, alors le travail de l'organisme auquel est destiné le jeûne, commence dès les premiers jours.

Un long jeûne donne lieu à de nombreux phénomènes curieux. Le premier jour, on observe une perte de poids considérable. Après trois ou quatre jours, le poids augmente—cela dépend du degré de nettoyage de l'organisme au début. Ensuite, le poids devient stationnaire—à peu près le même qu'à l'origine. Cela dure trente à quarante jours. Le maintien du même poids au-delà de cette période n'a pas été enregistré. La période la plus longue enregistrée avant que la perte de poids ne commence est de quarante jours. Ce fait indique plusieurs causes. Premièrement, c'est une preuve concrète de l'existence d'autres substances dont nous sommes nourris, d'autres types d'aliments. Notre principale nourriture, encore plus importante que la nourriture que nous mangeons, est l'air qui contient plus d'éléments que la nourriture. Bien sûr, cela dépend du type d'air. L'absence de la perte de poids est observée dans les endroits où il y a beaucoup de gens et d'animaux. La perte de poids et l'incapacité de retrouver un poids normal a été observée principalement là où il y a peu de gens et d'animaux—dans les montagnes et les déserts.

Je mentionne tout cela pour vous faire comprendre l'importance de la respiration normale dans le jeûne. Nous allons commencer à apprendre à respirer normalement sans explications théoriques—les explications viendront plus tard.

Il y a beaucoup de gens ici présents chez qui une lutte inconsciente se déroule maintenant dans leur respiration. Le rythme de leur respiration a changé, car il est devenu libre du poids qui l'affectait. L'organisme veut respirer correctement, mais la forte habitude de mal respirer, qui s'est fermement installée, résiste et un combat commence entre la vieille habitude de respirer et la respiration correcte. La résultante est quelque chose entre les deux—qui est également mauvaise.

La machine humaine et ses fonctions sont très limitées. Si elle n'est pas gâtée, si elle est normale et naturelle, sa principale fonction est la production d'une substance physique, la semence mâle et femelle, le sperme. Respirer, manger, penser, dormir et ainsi de suite existent pour la production de cette substance physique, la semence, le sperme. Il est très important de ne pas la connecter avec ses fruits, à savoir, enfants, descendants.

Si nous prenons la machine humaine et considérons la question de la nourriture comme cause, alors l'effet de la nourriture sera le sperme. Ce n'est pas le moment de parler en détail sur la cause et l'effet. Nous allons pour l'heure nous contenter de dire que si la question de la nourriture est importante pour un homme, la question du sexe l'est tout autant. Une machine qui travaille correctement est justifié sa construction. Il est possible de juger à peu près le travail correct de la machine par la quantité de sperme qu'elle produit. Si le sperme ne se produit pas, cela signifie que la machine n'est pas en ordre. Nous parlons maintenant du bon fonctionnement de la machine. Ceci est également indispensable pour nos objectifs et intentions et réalisations possibles, car ils dépendent du bon fonctionnement de la machine. Notre objectif est d'avoir une machine saine et l'une de ses principales et indispensables parties est celle du sexe.

Par conséquent, au début du travail sur soi-même, il est nécessaire de porter notre attention sur la question du sexe comme étant l'un des principaux problèmes. Voilà pourquoi je compte aborder ce problème sans délai dès le début. Comme c'est une longue entreprise, nous parlerons de détails plus tard et nous examinerons la question à la fois théoriquement et pratiquement afin d'établir avec le plus de précision possible les moyens d'amener la machine à l'état approprié.

Dans l'intervalle, dans chaque machine, si elle est alimentée, cette matière (le sperme) est produite. Cette matière particulière est déposée et stockée dans un endroit précis de l'organisme et de temps à autre, dans une machine normale, cet endroit doit être évacué afin d'être rempli. Il y a deux façons d'évacuer cet endroit ; cela peut être fait soit par le biais des rapports sexuels, soit en transformant cette matière en un autre type de matière par le pouvoir de la volonté, en utilisant les possibilités qui nous sont données. Mais pour la deuxième méthode, pour la transformation de cette substance en une autre sorte de substance, nous n'avons à l'heure actuelle ni le pouvoir ni la possibilité, car afin d'être en mesure d'utiliser cette substance lorsque nous avons besoin d'énergie ou de puissance, nous devons d'abord acquérir d'autres qualités et pouvoirs. Et afin d'acquérir les moyens nécessaires, nous devons corriger le travail de la machine pour assurer un processus normal.

Encore une fois, en raison d'une mauvaise éducation, d'une mauvaise façon de vivre et de mauvaises circonstances, pour la plupart des gens, l'état des choses à cet égard est très pénible et nécessite un examen sérieux. Afin d'être en mesure de travailler normalement sur soi-même il ne faut pas oublier de faire tout ce qui est possible pour que ce processus se poursuive normalement. Puisque c'est la façon dont nous sommes faits, pour le moment, il est nécessaire de temps en temps d'avoir des relations sexuelles normales. Ce temps dépend de la personne, donc il n'y a pas de règles à ce sujet. Pour autant que ces temps sont concernés, je vais laisser nos médecins en juger et expliquer les choses à chaque personne. Donc, à cet effet, les hommes célibataires devraient de temps se rendre à Paris. Je conseille à ceux d'entre vous qui ont l'intention de travailler honnêtement de prendre cette question au sérieux. Tout le monde doit se rappeler que cette partie de la machine peut avoir un effet de freinage important sur le travail général de la machine. Certaines personnes n'ont pas les possibilités matérielles (l'argent) pour ces voyages, mais puisque l'Institut considère la question avec le plus grand sérieux, ceux qui ont l'intention de travailler de façon productive recevront l'argent nécessaire.

À ce stade, nous devons parler d'une question importante, à savoir des possibles relations internes ou externes anormales entre les membres de l'Institut, en raison des anomalies dont nous avons parlé. Dans l'Institut il n'y a ni hommes ni femmes, il n'y a que les membres de l'Institut. C'est le devoir sacré de chacun d'instaurer une fraternité de sang sincère entre les membres. Chaque femme de l'Institut doit être considérée comme une sœur ou une mère. Je dis cela parce qu'il y a certaines choses que j'ai remarquées.

Maintenant, je vous préviens que, à partir d'aujourd'hui, si même intérieurement, votre attitude n'est pas celle que vous auriez avec une mère ou une sœur, si je remarque la moindre pensée—et ne doutez point que nous creusions tout ce qui est à l'intérieur—alors, sans aucune autre conversation, je serai obligé de chasser cette personne de l'Institut dans l'heure et tout le monde devrait faire la même chose. Cette règle vaut pour tout le monde sans exception, peu importe qui ils sont. Je laisse passer ceux qui sont passés, mais à partir de ce moment se sera notre devoir sacré. Cette question doit être d'une importance égale à celle de l'ensemble de notre objectif. Il doit en être ainsi. Si elle ne peut l'être, alors rien ne le sera.

Tout ce que j'ai dit peut-être condensé en deux points : Les relations sexuelles doivent être considérées comme indispensables et je vais fournir une solution à tout le monde, riche ou pauvre. Et deuxièmement—à partir d'aujourd'hui, commencez à entraîner votre machine à sentir et à être consciente de la relation fraternelle entre tous les membres de l'Institut.

Maintenant, tous les médecins devraient se réunir pour se familiariser avec les détails de cette question et pour établir les périodes subjectives requises par chaque personne. À partir de demain, nous allons commencer à faire des feuilles historiométriques et ainsi nous découvrirons progressivement quelles réparations sont nécessaires en la matière, après quoi, par degrés, nous allons en venir à la question des réparations elles-mêmes.

L'APPAREIL FORMATEUR
PRIEURÉ
LUNDI, LE 29 JANVIER 1923

J'ai compris des conversations que les gens ont une idée fausse de l'un des centres, et que cette idée fausse crée de nombreuses difficultés.

Il s'agit du centre de la pensée, *qui est notre appareil formateur. Tous les stimuli provenant des centres sont transmis à l'appareil formateur, et toutes les perceptions des centres se manifestent aussi à travers l'appareil formateur.* Ce n'est pas un centre, mais un appareil. Il est relié à tous les centres. À leur tour, les centres sont reliés les uns aux autres, mais ces connexions sont d'un genre particulier. *Il y a un certain degré de subjectivité, une certaine mesure de la force des associations qui détermine la possibilité d'inter-communication entre les centres.* Si nous prenons les vibrations de 10 à 10.000, alors, dans cette plage, il y a beaucoup de gradations divisées en degrés précis de force des associations requises pour chaque centre. *Seules les associations d'une certaine force dans un centre évoquent des associations correspondantes dans un autre ; alors seulement un stimulus peut alors être donnée à des connexions correspondantes dans un autre centre.*

Dans l'appareil formateur, les connexions avec les centres sont plus sensibles, parce que toutes les associations y parviennent. Chaque stimulus local dans les centres, chaque association provoque des associations dans l'appareil formateur.

Dans le cas de connexions entre les centres, leur sensibilité est déterminée par un certain degré de subjectivité. *Seulement si le stimulus est assez fort, un rouleau correspondant dans un autre centre peut être mis en marche. Cela ne peut se produire qu'avec un très fort stimulus d'une vitesse particulière, dont le rythme a déjà été établi en vous.*

Les modalités de travail de tous ces appareils se ressemblent. Chaque appareil comprend un grand nombre de plus petits appareils. Chaque appareil plus petit est conçu pour un type spécifique de travail. Donc, tous ces appareils, ou presque tous, sont semblables quant à la structure, mais leur essence est différente. La

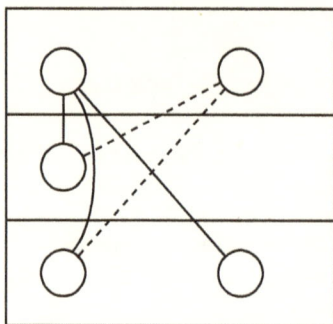

première différence consiste en ce qui suit. Ces quatre centres sont composés d'une matière qui est animée et qui est une chose en soi. Mais dans l'appareil formateur elle est inanimée. L'appareil formateur est tout simplement une machine, comme une machine à écrire qui transmet chaque impact.

La meilleure chose pour moi est de l'illustrer par une analogie. C'est un bureau avec une dactylo. Chaque papier entrant vient à elle, chaque client qui vient s'adresse à elle. Elle répond à tout. Les réponses qu'elle donne sont caractérisées par le fait qu'elle n'est qu'une employée, elle ne sait rien. Mais elle a des instructions, des livres, des fichiers, des dictionnaires sur les étagères. Si elle a les moyens de rechercher une information particulière, elle le fait et répond en conséquence, si elle ne les a pas, elle ne répond pas. En dehors de celle-ci, l'usine a quatre partenaires qui siègent dans quatre salles différentes.

Ces partenaires communiquent avec le monde extérieur à travers elle. Ils sont reliés à son bureau par téléphone. Si l'un d'entre eux l'appelle et lui dit quelque chose, elle doit le transmettre plus loin. Maintenant, chacun des quatre administrateurs a un code différent. Supposons que l'un d'eux lui envoie quelque chose à transmettre exactement. Puisque le message est encodé, elle ne peut pas le transmettre tel quel, car un code est une convention arbitraire. Elle a dans son bureau une quantité de stéréotypes, de formes, de signes qui se sont accumulés pendant des années. En fonction de la personne avec laquelle elle est en contact, elle consulte un livre, décode et transmet.

Si les partenaires veulent parler entre eux, il n'y a pas de communication possible. Ils sont reliés par téléphone, mais ce téléphone ne peut fonctionner que par temps calme et dans des conditions extérieures de calme et de tranquillité qui se produisent rarement. Étant donné que ces conditions calmes sont rares, ils envoient des messages à travers le poste central, à savoir le bureau. Comme chacun a son propre code, c'est à nouveau le travail de la secrétaire de décoder et réencoder. Par conséquent, le décodage dépend de cette employée qui n'a aucun intérêt ou préoccupation dans l'affaire. Dès que la corvée quotidienne est terminée, elle rentre chez elle. Son décodage dépend de la façon dont elle est instruite. Les dactylos peuvent avoir une éducation différente ; une peut être une imbécile, une autre peut être une bonne femme d'affaires. Il y a une certaine routine établie dans le bureau, et la dactylo agit selon celle-ci. Si elle a besoin d'un certain code, elle doit faire ressortir un stéréotype ou un autre. Alors, elle utilise le stéréotype, parmi les plus fréquemment utilisés, qui se trouve à portée de la main.

Ce bureau est un bureau moderne et dispose d'une quantité d'appareils mécaniques, de sorte que le travail des dactylos est très facile. Elle est très rarement obligée d'utiliser une machine à écrire. Il y a un nombre d'inventions diverses, à la fois mécaniques et semi-mécaniques ; pour chaque type d'investigation il y a des étiquettes prêtes à l'emploi qui sont immédiatement apposées.

Ensuite, il y a le caractère presque chronique de tous les dactylos. Ce sont généralement des jeunes filles romantiques qui passent leur temps à lire des romans et à traiter leur correspondance personnelle. Une dactylo est généralement coquette. Elle se regarde constamment dans le miroir, poudre son visage et s'occupe de ses propres affaires, car ses patrons sont rarement là. Souvent, elle ne saisit pas correctement ce qui est dit, mais appuie distraitement sur le mauvais bouton qui fait ressortir un stéréotype à la place d'un autre. Peu lui en chaut—les administrateurs viennent si rarement.

Les administrateurs communiquent entre eux par son intermédiaire, et ils font de même avec les gens de l'extérieur. Tout ce qui vient ou sort doit être décodé et réencodé. C'est son emploi de décoder et de réencoder toutes les communications entre les administrateurs, puis de les transmettre à leur destination. Il en va de même avec toute la correspondance reçue : si elle est adressée à l'un des administrateurs, la dactylo la transmet dans le code approprié. Cependant, elle fait souvent des erreurs et envoie le mauvais code à l'un ou l'autre d'entre eux. Il le reçoit et ne comprend rien. C'est une image approximative de l'état des choses.

Ce bureau est notre appareil formateur, et la dactylo est notre éducation, les idées automatiques et mécaniques, les clichés locaux, les théories, les opinions qui ont été développés en nous. Tous ceux-ci représentent la fille qui n'a rien en commun avec les centres, même pas avec l'appareil formateur. Mais elle y travaille, et je vous ai expliqué ce que cette fille signifie. L'éducation n'a rien à voir avec les centres. Un enfant est élevé ainsi : « Si quelqu'un veut te serrer la main, tu dois le faire avec tes pieds. » Tout cela est purement mécanique—si tel est le cas, vous devez le faire. Et une fois établi, il reste. Un homme adulte est pareil. Si quelqu'un marche sur son blé, il réagit toujours de la même manière. Les adultes sont comme des enfants, et les enfants sont comme les adultes : tous réagissent de la même façon. La machine fonctionne et continuera à fonctionner de la même manière dans mille ans.

Avec le temps, une grande quantité d'étiquettes s'accumulent sur les étagères du bureau. Plus un homme vit, plus il y a d'étiquettes dans le bureau. Il est agencé de sorte que toutes les étiquettes du même genre soient conservées dans un seul placard. Alors, quand une demande arrive, la dactylo commence à rechercher une étiquette appropriée. Pour ce faire elle doit les sortir, les passer en revue et les trier jusqu'à ce qu'elle trouve la bonne. Beaucoup dépend de la propreté de la dactylo et de l'état dans lequel elle garde ses fichiers d'étiquettes. Certains dactylos sont méthodiques, d'autres moins. Certaines les gardent triées, d'autres pas. Une peut mettre une demande entrante dans le mauvais tiroir, une autre pas. Une trouve une étiquette tout de suite, une autre regarde longtemps et les mélange toutes pendant la recherche.

Nos soi-disant pensées ne sont rien de plus que ces étiquettes prises dans le placard. Ce que nous appelons pensées ne sont pas des pensées. Nous n'avons pas de pensées : nous avons des étiquettes différentes ; brèves, abrégées, longues—mais rien d'autre que des étiquettes. Ces étiquettes sont déplacées d'un endroit à l'autre. Les demandes de renseignements venant de l'extérieur sont ce que nous recevons comme des sons, comme des impressions. Ces manifestations, les demandes, ne viennent pas seulement de l'extérieur mais aussi de différents endroits à l'intérieur. Tout ceci doit être réencodé. Ce sont nos pensées.

Tout ce chaos est ce que nous appelons nos pensées et nos associations. En même temps, un homme a des pensées. Chaque centre pense. Ces pensées, s'il y en a, et si elles atteignent l'appareil formateur, l'atteignent seulement sous la forme de stimuli et sont ensuite reconstruites, mais la reconstruction est mécanique. Et cela est ainsi dans les meilleurs cas, puisque, en règle générale, certains centres n'ont pratiquement aucun moyen de communication avec l'appareil formateur. En raison de mauvaises connexions, les messages sont soit pas transmis du tout, soit transmis sous une forme déformée. Mais cela ne prouve pas l'absence de pensée. Dans tous les centres de travail se poursuit, il y a des pensées et des associations, mais ces associations ne parviennent pas à l'appareil formateur et ainsi ne se manifestent pas. Elles ne sont pas non plus envoyées dans une autre direction, c'est-à-dire, de l'appareil formateur vers les centres, et pour la même raison, elles ne peuvent pas y arriver de l'extérieur.

Tout le monde a des centres ; la différence réside uniquement dans la quantité de matériau dans ceux-ci. Certains en ont plus, d'autres moins. Tout le monde en a, la différence réside seulement dans la quantité. Mais les appareils sont les mêmes pour tout le monde.

Un homme naît comme une armoire vide ou un entrepôt. Puis la matière commence à s'accumuler. La machine fonctionne de la même manière dans tout le monde ; les propriétés des centres sont les mêmes, mais, en raison de leur nature et des conditions de vie, les liens, les connexions entre les centres diffèrent par leur degré de sensibilité, de grossièreté ou de finesse.

La plus primitive et la plus accessible est la connexion entre le centre du mouvement et l'appareil formateur. Cette connexion est la plus grossière, la plus « audible, » la plus rapide, la plus épaisse et la meilleure. Elle est comme un gros tuyau (j'entends par là non pas le centre lui-même, mais la connexion). Elle est le plus rapide à se former, et la plus rapide à remplir. La seconde est considérée comme étant la connexion avec le centre du sexe. La troisième connexion est avec le centre émotionnel. La quatrième connexion est avec le centre de la pensée.

Donc, la quantité de matière et le degré de fonctionnement de ces connexions tiennent dans cette gradation. La première connexion existe et fonctionne dans tous les hommes : les associations sont reçues et se manifestent. La deuxième connexion avec le centre sexuel existe dans la plupart des hommes. Par conséquent, la majorité de gens vivent avec le premier et le deuxième centre toute leur vie—toutes leurs perceptions et manifestations viennent de ces centres et sont originaires de ces centres. Les personnes dont le centre émotionnel est relié à l'appareil formateur sont en minorité.

Dans le cas de cette minorité toute leur vie et toutes leurs manifestations progressent par ce biais. Mais il n'y a presque personne en qui la connexion avec le centre de la pensée fonctionne.

Si les manifestations de l'homme dans la vie devaient être classées en fonction de leur qualité et de leur cause, on trouve la proportion suivante : 50% de ses manifestations et perceptions vitales appartiennent au centre du mouvement, 40% au centre du sexe et 10% au centre émotionnel. Pourtant, à un regard superficiel, nous sommes habitués à attacher une grande valeur à ces manifestations et à donner des noms ronflants à leurs allées et venues, leur attribuant ainsi une place importante.

Quoi qu'il en soit, nous avons jusqu'à présent parlé de la situation idéale. Avec nous les choses sont encore pires. Si le centre de la pensée est de première qualité ; l'émotionnel, deuxième qualité ; le centre du sexe, troisième qualité ; et le mouvement, quatrième qualité ; alors, au mieux, nous avons très peu de la deuxième qualité, plus de la troisième qualité, et beaucoup de la quatrième qualité, envisagées du point de vue de la valeur. En réalité, cependant, plus de 75% de nos manifestations et perceptions vitales ont lieu indépendamment, pas dans l'histoire de la dernière qualité, mais entièrement par l'intermédiaire de cette employée embauchée qui, quand elle sort, laisse seulement une machine derrière.

J'ai commencé avec une chose et j'ai fini par parler d'une autre. Revenons à ce que je voulais dire à propos de l'appareil formateur.

Pour une certaine raison, ceux qui viennent aux conférences l'appellent centre également. Mais pour comprendre ce qui suit, il est nécessaire de préciser qu'il n'est pas un centre. Il est tout simplement un certain organe, bien qu'il se situe lui aussi dans le cerveau. Tant dans sa matière et dans sa structure, il est complètement différent de ce que nous appelons un centre animé. Ces centres, si nous prenons séparément, sont en eux-mêmes des animaux et ils vivent comme les animaux correspondants. Celui-ci est le cerveau d'un vers de terre, cet autre est le premier cerveau d'un mouton. Il y a des animaux qui ont quelque chose de similaire. Ici, les cerveaux de différents degrés de finesse sont rassemblés en un seul. *Il existe des organisations à un cerveau, des organisations à deux cerveaux, de sorte que l'un de ces cerveaux dans une organisation individuelle agit comme un facteur de mouvement—il a une âme. Ils sont indépendants. Même s'ils vivent dans un seul et même endroit, ils peuvent exister et ils existent indépendamment. Chacun a ses propres pro priétés. Certaines personnes vivent tantôt par l'un, tantôt par l'autre. Chaque cerveau a une existence précise, spécifique, indépendante. En bref, selon la qualité de sa matière, chacun peut être appelé une entité individuelle, une âme.*

La cohésion, l'existence a ses propres lois. Du point de vue de sa matérialité, conformément à la loi de cohésion, l'appareil formateur a *l'organisme d'un organe. Dans les centres, la vie, les associations, l'influence et l'existence sont psychiques, alors que dans l'appareil formateur toutes ses propriétés et qualités, son existence sont organiques.*

Pour ceux qui ont entendu parler de la densité de l'intelligence, je peux dire que le centre du sexe et le centre du mouvement ont une densité correspondante de l'intelligence, alors que l'appareil formateur n'a pas obtenu cette propriété. L'action de ces centres ainsi que leur réaction sont psychiques, alors que dans l'appareil formateur elles sont matérielles. Par conséquent, notre pensée, nos soi-disant pensées—si la cause et l'effet de cette pensée se trouvent dans l'appareil formateur—sont matérielles. Peu importe combien variée notre pensée peut être, peu importe l'étiquette qu'elle porte, l'apparence qu'elle assume, ou le nom ronflant qu'elle a, la valeur de cette pensée est simplement matérielle. Et les choses matérielles sont, par exemple, le pain, le café, le fait que quelqu'un a marché sur mon maïs, regardant de côté ou tout droit, griffant mon dos, et ainsi de suite. Si ce côté matériel, comme la souffrance du maïs, etc. était absent, il n'y aurait pas de pensée.

Je suis fatigué.

ÉNERGIE, SOMMEIL
PRIEURÉ
MARDI, LE 30 JANVIER 1923

Vous avez probablement déjà entendu dans des conférences que tous les vingt-quatre heures, notre organisme produit une certaine quantité d'énergie pour assurer son existence. Je le répète, une certaine quantité. Pourtant, on utilise beaucoup plus d'énergie que nécessaire pour les dépenses normales. Mais, puisque notre vie est si erronée, nous dépensons la plus grande partie et parfois l'ensemble de celle-ci ; et, surtout, d'une manière improductive.

Certains des principaux facteurs de la consommation de l'énergie sont nos mouvements inutiles que nous faisons dans la vie quotidienne. Plus tard, vous verrez grâce aux certaines expériences que la plus grande partie de cette énergie est dépensée précisément quand nous faisons des mouvements moins actifs. Par exemple, combien d'énergie va utiliser un homme dans un jour entièrement consacré au travail physique ? Une quantité énorme. Pourtant, il va dépenser plus s'il reste assis à ne rien faire. Nos muscles grands consomment moins d'énergie que nos muscles petits. Les gros muscles, ceux que l'on utilise souvent, consomment moins parce qu'ils sont devenus plus adaptés aux mouvements, tandis que les petits muscles consomment plus parce qu'ils sont moins adaptés : ils ne peuvent être exercées que par la force. Par exemple, en étant assis ici maintenant, il vous semble que je ne bouge pas. Mais cela ne signifie pas que je ne dépense pas d'énergie. Chaque mouvement, chaque tension, que ce soit des grandes ou des petites, est possible pour moi seulement en dépensant cette énergie. Maintenant, mon bras est tendu mais je ne le bouge pas. Pourtant, je dépense maintenant plus d'énergie que si je le bougeais comme ça.

[*Démontre M. Gurdjieff.*]

C'est une chose très intéressante, et vous devriez essayer de comprendre ce que je dis à propos du mouvement. Quand je fais un mouvement brusque, l'énergie commence à circuler, mais quand je répète le mouvement, il n'a plus besoin d'énergie.

[*Démontre M. Gurdjieff.*]

Au moment où l'énergie donne l'impulsion initiale, le flux d'énergie s'arrête et le mouvement prend le dessus.

La tension a besoin d'énergie. Si la tension est absente, moins d'énergie est dépensée. Si mon bras est tendu, comme il est maintenant, un courant continu est requis, ce qui signifie qu'il est relié aux accumulateurs. Si maintenant je bouge mes bras ainsi, tant que je le fais avec des pauses, je dépense de l'énergie.

Si quelqu'un souffre de tension chronique, alors, même s'il ne fait rien, s'il est couché, il utilise plus d'énergie qu'un homme qui passe une journée entière à faire du travail physique. Mais un homme qui n'a pas encore ces petites tensions chroniques *ne gaspille certainement pas d'énergie quand il ne travaille pas où se déplace.*

Maintenant, nous devons nous demander — y va-t-il beaucoup d'entre nous qui sont épargnés de cette terrible maladie ? La plupart d'entre nous—nous ne parlons pas des gens en général, mais de ceux qui sont présents ; le reste ne nous concerne pas—presque tous ont cette délicieuse habitude.

Nous devons garder à l'esprit que cette énergie dont nous parlons maintenant si simplement et facilement, que nous gaspillons donc si inutilement et volontairement, cette même énergie est nécessaire pour le travail que nous prévoyons de faire et sans laquelle nous ne pouvons rien réaliser.

Nous ne pouvons pas obtenir plus d'énergie, l'afflux d'énergie ne va pas augmenter, la machine reste telle qu'elle est créée. Si la machine est faite pour produire dix ampères, elle la continuer à produire dix ampères. Le courant peut être augmentée uniquement si tous les fils et les bobines sont modifiées. Par exemple, une bobine représente le nez, un autre-une jambe, le troisième—le teint d'un homme ou la taille de son estomac. Ainsi, la machine ne peut pas être modifiée, sa structure restera comme elle est. La quantité d'énergie produite est constante : même si la machine est utilisée correctement, ce montant augmentera très peu.

Qu'est-ce que nous avons l'intention de faire nécessite beaucoup d'énergie et beaucoup d'efforts. Et l'effort nécessite beaucoup d'énergie. Avec le type d'efforts que nous faisons maintenant, avec ces dépenses somptueuses de l'énergie, il nous est impossible de faire ce que nous envisageons dans nos esprits de faire.

Comme nous l'avons vu, d'une part, nous avons besoin de beaucoup d'énergie et, d'autre part, notre machine est construite de telle sorte qu'elle ne puisse pas produire plus. Où est un moyen de sortir de cette situation ? *Le seul moyen de s'en sortir et la seule méthode et possibilité est d'économiser l'énergie que nous avons. Par conséquent, si nous voulons avoir beaucoup d'énergie quand nous en avons besoin, nous devons apprendre à économiser là où nous pouvons.*

Une chose est définitivement connue : l'une des principales pertes d'énergie est dues à nos tensions involontaires. Nous avons beaucoup d'autres pertes d'énergie, mais elles sont toutes plus difficiles à réparer que ces premières. Nous allons donc commencer par les plus faciles ; d'abord, pour se débarrasser de cette perte et, deuxièmement, pour apprendre à être capable à interagir avec les autres.

Le sommeil d'un individu n'est rien d'autre que des connexions interrompues entre les centres. Les centres d'un individu ne dorment jamais. Etant donné que les associations sont leur vie, leur mouvement, elles ne s'arrêtent jamais, ne cessent jamais. L'arrêt des associations signifie la mort. Le mouvement des associations ne cesse même pas pour un instant dans aucun des centres, ils continuent même pendant le sommeil le plus profond.

Si un individu dans un état de veille voit, entend, perçoit ses pensées, pendant l'état de demi-sommeil, il voit, entend et perçoit également ses pensées, et appelle cet état sommeil. Même quand il pense qu'il cesse complètement de voir ou entendre, ce qu'il appelle également sommeil, les associations continuent. La seule différence réside dans la résistance des connexions entre un centre et un autre.

La mémoire et l'attention, l'observation, ne sont rien de plus que l'observation d'un centre par un autre, ou d'un centre écoutant l'autre. Par conséquent, les centres eux-mêmes ne doivent pas s'arrêter et dormir. Le sommeil ne leur fait ni du mal, ni du bien. Donc le sommeil, comme on l'appelle, n'est pas censé reposer les centres. Comme je l'ai déjà précisé, le sommeil profond arrive quand les connexions entre les centres sont rompues. Et en effet, le sommeil profond, le repos complet de la machine est considéré comme étant le sommeil pendant lequel tous les liens, toutes les connexions cessent de fonctionner. Nous avons plusieurs centres, nous avons donc tout autant de connexions—cinq connexions.

On peut considérer comme état de veille le moment quand toutes ces connexions sont présentes. Mais si l'une d'entre elles est interrompue ou cesse de fonctionner, nous ne sommes ni n'endormis ni réveillés.

Afin de comprendre que la pensée est une force, nous allons reprendre notre machine. Lorsqu'une liaison est déconnectée, nous ne sommes plus ni réveillés, ni endormis. Si deux liaisons sont interrompues, nous sommes encore moins réveillés—mais encore une fois, nous ne sommes pas endormis. Si une de plus est déconnectée nous ne sommes ni bien réveillés ni bien endormis, et ainsi de suite.

Par conséquent, il existe différents degrés entre notre état de veille et le sommeil. (En parlant de ces degrés, nous prenons une moyenne : il y a des gens qui ont deux connexions, d'autres qui en ont sept. Nous avons pris cinq, à titre d'exemple. Ceci n'est pas exact.) Par conséquent, nous n'avons pas deux états, un de sommeil et un autre de réveil, comme nous le pensons, mais plusieurs. Entre l'état le plus actif et intensif que quelqu'un peut avoir et le sommeil le plus passif (somnambulique), il y a des graduations précises. Si l'un des liens se casse, il n'est pas toute de suite visible à la surface et est indétectable pour les autres. Il y a des gens dont la capacité à se déplacer, marcher ou vivre s'arrête uniquement lorsque toutes les connexions sont rompues, et il y a d'autres personnes pour lesquelles il suffit de casser deux connexions pour qu'elles s'endorment. Si nous prenons l'intervalle entre le sommeil et la veille avec sept connexions, alors il y a des gens qui continuent à vivre, parler, marcher, dans le troisième degré de sommeil. Les états de sommeil profond sont les mêmes pour tous, mais les degrés intermédiaires sont souvent subjectifs.

Il y a même des « prodiges » qui sont le plus actifs lorsqu'une ou plusieurs connexions sont brisées. Si un tel état est devenu habituel pour un homme de par son éducation, s'il a acquis tout ce qu'il a dans cet état, son activité est construite sur cela et il ne peut pas être actif s'il n'est pas dans cet état.

Pour vous personnellement, l'état actif est relatif—vous pouvez être actif dans un certain état. Mais il y a un état actif objectif lorsque toutes les connexions sont intactes, et s'il y a une activité subjective dans un état approprié.

Donc, il y a beaucoup de degrés de sommeil et de veille. L'état actif est un état où la faculté de penser et les sens fonctionnent à leur pleine capacité et pression. Nous devons être intéressés à la fois par l'objectif, qui est un état de veille authentique et par le sommeil objectif. « Objectif » signifie actif ou passif dans la réalité. (Il est préférable de ne s'efforcer non pas d'être mais de comprendre).

Quoi qu'il en soit, tout le monde doit comprendre que le but du sommeil est atteint uniquement lorsque toutes les connexions entre les centres sont interrompues. C'est uniquement à partir de ce moment-là que la machine peut produire ce dont le sommeil est destiné produire. Donc, le mot « sommeil » devrait signifier un état où tous les liens sont déconnectés.

Donc, le sommeil profond est un état dans lequel nous n'avons pas de rêves ou de sensations. Si les individus ont des rêves, cela signifie que l'une de leurs connexions n'est pas interrompue, puisque la mémoire, l'observation, la sensation ne sont rien de plus qu'un centre qui observe un autre. Ainsi, quand vous voyez et vous vous rappelez ce qui se passe à l'intérieur de vous, cela signifie qu'un centre observe un autre. Et s'il peut observer, il s'en suit qu'il y a quelque chose qui nous permet d'observer. Et s'il y a quelque chose qui nous permet d'observer—la connexion n'est pas perdue.

Par conséquent, si la machine marche bien, elle a besoin de très peu de temps pour fabriquer cette quantité de matière pour laquelle le sommeil est destiné ; en tout cas beaucoup moins de temps que nous sommes habitués à en avoir besoin pour dormir. Ce que nous appelons « sommeil » quand nous dormons entre sept et dix heures, ou Dieu sait combien de temps, n'est pas du sommeil. La plus grande partie de ce temps est passée non pas dans le sommeil, mais dans ces états de transition—ces états inutiles de demi-rêve. Certaines personnes ont besoin de nombreuses heures pour arriver à dormir et par la suite de nombreuses heures pour se réveiller complètement. Si nous pouvions nous endormir d'un coup et passer tout aussi rapidement du sommeil à la veille, nous passerions sur cette transition un tiers ou un quart du temps que nous perdons actuellement. Mais nous ne savons pas comment briser ces liens par nous-mêmes—avec nous, ils sont brisés et rétablis mécaniquement.

Nous sommes esclaves de cette mécanicité. Quand « elle » le décide, nous pouvons passer dans un autre état et si elle ne le veut pas—nous devons rester allongés et attendre jusqu'à ce qu'elle nous laisse nous reposer.

Cette mécanicité, cet esclavage inutile et cette dépendance indésirable a plusieurs causes. L'une des causes est l'état chronique de tension dont nous avons parlé au début et qui est l'une des nombreuses causes de la perte de notre réserve d'énergie. Donc, vous pouvez voir comment la libération de cette tension chronique servirait un double objectif. Tout d'abord, nous économiserions beaucoup d'énergie, et, deuxièmement, nous serions épargnés d'être allongés inutilement en attendant le sommeil.

Donc, vous voyez à quel point cela est simple, facile à atteindre et nécessaire. Le fait de se libérer de cette tension est d'une valeur inestimable.

La prochaine fois je vais vous donner plusieurs exercices à cet effet. Ce soir il est trop tard. Je vous conseille de faire attention très sérieusement à cela et d'essayer de toutes vos forces d'obtenir ce que chacun de ces exercices est censé donner.

Il est nécessaire d'apprendre à tout prix de ne pas être tendu lorsque la tension n'est pas nécessaire. Si vous êtes assis à ne rien faire, laissez le corps dormir. Si vous dormez, vous devez dormir d'une telle manière qu'un tel Ivan Ivanovitch dort aussi.

DEUX ESPRITS
PRIEURÉ
VENDREDI, LE 9 FÉVRIER 1923

Il est dit dans certains enseignements anciens que le jour où Dieu a créé l'homme, il a également créé pour chaque homme deux esprits—l'esprit du bien et l'esprit du mal, ou, comme on les appelle, un ange et un diable, et qu'il a placé l'ange à droite de l'homme et le diable à gauche.

Un autre enseignement ancien dit que, lorsque Dieu a envoyé des esprits pour travailler sur les planètes, les esprits ont demandé à Dieu : « Que devons-nous faire là-bas ? » Dieu a divisé les esprits en fonction de leurs qualités et a dit :

« Toi, à droite, tu vas essayer de conduire ceux qui y vivent au ciel, et toi, l'autre moitié, tu vas essayer de les conduire en enfer. »

Ensuite, l'un des leaders L'a interrogé sur les moyens permis à ceux d'un côté et à ceux de l'autre. Dieu répondit :

« Vous pouvez utiliser toutes les méthodes et tous les moyens que vous voulez. Mais il y a une différence essentielle. Faites que l'arme de ceux qui se trouvent à droite soit de faire par le biais de « faire, » et que l'arme de ceux qui se trouvent à gauche soit de faire par le biais de «il arrive. » La méthode de ceux qui se trouvent à droite doit être à travers ce qui est actif et conscient, et la méthode de ceux qui se trouvent à gauche—à travers ce qui est passif et inconscient. »

Ces deux enseignements dont je parle sont anciens. En même temps, parallèlement à ces enseignements, il existait une autre religion, un autre enseignement, et il existe encore à ce jour.

La majorité des religions vivent, agissent, croient en conformité avec des écritures saintes, des préceptes et des commandements. Dans le même temps il a existé un enseignement de disciples savants qui ont essayé de mettre en pratique toutes les religions, toutes les paroles, tous les enseignements sans engouement, sans foi. Ils n'ont pas vénéré aveuglément. Avant d'accepter quelque chose ils l'ont pratiqué. Ce qui pouvait être mis en pratique était accepté, ce qui ne pouvait l'être, était rejeté. De cette façon, une nouvelle religion s'est formée, bien que le matériau pour elle a été pris à d'autres religions. L'enseignement dont je parle maintenant est l'enseignement des Soufis.

Cet enseignement dit ce qui suit à propos de l'ange et du diable :
Chaque action d'un homme, chaque étape, chaque instant, chaque mouvement émane soit de l'un soit de l'autre. Des émanations des deux (résultat) sont également déposées dans l'organisme humain sous la forme de certaines croûtes de matière réelle, tangible, que l'on peut examiner et distinguer, que la croûte soit d'un type ou d'un autre. Chaque croûte obéit à certaines lois, conduit à certaines conséquences. Et dans le cas de l'homme, les choses chuchotées par le diable ont un plus grand effet.

[*Conférence interrompue.*]

MOUVEMENT
PRIEURÉ
VENDREDI, LE 9 FÉVRIER 1923

Comme cela se passe partout, il se passe pareil dans le mouvement. Il est réalisé sans la participation d'autres parties de l'organisme. Le mouvement est nocif pour l'organisme. Il est utile pour ses conséquences (je souligne, *pour ses conséquences*). Mais à l'échelle à laquelle l'organisme est habitué, chaque mouvement qui la dépasse, est nuisible au début, pendant une courte période. Le mouvement devient utile à l'avenir s'il est accompagné par des calculs appropriés.

Le mouvement, pris en tant que travail, peut être divisé dans les catégories suivantes:

1. Quand on prend en considération les particularités de la constitution d'un homme, on prend à la fois celles déjà existantes et celles qui sont susceptibles à apparaître dans l'avenir.

2. Lorsque la respiration participe au mouvement.

3. Quand la pensée participe au mouvement.

4. Lorsqu'un homme est vieux, des mouvements constants, avec des caractéristiques immuables, arrivent.

Le mouvement peut être utile pour la vie quotidienne ordinaire seulement s'il est connecté avec ce que je viens d'énumérer.

Je sépare l'idée de la vie quotidienne de l'idée de la vie liée au travail de l'auto-perfection et du développement intérieur. Par la vie quotidienne, je veux dire une vie normale et saine.

Pour notre travail, en dehors des quatre catégories que je viens d'énumérer, nous devons joindre à nos mouvements des sentiments normaux et des sensations, ainsi que le sentiment spécial et la sensation spéciale que nous voulons acquérir. Cette nouvelle sensation devrait être acquise sans détruire les sensations déjà présentes.

Donc, il y a quatre conditions.

Ainsi vous voyez que pour faire un mouvement vraiment utile, nous devons progressivement lui joindre tous les autres mouvements d'une autre catégorie mentionnés ci-dessus. Vous devez réaliser qu'un mouvement peut être utile uniquement à ce moment-là. Aucun résultat ne peut être attendu si même une des conditions mentionnées fait défaut.

Le plus simple de nos mouvements est ce mouvement organique brut que nous sommes capables de faire (que nous avons déjà étudié). Les mouvements que nous avons fait jusqu'à présent sont ceux que tous les gens font et tout le monde peut les faire. Et même si les mouvements que nous allons faire peuvent sembler compliqués au premier abord, ils peuvent facilement être faits par tout le monde s'ils sont suffisamment pratiqués.

Cependant, si nous commençons à ajouter à ces mouvements une des conditions je l'ai mentionné, cela se révélera beaucoup plus difficile et ne le sera plus possible pour tout le monde. Et si nous combinons progressivement plusieurs conditions avec les mouvements, un tel mouvement deviendra possible uniquement pour un nombre très limité de personnes.

En fin de compte, afin de commencer à réaliser l'objectif pour lequel nous avons commencé à étudier les mouvements, il faut joindre progressivement au mouvement qui se déroule en nous les conditions dont j'ai parlé.

Maintenant, pour commencer, il est essentiel de choisir des types de conditions plus ou moins appropriés. Avec cela, nous allons progressivement étudier et pratiquer le second, qui est, la respiration.

Au début, nous serons divisés en groupes ; plus tard, nous allons diviser les groupes-mêmes et de cette manière nous allons arriver aux individus.

LE SENS DE LA VIE
INITIALEMENT, ON NOUS L'A LUE COMME
« ÉMOTIONS PURES ET IMPURES »
PRIEURÉ
VENDREDI, LE 9 FÉVRIER 1923

Quel est le sens de la vie ? Il y a beaucoup d'opinions sur ce sujet. « Ils » disent : c'est le perfectionnement de soi, ou le sacrifice de soi, ou une préparation à la vie future, ou une amélioration de l'humanité, ou même qu'elle n'a aucun sens. Toutes ces opinions cherchent le sens de la vie en dehors de la vie elle-même. Il faut regarder à l'intérieur de soi. Le vrai sens de la vie est la « connaissance. » Toute vie, toute expérience conduit à la « connaissance. »

Le monde est tout ce qui existe. L'homme, en devenant conscient, prend conscience de lui-même et du monde dont il fait partie. La fonction de la conscience est de prendre conscience de son existence, à lui et à elle. La relation d'une personne avec soi-même et avec le monde, voilà la « connaissance. »

Tous les éléments de la psyché de l'homme—perceptions, sensations, conceptions, idées, émotions, création, sont des instruments de la connaissance. Toutes les émotions, de la plus simple à la plus compliquée -religieuse, morale, artistique—sont des instruments de la connaissance.

Selon la théorie de la « lutte pour l'existence, » c'est la survie du plus fort qui crée l'intellect et les émotions, et ceux-ci servent la vie. En fait, ils ne sont pas accidentels ; ils jouent un rôle dans la création et sont le produit d'une intelligence dont nous ne savons rien ; et ils conduisent à la connaissance. Mais nous ne discernons pas la présence du rationnel dans les phénomènes et les lois de la vie. Nous étudions une partie et non la totalité. Lorsque nous comprendrons que chaque vie est la manifestation d'une partie de l'ensemble, la possibilité de compréhension s'ouvrira.

Pour comprendre la rationalité de l'ensemble, il est nécessaire de comprendre le caractère du tout, et toutes ses fonctions. La fonction de l'homme est la connaissance ; mais si on ne comprend pas l'homme dans son ensemble, on ne comprendra pas sa fonction.

Nos vies séparées sont la manifestation d'une grande entité. Un

arbre est la manifestation du règne psychique du royaume organique. Nos vies n'ont pas d'autre sens que le processus par lequel
nous acquérons des connaissances. Le processus de l'acquisition
de la connaissance ne passe pas seulement par l'intellect, mais
par l'ensemble de notre organisme et organisation de la vie, par la
culture, par la civilisation. . . . Et nous acquérons la connaissance de
ce que nous méritons de savoir.

Tout le monde est d'accord que le but de l'intelligence est la
connaissance. Mais nous ne sommes pas très sûrs quand il s'agit
de nos émotions—joie, colère, jalousie, plaisir, création artistique ;
nous ne voyons pas que toutes les activités, toutes les émotions
servent la connaissance. Nous croyons que la création exige des
connaissances, mais comment est-ce qu'elle sert la connaissance ?
Comment les émotions religieuses servent-elles la connaissance ?

Nous opposons émotion et raison. Nous parlons de la raison
froide, de l'intelligence supérieure à l'émotion. Ceci est une erreur
dans la définition. L'intellect pris dans son ensemble est aussi émotion.

Nous avons l'habitude de dire qu'il est possible de vaincre le sentiment par la raison, ou la volonté, ou le devoir. Un sentiment ne
peut être vaincu que par un autre sentiment—un sentiment supérieur, plus fort. Un soldat meurt pour son pays non pas par habitude
d'obéissance, ou de devoir, mais parce que le sentiment de peur a
été conquis par des sentiments supérieurs.

La raison provoque des pensées dont les images évoquent des
sentiments qui surmontent une disposition spéciale. La raison n'a
pas de limites—seulement les hommes ont des limites. La vraie
raison est l'aspect intérieur d'un être.

Chez l'homme, le développement de la conscience consiste dans
le développement de l'intelligence et des émotions supérieures
qui l'accompagnent—(esthétique, religieuse, morale) ; en se développant, elles deviennent plus intellectuelles et, en même temps,
l'intelligence assimile les émotions. La « spiritualité » est une fusion
de l'intellect avec des émotions supérieures.

Un nouvel ordre de réceptivité vient de l'union de l'intellect et des
émotions supérieures, mais n'a pas créé par eux. Un arbre jaillit de
la terre, mais n'a pas créé par la terre. Un grain est nécessaire. Un
grain peut exister ou pas. S'il existe, il peut être cultivé.

Aujourd'hui, l'homme comprend beaucoup avec l'intelligence,
mais aussi avec des sentiments. Avec chaque sentiment l'homme

comprend quelque chose qu'il ne pourrait pas comprendre sans l'aide de celui-ci. Si nous pensons que les émotions servent la vie et non la connaissance, nous ne pourrons jamais comprendre les émotions. Il y a des choses et des relations qui ne peuvent être comprises qu'émotionnellement, et seulement avec certaines émotions. Il faut aimer pour comprendre quelqu'un qui aime. Etc.

Nous ne nous connaissons pas les uns les autres parce que nous vivons avec des sentiments (émotions) différent(s). Les mêmes sentiments donnent la même compréhension. La compréhension mutuelle—ou l'illusion de la compréhension mutuelle—est le charme de l'amour.

Les émotions sont les fenêtres de l'âme—une vitre colorée à travers laquelle l'âme considère le monde. Illumination partielle—perception partielle. Il n'y a rien d'aussi clair, rien de plus trompeur que les émotions.

Chaque sentiment a une raison d'être. Certains sont importants pour la connaissance, d'autres l'empêchent ; bien que théoriquement toutes les émotions servent la connaissance. Par exemple, la peur : certaines relations ne sont connues que par la peur ; c'est le moyen naturel de contrôler les forces de la vie : la peur de la faim fait marcher les gens. Regardez l'attitude du mammifère envers le serpent : le serpent provoque la peur et la répulsion. Par cette peur, le mammifère connaît la nature du serpent et de la relation de cette nature à la sienne, correctement, mais de manière strictement personnelle. Mais ce que le serpent est vraiment le mammifère ne peut pas le savoir à travers l'émotion de la peur ; il ne peut le savoir que par l'intellect.

Les émotions changeantes sont des obstacles à l'acquisition d'un «je » permanent Le signe du développement de l'émotion est la libération de l'élément personnel. L'émotion personnelle trompe, elle est partielle, injuste. Une plus grande connaissance suppose, proportionnellement, moins d'éléments personnels. Le problème est de se sentir impersonnel. Toutes les émotions ne sont pas facilement libérées de 'élément personnel. Certaines d'entre elles, de par leur nature, corrompent, divisent. D'autres, comme l'amour, conduisent l'homme du matériel au miracle.

Il peut y avoir une envie impersonnelle ; par exemple, l'envie de celui qui s'est surmonté lui-même. Une haine impersonnelle : la haine de l'injustice, de la brutalité. La colère impersonnelle—contre la bêtise, l'hypocrisie.

Il est courant de parler d'émotions « pures » et « impures » ; mais nous ne savons pas comment définir leur différence. Une émotion pure est celle qui ne se mélange pas, qui ne cherche jamais un profit personnel. Une émotion impure est toujours mélangée, elle n'est jamais une ; elle est mélangée avec un profit personnel, avec des éléments personnels ; elle a des sédiments d'autres émotions.

Une émotion impure ne donne pas la connaissance, ou ne donne qu'une connaissance trouble. Elle ne jette aucune lumière. (Nous envisageons les sentiments impurs du point de vue généralement appelé « morale. »)

Chaque émotion peut être pure ou impure ; c'est-à-dire mélangée ou non mélangée. Jalousie, envie, amour du pays, peur—ceux-ci peuvent être des sentiments purs. Il y a même une sensualité qui peut être pure—comme celle du Cantique des Cantiques, qui donne l'impulsion du mouvement physique de l'univers.

L'amour de la science peut être pur, ou mélangé avec un profit personnel. Les manifestations extérieures des émotions pures et impures peuvent être les mêmes. Par exemple, deux hommes jouent aux échecs : leur aspect extérieur est le même, mais il y en a un qui ne se préoccupe que de résoudre un problème, tandis que l'autre cherche un profit personnel. La même chose est vraie dans l'art, la littérature, etc.

L'amour de l'activité est un sentiment digne quand il est pur. Mais ce qui se passe, invariablement, c'est qu'il devient mixte. Une personne commence avec un certain but, mais dans le courant de l'action la direction change. La fierté, la vanité, l'ambition personnelle entrent en jeu. Dès que l'on veut tirer un profit personnel de son activité, le sentiment devient impur. Voilà ce qui arrive à nos sentiments les plus élevés—amour, foi, charité. Ils se mêlent à des éléments personnels ; ils deviennent impurs.

Et la pureté du sentiment ne se limite pas à la bonté et à la douceur. Nous voyons de la haine et de la violence dans le geste du Christ, lorsqu'il chassa les changeurs du temple. La haine peut être un sentiment pur. Mais elle ne doit avoir rien de personnel attaché à elle.

Toute la création, toutes les formes d'art étaient à l'origine des instruments de connaissance.

RESPIRATION
PRIEURÉ
SAMEDI, LE 10 FÉVRIER 1923

Essayez progressivement de comprendre le principe de la respiration pendant le mouvement. Comprendre doit être un processus graduel, car ayant acquis une compréhension pratique d'une seule chose, nous allons passer à une autre. Pour le moment, on ne parle que de la respiration liée à un mouvement. Essayez par divers mouvements de votre propre invention et initiative de vous entraîner, quand vous faites des mouvements avec vos bras, d'inspirer et d'expirer d'une manière correspondante.

Pour les bras. Pour une moitié d'entre vous, lorsque vous bougez vos bras et les muscles de votre thorax sont tendus, les poumons doivent être remplis d'air, donc vous devez à ce moment-là inspirer de l'air dans vos poumons, pour ne pas les laisser vides. Lorsque les muscles sont tendus, les poumons ne doivent en aucun cas être vides, et l'air ne doit pas être exhalé.

Et pour l'autre groupe de personnes, c'est l'inverse : avec la même tension des muscles du thorax, les poumons doivent être vides ou vous devriez expirer.

Le thorax peut être dilaté par trois moyens : (1) par l'air, (2) par l'inflation, et (3) par la contraction musculaire. La différence entre eux est la suivante.

Il est très important de comprendre que lorsque nous utilisons le mot « air, » nous entendons l'inhalation normale par laquelle le thorax se dilate. Mais il peut y avoir une expansion artificielle. Cela inclut l'abdomen, les intestins, les tensions intérieures et locales, toutes les variétés d'expansion artificielle. Elle peut être consciente ou mécanique. L'expansion mécanique peut être due : (1) à l'habitude ; (2) un homme peut être habitué à serrer son estomac par sa ceinture ; lorsque la ceinture n'est pas dans le rythme de ses changements de respiration, mais l'habitude est gardée, l'air reste, même si le rythme a changé ; les intestins sont pressés.

Il est très important de faire la distinction entre inflation et expansion par l'air. Nous devons bien comprendre le principe de l'expansion du thorax. Nous avons dit qu'il est provoqué par la respiration, l'inflation et la contraction musculaire. Ainsi, il existe trois façons de produire l'expansion.

Par conséquent, la première règle de la loi de la respiration consiste à apprendre à distinguer, à comprendre et à reconnaître les trois. Et si nous l'appliquons dans la pratique, ce que nous avons l'intention de faire, nous devons, en même temps, veiller à ce que, dans un groupe de personnes, la respiration procède d'une certaine manière, et dans l'autre groupe d'une autre manière.

Par conséquent, notre tâche sera, tout d'abord, de comprendre par la pratique et l'observation la première méthode et ensuite seulement de commencer à étudier la seconde. Premièrement, nous devons comprendre sans respirer, et plus tard, ayant compris, nous devons apprendre à faire des mouvements variés afin d'acquérir l'habitude d'utiliser l'air d'une manière correcte . . . telle qu'exigée par un mouvement donné des armes. Maintenant, nous allons tous faire cet exercice, et si quelqu'un ne comprend pas, qu'il vienne me voir séparément.

Il y a deux processus dans la respiration : l'expansion et la contraction du thorax. Cela peut être dû à trois causes bien distinctes. La première cause—l'air. La deuxième—les facteurs extérieurs. La troisième—la tension générale inévitable.

Nous ne parlons pas de la respiration maintenant, mais des apparences ; nous ne parlons pas du mouvement de l'air.

Contraction des muscles . . . l'inflation produit un aspect opposé.

LIBÉRATION, IDENTIFICATION
PRIEURÉ
MARDI, LE 13 FÉVRIER 1923

La libération conduit à la libération.

Ce sont les premiers mots de la vérité, la vérité non pas entre guillemets, mais dans le vrai sens du mot. Une vérité qui n'est pas seulement théorique, qui n'est pas juste un mot, mais la vérité qui peut être réalisée en pratique. Le sens de ces mots peut être expliqué plus en détail comme suit :

Par libération, on entend cette libération qui est le but de toutes les écoles, de toutes les religions, depuis toujours. Ces mots sont utilisés dans deux sens—nous parlons maintenant du second sens.

Cette libération peut en effet être très grande. Tous les hommes la désirent, la pourchassent. Mais elle ne peut pas être atteinte sans la première libération, une moindre libération. *La grande libération est la libération des influences extérieures. La moindre libération est la libération des influences qui sont en nous.*

Dans un premier temps, pour les débutants, cette petite libération paraît grande, car un débutant dépend très peu des influences extérieures. Seul un homme qui est devenu libre des influences intérieures tombe sous les influences extérieures.

Les influences intérieures empêchent un homme de tomber sous les influences extérieures. Peut-être est-ce mieux ainsi. Les influences intérieures, l'esclavage intérieur proviennent de nombreuses sources variées et de nombreux facteurs indépendants, indépendants en ce sens que, dans un cas, il s'agit d'une chose et dans un autre cas d'une autre, car nous avons beaucoup d'ennemis.

Ils sont si nombreux que la vie ne serait pas assez longue si nous devions lutter avec chacun d'eux et nous libérer de chacun d'eux séparément. Il nous faut donc trouver une méthode, une ligne de travail qui nous permette simultanément de détruire le plus grand nombre possible d'ennemis qui sont en nous et dont proviennent ces influences.

J'ai dit que nous avions beaucoup d'ennemis indépendants, mais les plus importants et les plus actifs sont deux—la vanité et l'amour-propre. Un enseignement les appelle même des représentants et des messagers de Belzébuth lui-même. Pour une raison quelconque, ils sont aussi appelés *Mme Vanité* et *M. Amour-propre*. Comme je l'ai dit, ils sont nombreux. Je n'ai mentionné que deux comme étant les plus caractéristiques. Pour le moment, il est difficile de les énumérer tous. Il serait difficile pour un médecin de travailler sur chacun d'entre eux directement, spécifiquement, et cela prendrait beaucoup de temps, car ils sont si nombreux. Nous devons donc les affronter indirectement afin de nous libérer de plusieurs d'entre eux à la fois.

Ces représentants du diable se tiennent sans cesse sur notre seuil (qui nous sépare de l'extérieur) et empêchent aussi bien les bonnes que les mauvaises influences extérieures d'entrer. Ainsi ont-ils un bon côté et un mauvais côté.

Pour un homme qui modère son désir de recevoir des influences, il est avantageux d'avoir ces veilleurs. Mais, si pour une raison quelconque un homme veut que d'autres influences entrent aussi, quelles qu'elles soient (car il est impossible de ne sélectionner que les bonnes—celle-ci est une autre question), il doit se libérer autant que possible, et à la fin complètement, de ces veilleurs, que certains considèrent comme indésirables.

Pour cela, il existe de nombreuses méthodes, un grand nombre de moyens. Personnellement, je conseille beaucoup d'entre vous d'essayer de vous libérer et de le faire sans théorisation inutile, mais simplement en utilisant un raisonnement simple, un raisonnement actif avec vous-mêmes.

Grâce à un raisonnement actif cela est possible, mais si quelqu'un ne réussit pas, s'il ne parvient pas à le faire par cette méthode, alors il n'y a pas d'autres moyens pour ce qui va suivre.

Prenez, par exemple, l'amour-propre, qui occupe près de la moitié de notre temps et de notre vie. Si quelqu'un (ou quelque chose) a blessé notre amour-propre de l'extérieur, alors non seulement à ce moment-là, mais longtemps après, son élan ferme toutes les portes, et donc tient la vie à l'écart. La vie est dehors. Quand je suis connecté avec l'extérieur, je vis. Si je ne vis qu'à l'intérieur de moi, ce n'est pas une vie. Tout vit ainsi. Quand je m'examine, je me connecte avec l'extérieur.

Par exemple, maintenant je suis assis ici. M. est ici, et K. aussi— nous vivons ensemble. M. m'a traité d'imbécile—je suis offensé. K.

m'a jeté un coup d'œil dédaigneux—je suis offensé. J'analyse, je suis blessé et je ne vais pas me calmer et me reprendre pendant longtemps.

Toutes les personnes sont touchées de la même façon, toutes ont des expériences similaires tout le temps. Une expérience cesse, mais à peine a-t-elle cessé qu'une autre commence, de la même nature. Notre machine est agencée de telle sorte qu'il n'y ait pas différents endroits où des choses différentes puissent être expérimentées simultanément. Nous avons un seul endroit pour nos expériences psychiques. Et donc, si cet endroit est occupé avec des expériences de ce genre, il ne saurait être question pour nous d'avoir les expériences que nous désirons.

Et si certaines réalisations ou libérations sont censées nous amener à certaines expériences, ensuite, si les choses restent comme elles sont, elles ne le feront pas.

M. m'a traité d'imbécile. Pourquoi devrais-je être offensé ? Je ne prends pas offense, ces choses ne me blessent pas. Non pas parce que je n'ai pas d'amour-propre, peut-être en ai-je plus que quiconque ici. Peut-être est-ce précisément cet amour-propre qui ne me laisse pas être offensé.

Je pense, je raisonne d'une manière exactement opposée à la manière habituelle. Il m'a traité d'imbécile. Est-il nécessairement un sage ? Il peut être lui-même un imbécile ou un fou. On ne peut pas demander de la sagesse à un enfant. Je ne peux pas lui demander de la sagesse à lui. Son raisonnement a été stupide. Soit quelqu'un lui a dit quelque chose sur moi, soit il s'est formé sa propre opinion insensée comme quoi je suis un imbécile—tant pis pour lui. Je sais que je ne suis pas un imbécile, il ne m'offense pas. Si un imbécile m'a traité d'imbécile, je ne suis pas affecté à l'intérieur.

Mais si dans un cas donné, j'ai été un imbécile et je suis traité d'imbécile, je ne suis pas blessé parce que ma tâche est de ne pas être un imbécile (je suppose que c'est le but de tout le monde). Donc, il me rappelle, il m'aide à comprendre que je suis un imbécile et que j'ai agi stupidement. Je vais y penser et peut-être que je n'agirai pas bêtement la prochaine fois.

Donc, je ne suis blessé dans aucun des cas.

K. m'a jeté un regard méprisant. Cela ne m'offense pas. Au contraire, je suis désolé pour K., désolé à cause du sale coup d'œil qu'il m'a jeté. Car un sale coup d'œil doit avoir une raison derrière. Peut-il avoir une telle raison ?

Je me connais. Je peux en juger par ma connaissance de moi-même. Il m'a jeté un sale regard. Peut-être que quelqu'un lui a dit quelque chose qui l'a déterminé à se former une telle opinion de moi. Je suis désolé pour lui qui est à tel point un esclave qu'il me regarde à travers les yeux des autres. Cela prouve qu'il n'est pas. Il est un esclave et donc il ne peut pas me faire de mal. Je dis tout cela comme un exemple de raisonnement.

En fait, le secret et la cause de toutes ces choses réside dans le fait que nous ne nous possédons pas nous-mêmes, pas plus qu'un véritable amour-propre. L'amour-propre est une bonne chose. Si l'on envisage l'amour-propre tel qu'on le comprend généralement, ou répréhensible, alors, inversement, le vrai amour-propre que, malheureusement, nous ne possédons pas, est souhaitable et nécessaire.

L'amour-propre est le signe d'une haute opinion de soi-même. Si un homme a de l'amour-propre, ce fait prouve ce qu'il est. Comme nous l'avons dit plus tôt, l'amour-propre est un représentant du diable, il est notre principal ennemi, le principal frein à nos aspirations, à nos réalisations. L'amour-propre est l'arme principale du représentant de l'enfer.

L'amour-propre est un attribut de l'âme. Par l'amour-propre, on peut discerner l'esprit. L'amour-propre indique et prouve qu'un homme donné est une particule du ciel. L'amour-propre est « je. » « Je » est Dieu. Par conséquent, il est souhaitable d'avoir l'amour-propre.

L'amour-propre est l'enfer et l'amour-propre est le paradis. Ces ceux-là, portant le même nom, sont extérieurement semblables, mais totalement différents et opposés l'un à l'autre dans l'essence. Mais, si l'on regarde superficiellement et on continue ainsi toute la vie, on ne saura jamais distinguer l'un de l'autre.

Il existe un dicton : « Celui qui a de l'amour-propre se trouve à mi-chemin de la liberté. » Pourtant, si l'on prend ceux qui sont assis ici, tout le monde est plein à craquer d'amour-propre !

En dépit du fait que nous sommes pleins à ras bord d'amour-propre, nous n'avons pas encore atteint le moindre brin de liberté. Notre objectif doit être d'avoir de l'amour-propre. Si nous avons de l'amour-propre, par ce fait même, nous nous délivrerons de beaucoup d'ennemis en nous. Nous pouvons même nous délivrer de ces deux principaux ennemis—M. Amour-propre et Mme Vanité.

Comment faire la distinction entre un type d'amour-propre et l'autre ? Nous avons dit qu'en surface, il est très difficile. Il en est ainsi quand on regarde les autres ; quand nous nous regardons nous-mêmes, c'est encore plus difficile.

Dieu merci, nous, qui sommes assis ici, nous sommes à l'abri de cette confusion. Nous avons de la chance. La protection réside dans le fait que l'autre est totalement absent, donc la confusion est impossible.

Au début de la conférence, j'ai utilisé les mots : « Dans le *raisonnement actif.* »

Le raisonnement actif devrait être appris dans la pratique, il devrait être pratiqué longtemps et dans de nombreuses façons variées. Maintenant, vous devez commencer par prendre un fait concret, passé ou présent, lié à quelque insulte ou à l'amour-propre blessé. Et que chacun de vous pratique le raisonnement sur ce sujet avec l'aide d'un ou deux autres, ou de vous tous. Étant donné que chaque fait concret sera soumis à une analyse approfondie, je vous conseille de faire un choix judicieux. Chacune des personnes présentes doit choisir un fait et le préparer. Je vais soit procéder à un tirage au sort soit vous appeler tout simplement et le discuter publiquement. Par conséquent, chaque personne qui vient ici doit avoir un fait préparé à l'avance et non pas un événement inventé, mais quelque chose qui s'est vraiment produit.

LA SÉPARATION DE SOI-MÊME A SOI-MÊME
ÊTRE UN CHRÉTIEN
MERCREDI, LE 28 FÉVRIER 1923

Beaucoup de choses ont été dites à des moments différents, mais beaucoup de choses dont j'ai parlé ne sont pas faites ; les autres, les gens continuent à les faire. Que personne ne pense que j'ai oublié l'un d'eux, ou que tout sera autorisé à rester sans conséquences. Tout ce qui a été dit à des moments différents, et quiconque parmi vous n'a pas rempli ce qui était référé à lui-malheur à lui, le moment venu. Parce que les choses ont été dites à des moments différents afin de les mettre en pratique peu à peu afin de pouvoir les assembler maintenant. Si ces parties ne sont pas remplies, l'assemblage ne peut être accompli non plus. Même si une petite partie, une toute petite, manque, le collage ne fonctionnera pas.

Tant qu'un homme ne se sépare pas de lui-même, il peut rien atteindre et personne ne peut l'aider. Se gouverner soi-même est une chose très difficile—c'est un problème d'avenir ; il a besoin de beaucoup de puissance et cela exige beaucoup de travail.

Mais cette première chose, se séparer de soi-même, ne nécessite pas beaucoup de force ; il a besoin seulement du désir, le désir sérieux, le désir d'un homme adulte. Si un homme ne peut pas le faire, cela montre qu'il n'a pas la volonté d'un homme adulte. Par conséquent, cela prouve qu'il n'a rien à faire ici. Ce que nous faisons ici ne peut être convenable que pour les hommes matures.

Notre esprit, notre pensée, n'a rien en commun avec nous, avec notre essence—pas de connexion, pas de dépendance. Notre esprit vit par lui-même, et notre essence vit par elle-même. Quand nous disons «se séparer de soi-même, » cela signifie que l'esprit doit se démarquer de l'essence.

Notre faible essence peut changer à tout moment, car elle dépend de nombreux facteurs : de la nourriture, de notre environnement, du temps, de la météo, et d'une multitude d'autres causes. Mais l'esprit dépend de très peu d'influences et ainsi, avec un peu d'effort, il peut être conservé dans la direction désirée.

Chaque homme faible peut donner la direction voulue à son esprit. Mais il n'a aucun pouvoir sur l'essence ; de la grande puissance est nécessaire pour donner une direction à l'essence et de le garder sur cette direction. (Le corps et l'essence sont le même diable.) L'essence de l'homme ne dépend pas de lui : il peut être de bonne humeur ou de mauvaise humeur, irritable, gai ou triste, excitable ou placide. Toutes ces réactions peuvent se produire indépendamment de lui. Un homme peut être contrarié parce que quelqu'un l'a poussé. Ou il peut être contrarié parce qu'il a mangé quelque chose qui lui a produit cet effet.

S'il n'a pas acquis des accomplissements spéciaux, rien peut être exigé de lui. Par conséquent, on ne peut pas attendre de lui plus que ce qu'il a. D'un point de vue purement pratique, un homme n'est certainement pas responsable à cet égard, ce n'est pas de sa faute qu'il est ce qu'il est.

Donc, je ne prends pas ce côté en considération, car je sais que vous ne pouvez pas attendre d'un homme faible quelque chose qui exige de la force. On peut faire des demandes à un homme uniquement en conformité avec la force qu'il possède pour les remplir.

Bien entendu, la majorité des personnes présentes sont ici parce qu'ils manquent de cette force et sont venus ici pour l'acquérir. Cela prouve qu'ils veulent être forts, et ainsi la force n'est pas exigée d'eux.

Mais je parle maintenant de l'autre partie de nous—l'esprit. En parlant de l'esprit, je sais que chacun de vous a assez de force, chacun de vous peut avoir la force et la capacité d'agir non pas comme il le fait maintenant.

L'esprit est capable de fonctionner de façon indépendante. Il a également la capacité de s'identifier avec l'essence, de devenir une fonction de l'essence. Pour la majorité de ceux qui sont présents leur esprit ne cherche pas à être indépendant, mais c'est toujours simplement une fonction.

Je répète, *chaque homme adulte peut atteindre cet objectif ; tous ceux qui ont un fort désir peuvent le faire. Mais personne ne tente, et ainsi, en dépit du fait qu'ils ont été ici si longtemps, en dépit même du désir qu'ils avaient si longtemps avant de venir ici, ils sont toujours à un niveau inférieur à celui d'un « chef de ménage » qui est, le niveau d'un homme qui n'a jamais l'intention de faire quoi que ce soit.*

Je le répète—à l'heure actuelle, nous ne sommes pas capables de contrôler nos états et donc cela ne peut être exigé de nous. Mais quand nous acquérons cette capacité, les demandes correspondantes seront faites.

Afin de mieux comprendre ce que je veux dire, je vais vous donner un exemple. Maintenant, dans un état calme, en ne pas réagissant à quelque chose ou quelqu'un, je décide de me mettre la tâche d'établir une bonne relation avec M. B., parce que j'ai besoin de lui à des fins commerciales et que je peux faire ce que je veux faire seulement avec son aide. En même temps, je déteste M. B. parce qu'il est très désagréable. Il ne comprend rien, il est un imbécile, il est ignoble—tout ce que vous voulez.

Je suis ainsi fait que ces traits m'affectent. Même s'il me regarde simplement, je deviens irrité ; s'il dit des absurdités—je suis hors de moi. Je ne suis qu'un homme, donc je suis faible et ne peux pas me persuader que je ne dois pas être ennuyé—je vais continuer à être ennuyé.

Pourtant, je peux me contrôler, selon la gravité de mon désir de gagner ce que je veux gagner à travers lui. Si je me tiens à cette fin, à ce désir, je serai en mesure de le faire. Peu importe à quel point je serais ennuyé, cet état de désir sera dans mon esprit. Peu importe à quel point je suis furieux, ou hors de moi, dans un coin de mon esprit je me souviens encore de la tâche que je me suis fixé.

Mon esprit est incapable de me retenir de quoi que ce soit, il est incapable de me faire sentir ceci ou cela envers lui, mais il est capable de se rappeler. Je me dis : « Tu as besoin de lui, alors ne sois pas énervé ou impoli avec lui. » Peut-être que je vais le maudire, peut-être je n'irais pas chez lui, peut-être je vais même le battre, mais mon esprit va continuer à m'encourager, me rappelant que je ne devrais pas le faire. Dans le même temps l'esprit est incapable de faire quoi que ce soit.

Ceci est précisément ce que toute personne qui a un fort désir de ne pas s'identifier avec son essence peut faire. Ceci est ce que l'on entend par séparer l'esprit de l'essence.

Et qu'est ce qui se passe lorsque l'esprit devient simplement une fonction ? Si je suis maintenant ennuyé, si je perds mon sang-froid, je vais penser, ou plutôt « il » pensera conformément à ce désagrément, je verrais tout à la lumière de ce désagrément. Au diable avec ça !

Et donc je dis qu'un homme sérieux, un homme simple, ordinaire, un homme sans pouvoirs extraordinaires, mais adulte, tout ce qu'il décide, quel que soit le problème qu'il doit résoudre, ce problème restera toujours dans sa tête. Même s'il ne peut pas l'atteindre par la pratique, en théorie, il le gardera toujours dans son esprit. Même s'il est influencé par d'autres impératifs, son esprit ne va pas oublier le problème qu'il a lui-même fixé.

Il a un devoir à accomplir et, s'il est honnête, il va s'efforcer d'accomplir ce devoir, parce qu'il est un homme adulte.

Personne ne peut aider dans ce souvenir, dans cette séparation de soi-même. Un homme doit le faire pour lui-même. C'est seulement à partir du moment où un homme a cette séparation qu'un autre homme peut l'aider. Par conséquent, seulement à partir de ce moment peut l'Institut lui être utile, s'il est venu à l'Institut à la recherche de cette aide.

Vous avez probablement entendu pendant les séminaires des choses qui ont été dites sur le sujet de ce qu'un individu veut. Je peux dire que la majorité de ceux qui sont ici maintenant ne savent pas ce qu'ils veulent, ne savent pas pourquoi ils sont ici. Ils ont aucun désir fondamental. A chaque instant, chacun veut quelque chose, mais à l'intérieur de lui «la chose veut. » Je viens de dire, à titre d'exemple, que je veux emprunter de l'argent par le biais de M. B. Je peux obtenir ce que je veux seulement en faisant que ce désir soit fondamental, la principale chose que je veux. Et donc, si chacun de vous veut quelque chose, et que l'Institut sait ce que vous voulez, l'Institut sera en mesure d'aider. Mais si un homme a un million de désirs, mais n'a pas un qui est certain, alors pas un seul désir peut être satisfait, car des années sont nécessaires pour donner une chose, alors donner un million de choses. . . . Il est vrai que vouloir n'est pas facile, mais l'esprit doit toujours se rappeler de ce qu'il veut.

La seule différence entre un enfant et un homme adulte est dans son esprit. Toutes les faiblesses sont là, en commençant par la faim ; en commençant par la sensibilité, avec la naïveté il n'y a pas de différence—il y a les mêmes choses sont un enfant et dans un homme adulte. Amour, haine, tout. Les fonctions sont les mêmes, la réceptivité est la même, ils réagissent de façon égale, ils sont tous les deux susceptibles aux craintes imaginaires. Bref, il n'y a pas de différence.

La seule différence est dans l'esprit. Nous avons plus de matériel, plus de logique qu'un enfant.

Maintenant A. m'a regardé et m'a traité d'imbécile. J'ai perdu mon sang-froid et je suis allé vers lui. Un enfant fait la même chose. Un homme adulte sera tout aussi en colère, mais ne va pas le frapper, parce qu'il va se retenir. Car s'il le frappe, la police viendra, et il a peur de ce que les autres peuvent penser. Les gens vont dire : « Quel homme incontrôlé !» Ou je ne vais pas le frapper par peur qu'il courre loin de moi demain, et je besoin de lui pour mon travail. Bref, il y a des milliers de pensées. Les pensées peuvent m'arrêter, ou risquent de ne pas m'arrêter ; encore, ces pensées seront là. Un enfant n'a pas de logique, pas de matériel, et à cause de cela son esprit est seulement une fonction. Son esprit ne cessera pas de penser, chez lui ce sera « il pense,» mais ce « il pense» sera coloré avec de la haine, ce qui signifie de l'identification. Il n'y a pas de degrés précis entre les enfants et les adultes. La durée de vie ne signifie pas la maturité. Un homme peut vivre jusqu'à cent ans et pourtant rester un enfant, il peut être grand en taille et être un enfant tout de même si l'on entend par « enfant» une personne qui n'a pas de logique indépendante dans son esprit. Un homme peut être appelé « adulte» qu'à partir du moment où son esprit a acquis cette qualité.

Donc, de ce point de vue, on peut dire que l'Institut s'adresse seulement aux personnes adultes. Seule une personne adulte peut en tirer profit. Un garçon ou une fille de huit ans peuvent être des adultes, et un homme de soixante ans peut être un enfant. L'Institut ne peut pas rendre les gens adultes ; ils doivent être adultes avant qu'ils viennent à l'Institut. Ceux qui sont dans l'Institut doivent être adultes, et par ce je veux dire adulte non pas dans leur essence, mais dans leur esprit.

Avant d'aller plus loin et de parler de l'Institut, il est nécessaire d'éclaircir le fait que toute personne qui veut (lui ou elle) peut venir à l'Institut.

L'Institut peut donner très peu. Le programme de l'Institut, le pouvoir de l'Institut, le but de l'Institut, les possibilités de l'Institut peuvent être exprimés en deux mots. L'Institut peut aider « d'être en mesure de devenir un chrétien.» C'est simple ! C'est tout ! Cela peut se réaliser seulement si un homme a ce désir, et un homme aura ce désir que s'il ait un endroit où le désir constant est présent. Avant d'être capable un individu doit le vouloir.

Ainsi, il y a trois phases : vouloir, être en mesure, et être. L'Institut est le moyen. En dehors de l'Institut, il est nécessaire de vouloir et d'être. Mais ici—être en mesure.

La majorité des personnes présentes ici se disent chrétiens. Pratiquement tous sont des chrétiens entre guillemets. Examinons cette question comme des hommes adultes.

Dr. Y., êtes-vous un chrétien ? Que pensez-vous, faut-il aimer son prochain ou le haïr ? (Réponse : Il faut l'aimer.) Qui peut aimer comme un chrétien ? Il résulte qu'il est impossible d'être un chrétien. Le christianisme comprend beaucoup de choses ; nous avons pris seulement l'une d'entre elles comme exemple. Pouvez-vous aimer ou détester quelqu'un sur commande ?

Pourtant, le christianisme dit précisément cela—aimer tous les gens. Mais c'est impossible. EN même temps, il est tout à fait vrai qu'il faut aimer. Malheureusement, avec le temps, les chrétiens modernes ont adopté la seconde moitié et ont perdu de vue la première—une religion qui aurait dû la précéder. Il faut d'abord être capable, ensuite seulement on peut aimer.

Il serait très stupide de la part de Dieu d'exiger de l'homme ce qu'il ne peut pas donner.

La moitié du monde est chrétienne, l'autre moitié a d'autres religions. Pour moi, un homme sensé, cela ne fait aucune différence—ils sont tout comme les chrétiens. Par conséquent, il est possible de dire que tout le monde est chrétien—la différence ne réside que dans le nom. Et il a été chrétien non pas un an, mais des milliers d'années. Il y avait des chrétiens avant même l'avènement du christianisme. Donc, le bon sens me dit « Pendant si longtemps les hommes ont été chrétiens, et Dieu lui-même parmi eux—comment peuvent-ils être aussi stupide que d'exiger l'impossible ? »

Ce n'est pas le cas. Les choses n'ont pas toujours été comme elles sont maintenant. Les gens n'ont oublié que récemment la première moitié et par conséquent ils ont perdu la capacité de pouvoir. Et c'est donc devenu impossible, en effet.

Que chacun se demande, simplement et ouvertement, s'il peut aimer tous les hommes ? S'il a eu une tasse de café, il les aime, sinon, il ne les aime pas. Comment peut-on appeler cela christianisme ?

Dans le passé, tous les hommes n'étaient pas des chrétiens. Certaines personnes d'une seule et même famille étaient appelées chrétiens, d'autres préchrétiens, d'autres encore n'étaient pas chrétiens. Ainsi, dans une seule et même famille, il pourrait y avoir le premier cas, le deuxième et le troisième. Mais maintenant, ils sont tous des chrétiens. Il est honteux, imprudent, naïf et malhonnête de porter un nom sans justification. Un chrétien est un homme qui est capable d'obéir aux commandements. Un homme qui est capable de faire tout ce qui est exigé d'un chrétien, à la fois avec son esprit et son essence, est appelé un chrétien sans guillemets. Un homme qui, dans son esprit, veut faire tout ce qui est exigé d'un chrétien, mais qui ne peut le faire qu'avec son esprit et non avec son essence, est appelé préchrétien. Et un homme qui ne peut rien faire, même pas avec son esprit, n'est pas appelé chrétien.

Essayez de comprendre ce que j'ai voulu transmettre par tout cela—laissez votre compréhension devenir plus profonde, plus vaste.

SYMBOLOGIE
VENDREDI, LE 2 MARS 1923

Certains symboles comme l'ennéagramme, double, triangle, etc., expriment les lois universelles. Pas de mots pour celles-ci. Les mots ne peuvent au mieux que voiler la vérité. La vérité ne peut être acquise que par la force et plus de force encore. Il y a une octave entière dans chaque note et elle est divisée à nouveau en sept. Chaque substance est basée sur la loi de l'octave. L'hébreu, le persan et les systèmes égyptiens tels que nous les avons ne sont que des fragments. Le système hindou n'est qu'une philosophie. La pratique occulte est très dangereuse—il vaut mieux ne jamais essayer quoi que ce soit, même si l'apparence est inoffensive.

La loi de l'unité est reflétée dans tout. L'homme est le symbole des lois de la création ; en lui il y a évolution, involution, lutte, progrès et régression. Lutte entre positif et négatif, actif et passif, oui et non, bien et mal. Chaque lutte entre oui et non crée quelque chose qui agit sur quelque chose plus loin. Sans lutte, il n'y a aucun progrès et aucun résultat. Toute rupture d'habitude produit un changement dans la machine.

Rassemblez toutes les conférences, etc., si vous ne les rassemblez pas, rien ne collera. Aucune aide n'est donnée sans l'auto-séparation, l'intérieur de l'extérieur. Beaucoup d'élèves anciens peuvent se situer à un niveau inférieur aux nouveaux, simplement parce qu'ils ne cherchent pas à se séparer. Séparez les pensées de l'essence ; elles vivent séparément ; rejoignez-les. Les pensées sont tout simplement la personnalité. L'esprit doit connaître l'essence. Par exemple, Gurdjieff déteste certains élèves essentiellement, c'est une aversion mécanique ; mais bien sûr, il ne doit pas se laisser aller, donc l'esprit doit empêcher son essence de gouverner. Observez le soi, personne ne peut être aidée sans cela.

La différence entre un adulte et un enfant est dans l'esprit, essentiellement, ils sont tous les deux des bébés, tous les deux pareils, il n'y a que les pensées qui diffèrent. Le programme, le but, et les possibilités de l'Institut sont de nous permettre d'essayer d'être des chrétiens. Il y a trois sortes de chrétiens:

1. Celui qui veut être un chrétien.

2. Celui qui veut être en mesure de l'être.
3. Celui qui l'est.
Ce dernier, peut obéir à des préceptes chrétiens avec l'esprit et l'essence. Un préchrétien ne peut obéir qu'avec l'esprit, un bon-chrétien ne peut le faire ni avec l'esprit ni avec l'essence.

L'ÉQUIPAGE
MARS 1923

L'homme peut être comparé à un équipage, le chariot étant le corps, le cheval ses sentiments, le conducteur son esprit. Le maître à l'intérieur, avec ses propres rênes, la connexion entre ses sentiments et l'esprit. La communication entre le maître et le conducteur, c'est la conscience.

Si l'homme est normal, le chariot doit être en bon état et capable d'une grande endurance ; le cheval, rapide et fort, alerte et obéissant, le conducteur en mesure de contrôler le cheval, de comprendre le fonctionnement de la voiture et de connaître les routes, etc., le maître devrait être en mesure de communiquer avec le conducteur.

Mais dans notre condition, nous avons un chariot rouillé et grinçant par manque d'utilisation, même avec des écrous et des boulons manquants; un cheval qui est soit paresseux et faible soit «capricieux» et désobéissant; un conducteur qui ne connaît ni le mécanisme du chariot, ni les conditions des routes, ni la façon de conduire, et qui n'a aucun contrôle sur le cheval; et un «maître» soucieux de continuer son chemin, mais emprisonné dans le chariot et incapable de communiquer avec le stupide conducteur. Et d'ailleurs, les arbres sont brisés, les rênes sont faites en corde, et la communication entre le maître et le conducteur est sans espoir. Parfois, quelque chose d'extérieur frappe le cheval et il se met à galoper ; le conducteur se réveille, s'accroche, terrifié, pour ne pas tomber, mais le cheval courant sauvagement fait bientôt atterrir le chariot dans un fossé, cassé, et le conducteur meurtri roule dans la boue. Alors seulement il peut écouter le maître, donc il s'occupe, mais dès qu'il s'est remis droit, il continue à lire son journal qu'il achète avec l'argent du fourrage du cheval, s'habille dans son manteau de fourrure et chapeau haut de forme, et plein d'importance, monte sur son banc reste assis là, comme s'il était le Seigneur de l'équipage, jusqu'à ce qu'un autre accident se produise et le cheval commence à s'emballer. Pendant ce temps le maître est emprisonné dans le chariot, désolé de ne pas pouvoir poursuivre son chemin.

Le cheval ne comprend que les rênes quand ils sont tirés à droite ou à gauche. Certains peuvent être guidés en frottant une partie de leur corps, comme en Perse. Les associations les font se déplacer dans la bonne direction. Le conducteur doit connaître les parties et le caractère du chariot pour lui imprimer la direction qu'il veut. Si le conducteur reste assis sur son banc et dit simplement « Va à droite,» c'est inutile, même s'il crie. Il doit utiliser la force et tirer les rênes. Il en va de même pour nous, si l'esprit donne des ordres aux sentiments, c'est inutile. Il doit utiliser la force. Viser uniquement avec l'esprit et ne travailler qu'avec lui ne nous conduira à rien, ne fera de nous que des professionnels, hypocrites. Le changement doit être dans les sentiments et le corps. Mais ceux-ci ne se soucient pas de l'avenir. Seul l'esprit regarde de l'avant, et pourtant, c'est seulement à travers le corps et les sentiments que tout changement peut se produire, mais il n'aurait aucune valeur sans l'esprit. Nous voulons faire quelque chose, mais cela a seulement été une formulation dans la pensée et n'a conduit à aucun résultat. Même si on travaille et on étudie jour et nuit pendant trente ans, ce sera inutile, car il n'y a rien dans l'esprit capable de changer. Le changement doit avoir lieu dans le caractère du cheval et dans la capacité et l'habileté du chariot. C'est difficile en raison de l'éducation et de la formation défectueuse, nous sommes incapables de faire la distinction entre les différentes parties du corps et de l'esprit, et donc il nous est difficile d'établir la connexion entre nos parties, et plus difficile encore de les faire changer leur façon de vivre. Nous n'avons pas de langage pour cela. Nature nous a donné une langue par laquelle il serait très facile de réaliser cet accord, mais chez la plupart d'entre nous cette langue commune est atrophiée. Nous devons donc l'obtenir par quelque moyen indirect. Chacun doit trouver sa propre voie pour établir cette connexion entre les différentes parties. C'est difficile et cela ne peut pas être fait d'un coup. Un exercice général de méthode sera donné à tous, mais des exercices spécifiques seront donnés uniquement à ceux qui travaillent sérieusement et essayent de trouver le chemin du travail. Ceux qui sont paresseux ne voient jamais ce qui est nécessaire dans la réalité. À ceux qui ont assisté à des conférences on leur a déjà dit de «se souvenir d'eux-mêmes.» Ceux qui le font ont trouvé que c'était très facile avec l'esprit. En fait c'est impossible. Ce que l'on entend par là est qu'il faut se souvenir de nous-mêmes avec nos sentiments, corps et sens, mais en aucun cas, avec notre esprit—notre esprit n'est pas nous-mêmes, mais une partie minuscule qui a un lien avec nous, de sorte que très peu de matériel est donné à l'esprit par notre propre organisation. Si le corps et les sentiments reçoivent l'élément nécessaire, disons vingt parties, l'esprit reçoit seulement une partie. L'esprit conduit et veut aller quelque part, mais le corps et les sentiments ne souhaitent pas changer, cependant il est très nécessaire que le changement se produise en eux. Pour l'esprit, vouloir changer est comme l'arrimage de la mer. Le changement doit absolument venir à travers le corps et les sentiments. Le conducteur doit connaître les points faibles du cheval et du chariot. Tout comme un conducteur ne peut être appelé un équipage, ni le cheval et le chariot tous seuls ne peuvent être appelé ainsi. Le travail de l'esprit est irréel—il ne mène à rien de réel—et nous rend psychopathes et malades mentaux. Les sentiments et les corps ne pensent qu'au présent. La construction est telle qu'ils ne sont pas connectés. La valeur de l'esprit est qu'il regarde au-delà du présent. Rien ne peut se faire sans l'esprit, et vice versa.

Accidentellement, nous faisons des efforts par l'esprit, mais nous ne pouvons atteindre rien de positif sans le corps et les sentiments. Nous devons reconnaître la nature distincte du corps et de l'esprit et aussi l'absence du langage commun. Le mental est comme une lampe électrique et peut continuer aussi longtemps qu'il y a de l'énergie dans l'accumulateur. Une fois que nous avons réinstallé la vérité dans l'esprit nous devons essayer de rendre d'autres parties intéressées et familières avec le désir et nous devons commencer à leur enseigner et à les aider. On ne peut pas les ramener à la raison d'un coup, la vie et les pensées nous en empêchent. Il faut même les duper pour commencer. Des parties de nous ne vivent que par l'instinct animal. Les qualités dérivées de la nature sont devenues engourdies et atrophiée, mais elles n'ont pas été tuées. Il y a la possibilité de les raviver, mais les vices doivent d'abord être éliminés.

La croissance ne peut commencer que par l'essence ; c'est à partir de là uniquement que nous devons travailler. La personnalité doit devenir obéissante et passive d'abord.

DIMANCHE DES RAMEAUX, LE 25 MARS 1923

Apprenez par cœur les mots suivants:

1. Jeûne.
2. Prière.
3. Passion.
4. Repentir.
5. Confession.
6. Communion.
7. Pardon.
8. Souffrance.
9. Sérénité.
10. Mort.
11. Vie.

Jeûne. Par lui-même le jeûne n'a pas de sens. Le jeûne est utilisé comme un moyen de modifier le métabolisme et, par conséquent de modifier le rythme de la vie et du mouvement en nous. Le jeûne n'est pas pour l'amour de quelqu'un, ou pour l'honneur d'un saint. Le jeûne est sans exception pour soi-même. Il est nécessaire de jeûner avec un but et une intention. De nos jours, les jeûnes sont habituellement effectués dans les différentes religions comme une coutume, sans aucun sens, sans conscience; les gens jeûnent parce qu'ils ont jeûné avant, mais pratiquement personne n'a pensé aux raisons. Ce jeûne n'est d'aucune utilité et il faut être un imbécile pour jeûner de cette façon. On dit que le jeûne est purifiant. Mais un mot est laissé de côté. Il faudrait dire : Le jeûne est un moyen de purification. L'action du jeûne est la purification. Mais quelqu'un doit purifier, et ce n'est pas un saint. Le jeûne peut être un moyen de purification, si pendant le jeûne certaines mesures conscientes sont prises.

Prière. Cela veut dire penser dans une certaine direction déterminée, quel qu'en soit le sujet. Il existe deux types de prière. Il y a deux mots pour les désigner. À l'heure actuelle un seul mot est utilisé. Je ne sais pas dans quelle langue désigner l'autre; il n'existe pas en russe. Appelons-le « X. » Ces deux mots sont identiques quant à

278

l'action (dans le sens de l'action exprimée par eux). La différence est seulement dans la qualité de l'action et dans la direction.

Passion. Quelqu'un a-t-il pensé à ce qu'est la passion et à ce que l'on entend par ce mot? P.D.—définir le sens du mot « passion. » Réponse—La signification est double: (1) dans le sens de la passion humaine, et (2) dans le sens de la souffrance.

En fait, elle n'est ni l'une ni l'autre. La passion est le nom donné à une certaine activité. Les mots « la Passion de Notre Seigneur » ne correspondent aucunement au sens où ces mots sont habituellement compris. Si vous souhaitez formuler exactement le sens du mot «passion,» cela peut se faire en deux mots. Il y a une expression en russe : « les tiraillements de la conscience. » L'activité qui a lieu pendant les tiraillements de la conscience, physiologiquement, mécaniquement, est un état appelé « passion. » Les deux mots—passions humaines et la passion de notre Seigneur—dans leur vrai sens sont une seule et même chose. Ces mots que nous connaissons bien signifient réellement cet état, et en outre, si quelqu'un parvient à examiner librement les circonstances pour la description desquelles ce mot a été utilisé, il verra que ce mot est utilisé d'une manière précise et qu'aucun autre mot ne pourrait y être utilisé.

L'explication de ce mot ne sera pas exacte aussi longtemps que nous l'utilisons dans le sens auquel nous sommes habitués. Nous verrons que dans des descriptions similaires, le mot «passion» est appliqué à cet état en nous qu'on appelle les tiraillements de conscience. Donc la passion, c'est les tiraillements de la conscience. Celui qui comprend les tiraillements de conscience, comprendra le mot « passion. » Pour la plupart des gens le goût de cette fonction est inconnu. Pour la plupart des gens cet état peut ne pas exister et ils ne le comprennent que théoriquement. Pour une définition finale du mot passion, il est nécessaire d'ajouter le mot pareil à les tiraillements de la conscience, puisque nous utilisons trop souvent l'expression les tiraillements de la conscience et nous sommes habitués à prendre son sens trop superficiellement. La passion est un état semblable aux tiraillements de la conscience.

Repentir. En s'expliquant à soi-même la signification du mot « passion, » il est facile de le confondre avec le mot « repentir. » Le premier est un processus; le second (le repentir) est le résultat de cette activité.

La confession, est comprise comme suit: Nous allons voir le prêtre, nous lui racontons tous nos péchés et par sa médiation nous recevons le pardon pour ceux-ci. La confession est quelque chose de très bon et d'essentiel. Il est impossible de faire quoi que ce soit sans confession, à condition qu'elle ne soit pas utilisée de la manière dont on le fait actuellement. La confession a existé dans toutes les religions comme un moyen indispensable pour tout. Malheureusement, il y a longtemps, très vite après la montée de la religion chrétienne, cette activité a été reprise par la police et elle est devenue une de leurs méthodes les plus sûres, et donc le sens originel de la confession a été oublié. Lorsque, dans certains endroits, l'utilisation des aveux par la police a cessé, la confession est passée entre les mains des prêtres pour obtenir de l'argent.

(Si l'Institut continue d'exister, à partir de demain la langue officielle de l'Institut sera le grec ancien.)

Les vrais chrétiens jeûnaient et jeûnent pendant le Carême de la manière suivante: les trois premiers jours, ils ne mangent rien. Ces trois jours sont appelés d'après le fondateur du Carême chrétien qui précède les Pâques. C'est saint Théodore qui fut le fondateur. Pendant ces trois jours, ils ne mangent absolument rien, mais malheur à celui qui commence directement avec le jeûne de saint Théodore. En réalité, le Carême commence une semaine avant ce jour. Ainsi, il ne dure pas cinquante, mais cinquante-sept jours. Une semaine avant le jeûne de saint Théodore, les chrétiens arrêtent de manger tout ce qui pourrait rester entre leurs dents. C'est une semaine sans viande.

Lorsque le carême est respecté correctement, pendant ces cinquante jours aucun être vivant n'est consommé, qu'il soit de l'air, de la terre ou sous la terre. On peut également ne pas manger de poisson. Le poisson ne peut être consommé que deux fois durant le Carême. Parmi les chrétiens orthodoxes, seuls les Russes mangent du poisson pendant le Carême. Aucun chrétien ne mange du poisson pendant le Carême.

MARDI, LE 3 AVRIL 1923

Le jeûne, la prière, la passion, la pacification, la confession, le pardon, le châtiment, le repentir, la mort, la résurrection, la vie. Le jeûne modifie le métabolisme, c'est un moyen de purification, aujourd'hui c'est juste une coutume. La plupart des facultés dites surnaturelles sont:

1. Mécaniques, instinctives, par la contraction musculaire.
2. Par les fluctuations moléculaires du centre émotionnel.

Tout mouvement dans un seul centre est immédiatement répercuté à tous les centres, et à toutes les parties de l'être par « vagues. » ... Pensez à un objet, par exemple, et le corps est involontairement attiré vers lui. En pratique, on peut être en mesure, en touchant la main des autres ou en regardant leur corps, de lire leurs pensées. Trois types de hiéroglyphes:

1. Des lettres uniquement.
2. Des mots.
3. Des expressions.

Notre scénario du premier type. Vers 8000 avant JC, une civilisation de la Chine à l'Europe, avec Bagdad comme centre. Elle connaissait l'écriture. À l'Est de Bagdad on écrivait de droite à gauche, à l'Ouest de Bagdad, de gauche à droite, au Nord, de haut en bas, au Sud, du bas en haut, à Bagdad, on écrivait dans des cercles de plus en plus larges.

ASTUCES
PRIEURÉ
1923

Jusqu'à présent, notre attention s'est concentrée principalement sur les mouvements. Maintenant, les mouvements occuperont une place secondaire. Nous allons maintenant étudier la manière d'être en mesure de produire diverses astuces, demi-tours et phénomènes authentiques qui sont appelés surnaturels.

D'emblée, chacun de vous est tenu, comme condition obligatoire pour tous, de ne jamais et en aucun cas divulguer à quiconque, que ce soit sa propre famille, des visiteurs, des étrangers ou même sa femme, ce qui lui sera expliqué à lui personnellement.

Ce point est très important aussi parce que les choses qui vont être pratiquées—astuces, demi-tours et phénomènes authentiques— seront les mêmes à un regard superficiel pour toute personne qui n'a aucune connaissance de telles choses. Nous serons les seuls à savoir la différence. Il est nécessaire de se creuser la tête pour essayer de faire la distinction entre ce qui est authentique et ce qui n'est pas authentique. Cette étude est l'une de ces choses qui nous apprennent à avoir l'esprit vif, à apprendre à distinguer entre le vrai et le faux, et à cesser d'être naïf.

Il est tout à fait vrai que la lecture de la pensée est possible. Elle peut être atteinte par de nombreux moyens et méthodes différentes qui peuvent être authentiques, des demi-tours ou des astuces.

Beaucoup de gens ont probablement vu le transfert soi-disant magnétique de pensées. Par exemple, l'une des méthodes les plus connues est de tenir la main de l'autre personne, de la regarder dans les yeux et de suggérer. Et en effet, il est possible de suggérer des pensées. Il y a un autre transfert, inconscient, de chaque côté. Il lit mes pensées seulement il ne le fait pas par la pensée, mais par la contraction musculaire. Nous l'appellerons demi-tour. Et il y a encore une autre, quand je suggère à l'autre . . . Voici ce que nous commençons maintenant à apprendre, l'ABC. Je le lui ai transmis tranquillement et discrètement. On peut le faire presque sans pression—c'est l'une des milliers de méthodes.

Les choses seront montrées à tout le monde: à quelques-uns—

des tours, à d'autres, des choses authentiques. Chaque personne apprendra. Mais personne ne doit le transmettre à d'autres. Chacun doit utiliser son propre cerveau, mais seulement pour soi-même.

PROLONGATION DE LA VIE, L'HORLOGE
PRIEURÉ
SAMEDI, LE 12 MAI 1923

QUESTION : Est-il possible de prolonger la vie ? Est-ce que cette possibilité existe ?

RÉPONSE : Oui, c'est possible, mais pas comme les gens le pensent. La vie humaine est comme le mécanisme d'une horloge. Tout comme il existe différents types d'horloges : des horloges qui doivent être remontées une fois par jour, une fois par semaine, une fois par mois, une fois par an, en fonction de leur système, les systèmes des gens peuvent également varier.

Le système d'un homme est déterminé à sa naissance. Tout le monde n'a pas le même système ; tout le monde n'a pas la même hérédité ; tout le monde n'est pas né au même moment. Le premier moment de la naissance d'un homme détermine la longueur de son ressort ; il peut vivre aussi longtemps que son ressort dure. C'est exactement comme une horloge—si le ressort est calculé pour tourner pendant vingt-quatre heures, l'horloge ne peut pas fonctionner au-delà. Et tout comme les horloges sont différentes et peuvent fonctionner une journée, une semaine, un mois et ainsi de suite, de la même façon, les gens sont différents aussi. Il y a des gens à qui il est donné de vivre un jour, plusieurs jours, un an, plusieurs années, une centaine d'années, deux cents, quatre cents ans.

Naturellement, les horloges peuvent se briser, les hommes aussi. Nous parlons d'une vie humaine normale. Les accidents imprévus sont exclus.

Chaque homme est construit de manière unique. Il est fait par un artisan spécial. Si son ressort est calculé pour vingt ans, peu importe comment il vit, peu importe à quel point il se soigne et combien il prend soin de lui, au bout de vingt ans, il arrive à sa fin. Les horloges ont un avantage—elles peuvent être remontées à nouveau, ce qui est impossible pour l'homme une fois que son ressort est épuisé. Tout le monde est familier avec le mécanisme d'une horloge. Il dispose d'un ressort en spirale, fait pour durer, disons, vingt-quatre heures. Si je le touche l'horloge fonctionnera pendant vingt-quatre heures.

Chaque ressort a un régulateur. En avez-vous jamais vu un ? S'il

284

est retiré, le ressort peut se dérouler en quelques secondes. Mais il est possible de faire une horloge conçue pour vingt-quatre heures de fonctionner quarante-huit ou soixante-douze heures et ainsi de suite, en réajustant le régulateur. Bien sûr, l'horloge sera lente, mais elle fonctionnera tout de même.

Tout comme le ressort d'une horloge, chacun de nos centres à un arrangement similaire aux bobines avec du fil de coton enroulé autour d'elles. La longueur d'un fil peut être d'un million de mètres, celle d'un autre, d'une centaine de mètres, celle d'un troisième, de dix mètres et ainsi de suite.

Les bobines sont toujours en cours de déroulement et au moment où elles sont toutes déroulées, la vie d'un homme arrive à son terme. Donc, si, par exemple, la longueur du fil est de cinq cents mètres et cinq cents mètres sont déroulés en un an, alors la durée de vie de l'homme est d'une année ; s'il déroule deux cent cinquante mètres par an, la durée de sa vie est de deux ans ; cinquante mètres—dix ans, et ainsi de suite.

Je le répète, tout comme les horloges, les gens peuvent être de différentes marques. Quels que soient les efforts d'un homme, même s'il est placé dans une cage de verre, quand vient son temps, le ressort est épuisé. Et une fois que le mécanisme est mort, quelque propre et intact qu'il soit, quels que soient vos efforts de le réchauffer, de souffler dessus— si le ressort en spirale manque—l'homme a disparu.

Pourtant, je peux faire quelque chose pour vivre plus longtemps. Les pensées ont une longueur définie. Je peux les dérouler très rapidement—et alors fin arrive vite, ou je peux les dérouler lentement, et la fin viendra plus lentement. Quand nous vivons comme nous le faisons, nous pensons mécaniquement et tout à fait inutilement. Nous ne pensons que très rarement quand il le faut. Donc, nous pourrions être beaucoup plus économiques.

Nous sommes vraiment comme une horloge. Disons que le régulateur d'un homme ne fonctionne pas correctement et que son mécanisme tourne trois fois plus vite que prévu. Les bobines de ses centres sont constamment déroulées. Le résultat est que, parfois, un vieil homme ne peut plus sentir, car il a déjà déroulé sa bobine de sentiments. Certaines personnes, par exemple, ne peuvent pas marcher car elles sont paralysées, mais elles peuvent penser.

Nous dépensons maintenant chacune de nos spirales—nous nous déplaçons beaucoup, nous pensons et ainsi de suite. Par exemple,

M. N. est assis, mais il dépense de l'énergie tout le temps car il ne sait pas comment s'asseoir. Mais il est possible de régler les bobines d'une manière telle qu'elles fonctionnent normalement. Une bobine peut travailler pour une centaine d'années—cent ans est la durée normale pour une bobine. En Orient, les gens vivent plus que cent ans. Dans certains endroits, j'ai vu des hommes qui étaient plus forts que moi et qui pourtant étaient âgés de quatre cents ans. Le secret est très simple. Si un homme réussit vraiment à comprendre et à apprendre à dépenser seulement autant que nécessaire, il sera en mesure d'économiser beaucoup d'énergie.

Maintenant, regardez votre pensée à l'intérieur de vous. Vous verrez que vous pensez tout le temps, les associations coulent sans arrêt. Maintenant, si vous commencez à penser intentionnellement, vous constaterez que vous pensez très lentement, alors que lorsque les pensées courent toutes seules, elles coulent très vite.

Comparez les deux états : le premier, lorsque nos pensées coulent rapidement, et l'autre, quand elles coulent lentement. Par exemple, nous attendons quelqu'un avec impatience. Nous sommes tout le temps occupés par cette pensée—quand est-ce que la personne que nous attendons viendra ? Qu'est-ce qui lui est arrivé, pourquoi n'est-il pas ici ? A-t-il eu un accident ? Il nous semble que nous ayons attendu au moins une heure. Nous regardons la montre et découvrons que cinq minutes seulement se sont écoulées.

Un autre exemple : Vous êtes assis dans un fauteuil confortable. Vous êtes au repos, rien ne vous inquiète. Pour le moment, vous ne voulez pas penser à quelque chose d'important. Vos pensées coulent lentement. Il vous semble que vous soyez resté assis ainsi pendant cinq minutes, alors que vous êtes resté assis pendant une heure entière.

Le temps est nos pensées. Nous pouvons mesurer le temps par notre pensée. Si nous avons beaucoup de pensées, le temps nous semblera long. Si nous avons peu de pensées—le temps semble court. Le temps se trouve en rapport direct avec le flux des associations.

Tout comme dans le centre de la pensée, les associations vont dans d'autres centres aussi.

Le secret de la prolongation de la vie dépend de la capacité de dépenser lentement l'énergie de nos centres et *seulement intentionnellement. Apprenez à penser consciemment. Cela produit de l'économie dans la dépense d'énergie. Ne rêvez pas.*

LES TROIS POUVOIRS, L'ÉCONOMIE
PRIEURÉ
MERCREDI, LE 23 MAI 1923

L'homme a trois sortes de pouvoirs. La nature de chacune d'elle est indépendante et possède ses propres lois et composition. Mais les sources de leur création sont les mêmes.

Le premier pouvoir est le soi-disant pouvoir physique. Sa quantité et sa qualité dépendent de la structure de la machine humaine et de ses tissus.

Le deuxième pouvoir est le soi-disant pouvoir psychique. Sa qualité dépend de la faculté de penser d'un homme et du matériel qu'il contient. La soi-disante volonté et d'autres choses similaires sont des fonctions de ce pouvoir.

Le troisième est le soi-disant pouvoir moral. Il dépend de l'éducation et de l'hérédité.

Les deux premiers pouvoirs peuvent facilement changer car ils sont facilement créés. Le troisième, le pouvoir moral, est très difficile à changer, car il lui faut beaucoup de temps pour se former.

Si un homme a du bon sens et une saine logique, une action ou une autre peut changer son opinion et sa volonté. Mais changer sa nature (maquillage moral) nécessite une longue pression.

Tous les trois pouvoirs sont certainement matériels. Leur qualité et quantité de ce qui les produit. Par exemple, un homme a plus de puissance physique s'il a plus de muscles. Il en va de même pour le pouvoir psychique—il dépend de la quantité de matériel et de données d'un homme. De même, un homme peut avoir un plus grand pouvoir moral si les circonstances de sa vie contenaient beaucoup d'idées, de religion, de sentiment.

Ainsi, afin de changer quelque chose, il faut vivre longtemps. Par exemple, J. ne peut pas soulever autant que K. Bien sûr, sa force peut être augmentée, mais pas autant que celle saine, normale de K. Et il est de même pour toute chose. Les choses morales et psychiques sont également relatives.

On dit souvent, par exemple, que l'homme peut changer. Mais, comme dans le cas de la force physique, l'homme ne peut pas changer. Ce qu'il est, ce qu'il a été créé par la nature, c'est ce qu'il restera.

Ici, nous parlons d'un homme malade: s'il retrouve sa santé, bien sûr, il sera différent. *Donc l'homme ne peut pas changer; tout ce qu'il peut faire est d'accumuler, s'il veut augmenter.*

Ainsi, nous voyons que le producteur ne peut pas être augmenté, il restera le même, mais il est possible d'augmenter la production. Tous les trois pouvoirs peuvent être augmentés par l'économie et des dépenses justes. Si nous apprenons à faire ces deux choses, ce sera un exploit.

Donc, un homme gagne cette récompense s'il apprend à pratiquer l'économie et les dépenses justes. Et cela signifie qu'économiser et connaître la bonne façon de dépenser de l'énergie à tout moment rend un homme cent fois plus fort qu'un athlète. Si J. savait comment économiser et comment dépenser correctement, elle serait à tout moment cent fois plus forte que K., même physiquement.

Il en est ainsi pour tout. L'économie peut être pratiquée aussi dans les questions psychiques et morales. Examinons le pouvoir physique. Par exemple, en dépit du fait que vous utilisez maintenant des mots différents et parlez de choses différentes, *aucun de vous ne sait comment travailler. Non seulement il y a beaucoup de force dépensée inutilement dans le travail, mais elle est également dépensée lorsque vous ne faites rien. On peut économiser non seulement quand on est assis, mais aussi quand on travaille. On peut travailler cinq fois plus dur et dépenser dix fois moins d'énergie. Par exemple, lorsque K. utilise un marteau, c'est ce qu'il fait—il martèle avec son corps tout entier. Si, par exemple, il dépense dix livres de force, alors une livre est dépensée sur le marteau et neuf livres tout à fait inutilement. Pourtant, le marteau a besoin de deux livres pour produire de meilleurs résultats, et K. ne lui donne que la moitié. Au lieu de cinq minutes, il prend dix, au lieu d'une livre, il brûle deux livres de charbon. Donc, il ne travaille pas comme il le devrait.*

Asseyez-vous comme je suis assis, fermez vos poings et prenez soin de serrer vos muscles seulement ici, aussi dur que vous le pouvez. Vous voyez, tout le monde le fait différemment. Il y en a qui ont resserré leurs jambes, d'autres, leurs dos.

Si vous faites attention, ce sera fait différemment de la manière dont c'est fait dans la vie ordinaire. Apprenez quand vous vous asseyez, quand vous êtes debout, quand vous vous couchez, à tendre votre bras droit ou gauche. *[Parler à M].* Levez-vous, tendez le bras, gardez le reste de votre corps détendu. Essayez-le dans la pratique pour mieux comprendre. (Lorsque vous tirez, essayez de distinguer la tension de la résistance (bloc de bois) qui ne nécessite aucune tension.)

Je marche maintenant sans tension, en prenant soin uniquement de garder mon équilibre. Si je me tiens debout, je vais me balancer. Maintenant, je veux marcher sans dépenser de force. Je ne donne qu'une impulsion initiale à l'élan, le reste ira de soi. De cette façon, je traverse la pièce sans avoir dépensé de force. Pour cela, vous devez la laisser faire, cela ne dépend pas de vous. J'ai dit plus tôt à M. que s'il peut régler sa vitesse, cela signifie qu'il crispe ses muscles.

Essayez de tout détendre, sauf les jambes, et marchez. Portez une attention particulière à garder votre corps passif, mais la tête doit vivre, le visage doit être vivant. La langue et les yeux doivent parler.

Toute la journée, à chaque pas, nous sommes ennuyés par quelque chose, nous aimons quelque chose, nous détestons quelque chose, et ainsi de suite. Maintenant, nous détendons consciemment certaines parties de notre corps et nous tendons consciemment d'autres. Pendant la pratique, nous le faisons avec plaisir. Chacun de nous est capable de le faire plus ou moins, et chacun est sûr que plus il le pratique, plus il sera en mesure de le faire. Tout ce dont vous avez besoin, c'est la pratique; vous ne devez que vouloir le faire et le faire. Le désir amène la possibilité. Je parle des choses physiques.

A partir de demain, que chacun commence à pratiquer l'exercice suivant: si vous êtes touché au vif, veillez à ce que cela ne se propage pas dans tout le corps. Contrôlez votre réaction, ne la laissez pas se propager.

Par exemple, j'ai un problème. M. m'a insulté. Je ne veux pas lui pardonner, mais je tente d'empêcher l'insulte de m'affecter en entier. Je n'aime pas le visage de L. Dès que je la vois, j'ai un sentiment d'antipathie. Donc, j'essaie de ne pas avoir ce sentiment. *Mais le point n'est pas dans M., L., ou K.*—le point est le problème.

Une autre chose maintenant. Si tout le monde était gentil et agréable, je n'aurais aucune opportunité d'exercice pratique; donc je devrais être heureux d'avoir des gens sur qui pratiquer.

Tout ce qui nous touche est en dehors de notre présence. Tel est l'agencement des choses en nous. Nous sommes ses esclaves. Par exemple, elle m'est antipathique à moi, mais elle peut être sympathique à quelqu'un d'autre. C'est en moi. *Ce qui la rend antipathiques est en moi.* Elle n'est pas à blâmer, elle est antipathique par rapport à moi-même. Tout ce qui nous arrive au cours de la journée et au cours de toute notre vie est relatif. Parfois, ce qui nous atteint peut être bon.

Cette relativité est mécanique, tout comme les tensions dans nos muscles sont mécaniques. Nous apprenons maintenant à travailler. En même temps, nous voulons aussi apprendre à être touché par ce qui devrait nous toucher. En règle générale, nous sommes touchés par ce qui ne devrait pas nous toucher, car les choses qui nous touchent au vif toute la journée *ne devraient pas avoir le pouvoir de nous toucher*, étant donné qu'ils n'ont pas d'existence réelle. Ceci est un exercice du pouvoir moral.

Et en ce qui concerne le pouvoir psychique, la chose à faire est de ne pas "le" laisser penser, et d'essayer de l'arrêter souvent, que ce qu'il pense soit bon ou mauvais. Dès que nous nous souvenons, dès que nous nous rattrapons nous-mêmes, nous devons l'arrêter de penser.

En aucun cas une telle pensée ne découvrira une Amérique, que ce soit dans quelque chose de bon ou de mauvais. Tout comme il est difficile en ce moment de ne pas tendre la jambe, il est tout aussi difficile de ne pas "le" laisser penser—mais il est possible.

À propos des exercices. Lorsque vous les avez pratiqués, laissez ceux qui les ont fait venir me trouver pour d'autres exercices. Maintenant, vous avez suffisamment d'exercices pour le présent.

Vous devez travailler avec aussi peu de parties du corps que possible: *le principe de votre travail devrait être: essayer de concentrer toute la force que vous pouvez sur les parties fonctionnelles de votre corps au détriment de vos autres parties.*

DEUX SORTES D'AMOUR
PRIEURÉ
JEUDI, LE 24 MAI 1923

Il y a deux sortes d'amour ; l'un, c'est l'amour d'un esclave, l'autre doit être acquis par le travail. Le premier n'a pas de valeur du tout, seul le second a une valeur, qui est, l'amour acquis par le travail. Celui-ci est l'amour dont toutes les religions parlent. Si vous aimez quand « il » aime, cela ne dépend pas de vous et il n'a donc aucun mérite. C'est ce que nous appelons un amour servile. Vous aimez même quand vous ne devriez pas aimer. Les circonstances font que vous aimiez mécaniquement.

L'amour véritable est chrétien, c'est l'amour religieux—personne ne naît avec cet amour, il faut être spécialement éduqué en ce sens. Certains sont éduqués à partir de l'enfance, d'autres, au cours de la vieillesse. Si quelqu'un l'a, cela signifie qu'il l'a acquise au cours de sa vie. Mais il est très difficile d'apprendre cet amour. Et il est impossible de commencer à l'apprendre directement, sur les gens. Chaque homme touche un autre brutalement, l'entrave, lui laisse peu de chances de l'exercer.

L'amour peut être de différents types. Pour comprendre de quel genre d'amour nous parlons, il est nécessaire de le définir. Maintenant, nous parlons de l'amour de la « vie. » Partout où il y a de la vie, à commencer par les plantes (car elles aussi sont vivantes) et les animaux—en un mot, partout où la vie existe—l'amour est là. Toute vie est une représentation de Dieu. Celui qui voit la représentation verra Celui qui est représenté. Chaque vie a de l'amour et est sensible à l'amour. Même les choses inanimées comme les fleurs, qui n'ont pas de conscience, comprennent si vous les aimez ou pas. Même la vie inconsciente réagit d'une manière correspondante à chaque homme et réagit à celui-ci selon ses réactions.

Vous récoltez ce que vous avez semé et pas seulement dans le sens que si vous avez semé du blé vous obtiendrez du blé. La question est comment vous semez. Même littéralement il en est ainsi, par exemple avec du foin. En supposant que différentes personnes sèment les mêmes graines dans le même sol—les résultats seront différents. Mais ce ne sont que des graines ; l'homme est inconsciemment beaucoup plus sensible à ce qui est semé en lui. Les animaux sont également très sensibles, bien que moins que l'homme. Par exemple, X. a été envoyé soigner les animaux. Beaucoup sont tombés malades et sont morts, les poules ont pondu moins d'œufs, etc. Même une vache donnera plus de lait si vous l'aimez. La différence est tout à fait surprenante.

L'homme est plus sensible qu'une vache, mais inconsciemment. Et donc si vous éprouvez de la sympathie ou de l'antipathie, ou si vous détestez une personne, c'est tout seulement parce que cette autre personne sème aussi quelque chose de mauvais contre vous. Qui veut apprendre à aimer son prochain doit commencer par la pratique de l'amour en rapport avec les plantes et les animaux. Il est impossible de commencer à aimer un homme d'un coup, parce que l'autre homme est comme vous et il va repousser votre effort. Mais un animal se résignera muettement et tristement, il est donc plus facile de commencer à pratiquer sur les animaux. Qui n'aime pas la vie n'aime pas Dieu.

Il est très important pour un homme qui travaille sur lui-même de comprendre qu'aucun changement ne peut être attendu en lui avant qu'il ne change son attitude envers le monde extérieur. En général, vous ne savez pas ce qui doit être aimé et ce qui ne doit pas être aimé, parce que tout cela est relatif. Aimé et pas aimé sont une seule et même chose. Il y a cependant des choses objectives que nous devons aimer ou nous ne devons pas aimer. Par conséquent, il est plus productif et pratique d'oublier le bien et le mal et de commencer à agir seulement lorsque vous avez appris à choisir par vous-même.

Maintenant, si vous voulez travailler sur vous-même, vous devez acquérir des attitudes de plus en plus variées. Sauf pour les choses plus grandes et plus claires qui sont indéniablement mauvaises, vous devez vous entraîner ; par exemple, si vous aimez les roses, essayez de les détester ; si vous les détestez, essayez de les aimer. Il est préférable de commencer par le monde des plantes. Essayez sur les plantes à partir de demain, regardez-les d'une manière que vous n'avez jamais employée auparavant. Tout homme est attiré par certaines plantes et repoussé par d'autres. On ne l'avait pas remarqué jusqu'à présent. Vous devez d'abord essayer de bien observer la plante, par la suite essayez d'analyser et de comprendre pourquoi se manifeste cette attraction ou aversion. Je suis sûr que personne ne le sent, ne le perçoit. L'esprit ne voit pas un processus qui est véritablement subconscient. Si vous commencez à chercher consciemment, vous verrez beaucoup de choses et découvrirez de nombreuses Amériques. Les plantes ont les mêmes relations mutuelles qui existent entre les hommes et certaines relations existent également entre les plantes et les hommes, qui changent de temps en temps. Toute vie est connectée. J'entends par la vie tout ce qui vit, tout se trouve en dépendance mutuelle.

Les plantes affectent l'humeur d'un homme et l'humeur d'un homme influent sur l'humeur des plantes. Tant que nous vivons, nous allons faire des expériences. Même les fleurs vivant dans un pot vont mourir d'une humeur artificielle.

Dieu et le microbe, le même système, la seule différence réside dans le nombre de centres. Parmi les abeilles, par exemple, il existe trois types, avec un, deux, et trois centres. Nous utilisons toujours plus d'énergie qu'il n'est nécessaire, en utilisant des muscles inutiles, en permettant à des pensées de tourner et en réagissant trop avec les sentiments. Détendez vos muscles, utilisez uniquement ceux qui sont nécessaires, stockez les pensées et n'exprimez pas de sentiments, sauf si vous le souhaitez. Ne vous laissez pas affecter par les éléments extérieurs, car ils sont inoffensifs en eux-mêmes; nous nous permettons d'être blessés. Observez la réaction sur les gens—il y a beaucoup à apprendre de cela. En économisat la dépense d'énergie, nous pouvons devenir très forts. Nous n'atteignons jamais les limites de notre force. Par un travail dur, nous pouvons y arriver. Le travail dur est un investissement d'énergie avec un bon rendement, l'utilisation consciente de l'énergie est un investissement payant, l'utilisation automatique est une dépense inutile.

ÉGOÏSME ET BUT
FONTAINEBLEAU
MARDI, LE 21 AOUT 1923

Pour une partie des gens ici, leur séjour est devenu complètement inutile. Si on demandait à ces gens pourquoi ils étaient là, ils seraient totalement incapables de répondre ou ils répondraient quelque chose de tout à fait absurde, ils produiraient toute une philosophie sans croire eux-mêmes à qu'ils disaient. Quelques-uns ont peut-être su au début pourquoi ils étaient venus mais ils l'ont oublié plus tard. Je suppose que celui qui vient ici a compris la nécessité de faire quelque chose et qu'il a déjà essayé par lui-même et que ses tentatives l'ont amené à la conclusion que, dans les conditions de la vie ordinaire, il est impossible de réaliser quoi que ce soit. Et il commence à se renseigner et à chercher des endroits où, en raison de conditions préétablies, le travail sur soi-même est possible. Et en effet, un tel endroit a été créé ici et organisé de telle sorte que le chercheur se trouve dans les conditions qu'il recherchait.

Mais cette partie de gens dont je parle ne se servent pas de ces conditions; je peux même dire qu'ils ne voient pas ces conditions. Et le fait qu'ils ne les voient pas prouve que, en réalité, ces gens ne cherchaient pas pour eux, n'ont pas essayé dans leur vie de tous les jours d'obtenir ce qu'ils étaient censés rechercher. Celui qui ne fait pas usage de ces conditions pour le travail sur lui-même et ne les voit pas n'est pas à sa place ici. Il perd son temps en restant ici, entravant les autres et prenant la place de quelqu'un d'autre. Notre espace est limité et il y a beaucoup de candidats que je dois refuser par manque d'espace. Vous devez soit faire usage de cet endroit soit vous en aller et ne pas perdre votre temps et prendre la place de quelqu'un d'autre. Je pars de l'idée que, probablement, ceux qui viennent ici ont déjà fait du travail préparatoire, ont participé à des conférences, ont fait des tentatives de travailler par eux-mêmes, etc.

Comme je le vois, ceux qui sont ici ont déjà réalisé la nécessité du travail sur eux-mêmes et savent à peu près comment il devrait être fait, mais sont incapables de le faire pour des raisons qui échappent à leur contrôle. En conséquence, il n'y a pas besoin de répéter encore une fois pourquoi chacun de vous est ici. Je peux poursuivre mon travail ici seulement si ce qui a déjà été reçu est transmuté dans la vie pratique.

Malheureusement, rien de tel n'a lieu, parce que les gens vivent ici, mais ne travaillent pas; ils ne le font que sous la contrainte, vers l'extérieur, comme des journaliers dans la vie ordinaire. Je propose donc à ce groupe de gens de travailler maintenant de la manière dont ils ont envisagé le travail jadis, de réveiller les idées qu'ils avaient une fois et de se mettre à travailler sérieusement, sinon de comprendre sans tarder que leur présence ici est inutile. Telles que les choses se présentent maintenant, s'ils continuent pendant dix ans, ils n'obtiendront rien.

Je ne suis pas responsable de quoi que ce soit. Laissez les gens essayer. Sinon, ils peuvent déposer une réclamation pour le temps perdu. Qu'ils éveillent en eux-mêmes leurs anciennes intentions et rendent ainsi leur séjour ici utile pour eux-mêmes et pour ceux qui les entourent.

Celui qui peut être un égoïste conscient ici, peut ne pas être un égoïste dans la vie. Être un égoïste signifie ici ne pas se soucier de qui que ce soit, y compris moi-même, regarder tout le monde et toute chose comme un moyen de s'aider soi-même. Il ne doit réfléchir à rien et à personne. Qui est fou, qui est intelligent, peu importe. Un fou est aussi un bon sujet d'étude, de travail. Tout comme un homme intelligent. En d'autres termes, aussi bien les fous que les gens intelligents sont nécessaires. Les mufles aussi bien que les honnêtes hommes sont nécessaires, car le fou et l'homme intelligent, le mufle et l'honnête homme peuvent également servir de miroir et de choc pour voir, étudier et utiliser pour le travail sur soi-même. De plus, vous devez comprendre pour votre propre gouverne un phénomène particulier.

Notre Institut est comme l'atelier de réparation d'un chemin de fer ou comme un garage où on effectue des réparations. Quand un moteur ou une voiture sont dans le garage, ou quand un homme nouveau arrive là, il voit les moteurs qu'il n'a jamais vus dehors. Et en effet, toutes les voitures qu'il voit à l'extérieur sont recouvertes et peintes et l'homme dans la rue ne voit jamais leurs entrailles. Les yeux de l'homme de la rue ne sont habitués à voir que le revêtement. Il ne les voit pas, sans le revêtement, comme dans l'atelier de réparation où les pièces sont démontées et tout le support nettoyé et ouvert à la vue, n'ayant rien en commun avec l'apparence familière au regard. C'est la même chose ici. Quand une nouvelle personne arrive avec ses bagages, elle est tout de suite déshabillée. Et alors tous ses pires côtés, toutes ses «beautés» intérieures deviennent évidentes.

Voilà pourquoi ceux d'entre vous qui ne connaissent pas ce phénomène ont l'impression que nous avons effectivement rassemblé ici tous les idiots, les paresseux, les lourdauds, en un mot, toute la racaille. Mais chacun oublie une chose importante; que ce n'est pas lui qui voit ce qu'ils sont vraiment—quelqu'un les a exposés. Mais chacun voit et s'attribue tout. S'il est un idiot lui-même, il ne voit pas qu'il est un idiot et ne sait pas que quelqu'un d'autre a exposé les autres. Si quelqu'un d'autre ne les avait pas exposés, peut-être qu'il serait allé plier le genou devant l'un de ces imbéciles. Il le voit déshabillé, mais oublie qu'il est déshabillée lui-aussi. Il imagine que, tout comme dans la vie il pouvait porter un masque, là aussi, il pourrait en mettre un. Mais dès qu'il est entré par ces portes, le gardien a enlevé son masque. Ici, il est nu. Tout le monde sent directement quel genre de personne il est. Voilà pourquoi personne ne doit faire d'examen intérieur sans quelqu'un ici. Si une personne a fait du mal, ne soyez pas indigné, car vous aussi vous en avez fait. Au contraire, vous devriez être très reconnaissants et vous considérer chanceux de ne par avoir reçu une claque au visage de la part de quelqu'un, car à chaque pas, vous agissez mal envers quelqu'un d'autre. Par conséquent, combien gentils devraient être ce genre ces personnes qui ne font pas d'examen en ce qui vous concerne. Tandis que, si quelqu'un vous a fait le moindre mal, vous voulez déjà le frapper au visage.

Vous devez comprendre cela clairement et vous conduire en conséquence et essayer de vous servir des autres personnes dans tous leurs aspects, bons et mauvais; et vous devez aussi aider les autres dans tous vos propres aspects, quels qu'ils soient. Que l'autre soit intelligent, idiot, gentil, méprisable, soyez certains qu'à d'autres moments, vous êtes aussi intelligent et stupide, méprisable et consciencieux. Toutes les personnes sont les mêmes, seulement elles se manifestent à des moments différents. Tout comme vous avez besoin d'aide à un moment donné, les autres aussi ont besoin de votre aide. Mais vous devez aider les autres pour votre propre bien, non pour le leur. En premier lieu, si vous les aidez, ils vous aideront; et en second lieu, à travers eux, vous apprendrez au profit de tous ceux qui vous sont les plus proches. (Proches et chers.) Vous devez savoir encore une chose. De nombreux états de nombreuses personnes sont produits artificiellement—produits artificiellement parfois, non pas par eux, mais par l'Institut. Par conséquent, boule-verser cet état d'une personne entrave le travail de l'Institut.

Il n'y a qu'un salut: vous rappeler jour et nuit que vous êtes ici seulement pour vous-même et que toutes les choses et tout le monde autour de vous ne doivent pas vous entraver ou bien que vous devez agir de telle sorte qu'ils ne vous entravent pas. Vous devez les utili-ser comme un moyen pour atteindre vos objectifs.

Pourtant, tout est fait ici, à part cela. Cet endroit a été transformé en quelque chose de pire que dans la vie ordinaire. Bien pire. Tous au long de la journée, les gens sont soit occupés à se calomnier, soit ils se noircissent les uns les autres, ou bien ils pensent des choses intérieurement, ils se jugent et *s'étudient* les uns les autres, trou-vant certaines personnes sympathiques, d'autres antipathiques; ils entament des amitiés, ils se jouent des tours les uns aux autres col-lectivement ou individuellement, ils se concentrent sur les mauvais côtés de chacun d'entre eux.

Il est inutile de penser qu'il y en a ici qui sont meilleurs que d'autres. Il n'y a pas d'autres ici. Ici, les gens ne sont ni intelligents, ni stupides, ni Anglais ni Russes, ni bons ni mauvais. Il n'y a que des voitures avariées, comme vous. Ce n'est que grâce à ces voitures avariées que vous pouvez atteindre ce que vous vous êtes proposé en arrivant ici. Tout le monde l'a compris en arrivant ici, mais mainte-nant vous l'avez oublié. Maintenant, il est nécessaire d'éveiller cette prise de conscience et de revenir à votre ancienne idée.

Tout ce que j'ai dit peut être formulé en deux questions:

1. Pourquoi suis-je ici?
2. Est-ce que cela vaut la peine de rester?

Le SS Paris, arrivée à New York

Gurdjieff arrivée à New York sur le SS Paris, le 13 Janvier 1924

Photo des archives de GJ Blom, Amsterdam

MOUVEMENTS, EXERCICES, DÉMONSTRATIONS
NEW YORK
1924

INTRODUCTION GÉNÉRALE

Le programme de cette soirée sera consacré principalement aux mouvements du corps humain comme montré par l'art de l'Orient ancien dans la gymnastique sacrée, les danses sacrées, et les cérémonies religieuses conservées dans les temples de Turkestan, Tibet, Afghanistan, Kafiristan, Chitral.

Quelques mots d'introduction sont nécessaires pour assurer une compréhension correcte de notre démonstration.

M. Gurdjieff, avec d'autres membres de l'Institut, a poursuivi pendant de nombreuses années, à travers les pays de l'Est, une série d'enquêtes qui ont prouvé que les danses orientales n'ont pas perdu leur signification profonde—religieuse, mystique et scientifique— qui leur appartenait jadis.

Les danses sacrées ont toujours été l'un des sujets vitaux enseignés dans les écoles ésotériques de l'Est. Ces gymnastiques ont un double objectif : elles contiennent et expriment une certaine forme de connaissance et, en même temps, servent comme un moyen d'acquérir un état harmonieux de l'être.

Les limites les plus éloignées possibles de la force de quelqu'un sont à travers la combinaison de mouvements artificiels dans la gymnastique individuelle qui aident à obtenir certaines qualités de sensation, divers degrés de concentration, et la direction nécessaire pour la pensée et les sens.

Quant à la danse elle-même, elle a, sous cette forme, un tout autre sens que ce que nous, dans l'Ouest, avons l'habitude de lui donner. Nous devons nous rappeler que la danse ancienne était une branche de l'art ; et l'art, dans ces temps-là, servait le but d'une connaissance plus élevée et de la religion. À l'époque, celui qui s'était consacré à l'étude de tout sujet particulier, exprimait ses connaissances dans des œuvres d'art, et en particulier dans la danse, tout comme nous, aujourd'hui, nous répandons notre sagesse à travers les livres. Ainsi, l'ancienne danse sacrée n'est pas seulement le moyen d'une expérience esthétique, mais aussi un livre pour ainsi dire, contenant un morceau précis de connaissance. Pourtant, c'est un livre que tout le monde qui le souhaite n'est pas autorisé à lire—que tout le monde qui le fera ne peut pas lire.

Une étude détaillée—étendue sur de nombreuses années—de la gymnastique sacrée et des danses sacrées a apporté la preuve pratique de leur grande importance dans le cadre du développement global de l'homme, l'un des principaux objectifs de M. Gurdjieff—le développement parallèle de tous les pouvoirs de l'homme. Les exercices de gymnastique sacrée sont utilisés dans ce système comme l'un des moyens d'éduquer la force morale des élèves, et de développer leur volonté, leur patience, leur capacité de concentration de la pensée, l'ouïe, la vue, le sens du toucher et ainsi de suite.

Le programme de ce soir est constitué principalement de danses de groupe ; dans l'ordre des travaux à Institut, ils précèdent les mouvements individuels, plus compliqués, et dont la plupart sont exécutés comme des solos.

Mais en dehors de la démonstration du mouvement physique, nous allons également démontrer certains soi-disant « phénomènes surnaturels »—un des sujets étudiés par les élèves de l'école Gurdjieff.

Quelques explications de ces phénomènes seront utiles.

LES PHÉNOMÈNES

M. Gurdjieff classe tous les phénomènes en trois catégories, les phénomènes produits par la ruse, ceux que l'on peut appeler des demi-ruses, et les phénomènes surnaturels réels.

La première classe, les ruses, sont des phénomènes qui sont provoqués artificiellement, alors que l'exécutant prétend qu'elles résultent de telle ou telle source de force naturelle.

Les demi-ruses désignent les phénomènes qui ne se produisent ni par la duperie, ni de la manière dont ils sont expliqués. Comme un exemple de demi-ruses, examinons ce phénomène très connu—trouver un objet caché.

Une chose est cachée à l'insu de la personne qui, néanmoins, la trouve en tenant la main d'un membre du public. L'élève croit qu'il a lu les pensées de cette personne : il est trompé. Un phénomène se passe vraiment, sans aucune ruse de la part de l'exécutant, mais il n'a rien en commun avec la transmission de la pensée. Il se fait à travers le reflet sur notre système musculaire de notre expérience émotionnelle. Une réaction musculaire à chaque petite vibration de la psyché, soit par la relaxation soit par la contraction ; il est possible avec de la pratique de parvenir à une reconnaissance des vibrations les plus faibles et celles-ci se produisent chez les individus les plus flegmatiques même lorsque la personne tente tout particulièrement de les maîtriser. La main que le médium tient répond inconsciemment à la connaissance intérieure de la cachette, et ses légères modifications, presqu'imperceptibles, sont un langage que le médium interprète—consciemment s'il est versé dans le secret, instinctivement s'il est ignorant de la loi—et qui l'amène à deviner où l'objet a été caché.

C'est ce genre de phénomènes, produits par des lois différentes de celles auxquelles ils sont attribués et en même temps pas artificiels dans leur essence, que Gurdjieff appelle demi-ruses.

Les phénomènes de la troisième classe sont ceux qui ont comme base de leur manifestation les lois difficilement expliquées par la science officielle. Les vrais phénomènes surnaturels. L'étude de ceux-ci est organisée très sérieusement à l'Institut, et en pleine conformité avec les méthodes de la science occidentale. Tous les membres ou élèves n'y sont pas admis. Trois conditions sont indispensables. La première est une éducation occidentale supérieure dans une branche particulière ; le second est un esprit naturellement persévérant et sceptique ; le troisième et plus important est l'assurance préliminaire nécessaire quant à la fiabilité future de l'élève pour être sûr qu'il n'abusera pas de la connaissance qu'il peut acquérir ainsi pour la poursuite d'objectifs égoïstes.

En ce qui concerne les ruses, leur étude est considérée comme nécessaire à la fois pour les futurs chercheurs des phénomènes réels et pour chaque élève de l'Institut ; non seulement leur connaissance libère un homme de beaucoup de superstitions, mais elle introduit aussi en lui une capacité d'observation critique indispensable à l'étude des phénomènes réels qui exige une attitude parfaitement impartiale, un jugement débarrassé de croyances préétablies.

Parmi les élèves présents, il y en a qui ont travaillé pendant une longue période et sont déjà familiers avec ces phénomènes. Il y a aussi de jeunes élèves qui sont loin de les comprendre. Pourtant, tous prennent part aux expériences.

Les phénomènes de ce soir seront donnés comme si tous étaient authentiques, mais en réalité, ils se composent de trois types ; il y aura des ruses, des demi-ruses et de vrais phénomènes surnaturels, mais nous laisserons leur classification à votre discernement.

RONDES

Avant-propos

Pratiquement, tous les peuples d'Asie ont leurs danses folkloriques. L'Institut a rassemblé environ deux cents mouvements de ce genre de différents styles et sens, pratiqués à l'heure actuelle. Afin de vous donner une idée du caractère de ces danses, deux d'entre elles vous seront maintenant montrées.

Ronde grecque

La première est performée surtout par des jeunes filles vivant dans la communauté grecque de la région de Kumushana en Turquie. On peut la retracer jusqu'à l'antiquité grecque. La plupart des postures ressemblent étonnamment aux dessins ciselés dans la pierre et peints sur la poterie qui illustrent pour nous la vie de cette époque.

La grande ronde

La seconde est une danse folklorique exécutée par —— dans l'Oasis de Keria et dans plusieurs endroits sur la frontière sud-est du désert ——.
La danse de la récolte—des hommes et des filles font la ronde autour d'une femme qui . . .

La ronde Tiken

Dance folklorique des Tikens de Tamoot en Transcaspia. C'est une danse folklorique spéciale pour le festival des tapis. Cette fête a lieu une fois par an quand toutes les tribus se réunissent avec tous les tapis qu'ils ont tissés au cours de la saison. Ces tapis doivent être pressées ou peignés afin que seules les fibres fines de la laihe soient visibles, car l'un des points qui font la valeur d'un tapis oriental est que les fils séparés ne doivent pas être visibles sur le devant du tapis.
Afin d'y arriver, de nombreuses techniques originales sont utili-

sées. À Horasan, par exemple, les courses de chameaux ont lieu sur les tapis. En Perse, il est fréquent de voir des tapis étalés dans la rue où les gens les souillent de leurs pieds sales sans leur prêter la moindre attention, et les chameaux et les charrettes tirées par des ânes passent au-dessus. Seul les touristes ne peuvent s'y habituer. Ils s'arrêtent et hésitent, et ont du mal à marcher sur ces choses précieuses avec leurs bottes sales. C'est dans le même but que les Tikens organisent le festival des tapis dont la danse folklorique sera performée devant vous. Les tapis sont étalés sur le sol et foulés aux pieds dans le rythme de la musique. Les tapis des Tikens sont considérées partout comme les plus précieux des tapis orientaux.

LES TRAVAUX MANUELS

Les exercices suivants font partie du travail rythmique de l'Institut. Par le travail rythmique, nous entendons le travail manuel ordinaire effectué en cadence.

Cette pratique était courante dans l'Orient ancien, où la musique a été appliquée à différents types de travaux manuels afin d'augmenter la productivité de ceux-ci. Vous vous souvenez aussi de l'expérience de ce fameux savant allemand, Buchner, qui, dans sa tentative d'alléger le travail dans les usines, a fait usage de la musique, mais ses expériences n'ont pas donné de résultat.

Par ailleurs, c'est avec l'accompagnement de la musique que de nombreuses constructions colossales de l'Est ont été érigées, comme en témoignent plusieurs monuments de l'Asie centrale. Cette coutume est toujours maintenue aux sources de la Pandjee et dans l'Oasis de Keria, tout comme dans d'autres endroits du Turkestan. Là, quand le travail dans les champs n'est plus possible, les villageois se réunissent pendant les longues soirées d'hiver dans les plus grandes maisons. Avec accompagnement musical, ils exécutent rythmiquement divers travaux ménagers nécessaires tels que le travail du cuir ou de fils jumeaux.

Les observations faites à l'Institut Gurdjieff montrent que la productivité du travail accompli de cette manière augmente de cinq à vingt fois. Des résultats particulièrement bons ont été obtenus par l'application de cette méthode aux travaux du potager, au travail avec la machine à coudre et à la fabrication d'articles en carton.

Nous montrons trois groupes de ce travail rythmique.

1. Le peignage de la laine et la torsion du fil.

MOUVEMENTS, EXERCICES, DÉMONSTRATIONS

2. Coudre des chaussures et tricoter des bas.
3. Le tissage des tapis.

OBLIGATOIRES

Tout d'abord, on vous montrera six exercices de gymnastique. Trois d'entre eux viennent du temple de la médecine à Sari au Tibet, et trois d'une école ésotérique appelé « Les Devins » qui existe depuis des temps immémoriaux dans les grandes grottes artificielles sur les hauteurs de Kidgera en Kafiristan.

ANCIEN GROUPE

Un fragment d'un mystère intitulé « Les Chercheurs de la Vérité. » Il représente l'initiation d'une Prêtresse.

LES DERVICHES OYA

Les mouvements rituels des moines Matchna, qui vivent dans le monastère Kisilgan, dans l'Oasis de Keria, dans le Turkestan chinois.

LA GRANDE PRIÈRE

Les mouvements d'un ordre fondé il y a quarante ans. Le Kubrari, le Kaljander, le Naksbendi, et d'autres. Son monastère principal est dans la ville de Tangi-Gissar, au Kashkar. Les moines se désignent eux-mêmes comme : « Ceux qui tolèrent la liberté, » et les gens les appellent : « Ceux qui ont renoncé. »"

LE PAS DE CHAMEAUX

Des mouvements rituels provenant d'un monastère situé dans la banlieue de Mazar-i-Sharif en Afghanistan. Ce monastère a été consacré sous la désignation suivante : Au nom du très saint Seigneur Ali, fils d'Abou-Talib.

VERTICAL

Les mouvements rituels des moines de l'ordre Takmur. Leur monastère est dans la ville de Khavar, en Kafiristan. Ces moines passent leur vie sans voir les visages les uns des autres, car ils sont voilés jour et nuit.

CÉRÉMONIE FUNÉRAIRE

La cérémonie funéraire célébrée pour un derviche défunt dans le monastère Sukari près de Uchan-su dans Kashkar.

LE GRAND SEPT

Deux mouvements de groupe vont maintenant suivre. Le premier vient d'un ordre dans le quartier de —— en Transcaucasie composée principalement de Grecs. Le second est celui d'un ordre situé près de Karnarhu au pied du mont Ararat. Les deux professent un christianisme teinté de Soufisme.

Il est intéressant de noter que ces deux groupes fondés sur la loi de sept ont la même construction mathématique que les mouvements des « Esséniens purs » qui existent dans le —— et dont les moines attribuent la fondation à une date qui remonte bien des siècles avant Jésus-Christ.

LE PÈLERINAGE

En Asie, en particulier en Asie centrale, les pèlerinages inhabituels sont fréquents. C'est la coutume des gens de ce peuple de s'infliger des souffrances à eux-mêmes, afin de souligner un vœu de dévotion. Alors, ils se rendent au lieu saint qui est l'objet de leur voyage et qui peut être loin ou près de leur lieu de résidence, d'une manière inhabituelle ou douloureuse, comme la marche pieds nus, ou à reculons, ou en roulé boulé, ou à genoux.

Nous allons démontrer une modalité similaire de déplacement. Elle est couramment pratiquée dans le Caucase et le Turkestan où elle est appelée « mesurer la voie par notre longueur. » Et la voie est parfois très longue. Il y a des oasis connues où elle a eu pas moins de trois cents miles. Depuis sa maison jusqu'à l'endroit sacré, par tous les temps, portant, par sa propre volonté ou par nécessité, des colis pesant jusqu'à une centaine de livres, le pèlerin n'avancera que de la manière qu'il s'est fixée lui-même. Et il n'est pas rare que le pèlerin, suivant sa promesse, porte dans ses mains quelque objet fragile qu'il souhaite offrir en cadeau à l'homme saint dont il visitera la tombe, objet dont le transport en toute sécurité est rendu extrêmement difficile par la modalité de transport choisie.

Bien qu'un tel pèlerinage provoque souvent des blessures qui, selon les idées d'un homme occidental, devraient conduire à un empoisonnement du sang, les observateurs n'ont jamais pu découvrir un seul cas où ces blessures ne fussent pas guéries le lendemain.

Tournage : mouvements rituels de la secte connue sous le nom de « Derviches Tourneurs. »

Pythie : Fragment d'une cérémonie célébrée dans le sanctuaire Hudarikar à Chitral. C'est le sommeil magnétique de la Prêtresse qui, la veille du Nouvel An, prophétise les événements auxquels son sanctuaire assistera au cours de l'année à venir.

Danse des femmes : Quelques exercices préparatoires pour les novices de divers monastères, et quelques mouvements appartenant à leur — rituel.

L'EXERCICE DE L'ARRÊT

Dans cet exercice, l'élève doit, en entendant le mot « Stop » ou sur un signal d'arrêt préalablement convenu, arrêter tout mouvement. La commande peut être donnée à tout moment et partout. Quoi qu'il soit en train de faire, que ce soit au travail, au repos, pendant les repas, dans les locaux de l'Institut ou à l'extérieur, il doit immédiatement arrêter. La tension de ses muscles doit être maintenue, l'expression de son visage, son sourire, son regard, doivent rester immobiles et dans le même état qu'ils étaient lorsque la commande l'a surpris. Les positions ainsi obtenues sont utilisées par les débutants pour le travail mental afin d'accélérer l'activité intellectuelle tout en développant la volonté.

L'exercice d'arrêt n'entraîne pas de nouvelles postures ; c'est tout simplement un mouvement naissant interrompu. Nous changeons généralement nos attitudes si inconsciemment que nous ne remarquons pas les positions que nous assumons entre deux attitudes. Avec cet exercice, le passage d'une posture à une autre est coupé en deux. Le corps arrêté par la commande soudaine est obligé de s'arrêter dans une position dans laquelle il ne s'est jamais immobilisé avant. Cela permet à l'homme de mieux s'observer. Il peut se sentir dans une lumière nouvelle. De cette manière, il peut briser le cercle vicieux de son automatisme.

Car l'arbitraire de nos mouvements est illusoire. L'analyse psychologique et l'étude des fonctions psychomotrices telles que définies par le système Gurdjieff, montrent que chacun de nos mouvements, volontaire ou involontaire, est une transition inconsciente d'une posture automatique à une autre posture automatique. L'homme choisit parmi les postures qui lui sont ouvertes, celles qui concordent avec sa personnalité, car vous voyez que son répertoire est forcément très limité.

Et toutes nos postures sont un résultat mécanique. Nous ne réalisons pas combien intimement liées sont nos trois fonctions—de mouvement, émotionnelle et mentale. Elles dépendent l'une de l'autre. Elles résultent les unes des autres. Elles sont en action réciproque constante. Une ne change pas sans les autres changent aussi. L'attitude de votre corps correspond à vos sentiments et à vos pensées. Un changement dans vos émotions produira inévitablement le changement correspondant dans votre attitude mentale et dans votre pose physique. Un changement de pensée déclenchera un autre courant d'énergie émotionnelle, qui va naturellement changer la posture physique. Donc si nous voulons changer nos manières de sentir et nos formes de pensée, nous devons d'abord changer nos postures en mouvement, et en même temps, sans changer nos postures émotionnelles et mentales, il est impossible pour nous d'acquérir de nouvelles postures de mouvement. Nous ne pouvons pas changer une sans changer l'autre. Par exemple, si l'attention d'un homme est concentrée sur le combat, l'automatisme de ses processus de pensée et les mouvements habituels empêcheront une nouvelle manière de penser en produisant les anciennes associations mentales. Et la pensée, les sentiments et les mouvements humains sont non seulement liés ensemble, mais ils sont également condamnés à travailler, chacun d'entre eux, à l'intérieur de ce cercle fermé des postures automatiques. La méthode de préparation pour le développement harmonieux de l'homme, à l'Institut, vise à le libérer de l'automatisme. L'exercice d'arrêt aide beaucoup en ce sens. Le corps physique étant maintenu dans une position inhabituelle, les corps subtils de l'émotion et de la pensée peuvent s'étirer en une autre forme.

Il est cependant essentiel de se rappeler qu'une commande externe d'arrêt est nécessaire, afin de mettre en marche la volonté de l'homme, sans laquelle il ne pourrait pas garder la posture inachevée. Un homme ne peut pas se commander à lui-même de s'arrêter, parce que les postures combinées de nos trois fonctions sont trop lourdes pour que la volonté se déplace. Venant d'un autre, la commande « Stop ! » joue le rôle des fonctions mentale et émotionnelle dont l'état commande généralement la posture physique, et dans ce cas la posture physique n'étant plus dans sa condition habituelle d'esclavage par rapport aux postures mentale et émotionnelle perd de sa force, affaiblissant ainsi les autres postures. Et ceci permet à notre volonté de gouverner pendant un certain temps sur nos fonctions.

SE SOUVENIR DE MOTS

Avant de continuer avec le programme, nous aurons une pause de dix minutes. Comme la collection des deux cents mots dont nous aurons besoin pour un exercice de mémoire dans la troisième partie est un processus long et ennuyeux, on a décidé d'utiliser la pause à cet effet. Certains élèves vont donc passer parmi vous. Les mots peuvent être dans toutes les langues.

Bien que nous pratiquions habituellement cet exercice sur une échelle beaucoup plus grande (on peut facilement se rappeler trois ou quatre cents mots ou plus lors d'une séance), nous nous contenterons ce soir de ces deux cents mots afin de ne pas lasser le public. Cependant, même ce nombre est suffisant pour donner une idée de la possibilité de développer une mémoire normale dans un délai très court, vu que la plupart des élèves ne passeront que quelques mois à l'Institut.

En outre, il faut souligner que dans le système Gurdjieff presque rien n'est enseigné directement. Aucun exercice spécial n'est donné pour le développement des facultés psychiques, aucune méthode artificielle de formation n'est utilisée pour aider la mémoire, mais le résultat est obtenu par le travail et des exercices qui servent au développement parallèle des autres capacités.

Maintenant, les mêmes mots seront pris comme matériau pour un autre exercice. Nous allons choisir parmi les participants l'auteur de chaque mot. En fait, chaque homme, quel qu'instruit qu'il soit, ne dispose que d'un nombre déterminé de mots dans son vocabulaire. Plus encore, ceux dont il peut se rappeler sur le moment sont très peu nombreux et sont le résultat de sa personnalité, alors que leur caractère est encore davantage déterminé par son environnement et ses associations. L'exercice précédent dépendait uniquement du développement de la mémoire mécanique. L'exercice suivant est basé sur intuition et le jugement psychologique.

Les élèves qui ont recueilli les mots, et qui seuls pouvaient savoir qui vous a donné tel ou tel mot particulier, auront les yeux bandés afin qu'ils ne puissent pas aider les autres.

PHÉNOMÈNES (COMMUNIQUÉS)

4. *Lecture de mots.* Tout d'abord, on montrera une des séries d'exercices qui sont utilisés à l'Institut pour le développement de l'audition. Pour cet exercice, cependant, nous avons besoin de votre aide. Nous voulons que vous donniez quelques mots au pianiste. N'importe quels mots. Ils peuvent être dans n'importe quelle langue, aussi bizarre que soit sa prononciation. Vous pouvez les écrire et passer le morceau de papier au pianiste ou si vous préférez, vous rapprocher de lui et lui chuchoter le mot que vous avez choisi. Il le jouera au piano, et les élèves sur scène devront lire le mot à travers le son.

5. *Nombres.* Maintenant, un élève sera assis parmi vous et suggérera au reste des élèves les nombres que le public lui donnera.

6. *Objets.* Le suivant sera un exercice de transmission de la pensée à distance au moyen de la représentation. Par conséquent, vous êtes invité à montrer ou à nommer tout ce que vous pourriez avoir sur vous à l'élève qui est dans la salle. Le nom ou la forme de la chose devra être devinée par les élèves sur scène. Vous pouvez choisir ce que vous voulez, depuis les miettes dans votre poche jusqu'à la chose la plus rare que vous pouvez avoir sur vous.

7. *Opéras.* Maintenant, je vous demande de suggérer à l'élève qui est dans le public la musique de tout opéra qui ait jamais existé dans n'importe quel endroit de la terre. Elle me le communiquera et je vais en jouer un extrait au piano. Au cours de cet exercice, ceux qui occupent les premiers rangs seront invités à rester très calmes.

8. *Animaux.* Nous vous demandons de suggérer de la même manière la forme d'un animal, peu importe où il vit, dans l'eau ou dans l'air, poissons, gens de tous âges, oiseaux, insectes, créatures mythiques, bêtes antédiluviennes, en fait, n'importe quel animal, du plus petit microbe à la plus grande bête. Un élève assis dans le public va le transmettre aux élèves sur scène, qui dessineront ensuite l'animal. Vous pouvez également indiquer lequel des quatre élèves vous souhaitez voir dessiner l'animal que vous avez suggéré.

LE LANGAGE PRÉCIS
NEW YORK
LUNDI, LE 11 FÉVRIER 1924

Pour une étude précise, un langage précis est nécessaire. Mais notre langage ordinaire, que nous utilisons pour parler, pour exposer ce que nous savons et comprenons, et pour écrire des livres dans la vie ordinaire, n'est absolument pas bon pour un discours précis. Un discours inexact ne peut pas servir une connaissance exacte. Les mots qui composent notre langue sont trop larges, trop confus, et le sens qu'on y met est trop arbitraire et variable. Tout homme qui prononce un mot y attache toujours telle ou telle nuance de sens par son imagination, exagère ou met en avant tel ou tel côté de celui-ci, en concentrant parfois toute la signification du mot en une seule caractéristique de l'objet, c'est-à-dire, en désignant par ce mot non pas tous les attributs, mais ces accidents extérieurs qui se sont imposés en premier à son attention. Un autre homme qui parle avec le premier attache au même mot une autre nuance de sens; prend ce mot dans un autre sens, qui est souvent exactement le contraire. Si un troisième homme se joint à la conversation, lui aussi met dans le même mot son propre sens. Et si dix personnes parlent, chacune d'elles donne sa propre signification et donc le même mot a dix significations. Et les hommes qui parlent de cette manière pensent qu'ils peuvent se comprendre, qu'ils peuvent transférer leurs pensées des uns aux autres. On peut dire en toute confiance que la langue dans laquelle les hommes contemporains parlent est si imparfaite que, quel que soit le sujet de leur discussion, particulièrement quand il s'agit de questions scientifiques, ils ne peuvent jamais être sûrs qu'ils appellent les mêmes idées par les mêmes mots.

Au contraire, on peut dire presque certainement qu'ils comprennent tous les mots différemment et que, tout en paraissant parler du même sujet, dans la pratique ils parlent de choses très différentes. De plus, pour chaque homme, le sens de ses propres mots et le sens qu'il y met change en fonction de ses propres pensées et humeurs, des images qu'il associe à ce moment-là avec les mots, de même qu'en fonction de ce que son interlocuteur dit et de la manière dont il le fait car, par une imitation ou contradiction involontaire, il peut involontairement changer le sens de ses paroles. En outre, personne ne peut définir exactement ce qu'il entend par tel ou tel mot, ou si cette signification est constante ou sous réserve de modifications, comment, pourquoi et pour quelle raison.

Si plusieurs hommes parlent, tout le monde parle à sa manière, et aucun d'eux ne comprend un autre. Un professeur lit une conférence, un érudit écrit un livre, mais leur public et leurs lecteurs n'écoutent et ne lisent pas leurs paroles, mais des combinaisons de mots des auteurs et de leurs propres pensées, notions, humeurs et émotions du moment.

Les gens d'aujourd'hui sont, dans une certaine mesure, conscients de l'instabilité de leur langage. Les diverses branches de la science travaillent, chacune, avec sa propre terminologie, sa propre nomenclature et sa propre langue. En philosophie, des tentative sont faites pour que, avant d'utiliser un mot, on précise dans quel sens il est pris; mais bien que beaucoup de gens essaient aujourd'hui d'établir un sens constant pour les mots, ils ont échoué jusqu'à présent. Chaque écrivain fixe sa propre terminologie, modifie la terminologie de ses prédécesseurs, contredit sa propre terminologie; en bref, tout le monde apporte sa contribution à la confusion générale.

Cet enseignement indique la cause de tout cela. Nos mots n'ont pas et ne peuvent avoir un sens constant, et, tout d'abord, nous n'avons pas les moyens d'indiquer pour chaque mot le sens et la nuance particulière que nous y attachons, c'est-à-dire, les corrélations dans lesquelles nous l'envisageons; d'autre part, nous ne le souhaitons pas; au contraire, nous voulons toujours fixer notre sens constant pour un mot et le prendre toujours dans ce sens, ce qui est évidemment impossible, car un seul et même mot, utilisé à des moments différents et dans diverses relations a des significations différentes.

Notre mauvaise utilisation des mots et les qualités des mots eux-mêmes en ont fait des instruments peu fiables pour un discours précis et une connaissance exacte, sans parler du fait que, pour beaucoup de notions accessibles à notre raison, nous n'avons ni les mots ni les expressions.

Seul le langage des nombres peut servir à une expression exacte de la pensée et de la connaissance; mais le langage des nombres est appliqué uniquement pour désigner et comparer des quantités. Mais les choses ne diffèrent pas seulement en taille, et leur définition du point de vue des quantités ne suffit pas pour une connaissance et une analyse précises. Nous ne savons pas comment appliquer le langage des nombres aux attributs des choses. Si nous savions comment le faire et si nous pouvions désigner toutes les qualités des choses par des nombres en rapport avec un certain nombre immuable, ce serait un langage exact.

L'enseignement dont nous allons exposer ici les principes se propose, comme une de ses tâches, d'amener notre pensée plus près d'une désignation mathématique exacte des choses et des événements et de donner aux hommes la possibilité de se comprendre eux-mêmes et les uns les autres.

Si nous prenons n'importe lequel des mots les plus couramment utilisés et essayons de voir combien variées sont ses significations en fonction de celui qui les utilise et du contexte, nous verrons pourquoi les hommes n'ont pas le pouvoir d'exprimer leurs pensées exactement et pourquoi tout ce que les hommes disent et pensent est si instable et contradictoire. Mis à part la variété de significations que chaque mot peut avoir, cette confusion et cette contradiction sont causées par le fait que les hommes ne rendent aucun compte à eux-mêmes du sens dans lequel ils prennent telle ou telle parole et s'étonnent seulement que les autres ne la comprennent pas bien qu'elle soit si claire pour eux. Par exemple, si nous prononçons le mot «monde» devant dix auditeurs, chacun d'entre eux comprendra le mot à sa manière. Si les hommes savaient comment attraper et écrire leurs pensées eux-mêmes, ils verraient qu'ils n'avaient aucune idée liée au mot «monde,» que tout simplement un mot bien connu, un son habituel a été prononcé, dont la signification est censée être connue. C'est comme si tout le monde, entendant ce mot, se disait: «Ah, le 'monde', je sais ce que c'est. « En fait, il ne le sait pas du tout. Mais le mot est familier, et donc de telles questions et réponses ne lui viennent même pas à l'esprit. Ils sont seulement compris. Une question surgit seulement en ce qui concerne de nouveaux mots inconnus, ensuite l'homme tend à substituer au mot inconnu un mot connu. Il appelle cela «compréhension.»

Si nous demandons maintenant à un homme ce qu'il entend par le mot «monde,» il sera perplexe devant une telle question. Habituellement, quand il entend ou utilise le mot «monde» dans la conversation, il ne pense pas du tout à ce que cela signifie, ayant décidé une fois pour toutes qu'il sait et que tout le monde sait. Maintenant, pour la première fois, il voit qu'il ne le connaît pas et qu'il n'y a jamais pensé; mais il ne sera pas capable et il ne saura pas comment s'accommoder de la pensée de son ignorance. Les hommes ne sont pas suffisamment capables d'observer et pas assez sincères avec eux-mêmes pour le faire. Il va bientôt se remettre, c'est-à-dire qu'il va très vite se tromper; il se souviendra de ou composera à la hâte une définition du mot «monde» à partir d'une source familière de connaissance ou de pensée, ou bien il assumera la première définition de quelqu'un d'autre qu'il entendra, et il va l'exprimer comme étant sa propre compréhension de la signification du mot, mais en fait, il n'a jamais pensé au mot «monde» de cette façon et ne sait pas comment il y a pensé.

L'homme intéressé par l'astronomie va dire que le «monde» se compose d'un nombre énorme de soleils entourés de planètes, situées à des distances incommensurables les unes des autres et composant ce que nous appelons la Voie lactée, au-delà de laquelle il y a des distances encore plus grandes et, au-delà des limites de l'investigation, d'autres étoiles et d'autres mondes sont censés s'y trouver.

Celui qui est intéressé par la physique parlera du monde des vibrations et des décharges électriques, de la théorie de l'énergie, ou peut-être de la ressemblance du monde des atomes et des électrons au monde des soleils et des planètes.

L'homme enclin à la philosophie va commencer à parler de l'irréalité et du caractère illusoire de tout le monde visible créé dans le temps et l'espace par nos sentiments et sens. Il dira que le monde des atomes et des électrons, la terre avec ses montagnes et ses mers, sa vie végétale et animale, les hommes et les villes, le soleil, les étoiles et la Voie lactée, tout cela est le monde des phénomènes, un monde trompeur, faux et illusoire, créé par notre propre conception. Au-delà de ce monde, au-delà des limites de nos connaissances, il se trouve un monde incompréhensible pour nous, le monde des noumènes—une ombre, un reflet de ce qui est le monde phénoménal.

L'homme familier avec la théorie moderne de l'espace aux multiples dimensions va dire que le monde est généralement considéré comme une sphère infinie à trois dimensions, mais que dans la réalité, un monde en trois dimensions, en tant que tel, ne peut pas exister, et ne représente qu'une partie imaginaire d'un autre, un monde à quatre dimensions, d'où viennent et vers lequel se dirigent toutes nos manifestations. Un homme dont la conception du monde est construite sur le dogme de la religion va dire que le monde est la création de Dieu et dépend de la volonté de Dieu, qu'au-delà du monde visible, où notre vie est courte et dépend de circonstances ou du hasard, un monde invisible existe où la vie est éternelle et où l'homme va recevoir une récompense ou une punition pour tout ce qu'il a fait dans cette vie.

Un théosophe dira que le monde astral n'embrasse pas le monde visible dans son ensemble, mais qu'il existe sept mondes qui s'interpénètrent et qui sont composés de matière plus ou moins subtile.

Un paysan russe, ou un paysan de certains pays de l'Est diront que le monde est la communauté villageoise à laquelle il appartient. Ce monde est le plus proche de lui. Il s'adresse même à ses concitoyens, lors des assemblées générales, en les appelant «monde.»

Toutes ces définitions du mot «monde» ont leurs mérites et leurs défauts: leur principal défaut consiste en ce que chacune d'entre elle exclut son contraire, alors que toutes dépeignent un seul aspect du monde et l'examinent seulement d'un point de vue. Une définition correcte serait une qui combinerait toutes les significations distinctes, montrant la place de chacune et en même temps donnant, dans chaque cas, la possibilité de préciser de quel aspect du monde on parle, de quel point de vue et dans quelle corrélation.

Cet enseignement dit que si la question de savoir ce que c'est que le monde était approchée de la bonne manière, nous pourrions établir assez précisément ce que nous entendons par ce mot. Et cette définition d'une bonne compréhension inclurait en elle-même tous les points de vue sur le monde et toutes les approches de la question. S'étant ainsi mis d'accord sur une telle définition, les hommes seraient en mesure de se comprendre les uns les autres en parlant du monde. Ce n'est qu'à partir d'une telle définition qu'on peut parler du monde.

Mais comment trouver cette définition? L'enseignement fait remarquer que la première chose est de s'approcher de la question aussi simplement que possible; c'est-à-dire de prendre les expressions les plus couramment utilisées pour parler du monde et de décider de quel monde on parle. En d'autres termes, de regarder notre propre rapport au monde et de prendre le monde dans sa relation à nous-mêmes. Nous verrons que, en parlant du monde, nous parlons le plus souvent de la terre, du globe terrestre, ou plutôt de la surface du globe terrestre, à savoir précisément le monde dans lequel nous vivons. Si nous regardons maintenant la relation de la terre avec l'univers, nous verrons que, d'une part, le satellite de la terre est inclus dans la sphère de son influence, tandis que de l'autre, la terre entre en tant que composante dans le monde planétaire de notre système solaire. La terre est l'une des petites planètes tournant autour du soleil. La masse de la terre forme une fraction presque négligeable par rapport à la masse totale des planètes du système solaire et les planètes exercent une très grande influence sur la vie de la terre et sur tous les organismes vivants—une influence beaucoup plus grande que notre science ne l'imagine. La vie des hommes individuels, des groupes collectifs, de l'humanité dépend des influences planétaires à de très nombreux égards. Les planètes vivent aussi, tout comme nous vivons sur la terre. Mais le monde planétaire à son tour entre dans le système solaire, et y pénètre comme une partie de peu d'importance, parce que la masse de toutes les planètes prises ensemble est plusieurs fois inférieure à la masse du soleil.

Le monde du soleil est aussi un monde dans lequel nous vivons. Le soleil à son tour entre dans le monde des étoiles, dans l'énorme accumulation de soleils formant la Voie lactée.

Le monde étoilé est aussi un monde dans lequel nous vivons. Pris dans son ensemble, même selon la définition des astronomes modernes, le monde étoilé semble représenter une entité distincte ayant une forme définie, entourée d'espace au-delà des limites duquel l'investigation scientifique ne peut pas continuer. Mais l'astronomie suppose que, à des distances incommensurables de notre monde étoilé, d'autres accumulations pourraient exister. Si nous acceptons cette hypothèse, nous dirons que notre monde étoilé entre en tant que partie composante dans la quantité totale de ces mondes. Cette accumulation de mondes de « Tous les Mondes » est aussi un monde dans lequel nous vivons.

La science ne peut pas regarder plus loin, mais la pensée philosophique verra le principe ultime sis au-delà de tous les mondes, c'est-à-dire l'Absolu, connu dans la terminologie hindoue comme Brahman.

Tout ce qui a été dit sur le monde peut être représenté par un schéma simple. Représentons la terre par un petit cercle et marquons-le par la lettre A. À l'intérieur du cercle A, on va placer un cercle plus petit, qui représente la lune, et que nous marquerons par la lettre B. Autour du cercle de la terre on va dessiner un cercle plus grand montrant le monde dans lequel entre la terre, que nous marquerons par la lettre C. Autour de celui-ci, on va tracer le cercle représentant le soleil, qu'on marquera par la lettre D. Puis, autour de ce cercle, un nouveau cercle représentant le monde étoilé, que nous allons marquer par la lettre E, et ensuite le cercle de tous les mondes que nous marquerons par la lettre F. Le cercle F sera inclus dans le cercle G, désignant le principe philosophique de toutes les choses, l'Absolu.

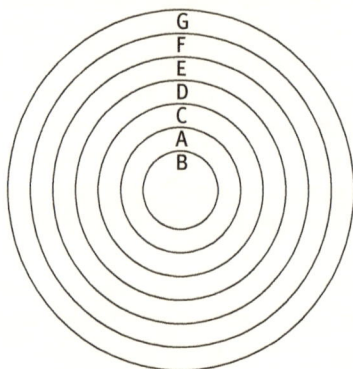

Le diagramme apparaîtra comme sept cercles concentriques. Gardant ce diagramme présent à l'esprit, un homme qui prononce le mot «monde» sera toujours en mesure de définir exactement de quel monde il parle et quel rapport il entretient avec ce monde.

Comme nous l'expliquerons plus tard, le même diagramme nous aidera à comprendre et à combiner la définition astronomique du monde, les définitions philosophique, physique et physico-chimique ainsi que mathématique (le monde à plusieurs dimensions), et théosophique (les mondes s'interpénétrant l'un l'autre) et d'autres encore.

Cela explique aussi pourquoi les hommes qui parlent du monde ne peuvent jamais se comprendre. Nous vivons en même temps dans six mondes, tout comme nous vivons à l'étage de telle ou telle maison, dans telle ou telle rue, telle ou telle ville, tel ou tel État, et telle ou telle partie du monde.

Si un homme parle de l'endroit où il vit sans indiquer s'il se réfère à l'étage ou à la ville ou à la partie du monde, il ne sera certainement pas compris par ses interlocuteurs. Mais les hommes parlent toujours ainsi de tout ce qui n'a aucune importance pratique; et, comme nous l'avons vu dans l'exemple du «monde,» ils désignent trop facilement par un seul mot une série de notions qui sont liées les unes aux autres comme une partie négligeable est liée à une énorme entité, et ainsi de suite. Mais un discours précis devrait toujours et tout à fait exactement souligner dans quelle relation est prise chaque notion et ce qu'elle comprend en elle-même. Autrement dit, de quelles parties il se compose et dans quoi il entre comme partie intégrante.

Logiquement, il est intelligible et inévitable, mais malheureusement, il n'est jamais adopté ne serait-ce que parce que les hommes, très souvent, ne savent pas, et ne savent pas comment trouver les différentes parties et les relations de la notion donnée.

La mise en évidence la relativité de toute notion, non pas dans le sens de l'idée générale et abstraite que tout dans le monde est relatif, mais indiquant exactement par quoi et comment elle se rapporte au reste, représente une partie importante des principes de cette enseignement.

Si nous prenons maintenant la notion d'«homme,» nous verrons encore la confusion de ce mot, nous verrons que les mêmes contradictions s'y trouvent. Tout le monde utilise ce mot et pense qu'il comprend ce que «homme» signifie: mais de fait, chacun le comprend à sa manière, et tous de manières différentes.

Le savant naturaliste voit dans l'homme une race parfaite de singe et définit l'homme par la construction des dents et ainsi de suite.

L'homme religieux, qui croit en Dieu et dans la vie future, voit dans l'homme son âme immortelle confinée dans une enveloppe terrestre périssable, qui est entourée de tentations et qui met l'homme en danger.

L'économiste politique considère l'homme comme une entité qui produit et qui consomme.

Tous ces points de vue semblent tout à fait opposés l'un à l'autre, se contredisant réciproquement et n'ayant aucun point de contact entre eux. En outre, la question est encore compliquée par le fait que nous voyons chez les hommes de nombreuses différences, si grandes et si nettement définies qu'il semble souvent étrange d'utiliser le terme général «homme» pour ces êtres de catégories si différentes.

Et si, devant tout cela, nous nous demandons ce que l'homme est, nous verrons que nous ne pouvons pas répondre à la question— nous ne savons pas ce que l'homme est.

Ni anatomiquement, ni physiologiquement, ni psychologiquement, ni économiquement ne suffisent les définitions ici, car elles se rapportent à tous les hommes de façon égale, sans nous permettre de distinguer les différences que nous voyons chez l'homme.

Notre enseignement souligne que notre stock d'informations sur l'homme serait tout à fait suffisant pour de déterminer ce que l'homme est. Mais nous ne savons tout simplement pas comment aborder la question. Nous nous compliquons et enchevêtrons la question excessivement.

L'homme est l'être qui peut «faire,» dit cet enseignement. Faire signifie agir consciemment et selon sa propre volonté. Et nous devons reconnaître que nous ne pouvons pas trouver une définition plus complète de l'homme.

Les animaux diffèrent des plantes par leur capacité de locomotion. Et même si un mollusque attaché à un rocher, et aussi certaines algues capables de se déplacer contre le courant semblent violer cette loi, la loi est tout à fait vraie—une plante ne peut ni chasser pour se nourrir, ni éviter un choc, ni se cacher de son poursuivant.

L'homme se distingue de l'animal par sa capacité d'action consciente, sa capacité à faire. Nous ne pouvons pas le nier, et nous voyons que cette définition satisfait à toutes les exigences. Elle permet de distinguer l'homme d'une série d'autres êtres qui ne possèdent pas le pouvoir de l'action consciente, et en même temps, selon le degré de conscience de ses actions.

Sans aucune exagération, nous pouvons dire que toutes les différences qui nous frappent chez les hommes peuvent être réduites aux différences dans la conscience de leurs actions. Les hommes nous semblent varier tellement parce que les actions de certains d'entre eux sont, dans notre opinion, profondément conscientes, tandis que les actions des autres sont tellement inconscientes qu'ils semblent même dépasser l'inconscience de pierres, qui au moins réagissent correctement aux phénomènes extérieurs. La question est compliquée par le simple fait que, souvent, un seul et même homme nous montre, en même temps, ce qui semble être des actions entièrement conscientes de la volonté, et d'autres réactions animales, mécaniques, tout à fait inconscientes. En vertu de cela, l'homme nous apparaît comme un être extraordinairement compliqué. Cet enseignement refuse cette complication et met devant nous une tâche très difficile en ce qui concerne l'homme. L'homme est celui qui peut «faire,» mais parmi les hommes ordinaires, tout comme parmi ceux qui sont considérés comme extraordinaires, il n'y a personne qui peut «faire.» Dans leur cas, tout du début à la fin est «fait,» il n'y a rien qu'ils peuvent «faire.»

Dans la vie personnelle, familiale et sociale, dans la politique, la science, l'art, la philosophie et la religion, tout du début à la fin est « fait,» personne ne peut rien « faire.» Si deux personnes, en commençant une conversation sur l'homme, tombent d'accord pour l'appeler un être capable d'agir, de « faire,» ils se comprendront toujours. Certes, ils devront suffisamment expliciter ce que «faire» signifie. Afin de « faire,» un très haut degré d'être et de connaissance est nécessaire. Les hommes ordinaires ne comprennent même pas ce que « faire » signifie parce que, dans leur propre cas et tout autour d'eux, tout est toujours « fait » et a toujours été « fait.» Et pourtant, l'homme peut « faire.»

Un homme qui dort ne peut pas « faire.» Avec lui, tout est fait dans le sommeil. Le sommeil est entendu ici non pas dans le sens littéral de notre sommeil organique, mais dans le sens d'un état d'existence associative. Il doit d'abord se réveiller. Une fois réveillé, il verra que, tel qu'il est, il ne peut pas «faire.» Il devra mourir volontairement. Quand il est mort, il peut être né. Mais l'être qui vient de naître doit grandir et apprendre. Quand il a grandi et sait, alors il va « faire.»

Si nous analysons ce qui a été dit à propos de l'homme, nous voyons que la première moitié de ce qui a été dit, à savoir que l'homme ne peut rien « faire » et que tout est « fait » en lui coïncide avec ce que la science positive dit à propos de l'homme. Selon le point de vue positiviste, l'homme est un organisme très complexe qui s'est développé, par la voie de l'évolution, depuis l'organisme le plus simple et qui est capable de réagir de manière très complexe aux impressions extérieures. Cette capacité de réaction chez l'homme est si complexe, et les mouvements de réponse peuvent être si éloignés des causes qui les ont provoqués et conditionnés, que les actions d'un homme, ou au moins une partie d'entre elles, semblent être, pour un observateur naïf, tout à fait spontanées et indépendantes.

En fait, l'homme est incapable de la moindre action indépendante ou spontanée. Dans son ensemble, il n'est que le résultat d'influences extérieures. L'homme est un processus, une station de transmission de forces. Si l'on imagine un homme privé depuis sa naissance de toutes les impressions, et par miracle, ayant conservé sa vie, un tel homme ne serait pas capable d'une seule action ou d'un seul mouvement. En réalité, il ne pourrait pas vivre, car il ne pourrait ni respirer, ni se nourrir. La vie est une série très complexe d'actions—la respiration, l'alimentation, l'échange de matières, la croissance des cellules et des tissus, les réflexes, les influx nerveux et ainsi de suite. Un homme dépourvu d'impressions extérieures ne pourrait avoir aucune de ces choses, et bien sûr, il ne pourrait pas montrer ces manifestations, ces actions qui sont généralement considérées comme étant celles de la volonté et de la conscience.

Ainsi, à partir du point de vue positiviste, l'homme ne diffère des animaux que par la plus grande complexité de ses réactions aux impressions extérieures, et par un intervalle plus long entre l'impression et la réaction. Mais aussi bien l'homme que les animaux manquent d'actions indépendantes, nées en elles-mêmes, et ce qui peut être appelé volonté dans l'homme n'est que la résultante de ses désirs.

Telle est une vue clairement positiviste. Mais il y a très peu de gens qui, sincèrement et constamment, soutiennent ce point de vue. La plupart des hommes, même s'ils se persuadent eux-mêmes et d'autres qu'ils se trouvent sur le terrain d'un concept du monde strictement scientifique et positiviste, en fait ils soutiennent un mélange de théories, c'est-à-dire qu'ils reconnaissent la vision positiviste des choses seulement dans une certaine mesure, jusqu'à ce qu'elle commence à être trop austère et à offrir trop peu de consolation. Tout en reconnaissant d'une part que tous les processus physiques et psychiques chez l'homme se reflètent dans le caractère, ils admettent en même temps une certaine conscience indépendante, un certain principe spirituel, et le libre arbitre.

La volonté, de ce point de vue, est une certaine combinaison dérivée de certaines qualités spécialement développés existant chez un homme capable de faire. La volonté est le signe d'un être d'un ordre très élevé de l'existence par rapport à l'être d'un homme ordinaire. Seuls les hommes qui sont en possession d'un tel être peuvent faire. Tous les autres hommes ne sont que des automates, mis en action par des forces extérieures comme les machines ou les jouets mécaniques, agissant autant et aussi longtemps que le ressort enroulé en eux agit, incapables d'ajouter quoi que ce soit à la force de celui-ci. Ainsi l'enseignement dont je parle reconnaît de grandes possibilités dans l'homme, bien plus grandes que celles que la science positive y voit, mais nie à l'homme, tel qu'il est maintenant, toute valeur en tant qu'entité d'indépendance et de volonté.

L'homme, comme nous le savons, est une machine. Cette idée de la mécanicité de l'homme doit être très bien comprise et bien représentée à soi-même afin de voir toute sa signification et toutes les conséquences et les résultats qui en découlent.

Tout d'abord tout le monde doit comprendre sa propre mécanicité. Cette compréhension ne peut être que le résultat d'une auto-observation correctement formulée. Quant à l'auto-observation—ce n'est pas une chose aussi simple qu'elle puisse paraître à première vue. Par conséquent, l'enseignement met comme pierre angulaire l'étude des principes de l'auto-observation correcte. Mais avant de passer à l'étude de ces principes, l'homme doit prendre la décision d'être absolument sincère avec lui-même, de ne pas fermer les yeux sur quoi que ce soit, de ne pas se détourner des résultats, quels qu'ils soient et où qu'ils puissent le conduire, de ne pas craindre les déductions, de ne pas se limiter à des murs déjà érigés. Pour un homme habitué à penser dans cette direction, beaucoup de courage est nécessaire pour accepter sincèrement les résultats et les conclusions. Ils bouleversent toute la ligne de pensée de l'homme et le privent de ses illusions les plus chères et les plus agréables. Il voit, tout d'abord, son impuissance totale et sa détresse devant littéralement tout ce qui l'entoure. Tout le possède, tout le domine. Il ne possède pas, il ne dirige rien. Les choses l'attirent ou le repoussent. Toute sa vie n'est rien d'autre qu'une conséquence aveugle de ces attractions et répulsions. De plus, s'il n'a pas peur des conclusions, il voit comment ce qu'il appelle son caractère, ses goûts et ses habitudes sont formés: en un mot, comment sa personnalité et son individualité sont construites. Mais l'auto-observation de l'homme, aussi sérieusement et sincèrement qu'elle soit réalisée, ne peut, par elle-même lui dessiner un tableau absolument vrai de son mécanisme intérieur.

L'enseignement présent donne les principes généraux de la construction du mécanisme, et avec l'aide de l'auto-observation, un homme vérifie ces principes. Le premier principe de cet enseignement est que rien ne doit être accepté sur la foi de la confiance. Le schéma de la construction de la machine humaine qu'il étudie doit servir à l'homme uniquement comme un plan pour son propre travail, où se trouve le centre de gravité.

L'homme est né, on le dit, avec un mécanisme adapté pour recevoir de nombreux types d'impressions. La perception de certaines de ces impressions commence avant la naissance; et au cours de la croissance, de plus en plus d'appareils de réception jaillissent et se perfectionnent.

La construction de ces appareils de réception est la même, rappelant les disques propres en cire dont sont faits les enregistrements phonographiques. Sur ces rouleaux et bobines, toutes les impressions reçues sont notées, dès le premier jour de la vie et même avant. En outre, le mécanisme a encore un réglage automatique, grâce auquel toutes les impressions nouvellement reçues sont liées à celles précédemment enregistrées.

En plus de cela, un registre chronologique est conservé. Ainsi, chaque impression qui a été connue est écrite à plusieurs endroits sur plusieurs rouleaux. Sur ces rouleaux, elle est conservé intacte. Ce que nous appelons mémoire est une adaptation très imparfaite au moyen de laquelle nous pouvons garder sur le disque seulement une petite partie de notre stock d'impressions; mais les impressions, une fois expérimentées, ne disparaissent jamais; elles sont conservées sur des rouleaux où elles sont inscrites. De nombreuses expériences ont été faites sous hypnose et il a été prouvé, avec des exemples irréfutables, que l'homme se souvient de tout ce qu'il a jamais connu, jusqu'aux moindres détails. Il se souvient de tous les détails de son environnement, même des visages et des voix des gens autour de lui pendant son enfance, quand on le disait un être tout à fait inconscient.

Il est possible, par l'hypnose, de faire tous les rouleaux tourner, même au plus profond du mécanisme. Mais il peut arriver que ces rouleaux commencent à se dérouler par eux-mêmes à la suite d'un choc visible ou caché, et des scènes, des images ou des visages, apparemment oubliés depuis longtemps, font soudainement surface. Toute la vie psychique intérieure de l'homme n'est rien d'autre qu'un déroulement, devant la vision mentale, de ces rouleaux avec leurs enregistrements d'impressions. Toutes les particularités de la conception du monde d'un homme et les traits caractéristiques de son individualité dépendent de l'ordre dans lequel ces documents arrivent et de la qualité des rouleaux existant en lui.

Supposons qu'une impression ait été expérimentée et enregistrée en connexion avec une autre qui n'a rien à voir avec la première—par exemple, un certain air de danse très lumineux a été entendu par un homme dans un moment de choc psychique intense, de détresse ou de tristesse. Ensuite, cet air évoquera toujours en lui la même émotion négative et respectivement, le sentiment de détresse lui rappellera cet air de danse lumineux. La science appelle cela pensée associative et sentiment associatif; mais la science ne se rend pas compte à quel point l'homme est lié par ces associations et ne peut leur échapper. La conception du monde de l'homme est entièrement définie par le caractère et la quantité de ces associations.

Maintenant, nous voyons dans une certaine mesure pourquoi les hommes ne peuvent pas se comprendre les uns les autres quand ils parlent de l'homme. Pour parler de l'homme de façon sérieuse, il est nécessaire de beaucoup savoir, sinon la conception de l'homme devient trop enchevêtrée et trop diffuse. Seulement quand on connaît les premiers principes du mécanisme humain, l'on peut indiquer de quels côtés et de quelles qualités on va parler. Un homme qui ne sait pas s'empêtrera lui-même et ses auditeurs. Une conversation entre plusieurs personnes qui parlent de l'homme sans définir et indiquer de quel homme elles parlent ne sera jamais une conversation sérieuse, mais tout simplement des mots vides, sans contenu. Par conséquent, afin de comprendre ce qu'est l'homme, il faut d'abord comprendre quels genres d'hommes peuvent exister et de quelle manière ils diffèrent les uns des autres. En attendant, nous devons réaliser que nous ne savons pas.

ANIMÉ ET INANIMÉ
MARDI, LE 12 FÉVRIER 1924

Dans le monde, il y a seulement la matière l'énergie. L'énergie est aussi une sorte de matière. Vous avez entendu parler de Dieu le Verbe ? Une force devient trois:

Dans tous les phénomènes, la troisième force peut soit émerger sur place ou venir du dehors:

Elle peut provenir du même niveau ou d'un autre niveau, ou d'un tiers:

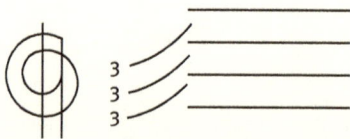

Si elle provient d'un niveau plus élevé, le résultat est une chose en soi. Le Saint-Esprit est alors la force de neutralisation.

Je vais essayer de l'expliquer de cette manière. Voici les niveaux. Voici le repos absolu. Bien qu'il ait des vibrations, ils peuvent le faire sortir seulement jusqu'ici. Si la triade est formée avec le repos absolu à partir d'un niveau plus bas comme force passive, alors ce repos absolu entre dans la composition de celle-la, il la tire vers le bas, vers la terre, etc.

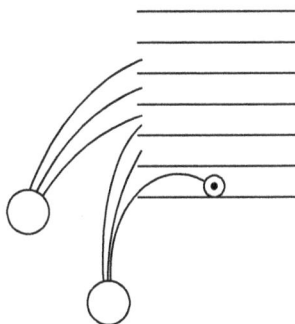

Voici une autre explication, à partir d'un angle différent. Tout se nourrit et est nourri. Même une pierre se nourrit. Chaque centre peut être nourri par ses propres matières ou par des matières étrangères. Il a sa propre âme (dans le sens où une pierre a une âme), et une âme étrangère—une âme au sens propre. La troisième force provient d'un niveau plus élevé. Êtant nourri par des matières étrangères, le centre produit une autre matière, différente. Prenons, par exemple, les poumons et l'estomac. Les deux sont composés à peu près de la même matière, mais ils transforment des matières différentes.

Un centre peut fabriquer des matières fines. A un certain niveau, une nourriture d'une densité déterminée est nécessaire. Le produit fabriqué doit être de cette densité particulière.

Voici le soleil. Une certaine matière passe à travers lui venant d'en haut, sans changer. Voici la terre. Entre le soleil et la terre il y a des niveaux.

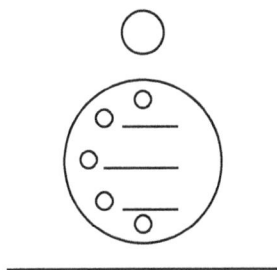

Il y a deux possibilités ici. Soit cette matière passe à travers, soit, s'il y a des récepteurs spéciaux, elle est arrêtée. Ces appareils, conçus pour l'arrêter, fabriquent de la matière fine. Elle peut être de plusieurs ordres.

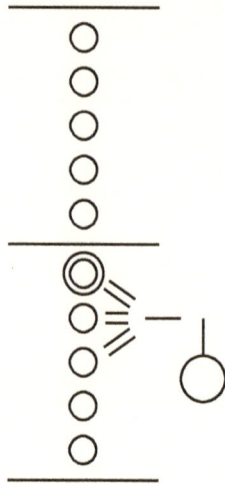

Non, cette absorption n'est pas accidentelle. Rappelez-vous les octaves intérieures.

Ce si est plus proche de l'octave voisine, il a toujours des échos de celle-ci. La note suivante n'a plus rien. Donc, ce si peut fabriquer de la matière plus fine plus facilement. Bien sûr, s'il travaille tout seul, cette matière plus fine est simplement gaspillée. Mais si trois travaillent, elle peut se cristalliser.

La troisième force existe dans l'organisme entier—par exemple, elle existe en vous pris comme un tout. Elle peut être mesurée. Mais elle n'existe pas dans un centre séparé.

Jusqu'à présent, nous avons souvent abordé les processus de la nutrition de l'organisme humain. Maintenant, avec l'aide des indications et des données déjà présentées, nous allons examiner plus en détail le côté chimique, l'essence, pour ainsi dire, des processus chimiques qui se déroulent dans l'organisme.

Il a déjà été dit que, à tout endroit, en tout point de l'univers, toutes les influences qui l'atteignent se combinent en conformité avec une certaine loi précise. Nous avons déduit ces lois de la correspondance mathématique des différentes substances qui agissent comme des liens, pour ainsi dire, en une ou plusieurs chaînes. En acquérant des propriétés différentes en fonction de sa place, la matière, qui était une à l'origine, se divise en une série de niveaux distincts, bien définis, reliés par une gamme continue de matière continuellement changeante. Étant donné que toutes les propriétés de la matière à un endroit particulier sont tout à fait précises, elles peuvent être calculées, de même que toutes les influences amenées à cet endroit avec d'autres matières.

La même chose peut être dite à propos de l'énergie qui façonne la matière et se déverse dans et hors de celle-ci, ainsi que de l'énergie contenue en elle. Les lois régissant la combinaison de la matière et de l'énergie des différents niveaux de la parenté, pour ainsi dire, sont les mêmes sur tous les échelons de l'échelle. Comme dans les grands cycles, dans les petits phénomènes aussi, toutes les interactions, toutes les combinaisons, les chocs, les changements, les nouvelles formations, les cristallisations, toutes les relations de la matière et de l'énergie que nous ne recevons jamais séparément, sans leur dépendance les unes des autres, sont soumis à ces lois. Par conséquent, lorsque nous parlons de la matière, nous parlons aussi nécessairement de l'énergie contenue en elle, de sa qualité dynamique.

Si nous approchons les processus qui se déroulent près de la terre et dans la terre, nous trouverons les mêmes lois. Beaucoup d'influences variées atteignent la terre. Veuillez noter que chaque fois que j'utilise le mot «influence,» j'entends la matière—la substance—chargée, pour ainsi dire, de l'énergie correspondante, qui, dans certaines conditions déterminées, commence à interagir avec d'autres substances qu'elle rencontre.

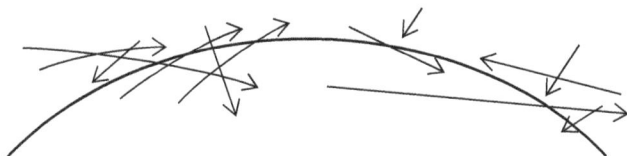

Si nous l'illustrons ainsi, le diagramme représentera schématiquement la surface de la terre. Les flèches représentent les différentes influences qui atteignent la terre, la pénètrent ou la traversent. Nous avons déjà mentionné le fait que les influences qui sont de la nature du soleil atteignent la terre. Mais ici, les influences de toutes les planètes du système solaire se mélangent et changent continuellement. D'autres influences de niveaux plus élevés arrivent également ici. Toutes leurs combinaisons variées déterminent la vie organique et inorganique sur la terre, à cette différence près que, dans le cas de la vie organique, les combinaisons d'énergie sont d'une variété spéciale. Lorsque certains composés albumineux sont obtenus en laboratoire, leur contenu chimique ne diffère pas des composés similaires dans la vie organique. Mais ils ne possèdent pas cette énergie qui est présente dans la combinaison que nous appelons la vie ; par conséquent, toutes les expériences et les tentatives pour produire délibérément la vie n'ont rencontré aucun succès.

Les influences qui entourent la terre et la pénètrent par l'interaction des forces selon la loi de trois peuvent être représentées schématiquement par les diagrammes suivants:

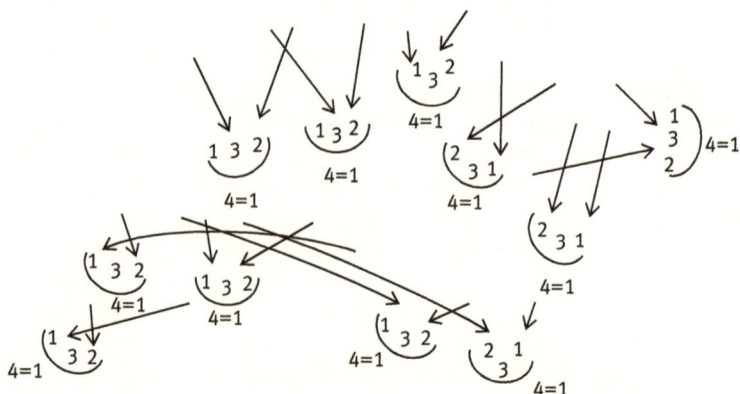

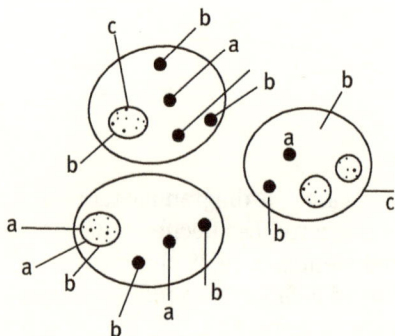

Leur action produit de nouvelles combinaisons de matières autour de la terre et dans celle-ci, qui sont construites conformément à la loi et alimentées par l'énergie correspondante. Par leur interaction, au moyen de laquelle ils peuvent entrer dans diverses combinaisons—tantôt activement, tantôt passivement, par rapport aux différentes substances—et de nouvelles classes et variétés de matière sont produites. Ces combinaisons donnent naissance à des liaisons ultérieures de cette chaîne particulière et ainsi de suite. Par tous ces procédés, il se forme sur la terre toutes les combinaisons variées de la matière—métaux, minéraux, éléments de notre chimie, composés organiques et inorganiques et états solides, liquides et gazeux de la matière, ainsi que toutes les formes et variétés de la vie organique depuis les micro-organismes jusqu'à l'homme.

Toute cette variété infinie de formes, combinaisons et états de la matière déjà existants réagissent différemment aux influences de base qui atteignent la terre par les différents maillons de l'échelle cosmique, dont le chemin passe par la terre. Certaines formes reçoivent les matières qui les atteignent de manière indépendante, d'autres le font par le biais de certaines combinaisons de transmission. Les premières semblent exister dans le cercle fermé de la loi des octaves, car elles contiennent une octave complète en elles-mêmes et en sont une expression. Elles mènent une existence autonome, si on peut dire ainsi, recevant ces matières simplement comme la nourriture nécessaire et maintenant ainsi le processus achevé selon la loi du métabolisme et de la vie intérieure. Elles possèdent en leur sein un cristal de matière libre, qui est indépendante en soi et porte en elle toutes les lois éternelles de la matière. Elles cristallisent comme un do, comme un tout. D'autres formes sont incomplètes, imparfaites, et des influences peuvent être transmises vers elles et à travers elles, mais pas comme à ces composés stables et à ces centres d'interaction qui caractérisent les processus de la vie intérieure des formes achevées par une essence cristallisée. Ceci se rapporte également à tous les états de la matière et de l'énergie, à tous les soi-disant règnes de la nature.

De ce point de vue, chaque plante, par exemple, est une certaine concentration définie d'un type particulier de matière avec une certaine énergie. Mais, en fonction des conditions et des influences, cette combinaison assume à un certain endroit un caractère qu'elle n'assume pas à un autre endroit. Les différences dans les classes et les variétés de plantes sont dues à cette circonstance. Une plante qui possède toute la plénitude de la vie indépendante contient en soi une octave complète et elle est un do complet, un. Par conséquent, dans le processus établi de sa vie, elle peut être exprimée par ce symbole de l'octave dont nous avons parlé.

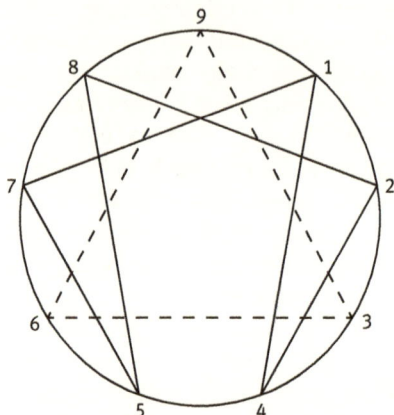

Elle interagit avec les influences qui lui parviennent, qui maintiennent sa vie et l'alimentent, de la même manière que le processus de respiration maintient la vie humaine. A travers le triangle du symbole, elle est connectée à ces influences. Chaque note de son essence cristallisée est à son tour une octave fermée complète, c'est-à-dire le même symbole, subordonnée au premier. Sur le cercle du symbole de base, les points de division des notes seront de cercles plus petits. Des exemples de plantes de ce genre sont celles dont nous obtenons le tabac, le chanvre, la belladone, le café, le cacao, en plus de certaines autres plantes et champignons, comme, par exemple, les tue-mouches.

[Il prend comme exemple l'opium, et explique comment chaque octave contient d'autres octaves.]

Les plantes qui ne possèdent pas un principe cristallisé produisent une octave complète seulement dans les teintures, dans les combinaisons fluides des substances qu'elles contiennent et qu'elles ont assimilées avec des substances qui, pour ainsi dire, passent à travers elles et pour lesquelles elles agissent simplement comme des stations émettrices. Ainsi, dans le processus de leur vie, le symbole de l'octave se réfère uniquement à une combinaison fluide de matières qui n'est pas stable comme un cristal immuable, et les notes de leur échelle produisent un cercle fermé uniquement en combinaison avec d'autres substances qui ne sont pas contenues dans ces plantes. En d'autres termes, ces plantes sonnent le do seulement en combinaison avec d'autres qui possèdent un do supplémentaire d'une octave complète de la note.

Comme toute chose qui vit, une plante vivante possède une forme particulière d'énergie qui, comme on l'a dit, est absente de cette même plante quand elle n'est plus vivante. La vie est le son de l'octave, elle est le symbole de la totalité des influences entrantes qui cimentent (représentant le même triangle) et qui, prises ensemble, ainsi que chacune séparément, agissent comme un choc, comme le Saint-Esprit, dans le maintien de la vie de plantes. Or elle est connectée, à travers une série d'étapes intermédiaires et de liens, avec l'octave du cosmos où elle joue le rôle d'une cellule dans un organisme complexe. Les plantes sont des conduits à travers lesquels coulent des influences qui les relient à des formes au-dessus et au-dessous d'elles-mêmes. Quand la vie est éteinte—par exemple, si une plante est coupée—l'énergie qui lui est inhérente se disperse. Le triangle se révèle dans le symbole de l'octave de la vie.

Les hommes ont l'esprit plus développé et les femmes, les sentiments. Les hommes doivent sentir, et les femmes doivent penser—les deux doivent être fusionnés en un seul pour une véritable compréhension. Chacun de son côté peut ne rien donner. Pensez ce que vous sentez, et sentez ce que vous pensez. La fusion produit une autre force.

Souffrance. Seuls les imbéciles souffrent. Dans le fleuve de la vie, la souffrance n'est pas intentionnelle. Dans la vie consciente, la souffrance est intentionnelle, ce qui est d'une grande valeur. Toute souffrance a une cause et des conséquences. Des rituels comme les vieilles danses, un livre avec des vérités, la clé nécessaire.

Pour certains, la religion est utile, pour d'autres, c'est les policiers. Nous sommes pleinement conscients des petites terreurs, comme par exemple trouver une souris dans notre lit, mais nous ne pouvons pas comprendre la terreur de la mort. Si nous le faisions, nous vivrions différemment. Mais la vie nous empêche de le comprendre.

Le but de la vie. Rien que des émetteurs de vibrations. Fourrage pour la lune. Nous sommes des moutons gardés pour fournir de la laine pour nos maîtres, qui nous nourrissent et nous gardent comme des esclaves de l'illusion. Mais nous avons une chance d'évasion et nos «maîtres» sont désireux de nous aider, mais nous aimons être des moutons. C'est confortable.

Il y a deux rivières différentes de la vie—mécanique et consciente, les deux fonctionnant en vertu de lois différentes. Elles ne se rencontrent jamais, elles ne sont jamais parallèles, mais se soutiennent mutuellement. Dans le premier courant, la loi est pour toute la rivière, dans le second, la loi est pour les gouttes. Dans le premier, les gouttes atteignent parfois la surface et passent dans d'autres affluents. Pour accéder à la deuxième rivière, on doit tout laisser derrière.

« *L'aspiration* » est un sentiment facile avec association. Beaucoup de connaissance de soi et peu de connaissance peuvent donner une aspiration réelle.

« *Beauté* » -Tout ce qui est juste et vrai est beau. Notre sens de la beauté dépend des goûts, il est subjectif, relatif.

« *Amour* »—Celui qui peut aimer peut Être ; celui qui peut Être peut Faire ; celui qui peut Faire, est. Pour aimer, il faut d'abord oublier tout sur l'amour, en faire son but et chercher la direction. Tels que nous sommes, nous ne pouvons pas aimer. Nous aimons parce que nous aimons quelque chose en nous-mêmes, les émanations d'un autre qui se combinent avec quelque chose en nous-mêmes sur lesquelles commencent certaines associations qui en éveillent d'autres qui sont agréables, etc. Cela peut être dû à des émanations chimico-physiques du centre instinctif, du centre émotionnel ou du centre intellectuel. Cela peut être dû à des influences associatives à partir de :

1. Forme extérieure.
2. Sentiments (Je t'aime parce que tu m'aimes, ou parce que tu ne m'aimes pas).
3. Suggestions des autres.
4. Supériorité.

Beaucoup d'autres raisons, toutes égoïstes et subjectives. Essayez d'être libre de toutes ces influences. Nous ne sommes influencés que parce que nous nous laissons influencer. Nous projetons nos sentiments sur les autres. La colère engendre la colère. Nous recevons ce que nous avons donné. Tout attire ou repousse. Lorsque l'attraction et la répulsion sont bien équilibrées, elles se traduisent par l'amour, et les réglages appropriés. Nous pouvons penser dans l'intervalle entre attraction et répulsion. Dans la conversation, quelqu'un affirme, un autre nie. Il y a souvent un consentement extérieur, mais une opposition intérieure.

QUESTION : Quelle est la méthode de l'Institut?

RÉPONSE : La méthode est subjective, c'est-à-dire qu'elle dépend des particularités individuelles de chaque personne. Il n'y a qu'une seule règle générale qui peut être appliquée à tout le monde—l'observation. Cela est indispensable pour tous. Toutefois, cette observation n'est pas pour le changement, mais pour se voir soi-même. Chacun a ses propres particularités, ses propres habitudes que l'homme ne voit pas en général. Il faut voir ces particularités. De cette façon, on peut « découvrir de nombreuses Amériques. » Chaque petit fait a sa propre cause fondamentale. Lorsque vous aurez rassemblé du matériel sur vous-mêmes, il sera possible d'en parler; à l'heure actuelle, la conversation est purement théorique.

Si nous mettons le poids d'un côté, nous devons l'équilibrer d'une certaine façon. En essayant de nous observer, nous obtenons la pratique de la concentration, ce qui sera utile même dans la vie ordinaire.

QUESTION : Quel est le rôle de la souffrance dans l'auto-développement ?

RÉPONSE : Il existe deux types de souffrance—consciente et inconsciente. Seul un fou souffre inconsciemment.

Dans la vie il y a deux rivières, deux directions. Dans le premier cas, la loi est pour la rivière elle-même, pas pour les gouttes d'eau. Nous sommes des gouttes. A un moment donné, une goutte se trouve à la surface, à un autre moment, elle est au fond. La souffrance dépend de sa position. Dans la première rivière, la souffrance est complètement inutile parce qu'elle est accidentelle et inconsciente.

Parallèlement à cette rivière coule une autre rivière. Dans cette autre rivière il y a un autre type de souffrance. La goutte de la première rivière a la possibilité de passer dans la seconde. Aujourd'hui, la goutte souffre parce que hier, elle n'a pas assez souffert. Ici, c'est la loi du châtiment qui fonctionne. La goutte peut aussi souffrir à l'avance. Tôt ou tard, tout est payé. Pour le cosmos il n'y a pas de temps. La souffrance peut être volontaire et seulement la souffrance volontaire a de valeur. On peut souffrir simplement parce que l'on se sent malheureux. Ou on peut souffrir pour hier et se préparer pour demain.

Je le répète, il n'y a que la souffrance volontaire qui ait de valeur.

QUESTION : Est-ce que Christ a été un maître avec une préparation scolaire, ou bien a-t-il été un génie accidentel ?

RÉPONSE : Sans connaissance, il n'aurait pu être ce qu'il était et il n'aurait pu faire ce qu'il a fait. On sait que là où il était il y avait la connaissance.

QUESTION : Si nous ne sommes qu'une mécanique, quel sens a la religion ?

RÉPONSE : Pour certains, la religion est une loi, une orientation, une direction ; pour d'autres, un policier.

QUESTION : Dans quel sens a-t-il été dit dans une conférence antérieure que la terre est vivante ?

RÉPONSE : Nous ne sommes pas les seuls à vivre. Si une partie est en vie, c'est que l'ensemble est vivant. L'univers entier est comme une chaîne, et la terre est un maillon de cette chaîne. Là où il y a du mouvement, il y a la vie.

QUESTION : Dans quel sens a-t-il été dit que celui qui n'est pas mort ne peut pas naître ?

RÉPONSE : Toutes les religions parlent de la mort au cours de cette vie sur terre. La mort doit venir avant la renaissance. Mais qu'est-ce qui doit mourir? La fausse confiance en sa propre connaissance, l'amour-propre et l'égoïsme de chacun. Notre égoïsme doit être brisé. Nous devons réaliser que nous sommes des machines très compliquées, et ainsi ce processus de rupture sera inévitablement une tâche longue et difficile. Avant que la croissance réelle ne devienne possible, notre personnalité doit mourir.

QUESTION : Est-ce que le Christ a enseigné des danses ?

RÉPONSE : Je n'étais pas là pour le voir. Il est nécessaire de faire la distinction entre la danse et la gymnastique, ce sont sont des choses différentes. Nous ne savons pas si ses disciples ont dansé, mais nous savons que là où le Christ a obtenu sa formation on enseignait certainement la « gymnastique sacrée. »

QUESTION : Y a-t-il une valeur quelconque dans les cérémonies et les rites catholiques ?

RÉPONSE : Je n'ai pas étudié le rituel catholique, mais je connais bien les rituels de l'Église grecque, et là, sous-tendant la forme et la cérémonie, il y a un sens réel. Chaque cérémonie, si elle continue à être pratiquée sans changement, a de la valeur. Le rituel est comme les danses anciennes qui étaient des guides dans lesquels la vérité était écrite. Mais pour comprendre, il faut avoir une clé.

Les vieilles danses folkloriques ont aussi un sens -certaines contiennent même des choses telles que des recettes pour faire de la confiture. Une cérémonie est un livre dans lequel beaucoup est écrit. Quiconque comprend peut le lire. Dans une cérémonie il y a plus de contenu que dans une centaine de livres. Habituellement, tout change, mais les coutumes et les cérémonies peuvent rester inchangés.

QUESTION : Est-ce que la réincarnation des âmes existe ?

RÉPONSE : Une âme est un luxe. Personne n'est encore né avec une âme pleinement développée. Avant de pouvoir parler de la réincarnation, il faut savoir de quel genre d'homme nous parlons, de quel genre d'âme et de quel genre de réincarnation. Une âme peut se désintégrer immédiatement après la mort, ou elle peut le faire après un certain temps. Par exemple, une âme peut être cristallisée dans les limites de la terre et peut y rester, mais ne pas être cristallisée pour le soleil.

QUESTION : Les femmes peuvent travailler aussi bien que les hommes ?

RÉPONSE : Il y a différentes parties qui sont plus développées chez les hommes et les femmes. Chez les hommes, c'est la partie intellectuelle, que nous appellerons A ; chez les femmes, c'est l'émotionnel, ou B. Le travail à l'Institut se développe parfois davantage le long des lignes de A, auquel cas il est très difficile pour B. D'autres fois, il est davantage le long des lignes de B, auquel cas il est plus difficile pour A. Mais ce qui est essentiel pour la compréhension réelle est la fusion de A et B. Cela produit une force que nous appellerons C. Oui, il y a des chances égales pour les hommes et pour les femmes.

LA MATIÈRE, L'ÉNERGIE, LA VIE
NEW YORK
VENDREDI, LE 15 FÉVRIER 1924

Il y a dans le monde une matière et une énergie. Tout ce qui existe n'est qu'une combinaison de ces deux, en raison de l'action d'une troisième, une force neutre. Les combinaisons sont rangées dans un ordre déterminé, selon une échelle définie. En bas, à l'extrémité inférieure de l'échelle, se trouve le repos absolu, la matière sous forme pure, le, principe négatif passif, le Saint de la stabilité. C'est la matière dans laquelle l'énergie ne peut pas agir. Lorsqu'une interaction de la matière et de l'énergie commence, l'évolution commence. Plus on monte en haut de l'échelle, plus grande sera la quantité d'énergie liée à une moindre quantité de matière. À un certain moment, elles sont égales. Au-dessus de ce point, la quantité d'énergie liée à la matière augmente progressivement, la matière devient de plus en plus chargée d'énergie. Au sommet se trouve l'énergie pure, le Saint Dieu, la Parole, le principe positif, la force active.

Tout dans le monde est animé, tout vit, l'échange de matière se déroule partout. En principe, il n'y a pas de différence entre l'organique et l'inorganique—il n'y a pas de ligne de démarcation entre eux. Les propriétés d'une substance, le degré de son animation et son intelligence sont déterminées par la place d'une combinaison particulière de la matière et de l'énergie sur l'échelle cosmique.

Dans certains cas, des combinaisons de matière produisent de nouvelles combinaisons qui acquièrent certaines propriétés. Voici comment commence la vie. Autour de ces combinaisons, certaines formes, consistant en certaines matières, deviennent localisées conformément à certaines lois. Voici comment la forme extérieure voit le jour autour du cerveau. La vie humaine et sa création, tout comme toute autre vie individuelle résultante ou déjà existante, qui est une particule dans un maillon d'une grande chaîne cosmique, suit les mêmes lois générales définies. À première vue, ces lois semblent très compliquées, mais en réalité, elles sont simples et peu nombreuses. Les mêmes lois fondamentales agissent en toutes choses, en commençant par le plus petit et en terminant par le plus grand.

Les animaux diffèrent dans leur apparence extérieure, dans la forme. Mais la forme est le résultat de combinaisons régies par la loi d'adaptation. Tous les êtres vivants s'adaptent à leur milieu. Je distingue les animaux non par la forme, mais par la qualité et la quantité de cerveaux. Il y a des animaux décérébrés, des animaux à un cerveau, deux cerveaux, trois cerveaux et des animaux à plusieurs cerveaux. La matière de ces cerveaux est à peu près la même, mais ils diffèrent dans leur structure (par exemple, le plexus solaire n'est même pas considéré comme un cerveau, mais comme un ganglion).

Même avant la naissance d'un enfant tous les éléments de base de ses futures qualités, particularités, tendances, à la fois physiques et psychiques, sont formés.

De nombreuses causes servent de matériau pour former ces éléments de base, tels que l'hérédité, le moment de la conception, les conditions dans lesquelles la mère a passé le temps de la grossesse, le lieu géographique, et ainsi de suite.

Un nouveau-né humain n'a rien qui le distingue d'un nouveau-né animal du même ordre, c'est-à-dire un animal à trois cerveaux, si nous ne prenons pas en compte, bien sûr, ses possibilités futures, que d'autres animaux du même ordre ne possèdent pas à notre époque.

Un enfant est né avec une essence prête et avec toutes les données qui permettent à la personnalité de se former plus tard. Un développement ultérieur de l'essence et la formation et le perfectionnement de la personnalité dépendent des conditions environnantes et des conditions ultérieures de sa vie.

Combinaisons. Chaque tissu est une combinaison de microbes, si l'on prend cette assertion dans un sens large. Vous-mêmes, vous êtes une combinaison de microbes. Les microbes sont une combinaison d'atomes. Les atomes peuvent être divisés, et ainsi de suite. Enfin, un atome indivisible est atteint, qui est matière pure.

Loi de sept. Le tableau des masses atomiques des éléments chimiques est une illustration de la loi de sept. Il existe une correspondance complète entre les poids atomiques et les chiffres établis mathématiquement. Il n'y a pas d'exceptions, mais ils indiquent une certaine erreur dans la chimie.

Psychologie. Il n'y a pas de psychologie *côte à côte* avec des choses organiques. La psychologie est seulement le résultat. Une plante a une psychologie ou pas ? Certaines attrapent des mouches. De telles qualités sont le résultat de combinaisons. La ligne de démarcation entre organique et inorganique devrait être effacée. L'indivisibilité n'est pas une définition des entités organiques.

Essence—les choses en elles-mêmes. Elle est tous les centres.

CENTRES ET ÂME
NEW YORK
DIMANCHE, LE 17 FÉVRIER 1924

Travailler sur soi-même n'est pas aussi difficile que vouloir travailler, prendre la décision. Il en est ainsi parce que nos centres doivent être d'accord entre eux, après avoir compris que, s'ils ont à faire quelque chose ensemble, ils doivent se soumettre à un maître commun. Mais il est difficile pour eux de tomber d'accord, car une fois qu'il existe un maître, il ne sera plus possible pour aucun d'entre eux de commander aux autres et de faire ce qu'ils veulent. Il n'y a pas de maître dans l'homme ordinaire. Et s'il n'y a pas de maître, il n'y a pas d'âme.

Une âme—tel est le but de toutes les religions, de toutes les écoles. C'est seulement un but, une possibilité; ce n'est pas un fait.

L'homme ordinaire n'a pas d'âme et de volonté. Ce qu'on appelle généralement la volonté est simplement la résultante des désirs. Si un homme a un désir et, en même temps, un désir contraire émerge, c'est-à-dire une mauvaise volonté plus forte que la première, la deuxième contrôlera la première et l'éteindra. C'est ce que, dans le langage ordinaire, on appelle la volonté.

Un enfant ne naît jamais avec une âme. Une âme ne peut être acquise que dans le cours de la vie. Même alors, c'est un grand luxe et seulement pour quelques-uns. La plupart des gens vivent toute leur vie sans âme, sans maître, et pour une vie ordinaire une âme est tout à fait inutile.

Mais une âme ne saurait naître de rien. Tout est matériel et donc l'âme aussi, seulement elle se compose de matière très fine. Par conséquent, afin d'acquérir une âme, il est d'abord nécessaire d'avoir la matière correspondante. Cependant, nous ne disposons pas de matériaux suffisants même pour nos fonctions quotidiennes.

Par conséquent, afin d'avoir la matière ou le capital nécessaire, nous devons commencer à économiser, de sorte que quelque chose puisse rester pour le lendemain. Par exemple, si je suis habitué à manger une pomme de terre par jour, je peux manger seulement la moitié et mettre l'autre moitié de côté, ou je peux jeûner complètement. Et la réserve de substances qui doivent être accumulées va falloir être grande; sinon elle sera bientôt dissipée.

Si nous avons quelques cristaux de sel et nous les mettons dans un verre d'eau, ils vont rapidement se dissoudre. On peut en ajouter encore et encore, ils vont toujours se dissoudre. Mais il arrive un moment où la solution est saturée. Ensuite, le sel ne se dissolvera plus et les cristaux resteront entiers au fond.

Il en va de même avec l'organisme humain. Même si les matériaux qui sont nécessaires pour la formation d'une âme sont produits en permanence dans l'organisme, ils sont dispersés et dissous. Il doit y avoir une surabondance de matériaux de ce genre dans l'organisme; alors seulement la cristallisation est possible.

Le matériau cristallisé après une telle surabondance prend la forme du corps physique de l'homme, c'est une copie de celui-ci et peut être séparée du corps physique. Chaque corps a une vie différente et chacun est soumis à différents ordres de lois. Ce nouveau corps, ou deuxième corps, est appelé le corps astral. Par rapport au corps physique, il est ce qu'on appelle l'âme. La science arrive déjà à la possibilité d'établir expérimentalement l'existence du second corps.

Si nous parlons de l'âme, il faut expliquer qu'il peut y avoir plusieurs catégories d'âmes, mais qu'une seule d'entre elles peut vraiment être appelée par ce nom.

Une âme, comme on l'a dit, est acquise au cours de la vie. Si un homme a commencé à accumuler ces substances, mais meurt avant qu'elles aient cristallisé, alors en même temps que la mort du corps physique, ces substances se désintègrent et se dispersent également.

L'homme, comme tout autre phénomène, est le produit de trois forces.

Il faut dire que—à l'instar de tout ce qui vit—la terre, le monde planétaire et le soleil distribuent des émanations. Dans l'espace, entre le soleil et la terre, il y a, pour ainsi dire, trois mélanges d'émanations. Les émanations du soleil, qui sont plus grandes, en rapport avec sa plus grande taille, atteignent la terre et même la traversent de manière incontrôlée, car elles sont les meilleures. Les émanations des planètes atteignent la terre, mais n'atteignent pas le soleil. Les émanations de la terre sont encore plus courtes. De cette façon, dans les limites de l'atmosphère de la terre il y a trois sortes d'émanations—celles du soleil, de la terre et des planètes. Au-delà, il n'y a pas d'émanations de la terre, il n'y a que les émanations du soleil et des planètes; et plus haut encore il n'y a que les émanations du soleil.

Un homme est le résultat de l'interaction des émanations planétaires et de l'atmosphère de la terre, avec les matériaux de la terre. A la mort d'un homme ordinaire, son corps physique se désintègre dans ses parties constitutives; les parties de la terre vont à la terre. « Tu es poussière et à la poussière tu retourneras. » Les parties qui sont venus avec des émanations planétaires retournent au monde planétaire ; les parties de l'atmosphère de la terre y retournent. De cette façon, rien ne reste comme un tout.

Si le second corps réussit à devenir cristallisé dans un homme avant sa mort, il peut continuer à vivre après la mort du corps physique. Le matériau de ce corps astral, dans ses vibrations, correspond à la matière des émanations du soleil et il est, théoriquement, indestructible dans les limites de la terre et de son atmosphère. Cependant, la durée de sa vie peut être différente. Il peut vivre longtemps ou son existence peut se terminer très rapidement. Ceci est dû au fait que, tout comme le premier, le second corps a aussi des centres; il vit aussi et reçoit également des impressions. Et comme il manque d'expérience et de matériel suffisant pour les impressions, il doit recevoir une certaine éducation, comme un nouveau-né. Sinon, il est impuissant et ne peut exister de façon indépendante, étant bientôt désintégré, comme le corps physique.

Tout ce qui existe est soumis à la même loi, car « ce qui est en bas est comme ce qui est en haut. » Ce qui peut exister dans un ensemble de conditions ne peut pas exister dans un autre. Si le corps astral se heurte à des vibrations plus fines, il se désintègre.

Et donc, à la question « Est-ce que l'âme est immortelle ? » En général, il est seulement possible de répondre « oui et non. » Pour répondre plus nettement, il faut savoir quel genre d'âme on entend par là et quel genre d'immortalité.

Comme je l'ai dit, le second corps de l'homme est l'âme par rapport au corps physique. Bien qu'en lui-même il soit également divisé en trois principes, envisagé comme un tout, il représente la force active, le principe positif par rapport au principe négatif, passif qui est le corps physique. Le principe de neutralisation entre eux est un magnétisme spécial, qui n'est pas donné à tout le monde, mais sans lequel il est impossible pour le second corps d'être le maître du premier.

La poursuite du développement est possible. Un homme avec deux corps peut acquérir de nouvelles propriétés par la cristallisation de nouvelles substances. Un troisième corps est alors formé dans le second, qui est parfois appelé le corps mental. Le troisième corps sera alors le principe actif; le second, le neutralisant; et le premier, le corps physique, le principe passif.

Mais ceci n'est toujours pas une âme dans le vrai sens du mot. A la mort du corps physique, l'astral peut aussi mourir et le corps mental peut rester seul. Mais, bien que dans un certain sens, il soit immortel, il peut aussi mourir tôt ou tard.

Seul le quatrième corps accomplit tout le développement possible pour l'homme dans les conditions terrestres de son existence. Il est immortel dans les limites du système solaire. La volonté réelle appartient à ce corps. Il est le «je» réel, l'âme de l'homme, le maître. Il est le principe actif par rapport aux autres corps pris ensemble.

Tous ces quatre corps, qui s'inscrivent l'un dans l'autre, peuvent être séparés. Après la mort du corps physique, les corps supérieurs peuvent être divisés.

La réincarnation est un phénomène très rare. Elle est possible soit sur une très longue période de temps, soit dans le cas de l'existence d'un homme dont le corps physique est identique à celui de l'homme qui possède ces corps supérieurs. En outre, le corps astral peut se réincarner seulement s'il rencontre par hasard un tel corps physique, mais cela ne peut se produire qu'inconsciemment. Mais le corps mental est en mesure de choisir.

348

CHARIOT, CHEVAL ET CONDUCTEUR
NEW YORK
NEW YORK, LE 18 FÉVRIER 1924

Cette pensée peut être bien expliquée, si nous prenons l'analogie de l'homme et d'une équipe composée de chariot, cheval et conducteur. L'homme dans son ensemble, avec tous ses centres, est comme une équipe, qui est aussi un tout, mais se compose de différentes parties indépendantes : chariot, cheval et conducteur.

L'homme est une équipe, commandée par le conducteur—notre esprit, et tiré par le cheval harnaché—notre sentiment ; le chariot est notre corps.

Tous ces trois sont des individus complètement séparés, qui n'ont rien en commun, que ce soit dans le caractère ou dans leur nature, et qui ont simplement été réunis par quelqu'un par nécessité, pour servir un seul but.

Chacun a ses propres habitudes, ses propres goûts, ses propres exigences, sa propre psychologie, ses propres particularités. Chacun a été amené et a grandi dans des conditions différentes, conformément à sa propre nature et à ses possibilités, et par conséquent, chacun s'est forgé ses propres idées et sa propre vision des choses.

Le conducteur est comme tous les conducteurs. C'est un Vanka. Il est juste alphabétisé, ayant suivi les cours d'une école paroissiale. Bien qu'il ait été élevé à la campagne, il regarde de haut cette campagne. Bien qu'il soit ignorant lui-même, l'ignorance le dégoûte.

Au contact, grâce à sa profession, de différents types de personnes, il a progressivement accumulé diverses idées. Ceci est le type qui « a abandonné les corbeaux, mais n'a pas obtenu les paons. » Il n'est pas étranger aux questions de la politique, de la religion, de la sociologie. Il aime discuter avec ses pairs, faire la leçon à ses subordonnés ; et il est servile avec ses supérieurs.

Sa faiblesse est de courir après les cuisiniers voisins. Mais ce qu'il aime encore plus, c'est manger. Plus que tout il aime boire et parfois il boit même l'argent qu'on lui a donné pour le fourrage.

Comme chaque Vanka il travaille pour un maître. Il est nourri et vêtu et parfois il reçoit des aubaines comme pourboire. Recevoir des pourboires lui a appris à être rusé. Il connaît la psychologie des gens, il flatte, il est insinuant et généralement il a appris à mentir. A chaque occasion propice, s'il a un instant à perdre, il se rend dans un bar ou un café et là, autour d'un verre de vin, il rêvasse ou il tient une conversation avec un autre conducteur, ou bien il lit le papier.

Il essaie de paraître calme et porte une barbe. S'il est mince, il met un manteau en peau de mouton épais de manière à paraître plus important.

Le cheval est tout à fait différent. Il n'a pas reçu d'éducation spéciale—uniquement des coups et des gueulades occasionnelles. Il est resté tel que la nature l'a fait. Il est maintenu attaché et n'est pas nourri comme il devrait l'être. A la place de l'avoine et du foin, il obtient de la paille ou quelque chose de totalement immangeable pour lui.

La négligence de tous ceux qui l'entourent depuis sa jeunesse et la solitude perpétuelle l'ont rendu secret et l'ont poussé à vivre à l'intérieur de lui-même, tandis qu'à la surface il ne reste plus rien que l'inertie. Comme il ne reçoit aucune gentillesse ou bonne camaraderie de la part de personne, si par hasard il rencontre de la gentillesse, il se livre corps et âme.

Privé d'autres buts et intérêts, il n'a conservé qu'un plaisir—manger et boire, et par conséquent, il est toujours attiré par l'endroit où se trouve de la nourriture. Quand il voit les portes où il a été nourri une ou deux fois, il fait tout ce qu'il peut pour s'arrêter là-bas. S'il arrive à sortir de la ville, il continue à tirer vers l'endroit où il y a un peu d'herbe.

Le conducteur se souvient parfois de son profit personnel ; il a une vague idée de ses fonctions, il peut parfois penser logiquement, se rappeler le lendemain, ou tout simplement avoir peur d'être licencié. Alors, parfois, il est intéressé à porter quelque chose.

Étant donné que le cheval n'a jamais reçu le moindre encouragement dans son travail, il ne souhaite pas travailler et ne comprend pas pourquoi le travail doit être fait. Tout son être est inerte quant au travail, et ne fonctionne que par la peur d'une nouvelle raclée.

Quant au chariot, les choses sont encore pires.

Étant fait de matériaux différents, il était, dans sa conception complexe, destiné à d'autres fins ; non pas pour les passagers, mais pour porter des charges. Il a été conçu pour l'irrégularité des vicinales, grâce auxquelles une lubrification diffuserait de manière égale dans toutes les parties métalliques. Au lieu de cela, le chariot a été placé sur un support de taxi et se déplace tout le temps le long d'une rue à la surface uniforme.

Dans ce genre de travail, ne recevant pas de chocs, il n'est pas uniformément lubrifié, ce qui fait que certaines parties se sont rouillées par manque d'utilisation. Si, parfois, il doit emprunter une route marginale, il arrive toujours quelque chose. Soit un écrou se détache, soit un boulon sort, ou bien quelque chose se fissure quelque part ou saute de sa place, ou encore l'essieu cède. Ces tentatives se terminent rarement sans besoin de réparations plus ou moins graves. Tout chariot fonctionne bien s'il est correctement graissé.

S'il n'y a pas assez de graisse, ses parties surchauffent et deviennent brûlantes ; s'il y en a trop, il est difficile de gérer à la fois le chariot et le cheval. Mais certains conducteurs ne savent même pas que le chariot doit être graissé, ou bien s'ils le font graisser, ils s'y prennent sans s'y connaître et sur des ouï-dire, suivant aveuglement l'avis de la première personne rencontrée. Maintenant, il est déjà impossible d'utiliser sans risque le chariot dans le but pour lequel il a été fait. Et on ne peut pas non plus le réparer sur le champ, car toutes les parties doivent être examinées, nettoyées et huilées.

Le conducteur, le cheval et le chariot constituent un tout. Leur fonction est de servir un seul but. Mais dès le début, ils ont commencé à vivre séparément et maintenant il n'y a plus de compréhension commune, plus de langage commun entre eux.

Le conducteur parle anglais ou russe. Le cheval et le chariot ne comprennent pas cette langue. Mais alors, la langue qu'ils comprennent, le cocher ne la comprend pas. Bien que le cheval connaisse la langue des rênes, le cocher ne connaît que deux mots de cette langue—« droite » et « gauche. »

Il est impossible d'être impartial, même lorsque rien ne vous touche à vif. Telle est la loi, telle est la psyché humaine. Nous parlerons plus loin du pourquoi et des causes de ceci. En attendant, nous allons le formuler ainsi: la machine humaine a quelque chose qui ne lui permet pas de rester impartiale, c'est-à-dire de raisonner calmement et objectivement, sans être touchée à vif, mais parfois il est possible de se libérer de cette fonction par des efforts particuliers.

En ce qui concerne ce second point, je vous demande maintenant de vouloir et de faire cet effort, afin que notre conversation ne soit pas comme toutes les autres conversations dans la vie ordinaire, à savoir un simple versage du rien dans le vide, mais qu'elle soit productive à la fois pour vous et pour moi.

J'ai appelé les conversations habituelles un versage du rien dans le vide. En effet, pensez sérieusement à la longue durée que chacun d'entre nous a vécue dans le monde et aux nombreuses conversations que nous avons eues ! Demandez-vous, regardez en vous-mêmes—est-ce que toutes ces conversations ont jamais abouti à quoi que ce soit ? Etes-vous sûr et certain de quoi que ce soit comme vous l'êtes, par exemple, du fait que deux et deux font quatre ? Si vous recherchez sincèrement en vous-mêmes et donnez une réponse sincère, vous direz qu'elles n'ont conduit à rien.

Donc, notre bon sens peut conclure de l'expérience passée que, puisque cette façon de parler n'a conduit à rien jusqu'à présent, elle ne mènera à rien à l'avenir. Même si un homme devait vivre une centaine d'années, le résultat serait le même.

Par conséquent, nous devons en chercher la cause et, si possible, la changer. Notre but est donc de trouver cette cause; ainsi, dès les premiers pas, nous allons essayer de modifier notre façon de tenir une conversation.

La dernière fois, nous avons parlé un peu de la loi des trois. J'ai dit que cette loi est présente partout et en tout. On la trouve aussi dans la conversation. Par exemple, si les gens parlent, une personne affirme, une autre nie. Si elles n'argumentent pas, rien ne sort de ces affirmations et négations. Si elles argumentent, un nouveau résultat est produit, qui est une nouvelle conception, différente de celle de la personne qui a affirmé ou de celle de la personne qui a nié.

Cela aussi est une loi, car on ne peut pas tout à fait dire que vos anciennes conversations n'ont jamais apporté de résultat. Il y a eu un résultat, mais ce résultat n'a pas été pour vous, mais pour quelque chose ou quelqu'un en dehors de vous.

Mais maintenant, nous parlons des résultats qui sont en nous, ou de ceux que nous souhaitons avoir en nous. Ainsi de cette loi agissant à travers nous, en dehors de nous, nous souhaitons l'amener en nous-mêmes, pour nous-mêmes. Et pour y parvenir, nous devons simplement modifier le champ d'action de cette loi.

Ce que vous avez fait jusqu'à présent en affirmant, niant ou contredisant les autres, je veux que vous le fassiez maintenant avec vous-mêmes, de sorte que les résultats que vous obtenez ne soient pas objectifs, comme ils l'ont été jusqu'à présent, mais subjectifs.

Partout et toujours il y a affirmation et négation, non seulement chez les individus, mais dans l'ensemble de l'humanité également. Si la moitié de l'humanité affirme quelque chose, l'autre moitié le nie. Par exemple, il y a deux courants opposés—la science et la religion. Ce que la science affirme la religion nie et vice versa. C'est une loi mécanique et il ne peut en être autrement. Elle fonctionne partout et à chaque échelle—dans le monde, dans les villes, dans la famille, dans la vie intérieure d'un individu. Un centre de l'homme affirme, un autre nie. Nous sommes toujours une particule des deux. C'est une loi objective et tout le monde est l'esclave de cette loi; par exemple, je dois être l'esclave soit de la science soit de la religion. Dans les deux cas l'homme est l'esclave de cette loi objective. Il est impossible de s'en libérer. N'est libre que celui qui se tient au milieu. S'il peut le faire, il échappe à cette loi générale de l'esclavage. Mais comment y échapper? C'est très difficile. Nous ne sommes pas assez forts pour ne pas nous soumettre à cette loi. Nous sommes des esclaves. Nous sommes faibles. Pourtant, il existe la possibilité de nous affranchir de cette loi; si nous essayons lentement, progressivement, mais constamment. Du point de vue objectif, cela signifie, bien sûr, d'aller contre la loi, contre la nature, en d'autres termes, de pécher. Mais nous pouvons le faire parce qu'une loi d'un autre ordre existe aussi; nous avons reçu une autre loi de Dieu.

Que faut-il donc pour atteindre cet objectif? Reprenons le premier exemple: la religion et la science. Je vais en discuter avec moi-même, et chaque homme devrait essayer de faire la même chose.

Je raisonne de cette manière: je suis un petit homme. Je n'ai vécu que pendant cinquante ans, alors que la religion existe depuis des milliers d'années. Des milliers d'hommes ont étudié ces religions et pourtant je les nie. Je me demande : « Est-il possible qu'ils aient tous été des imbéciles et que je sois le seul intelligent ? » La situation est la même avec la science. Elle existe également depuis longtemps. Supposons que je le nie. Là encore, la même question se pose : «Est-il possible que je sois plus intelligent que toute la multitude de gens qui ont étudié la science depuis si longtemps? »

Si je raisonne avec impartialité je comprends que je peux être plus intelligent qu'un ou deux hommes, mais pas qu'un millier. Si je suis un homme normal et je raisonne sans être sollicité, je comprendrai que je ne peux pas être plus intelligent que des millions de gens. Je le répète, je ne suis qu'un petit homme. Comment puis-je critiquer la religion et la science? Qu'est-ce donc possible? Je commence à penser qu'il y a peut-être une part de vérité; il est impossible que tout le monde se trompe. Alors maintenant, je me suis fixé la tâche d'essayer de comprendre de quoi il s'agit dans tout cela. Quand je commence à penser et à étudier impartialement, je trouve que la religion et la science ont toutes les deux raison, en dépit du fait qu'elles sont opposées l'une à l'autre. Je découvre une petite erreur. Un camp prend un sujet; l'autre camp, un autre. Ou bien ils étudient le même sujet, mais sous des angles différents; ou bien l'un étudie les causes; l'autre, les effets d'un même phénomène, et ainsi ils ne se rencontrent jamais. Mais les deux ont raison, car les deux sont basées sur les lois qui sont mathématiquement exactes. Si nous prenons seulement le résultat, nous ne comprendrons jamais en quoi consiste la différence.

QUESTION : De quelle façon votre système diffère de la philosophie des yogis?

RÉPONSE : Les yogis sont idéalistes; nous sommes matérialistes. Je suis un sceptique. La première injonction inscrite sur les murs de l'Institut est : « Ne croyez en rien, pas même en vous. » Je ne crois que si j'ai la preuve statistique ; c'est-à-dire seulement si je l'ai obtenu le même résultat encore et encore. J'étudie, je travaille pour l'orientation, non pas pour la croyance.

Lorsque j'essaie d'expliquer quelque chose schématiquement, ne le prenez pas littéralement, mais essayez de comprendre le principe.

En dehors de la loi de trois, déjà connue de vous, il y a la loi de sept, qui dit que rien ne reste au repos; chaque objet se déplace soit dans le sens de l'évolution soit dans le sens de l'involution. Il y a cependant une limite à ces deux mouvements. Dans chaque ligne de développement, il y a deux points où ils ne peuvent pas aller plus loin sans une aide extérieure. En deux endroits précis, un choc supplémentaire est nécessaire, qui provienne d'une force extérieure. Tout doit être poussé dans ces points; sinon il ne peut pas continuer à se déplacer. Nous trouvons cette loi de sept partout—dans la chimie, la physique, etc., la même loi fonctionne en tout.

Le meilleur exemple de cette loi est la structure de l'échelle musicale. Prenons une octave musicale pour l'explication. Nous commençons par do. Entre do et la note suivante il y a un demi-ton, et do peut passer en ré. De la même manière ré est capable de passer en mi. Mais mi n'a pas cette possibilité, donc quelque chose d'extérieur doit lui donner une impulsion pour le faire passer en fa. Fa est capable de se déplacer vers sol, sol vers la, la vers si. Mais tout comme dans le cas de mi, si aussi a besoin d'aide extérieure. Chaque résultat est un do, pas au cours du processus, mais comme un élément. Chaque do est en lui-même toute une octave. Il y a un certain nombre d'instruments de musique qui peuvent produire sept à partir de ce do. Chacun de ces sept est un do. Chaque unité a sept unités en elle-même et, à la division, donne lieu à sept autres unités. En divisant do, on obtient à nouveau do, ré, mi et ainsi de suite.

ÉVOLUTION DE LA NOURRITURE

L'homme est une usine à trois étages. Nous avons dit qu'il y avait trois sortes de nourritures, entrant par trois portes différentes. Le premier type de nourriture est ce que l'on appelle habituellement la nourriture : le pain, la viande, etc.

Chaque type de nourriture est un do. Dans l'organisme le do passe dans d'autres notes. Chaque do a la possibilité de passer en ré dans l'estomac, où les substances de la nourriture changent de vibrations et de densité. Ces substances sont transformées chimiquement, se mélangent, et au moyen de certaines combinaisons passent dans le ré. Ré a également la possibilité de passer en mi. Mais mi ne peut pas évoluer par lui-même. Ici, la nourriture de la deuxième octave vient à son aide. Le do du second type de nourriture, c'est-à-dire de la deuxième octave, aide le mi de la première octave à passer dans fa, après quoi son évolution peut aller plus loin. A son tour, dans un point similaire, la deuxième octave nécessite aussi l'aide d'une octave supérieure. Il est aidé par une note de la troisième octave, donc du troisième type de nourriture—l'octave des « impressions. »

Ainsi, la première octave évolue jusqu'à si. La substance finale que l'organisme humain peut produire à partir de ce qu'on appelle habituellement la nourriture est si. Ainsi, l'évolution d'un morceau de pain atteint le si. Mais si ne peut pas se développer dans un homme ordinaire. Si ce si pouvait se développer et passer dans le do d'une nouvelle octave, il serait possible de construire un nouveau corps en nous. Cela nécessite des conditions particulières. L'homme, par lui-même, ne peut pas devenir un homme nouveau ; des combinaisons internes spéciales sont nécessaires.

LA CRISTALLISATION

Quand une telle matière spéciale s'accumule en quantité suffisante, elle peut commencer à se cristalliser, tout comme le sel commence à se cristalliser dans l'eau si l'on y ajoute plus d'une certaine proportion de celui-ci. Quand un grand nombre de matières fines s'accumulent dans un homme, il arrive un moment où un nouveau corps peut se former et se cristalliser en lui: le do d'une nouvelle octave, une octave supérieure. Ce corps, souvent appelé l'astral, ne peut être formé qu'à partir de cette matière spéciale et ne peut naître inconsciemment. Dans des conditions normales, cette matière peut être produite dans l'organisme, mais elle est utilisée et jetée dehors.

VOIES

Construire ce corps à l'intérieur de l'homme est le but de toutes les religions et de toutes les écoles; chaque religion a sa propre voie particulière, mais le but est toujours le même.

Il existe de nombreuses voies pour atteindre cet objectif. J'ai étudié environ deux cents religions, mais si elles devaient être classées, je dirais qu'il existe quatre voies.

Comme vous le savez déjà, l'homme a un certain nombre de centres spécifiques. Prenons quatre d'entre eux: celui du mouvement, de la pensée, du sentiment et l'appareil formateur.

Imaginez un homme comme un appartement avec quatre pièces. La première pièce est notre corps physique et correspond au chariot dans une autre illustration que je l'ai donnée. La deuxième pièce est le centre émotionnel, ou le cheval; la troisième pièce, le centre intellectuel, ou le conducteur; et la quatrième pièce, le maître.

Chaque religion comprend que le maître n'est pas là et le cherche. Mais un maître ne peut être là que lorsque tout l'appartement est meublé. Avant de recevoir des visiteurs, toutes les pièces devraient être meublées.

Tout le monde le fait à sa manière. Si un homme n'est pas riche, il meuble chaque pièce séparément, peu à peu. Afin de meubler la quatrième pièce, il faut d'abord fournir les trois autres. Les quatre voies diffèrent selon l'ordre dans lequel les trois pièces sont meublées.

La première voie commence par l'ameublement de la première pièce, et ainsi de suite.

LA QUATRIÈME VOIE

La quatrième voie est la voie de « Haida yoga. » Elle ressemble à la voie du yogi, mais en même temps, elle a quelque chose de différent. Tout comme le yogi, le « Haida yogi » étudie tout ce qui peut être étudié. Mais il a les moyens de connaître plus qu'un yogi ordinaire ne peut connaître. En Orient, il existe une coutume: si je sais quelque chose, je le dis seulement à mon fils aîné. De cette manière, certains secrets sont transmis, et les étrangers ne peuvent pas les apprendre.

Sur une centaine de yogis, un seul peut-être connaît ces secrets. Le point est qu'il existe une certaine connaissance toute prête qui accélère le travail sur la voie.

Quelle est la différence? Je vais expliquer par un exemple. Supposons que, pour obtenir une certaine substance, un yogi doive faire un exercice de respiration. Il sait qu'il doit s'allonger et respirer pendant un certain temps. Un « Haida yogi » sait aussi tout ce qu'un yogi sait, et fait la même chose que lui. Mais un « Haida yogi » a un certain dispositif à l'aide duquel il peut recueillir de l'air les éléments nécessaires à son corps. Un « Haida yogi » fait gagner du temps, car il connaît ces secrets.

Un yogi y passe cinq heures, un « Haida yogi, » une heure. Ce dernier utilise des connaissances que le yogi n'a pas obtenues. Un yogi fait en un an ce qu'un « Haida yogi » fait en un mois. Et il en va de même pour tout.

Tous ces moyens visent à une chose—transformer intérieurement le si en un nouveau corps.

Tout comme un homme peut construire son corps astral par un processus ordonné conforme à la loi, de la même façon il peut construire en lui un troisième corps et peut ensuite commencer à construire un quatrième corps. Un corps naît dans un autre. Ils peuvent être séparés et être assis sur des chaises différentes.

Toutes les voies, toutes les écoles ont un seul et même but, elles luttent toujours pour une chose. Mais un homme qui a rejoint l'une des voies peut ne pas en être conscient. Un moine a la foi et pense que l'on ne peut réussir que par sa voie. Seul son professeur connaît le but, mais il ne le lui dévoile pas à dessein, car si son élève le connaissait, il ne travaillerait plus si dur.

Chaque voie a ses propres théories, ses propres preuves.

La matière est la même partout, mais elle change constamment de place et entre dans des combinaisons différentes. Depuis la densité d'une pierre à la plus fine matière, chaque do a sa propre émanation, sa propre atmosphère; car toute chose mange ou est mangée. Une chose mange une autre; Je te mange, tu le manges, et ainsi de suite.

Tout dans l'homme soit évolue soit involue. Une entité est quelque chose qui reste pour une certaine durée sans involuer. Chaque substance, organique ou inorganique, peut être une entité. Plus tard, nous verrons que tout est organique. Chaque entité émane, envoie une certaine matière. Cela se réfère également à la terre, à l'homme, et au microbe. La terre sur laquelle nous vivons a ses propres émanations, sa propre atmosphère. Les planètes sont également des entités, elles émanent aussi, tout comme les soleils. Au moyen de la matière positive et négative, de nouvelles formations sont résultées des émanations des soleils. Le résultat de l'une de ces combinaisons est notre terre.

Les émanations de chaque entité ont leurs limites, et donc chaque endroit a une densité différente de matière. Après l'acte de création, l'existence continue, tout comme les émanations. Ici, sur cette planète il y a des émanations de la terre, des planètes et du soleil. Mais les émanations de la terre ne se sont propagées que jusqu'ici, et au-delà de cette limite, il n'y a que des émanations provenant du soleil et des planètes, mais pas de la terre.

Dans la région des émanations provenant de la terre et de la lune, la matière est plus dense; au-dessus de cette région, elle est plus fine. Les émanations pénètrent tout, en fonction de leurs possibilités. De cette façon, elles atteignent l'homme.

Il y a d'autres soleils hormis le nôtre. Tout comme j'ai regroupé toutes les planètes ensemble, maintenant je groupe tous les soleils et leurs émanations ensemble. Plus loin que cela nous ne pouvons plus voir, mais nous pouvons logiquement parler d'un monde d'un ordre supérieur. Pour nous, c'est le dernier point. Lui aussi a ses propres émanations.

Conformément à la loi de trois, la matière entre constamment dans diverses combinaisons, devient plus dense, se réunit avec d'autres matières et devient encore plus dense, changeant ainsi toutes ses propriétés et possibilités. Par exemple, dans les hautes sphères, l'intelligence se trouve dans sa forme pure, mais à mesure qu'elle descend, elle devient moins intelligente.

Chaque entité a de l'intelligence, c'est-à-dire qu'elle est plus ou moins intelligente. Si nous prenons la densité de l'Absolu comme un, la densité suivante sera trois, ou trois fois plus dense, parce qu'en Dieu, comme en tout, il y a trois forces. La loi est la même partout.

La densité de la matière suivante sera deux fois plus grande que la densité de la seconde et six fois supérieure à la densité de la matière première. La densité de la matière suivante est de douze, et dans un certain lieu, elle est de quarante-huit. Cela signifie que cette matière est quarante-huit fois plus lourde, quarante-huit fois moins intelligente, et ainsi de suite. Nous pouvons connaître le poids de chaque matière si nous connaissons sa place. Ou, si l'on connaît son poids, nous allons aussi savoir de quel endroit vient cette matière.

QUESTIONS ET RÉPONSES
NEW YORK
VENDREDI, LE 22 FÉVRIER 1924

QUESTION : Quelque chose a été dit sur le poids atomique des éléments et leur relation ?

RÉPONSE : Il a été dit seulement que les émanations des planètes arrivaient ici.

QUESTION : Qu'est-ce que la folie ?

RÉPONSE : Tout est folie.

QUESTION : Quelle est la place de la psychanalyse ?

RÉPONSE : Tout commence à partir de la matière plus la force, et tout ce qui arrive comme résultat de ces deux-là est d'ordre psychologique. Ce terme est utilisé dans un sens large, et non pas dans un sens technique.

QUESTION : Y a-t-il neuf intervalles ?

RÉPONSE : L'octave a sept intervalles.

QUESTION : Pourquoi n'va-t-il pas donné un nom à la quatrième chambre chez l'homme ?

RÉPONSE : Pour comprendre son exemple du chariot et du cheval, ou de la maison, il est essentiel de réfléchir un peu. Personne n'a un maître. Toutes les manifestations sont les mêmes, mais dans le corps supérieur les propriétés sont différentes, bien que les principes soient les mêmes.

Le nouveau corps est formé ou est créé par degrés—quand une certaine quantité de matière est accumulée, la cristallisation commence. C'est identique à ce qui se passe avec une grande quantité de sel dans l'eau. Un homme est né sans un corps astral; celui-ci doit être créé après une préparation spéciale. C'est comme une voiture avec ses accumulateurs qui accumulent de l'électricité sans laquelle il n'y a pas de lumière. Nous avons également un accumulateur; sans la force, nous ne sommes rien. Chaque instant, si bref qu'il soit, utilise notre électricité. Notre accumulateur est comme une grande boîte; mais nous avons aussi de petites boîtes qui tirent leur énergie de la grande boîte.

Parfois, notre magasin d'électricité est épuisé et nous devons accumuler à nouveau. Une partie produit l'énergie, une autre la dépense. Pour le but mécanique pour lequel nous avons été créés, notre machine a besoin de très peu de matériau. Nous devons payer un certain montant à notre propriétaire, en échange de quoi il nous garde, tout comme un mouton qui est nourri et soigné, donne sa toison chaque année et puis, quand il est gras, il est tué et mangé. Notre paiement est la note "si" de l'octave de la nourriture. Nous vivons dans un but précis. Toutes les vies se déroulent selon la loi. La vie mécanique est comme une rivière et tous les êtres vivants représentent une goutte (homme, animal et ainsi de suite). La rivière a un but particulier dans la loi cosmique, mais la loi cosmique existe pour la rivière, non pas pour la goutte. La loi de trois œuvre partout; tout a trois facteurs. Dans la première rivière la goutte est passive, mais il existe une autre rivière avec une autre loi. L'homme ordinaire sert un but objectif. Pas un but à lui; mais il a la possibilité de servir un certain but général d'un autre ordre. Ceci est possible parce que ces deux lois s'équilibrent l'une l'autre, et les deux sont nécessaires. L'objectif principal est la libération.

[*Lecture sur Kundalini.*]

EXAMEN
NEW YORK
VENDREDI, LE 22 FÉVRIER 1924

Tout le monde a grand besoin d'un exercice particulier, aussi bien si l'on veut continuer à travailler ou pour la vie extérieure.

Nous avons deux vies, la vie intérieure et extérieure, et ainsi nous avons aussi deux types d'examen. Nous examinons en permanence.

Quand elle me regarde, je sens à l'intérieur une aversion pour elle, je suis fâché contre elle, mais à l'extérieur, je suis poli parce que je dois être très poli étant donné que j'ai besoin d'elle. A l'intérieur, je suis ce que je suis, mais à l'extérieur, je suis différent. Ceci est l'examen extérieur. Maintenant, elle dit que je suis un imbécile. Cela me met en colère. Le fait que je suis en colère est le résultat, mais ce qui se passe en moi est l'examen intérieur.

Ces examens intérieurs et extérieurs sont différents. Nous devons apprendre à être en mesure de contrôler séparément les deux types d'examen : l'intérieur et l'extérieur. Nous voulons changer non seulement à l'intérieur mais aussi à l'extérieur.

Hier, quand elle m'a jeté un regard hostile, j'ai été furieux. Mais aujourd'hui, je comprends que peut-être la raison pour laquelle elle m'a regardé ainsi est qu'elle est une imbécile ; ou peut-être qu'elle a appris ou entendu quelque chose sur mon compte. Et aujourd'hui, je veux rester calme. Elle est une esclave et je ne devrais pas être en colère contre elle intérieurement. Dorénavant je veux être calme à l'intérieur. Extérieurement, je veux être poli aujourd'hui, mais si nécessaire, je peux paraître en colère. Extérieurement, cela doit être ce qui est le mieux pour elle et pour moi. Je dois examiner. Les considérations internes et externes doivent être différentes. Dans un homme ordinaire, l'attitude extérieure est le résultat de celle intérieure. Si elle est polie, je suis aussi poli. Mais ces attitudes doivent être séparées.

A l'intérieur on devrait être dispensé de l'examen, mais à l'extérieur on devrait faire plus que ce que l'on a fait jusqu'à présent. Un homme ordinaire vit comme on le lui dicte de l'intérieur.

Lorsque nous parlons de changement, nous présumons la nécessité d'un changement intérieur. Extérieurement, si tout va bien, il n'y a pas besoin de changer. Si ce n'est pas bien, peut-être qu'il n'y a pas besoin de changer non plus, car cela peut être original. Ce qui est nécessaire, c'est de changer à l'intérieur. Jusqu'à présent, nous n'avons rien changé, mais à partir d'aujourd'hui nous voulons changer. Mais comment changer ? Premièrement, nous devons séparer et trier, jeter ce qui est inutile et construire quelque chose de nouveau. L'homme a beaucoup de bonnes choses et beaucoup de mauvaises choses. Si nous écartons tout, plus tard, il sera nécessaire de recueillir à nouveau. Si un homme n'a pas assez du côté extérieur, il aura besoin de combler les lacunes. Celui qui n'est pas bien éduqué devrait être mieux éduqué. Mais ceci est pour la vie.

Le travail n'a besoin de rien d'extérieur. Seul l'intérieur est nécessaire. Extérieurement, on devrait jouer un rôle dans tout. Extérieurement un homme doit être un acteur, sinon il ne répond pas aux exigences de la vie. Un homme aime une chose ; un autre, une autre chose ; si vous voulez être l'ami des deux et vous conduire d'une seule manière, l'un d'eux ne sera pas content ; si vous vous conduisez d'une autre manière, c'est l'autre qui ne le sera pas. Vous devriez agir avec un comme il l'aime et avec l'autre comme cet autre l'aime. Alors votre vie sera plus facile.

Mais à l'intérieur, cela doit être différent ; différent par rapport à l'un et à l'autre.

Telles que les choses sont maintenant, surtout à notre époque, tout homme examine tout à fait mécaniquement. Nous réagissons à tout ce qui nous touche de l'extérieur. Maintenant, nous obéissons à des ordres. Elle est bonne, je suis bon ; elle est mauvaise, je suis mauvais. Je suis comme elle veut que je sois, je suis une marionnette. Mais elle aussi est une marionnette mécanique. Elle aussi obéit mécaniquement à des ordres et fait ce qu'un autre veut. Nous devons cesser de réagir à l'intérieur. Si quelqu'un est grossier, nous ne devons pas réagir à l'intérieur. Celui qui parvient à le faire sera plus libre. C'est très difficile.

A l'intérieur de nous, nous avons un cheval ; il obéit aux ordres de l'extérieur. Et notre esprit est trop faible pour faire quoi que ce soit à l'intérieur. Même si l'esprit donne l'ordre d'arrêter, rien ne s'arrêtera à l'intérieur.

Nous n'éduquons rien d'autre que notre esprit. Nous savons comment nous conduire avec tel ou tel autre. «Au revoir.» « Comment allez-vous ? » Mais il n'y a que le conducteur qui le sait. Assis sur sa caisse, il a lu à ce sujet. Mais le cheval n'a aucune éducation. On ne lui a même pas enseigné l'alphabet, il ne connaît pas de langues, il n'est jamais allé à l'école. Le cheval était aussi capable d'apprendre des choses, mais nous avons oublié tout cela. . . . Et ainsi il a grandi comme un orphelin négligé. Il ne connaît que deux mots : droite et gauche.

Ce que je dis à propos du changement intérieur se réfère uniquement à la nécessité du changement dans le cheval. Si le cheval change, nous pouvons changer, même à l'extérieur. Si le cheval ne change pas, tout va rester pareil, peu importe combien de temps nous étudions.

Il est facile de décider de changer en étant tranquillement assis dans votre chambre. Mais dès que vous rencontrez quelqu'un, le cheval donne un coup de pied. A l'intérieur de nous, nous avons un cheval.

Le cheval doit changer.

Si quelqu'un pense que l'auto-étude aidera et qu'il sera en mesure de changer, il se trompe. Même s'il lit tous les livres, s'il étudie pendant cent ans, s'il maîtrise toutes les connaissances, tous les mystères—cela ne rimera à rien.

Parce que toutes ces connaissances appartiendront au conducteur. Et lui, même s'il le sait, ne peut pas tirer le chariot sans le cheval, il est trop lourd.

Tout d'abord, vous devez comprendre que vous n'êtes pas vous. Soyen-en sûr, croyez-moi. Vous êtes le cheval, et si vous souhaitez commencer à travailler, vous devez enseigner au cheval une langue dans laquelle vous pouvez lui parler, lui dire ce que vous savez et lui prouver, disons, la nécessité de changer son attitude. Si vous y réussissez, alors, avec votre aide, le cheval aussi va commencer à apprendre.

Mais le changement n'est possible qu'à l'intérieur.

Quant au chariot, son existence a été complètement oublié. Pourtant, il est également une partie, et une partie importante, de l'équipe. Il a sa propre vie, qui est la base de notre vie. Il a sa propre psychologie. Il pense aussi, il a faim, il a des désirs, il prend part à l'œuvre commune. Lui aussi aurait dû être instruit, envoyé à l'école, mais ni les parents, ni personne d'autre ne s'en est soucié. Seul le conducteur a fait l'objet d'un enseignement. Il connaît des langues, il sait où se trouve telle ou telle rue. Mais il ne peut y aller seul.

A l'origine, notre chariot a été construit pour une ville ordinaire ;

toutes les pièces mécaniques ont été conçues pour convenir à la route. Le chariot a beaucoup de petites roues. L'idée était que les dénivellations de la route distribueraient l'huile lubrifiante uniformément et les huileraient ainsi. Mais tout cela a été calculé pour une certaine ville où les routes ne sont pas trop lisses. Maintenant, la ville a changé, mais la fabrication du chariot est restée la même. Il a été fait pour transporter des bagages, mais maintenant il transporte des passagers. Et il conduit toujours le long d'une seule rue, le « Broadway.» Certaines parties se sont rouillées par manque d'utilisation. Si, parfois, il doit conduire le long d'une rue différente, il échappe rarement à une panne et à une révision plus ou moins sérieuse par la suite. Bien ou mal, il peut encore travailler sur le « Broadway,» mais pour une autre rue, il doit d'abord être modifié. Chaque chariot a sa propre dynamique, mais dans certains sens, notre chariot l'a perdue. Et il ne peut pas travailler sans élan.

Qui plus est, le cheval peut tirer, disons, seulement cinquante kilos, alors que le chariot peut prendre une centaine de kilos. Donc, même s'ils le souhaitent, ils ne peuvent pas travailler ensemble.

Certaines machines sont tellement endommagées qu'on ne peut rien en faire. Elles ne peuvent qu'être vendues. D'autres peuvent encore être réparées. Mais cela nécessite beaucoup de temps, car certaines parties sont trop endommagées. La machine doit être mise en pièces, toutes les parties métalliques doivent être mises dans l'huile, nettoyées puis rassemblées à nouveau. Certaines d'entre elles devront être remplacées. Certaines parties ne coûtent pas cher et peuvent être achetées, mais d'autres sont chères et ne peuvent pas être remplacées—le coût serait trop élevé. Parfois, il est moins cher d'acheter une nouvelle voiture que de réparer une ancienne.

Très probablement tous ceux qui sont assis ici souhaitent et peuvent souhaiter seulement avec une partie d'eux-mêmes. Encore une fois, c'est seulement avec le conducteur, car il a lu quelque chose, entendu quelque chose. Il a beaucoup de fantasmes, il s'envole même vers la lune dans ses rêves.

Ceux qui pensent qu'ils peuvent faire quelque chose avec eux-mêmes se trouvent dans une grande erreur. Il est très difficile de changer quelque chose à l'intérieur. Ce que vous savez, c'est le pilote qui le sait. Toutes vos connaissances sont seulement des manipulations. Le vrai changement est une chose très difficile, plus difficile que de trouver plusieurs centaines de milliers de dollars dans la rue.

QUESTION : Pourquoi le cheval n'a-t-il pas été éduqué ?

RÉPONSE : Le grand-père et grand-mère ont progressivement oublié, et tous les parents ont oublié. L'éducation a besoin de temps, a besoin de souffrance ; la vie devient moins paisible. Au début, ils ne l'ont pas éduqué par paresse, et plus tard ils ont oublié complètement.

Ici encore, la loi de trois est à l'œuvre. Entre les principes positif et négatif, il doit y avoir friction, souffrance. La souffrance conduit au troisième principe. Il est cent fois plus facile d'être passif de sorte que la souffrance et le résultat se produisent à l'extérieur et non à l'intérieur de vous. Le résultat intérieur est atteint lorsque tout se passe à l'intérieur de vous.

Parfois, nous sommes actifs, à d'autres moments, nous sommes passifs. Pendant une heure, nous sommes actifs, durant une autre heure, passifs.

Quand nous sommes actifs, nous sommes dépensés, quand nous sommes passifs, nous nous reposons. Mais quand tout est en vous, vous ne pouvez pas vous reposer, la loi agit toujours. Même si vous ne souffrez pas, vous n'êtes pas tranquille.

Tout homme déteste la souffrance, tout homme veut être tranquille. Tout homme choisit ce qui est plus facile, moins dérangeant, essaie de ne pas trop penser. Peu à peu nos grand-père et grand-mère se sont reposés de plus en plus. Le premier jour, cinq minutes de repos ; le lendemain, dix minutes ; et ainsi de suite. Un moment est venu quand la moitié du temps a été dépensé en repos. Et la loi est telle que si une chose augmente d'une unité, une autre chose diminue d'une unité. Là où il y a plus, on rajoute, là où il y a moins, on réduit. Peu à peu, votre grand-père et votre grand-mère ont oublié d'éduquer le cheval. Et maintenant, personne ne s'en souvient plus.

QUESTION : Comment commencer un changement intérieur ?

RÉPONSE : Mon conseil—ce que j'ai dit à propos de l'examen. Vous devriez commencer à enseigner au cheval une nouvelle langue, à le préparer pour le désir de changer.

Le chariot et le cheval sont connectés. Le cheval et le conducteur sont également reliés par les rênes. Le cheval connaît deux mots—droite et gauche. Parfois, le conducteur ne peut pas donner des ordres au cheval parce que nos rênes ont tantôt la capacité de s'épaissir, tantôt celle de devenir plus minces. Ils ne sont pas faits en cuir. Quand nos reins deviennent plus minces, le conducteur ne peut pas contrôler le cheval. Le cheval ne connaît que le langage des rênes. Le conducteur peut s'égosiller à n'en plus pouvoir, « S'il te plaît, à droite, » le cheval ne bougera pas. S'il tire, il comprendra. Peut-être que le cheval connaît une certaine langue, mais pas celle que le conducteur connaît. Peut-être que c'est l'arabe. La même situation existe entre le cheval et le chariot, avec les arbres. Cela nécessite une autre explication. Nous avons quelque chose comme le magnétisme en nous. Il ne consiste pas en une seule substance, mais en plusieurs. C'est une partie importante de nous. Il se forme lorsque la machine fonctionne. Lorsque nous avons parlé de la nourriture, nous avons parlé d'une seule octave. Mais il y a trois octaves là-bas. Une octave produit une substance, les autres produisent des substances différentes. Si est le résultat de la première octave. Lorsque la machine fonctionne mécaniquement, la substance numéro un est produite. Lorsque nous travaillons inconsciemment, un autre type de substance est produite. S'il n'y a pas de travail subconscient de ce genre, cette substance n'est pas produite. Lorsque nous travaillons consciemment, un troisième type de substance est produite.

Examinons ces trois substances. La première correspond aux arbres, la seconde aux rênes, la troisième à la substance qui permet au conducteur d'entendre le passager. Vous savez que le son ne peut pas voyager dans le vide, il doit y avoir une certaine substance là-bas.

Nous devons comprendre la différence entre un passager occasionnel et le maître du chariot. « Je » est le maître, si nous avons un « Je. » Si nous n'en avons pas, il y a toujours quelqu'un d'assis dans le chariot qui donne des ordres au conducteur. Entre le passager et le conducteur, il existe une substance qui permet au conducteur d'entendre. Que ces substances soient là ou pas dépend de beaucoup de choses accidentelles. Elle peut être absente. Si la substance s'est accumulée, le passager peut donner des ordres au conducteur, mais le conducteur ne peut pas commander au cheval, et ainsi de suite. Des fois, vous pouvez, d'autres fois, vous ne pouvez pas, cela dépend de la quantité de substance qu'il y a là. Demain, vous pourrez, aujourd'hui, vous ne pouvez pas. Cette substance est le résultat de beaucoup de choses.

L'une de ces substances se forme quand nous souffrons. Nous souffrons chaque fois que nous ne sommes pas mécaniquement calme. Il existe différentes sortes de souffrances. Par exemple, je veux vous dire quelque chose, mais je pense qu'il est préférable de ne rien dire. Un côté veut parler, l'autre veut garder le silence. La lutte produit une substance. Peu à peu, cette substance s'accumule à un certain endroit.

QUESTION : Qu'est-ce que l'inspiration ?

RÉPONSE : L'inspiration est une association. Elle est l'œuvre d'un seul centre. L'inspiration n'est pas chère, soyez-en assuré. Seul le conflit, la dispute peut produire un résultat.

Chaque fois qu'il existe un élément actif, il existe un élément passif également. Si vous croyez en Dieu, vous croyez aussi au diable. Tout cela n'a pas de valeur. Que vous soyez bon ou mauvais—cela n'a aucune importance. Seul un conflit entre deux parties signifie quelque chose. Seulement quand beaucoup est accumulé quelque chose de nouveau peut se manifester.

A chaque instant, il peut y avoir un conflit en vous. Vous ne vous voyez jamais vous-même. Vous allez croire ce que je dis seulement lorsque vous commencerez à regarder dans vous-même—alors vous verrez. Si vous essayez de faire quelque chose que vous ne voulez pas faire—vous souffrirez. Si vous voulez faire quelque chose et ne le faites pas—vous souffrirez aussi.

Ce que vous aimez—que ce soit bon ou mauvais—est de la même valeur. Le bien est un concept relatif. Seulement si vous commencez à travailler, votre bien et mal commencent à exister.

QUESTION : Le conflit entre deux désirs mène à la souffrance. Pourtant, une certaine souffrance mène à une maison de fous.

RÉPONSE : La souffrance peut être de nature très différente. Pour commencer, nous allons la diviser en deux types. La première, inconsciente ; la seconde, consciente.

Le premier type ne conduit à aucun résultat. Par exemple, vous souffrez de faim parce que vous n'avez pas d'argent pour acheter du pain. Si vous avez un peu de pain et ne mangez pas et souffrez, c'est mieux.

Si vous souffrez avec un centre, que ce soit la pensée ou le sentiment, vous arriverez à l'asile de fous.

La souffrance doit être harmonieuse. Il doit y avoir une correspondance entre la fin et le grossier. Sinon, quelque chose peut se briser.

Vous avez de nombreux centres : ni trois, ni cinq, ni six, mais plusieurs. Entre eux, il y a un endroit où la dispute peut avoir lieu. Mais l'équilibre peut être bouleversé. Vous avez construit une maison, mais l'équilibre est bouleversé, la maison s'écroule et tout est gâté.

Maintenant, je vous explique les choses théoriquement afin de fournir du matériel pour la compréhension mutuelle. Pour faire quelque chose, si peu que ce soit, le risque est grand. La souffrance peut avoir un résultat sérieux. Je parle maintenant de la souffrance en théorie, pour la compréhension. Mais c'est seulement maintenant que je le fais. À l'Institut, ils ne pensent pas à la vie future, ils ne pensent qu'à demain. L'homme ne peut pas voir et ne peut pas croire. Seulement quand il se connaît, quand il connaît sa structure interne, alors seulement il peut voir. Maintenant, nous étudions de manière externe. Il est possible d'étudier le soleil, la lune. Mais l'homme a tout en lui. J'ai en moi le soleil, la lune, Dieu. Je suis—toute la vie dans sa totalité. Pour comprendre, il faut se connaître soi-même.

BEAUTÉ, AMOUR, INFLUENCES
NEW YORK
DIMANCHE, LE 24 FÉVRIER 1924

QUESTION : Quel est le rapport entre la beauté et le système ?

RÉPONSE : Tout ce qui est bon est beau ; mais notre sens de la beauté dépend de notre goût et est relatif. Une personne aime une chose, une autre aime autre chose.

QUESTION : Dans l'analogie des quatre chambres, quand nous arrivons à la quatrième chambre, sommes-nous maîtres de notre âme ?

RÉPONSE : Les trois chambres peuvent être envisagées comme nos trois parties, instinctive, émotionnelle et intellectuelle. Les modalités d'acquérir le « je » sont différentes, mais le but—« je »—est toujours un seule et même. Un homme ordinaire n'a pas de « je »—à présent, nous avons beaucoup de « je » et ils changent tout le temps. Vous souhaitez avoir un « je ; » vous avez vu que vos « je » étaient différents et vous considérez qu'il vaut mieux avoir un seul « je. » Vous avez vu que hier, votre « je » voulait une chose, aujourd'hui une autre chose, maintenant une troisième chose.

Vous changez tout le temps; vous ne savez pas vous-même ce que vous voulez. Vous êtes comme une chambre dans un hôtel: à toute heure quelqu'un entre et sort. Ou bien vous êtes comme un taxi qui change de passagers tout le temps. Personne n'est permanent. Nous devons obtenir un maître permanent, un « je » permanent. Quand un maître intelligente vient, il sera en mesure de donner des ordres et tout ira comme il faut.

Mais d'abord, nous devons nous préparer et meubler convenablement nos trois chambres. Tout le monde a les trois chambres, mais elles doivent être agrandies pour ménager une quatrième chambre. Les chambres sont vides à l'heure actuelle; elles devraient être meublées—ce n'est qu'alors que le maître pourra venir. Tant qu'il n'y a pas de meubles, il ne peut pas venir. Chacun de nous prépare les chambres de manière différente—il faut des meubles différents pour chacun. Les meubles ne peuvent être achetés d'un seul coup, c'est trop cher. Ils doivent être achetés progressivement, dans les ventes aux enchères. Mais un homme peut en savoir plus sur un type de mobilier ou un autre.

Un moine peut accidentellement acheter une chose pour la salle à manger et ensuite continuer à acheter et à accumuler pour la salle à manger; quand il a fini de meubler la salle à manger, il doit recommencer depuis le tout début à accumuler du mobilier pour la première ou la troisième chambre.

Une autre personne commence par l'entrée. Tout dépend du fait que différents meubles sont vendus dans différentes parties de la ville. Un troisième commence par la troisième chambre, parce qu'il achète des meubles dans un endroit différent. Mais quelle que soit votre façon de commencer, que ce soit avec une chambre isolée ou avec toutes les trois à la fois, le but final est le même pour tous les gens, même s'ils commencent de différentes manières. Ce but final est d'établir un maître permanent.

QUESTION : Il a été dit : « Celui qui peut aimer peut Être ; celui qui peut Être peut Faire, et celui qui peut Faire Est. » Comment pouvons-nous commencer à aimer et qu'est-ce que l'amour?

RÉPONSE : Qui veut commencer doit d'abord oublier l'amour, car il est impossible de penser à la façon d'apprendre à aimer. Gardez-le comme votre but ultime, mais en attendant, ce qui compte, c'est votre direction. C'est comme si vous marchiez le long d'une route sombre, et au loin vous voyez une lumière—un reverbère. Mais pendant que vous marchez vers elle vous voyez qu'il y a beaucoup d'autres lampadaires entre vous et cette lumière lointaine. Peu à peu, vous vous approchez du premier d'entre eux. Pendant ce temps, toute votre attention devrait se concentrer sur ce premier lampadaire. Mais quand vous l'avez dépassé, il y en a un autre et ainsi de suite, et votre lumière originelle semble s'éloigner de plus en plus. Et vous devriez oublier la lumière lointaine et marcher lentement parce que la route est sombre. Chaque chemin est sombre; il est facile de se casser le nez. Les premiers lampadaires sont vos objectifs immédiats. Lorsque vous arrivez à hauteur du premier vous voyez le deuxième. Et il en va de même tous les cent mètres. Si vous regardez loin devant vous tomberez.

Votre but est l'amour. Seulement, il y a beaucoup de genres d'amour. Chacun donne un sens différent à ce mot. Je pourrais écrire sur une vingtaine de différents genres d'amour. Il est nécessaire de savoir de quel genre d'amour vous parlez. (Elle a dit qu'elle pensait que tout amour était le même.)

Les différents amours ont des propriétés différentes. Un genre d'amour vous élève, un autre vous tire vers le bas, un troisième vous envoie au diable. Je parlais de quelque chose de différent.

Je parlais de l'amour dont parlent les religions, et non pas du genre chanté par les poètes. Vous n'avez jamais aimé et vous n'aimerez jamais aussi longtemps que vous resterez ce que vous êtes. Vous ne connaissez même pas le goût de celui-ci. Un homme peut aimer n'importe qui. Mais un homme ordinaire ne peut pas aimer ; avec lui, c'est « quelque chose qui aime. » Il aime par association—par exemple, parce qu'il aime le nez de quelqu'un, ou à cause d'autres lois et influences. Comme vous ne pouvez pas aimer, vous ne pouvez pas haïr. Mais vous avez la capacité d'aimer, non pas avec votre centre spécial, non pas avec une partie de vous, non pas comme un animal, un esclave, et non pas parce que quelqu'un a marché sur votre maïs. Votre amour est remonté comme une horloge. Nous avons beaucoup de boutons qui peuvent être pressés.

Nous répondons quand une cloche est pressée de l'extérieur, et pas seulement de l'extérieur. Nous sommes très complexes. Beaucoup d'influences agissent sur nous qui ont des lois différentes et une nature différente.

L'homme est soumis à de nombreuses influences, mais elles peuvent être divisées en deux groupes: (1) chimico-physiques et (2) associatives. *Les influences chimio-physiques* résultent du mélange de deux substances, qui produit une nouvelle chose. Elles surviennent indépendamment de nous. Elles agissent de l'extérieur. Ses émanations se combinent avec les miennes—le résultat est une action réciproque. Et cela est vrai non seulement des émanations externes ; la même chose arrive aussi dans l'homme lui-même.

Nous nous sentons à l'aise ou mal à l'aise quand quelqu'un est assis près de nous. Quand il n'y a pas d'accord nous nous sentons mal à l'aise. Chaque homme a des émanations différentes, avec leurs propres lois, qui permettent des combinaisons différentes. La même chose se produit à l'intérieur de nous -les émanations d'un centre forment différentes combinaisons avec les émanations d'un autre centre. Ce genre d'action est chimique. Les émanations sont différentes, même selon que j'ai pris du thé ou du café.

Les influences associatives sont différentes. Si lui ou elle pousse, pleure—l'action résultante est mécanique. Elle déclenche un souvenir et ce souvenir ou association donne naissance à d'autres associations, et ainsi de suite. En raison du choc, mes sentiments, mes pensées changent. Une telle action n'est pas chimique mais mécanique.

Ces deux genres d'influences résultent de choses qui sont proches de nous. Mais il y a d'autres influences qui viennent de grandes choses-la terre, les planètes, le soleil. Là fonctionnent des lois d'un ordre différent. Beaucoup d'influences des grandes entités ne peuvent nous atteindre lorsque nous sommes sous l'influence d'une quantité de petites choses.

Tout d'abord—au sujet *des influences physio-chimiques*. J'ai dit que l'homme a plusieurs centres; j'ai parlé du chariot, du cheval et du conducteur. Il y a aussi d'autres choses: arbres, rênes et éther. Toute chose a des émanations, une atmosphère. La nature de chaque atmosphère est différente, car son origine est différente; chacune a des propriétés différentes et un contenu différent. Elles sont semblables, mais les vibrations de chaque matière sont différentes. Le chariot—notre corps a une atmosphère avec ses propres propriétés spéciales. Quand je sens quelque chose, mes sentiments produisent aussi une atmosphère, des émanations, qui vont loin. Quand je pense, à la suite de mes associations, le résultat en est une émanation du troisième genre. Quand il y a un passager, c'est-à-dire quand il y a quelque chose au lieu d'une place vide, les émanations sont également différentes, distinctes des émanations du conducteur. Le passager n'est pas un rustre; il pense à la philosophie et non au whisky.

Ainsi, chaque homme peut avoir quatre genres d'émanations, mais pas nécessairement. Il peut avoir plus d'émanations d'un certain genre et moins des autres. Les gens sont différents à cet égard; et un seul et même homme peut également être différent à des moments différents. J'ai pris un café, lui n'en a pas pris—l'atmosphère est différente. Je fume, mais elle soupire.

Il y a toujours une interaction, des fois mauvaise pour moi, mais bonne à d'autres moments. Je ne peux pas changer, par exemple, je ne peux pas changer mon corps, je suis un esclave. A chaque minute je suis tel ou tel, et autour de moi les choses sont comme ceci ou comme cela. Et les différentes influences à l'intérieur sont également différentes. Ces influences, je les appelle physio-chimiques. Mais les influences associatives sont différentes.

La première de ces influences associatives est—*la forme.*

La forme m'influence. Je suis habitué à voir une forme particulière, sinon elle me fait peur. La forme donne le choc initial à mes associations. La beauté est aussi une forme. Nous ne pouvons pas voir la forme telle qu'elle est, on n'en voit que l'image, pour ainsi dire.

La deuxième, ce sont mes *sentiments*, sympathies ou antipathies. Vos sentiments me touchent, mes sentiments se mettent en harmonie en conséquence.

Mais ce n'est pas nécessairement le cas, l'inverse peut arriver parfois. Cela dépend de combinaisons. Soit vous m'influencez soit je vous influence. Cette influence est différente de la première, elle peut être appelée relation.

La troisième peut être appelée *persuasion*, suggestion. Un homme persuade un autre au moyen des mots, parlant de quelque chose de bon, et ainsi de suite. Elle vous persuade, vous le persuadez. Tout le monde persuade, suggère.

La quatrième est *la supériorité* d'un homme sur un autre. Ici il peut n'y avoir aucune influence de la forme ou d'un sentiment; mais vous pouvez savoir qu'une certaine personne est plus intelligente, plus riche, peut parler de certaines choses, en un mot, possède quelque chose de spécial, une certaine autorité. Cela vous affecte, est vous est supérieur. Et cela arrive sans aucun sentiment.

Donc, il y a huit sortes d'influences. La moitié d'entre elles sont *physio-chimiques* l'autre moitié—*mécaniques*. En dehors de celles-ci, il existe d'autres influences qui nous affectent très sérieusement. Nous sommes les esclaves des influences les plus variées. Il y a des influences planétaires. Chaque instant de notre vie, chaque partie de nos sentiments et de nos pensées est colorée par des influences planétaires.

Je vais insister brièvement sur cet aspect et ensuite je vais revenir au sujet principal. N'oubliez pas ce dont nous avons parlé. La majorité des gens sont incohérents et s'éloignent constamment du sujet.

La Terre et toutes les autres planètes sont constamment en mouvement, chacune avec une vitesse différente. Parfois, elles se rapprochent les unes des autres, à d'autres moments, elles s'éloignent les unes des autres. Leur interaction mutuelle est donc intensifiée ou affaiblie, ou même cesse complètement. D'une manière générale, l'influence planétaire sur la terre alterne: tantôt c'est une planète qui agit, tantôt c'est une autre, puis une troisième encore, et ainsi de suite. Un jour, nous allons spécialement étudier l'influence de chaque planète séparément, mais à présent, pour vous donner une idée générale, nous allons les prendre dans leur totalité.

Schématiquement, nous pouvons envisager ces influences de la manière suivante. Imaginez une grande roue, suspendue verticalement au-dessus de la terre, avec sept ou neuf énormes projecteurs électriques aux lumières colorées fixés tout autour. La roue tourne, et la lumière des projecteurs est dirigée vers la terre—tantôt l'un d'entre eux, tantôt un autre; ainsi la terre est-elle toujours colorée par la lumière du projecteur particulier qui l'éclaire à un moment donné.

Toute vie qui naît sur terre est toujours colorée par la lumière dominante au moment de la naissance et reste ainsi colorée pendant toute la vie. Tout comme aucun effet ne peut être sans cause, de même aucune cause ne peut être sans effet. Et en effet les planètes ont une influence considérable à la fois sur la vie de l'humanité en général et sur la vie de chaque individu en particulier. C'est une grande erreur de la science moderne de ne pas reconnaître cette influence. D'autre part, cette influence n'est pas aussi grande que les « astrologues » modernes voudraient nous le faire croire.

L'homme est un produit de l'interaction de trois sortes de matières: positive (l'atmosphère de la terre), négative (les minéraux, les métaux) et une troisième combinaison venant de l'extérieur, qui répond à ces deux substances. Cette force de neutralisation vient des planètes. C'est l'influence planétaire. Chaque vie qui vient de naître est, pour ainsi dire, colorée par le projecteur correspondant et cette coloration reste pendant toute la durée de son existence. Pa exemple—une coloration rouge. Lorsque cette vie rencontre la couleur rouge, cela fait du bien.

Certaines combinaisons de vibrations de couleurs ont un effet calmant, d'autres ont un effet opposé. Il y a une loi précise là-dedans; cela dépend des différences chimiques; il y a, pour ainsi dire, des combinaisons antipathiques. Chaque couleur a sa propre propriété particulière. Par exemple, le rouge stimule la colère.

Ceux qui sont sous l'influence du bleu—amour. La pugnacité correspond à la couleur jaune. Supposez que je sois soudainement sur le point de perdre mon sang-froid, j'ai cette possibilité; elle est due à l'influence des planètes.

Cela ne signifie pas que vous ou moi sommes vraiment comme cela, mais nous pouvons l'être. Il peut y avoir des influences plus fortes. Parfois, une autre influence agit de l'intérieur et vous empêche de sentir l'influence extérieure; vous pouvez avoir une préoccupation si forte que vous êtes, pour ainsi dire, enfermé dans une armure.

Et il en est ainsi non seulement des influences planétaires. Souvent, une influence lointaine ne peut pas vous atteindre. Plus l'influence est éloignée, plus elle est faible. Et même si elle était spécialement envoyée pour vous, elle ne pourrait pas vous joindre, parce que votre armure l'en empêcherait.

Plus un homme est développé, plus il est soumis à des influences. Parfois, souhaitant nous libérer des influences, nous échappons à l'une d'entre elles et nous cédons devant beaucoup d'autres, devenant ainsi encore moins libres, plus esclaves encore.

Nous avons parlé de *neuf* influences. Tout le temps tout nous influence. Chaque pensée, sentiment, mouvement est le résultat d'une influence ou d'une autre. Tout ce que nous faisons, toutes nos manifestations sont ce qu'elles sont parce que quelque chose nous influence du dehors. Et nous resterons esclaves.

Nous voulons nous affranchir d'une ou deux de ces influences mais, une fois libérés, nous acquérons dix autres.

Parfois, cet esclavage nous humilie, d'autres fois, non; cela dépend de ce que nous aimons. Nous avons beaucoup d'influences que les animaux ont également.

Nous pouvons choisir, d'en garder quelques-unes et de nous affranchir des autres.

Il est possible de se libérer de deux sortes d'influences.

Des influences physico-chimiques si vous pouvez être passif. Pour contrer ces influences on doit être passif. Je le répète, ce sont les influences qui sont dues à l'existence de l'atmosphère du corps, du sentiment, de la pensée et, chez certaines personnes, également de l'éther. Pour être en mesure de lutter contre ces influences on doit être passif, ce n'est qu'alors qu'on peu s'en libérer un peu. Dans le cas de ces influences, la loi de l'attraction opère—tout se dirige vers l'endroit où il y a le plus de la même nature. A celui qui a peu, on ôtera même ce qu'il a et à celui qui a beaucoup on donnera plus encore.

Si je suis calme, mes émanations sont lourdes, donc d'autres émanations viennent à moi et je peux en absorber autant que je peux contenir. Mais si je ne suis pas calme, je n'ai pas assez d'émanations, car elles vont à d'autres. Si les émanations viennent à moi, elles occupent des places vides; car elles sont nécessaires lorsqu'il existe un vide. Les émanations restent là où c'est calme, où il n'y a pas de fric-

tion, où il y a une place vide. S'il n'y a pas de place, si tout est plein, elles se heurtent contre nous et rebondissent, ou nous dépassent. Si je suis calme, j'ai une place vide et je les reçois; si je suis plein, elles ne me dérangent pas, donc je suis assuré dans les deux cas.

Les influences du second genre ont besoin d'une lutte artificielle. Ici, c'est la loi de répulsion qui agit. Cette loi consiste dans le fait que là où il y a peu, on ajoute davantage, c'est donc l'inverse de la première loi. Avec des influences de ce genre tout se déroule selon la loi de répulsion.

Donc, pour se libérer des influences, il y a deux principes, différents pour les différents types. Si vous voulez être libre, vous devez savoir quel principe appliquer dans chaque cas particulier. Si vous appliquez la répulsion là où l'attraction est nécessaire, vous perdrez. Beaucoup de gens font l'inverse de ce qui est requis.

Il est très facile de distinguer les influences; cela peut être fait sur-le-champ. Dans le cas d'autres influences il faut savoir beaucoup de choses, mais ces influences sont simples; n'importe qui prend la peine de regarder peut voir de quel genre d'influence il s'agit. Mais certaines personnes, même si elles savent que les émanations existent, ne connaissent pas la différence entre elles. Pourtant, il est facile de distinguer les émanations si on les observe de près. Il est très intéressant de se lancer dans une telle étude; tous les jours on obtient de meilleurs résultats, on acquiert un goût pour la différenciation. Mais il est très difficile de l'expliquer théoriquement.

Il est impossible d'obtenir un résultat immédiat et de se libérer de ce genre d'influences en même temps. Mais l'étude et la différenciation sont possibles pour tout le monde. Le changement est un objectif lointain, qui nécessite beaucoup de temps et de travail. Mais l'étude ne prend pas beaucoup de temps. Pourtant, si vous vous préparez pour le changement, ce sera beaucoup plus facile; vous n'aurez pas besoin de perdre du temps avec la différenciation.

Le deuxième genre d'influence est plus facile dans la pratique. Par exemple, prenez l'influence à travers la forme. Que ce soit vous ou moi, nous influençons. Mais la forme est externe: les mouvements, les vêtements, la propreté et ainsi de suite—ce que l'on appelle généralement le *masque*. Si vous comprenez, vous pouvez facilement le changer. Il vous aime en noir et, grâce à cela, vous pouvez l'influencer. Ou bien c'est elle qui peut vous influencer. Mais, voulez-vous changer de robe uniquement pour lui ou pour plusieurs? Certaines d'entre vous ne veulent le faire que pour lui, d'autres, non. Parfois, un compromis est nécessaire.

Ne jamais prendre quoi que ce soit littéralement. Je dis cela à titre d'exemple.

En ce qui concerne le second type d'influences mécaniques, ce que nous avons appelé *relation*, Il faudrait savoir que l'attitude des autres envers nous dépend de nous. Afin de vivre intelligemment, il est très important de comprendre que la responsabilité pour presque tous les bons ou mauvais sentiments est en vous, dans votre attitude externe ou interne. L'attitude des autres personnes reflète souvent votre propre attitude: vous commencez et l'autre personne fait la même chose. Vous aimez—elle aime. Vous êtes fâché, elle est fâchée. *Il y a une loi—vous recevez ce que vous donnez.*

Mais parfois, il est différent. Parfois, il faut aimer quelqu'un et ne pas aimer un autre. Parfois, si vous l'aimez, elle ne vous aime pas, mais dès que vous cessez de l'aimer, elle commence à vous aimer. Cela est dû aux *lois physio-chimiques.*

Tout est le résultat de trois forces; partout il y a l'affirmation et la négation, la cathode et l'anode. L'homme, la terre, tout est comme un aimant; la différence réside uniquement dans la quantité d'émanations. Partout deux forces sont à l'œuvre, une attraction, une répulsion. L'homme est aussi un aimant; la main droite pousse, la main gauche tire, ou vice versa.

Certaines choses ont beaucoup d'émanations, d'autres moins, mais tout attire ou repousse. Il y a toujours pousser et tirer ou tirer et pousser. Lorsque vous pouvez avoir votre pousser et tirer bien équilibrés avec quelqu'un d'autre, vous avez l'amour et le réglage juste.

Par conséquent, les résultats peuvent être très variés. Si je pousse et il tire en conséquence, ou si la même chose n'est pas équivalente dans les deux sens, le résultat est différent. Parfois, aussi bien lui et moi, nous repoussons. S'il y a une certaine correspondance, l'influence résultante est apaisante, sinon, c'est l'inverse. Une chose dépend d'une autre. Par exemple, je ne peux pas être calme: je pousse, il tire. Ou, je ne peux pas être calme si je ne peux pas changer. Mais nous pouvons essayer un certain ajustement. Il y a une loi qui dit que, après une poussée, il y a une pause. Nous pouvons utiliser cette pause si nous pouvons la prolonger sans nous précipiter impatiemment vers la prochaine poussée. Si nous pouvons être tranquilles, nous pouvons tirer parti des vibrations qui suivent une poussée. *Tout le monde peut arrêter, car il y a une loi selon laquelle tout se déplace uniquement tant que l'élan dure. Ensuite, il s'arrête.* Lui ou moi nous pouvons l'arrêter. Tout se passe de cette façon. Un choc dans le cerveau, et les vibrations commencent. Les vibrations se poursuivent par l'élan, non pas de façon continue, mais avec des pauses, semblables aux cercles sur la surface de l'eau quand on jette une pierre. *Si l'impact est fort, une longue période s'écoule avant que le mouvement ne disparaisse.* La même chose se passe avec les vibrations dans le cerveau. *Si je ne continue pas à donner des chocs, ils s'arrêtent, se calment. Il faut apprendre à les arrêter.* *Si vous agissez consciemment, l'interaction sera consciente.* Si je joue inconsciemment, tout sera le résultat de ce que je vais envoyer au-dehors.

J'affirme quelque chose; ensuite il se met à le nier. Je dis que cette chose est noire; il sait qu'elle est noire, mais il a envie de se disputer et commence à affirmer qu'elle est blanche. Si je suis d'accord avec lui délibérément, il va changer d'avis et affirmer ce qu'il a nié auparavant. Il ne peut pas être d'accord parce que chaque choc provoque en lui le contraire. S'il est fatigué, il peut convenir à l'extérieur, mais pas à l'intérieur.

Je vous vois, j'aime votre visage. Ce nouveau choc, plus fort que la conversation, me pousse à être d'accord à l'extérieur. Parfois, il le croit déjà, mais continue à argumenter.

Il est très intéressant d'observer la conversation d'autres personnes, si l'on est soi-même extérieur à celle-ci. C'est beaucoup plus intéressant que le cinéma. Parfois, deux personnes parlent de la même chose: l'une d'elles affirme quelque chose, l'autre ne comprend pas, mais contredit, bien qu'elle soit du même avis.

Tout est mécanique

Une grande idée devrait être approchée seulement avec une grande compréhension.

Pour nous, les petites choses sont tout ce que nous sommes capables de comprendre, et encore. En général, il est préférable d'avoir une petite chose à l'intérieur qu'une grande chose à l'extérieur. A propos des relations, on peut dire ainsi: nos relations extérieures dépendent de nous, nous pouvons les changer si nous prenons les mesures nécessaires.

Le troisième type d'influence, la «suggestion,» est très puissant dans notre cas. Toute personne se trouve sous l'influence de la suggestion; une personne suggère à une autre. De nombreuses suggestions se produisent très facilement, surtout si nous ne savons pas que nous sommes exposés à la suggestion. Mais même si nous le savons, il y a des suggestions qui pénètrent.

Il est très important de comprendre une loi. En règle générale, à chaque instant de notre vie, un seul centre travaille en nous—soit l'esprit soit le sentiment. Notre sentiment est d'un certain genre quand un autre centre ne regarde pas, quand la capacité de critiquer est absente. Par lui-même un centre n'a pas de conscience, pas de mémoire; il est un morceau d'un type particulier de viande sans sel, un organe, une certaine combinaison de substances qui ne possède qu'une certaine capacité d'enregistrement.

En effet, il ressemble beaucoup au revêtement d'un disque de gramophone. Si je dis quelque chose, il peut, par la suite, le répéter.

Il est entièrement mécanique, organiquement mécanique. Tous les centres diffèrent légèrement quant à leur contenu, mais leurs propriétés sont les mêmes.

Maintenant, si je dis à un centre que vous êtes belle, il le croit. Si je lui dis que cette chose est rouge, il le croit aussi. Mais il ne comprend pas—sa compréhension est subjective. Plus tard, si je lui pose une question, il répète en retour ce que je lui ai dit. Il ne changera pas dans une centaine, un millier d'années—il sera toujours le même. Notre esprit n'a pas de faculté critique en lui-même, pas de mémoire, pas de conscience—rien. Et tous les autres centres sont pareils.

Qu'est donc que notre conscience, notre mémoire, notre esprit critique? C'est très simple! C'est quand un centre regarde un autre tout particulièrement, quand il voit et ressent ce qui se passe là-bas et, en le voyant, enregistre tout en lui-même.

Il reçoit de nouvelles impressions, et plus tard, si nous voulons savoir ce qui est arrivé la dernière fois, si nous demandons et recherchons dans un autre centre, nous serons en mesure de trouver ce qui a eu lieu dans le premier. Il en va de même avec notre faculté critique—un centre regarde un autre. Avec un centre, nous savons que cette chose est rouge, mais un autre centre la voit bleue. Chacun d'eux essaie toujours de convaincre un autre. Voilà ce que c'est que la critique.

Si deux centres continuent pendant une longue période à être en désaccord sur quelque chose, ce désaccord nous empêche de penser plus loin.

Si un autre centre ne regarde pas, le premier continue à penser comme il l'a compris. Nous regardons très rarement un centre depuis un autre, parfois peut-être juste une minute par jour. Quand nous dormons, nous ne regardons jamais un centre depuis un autre, nous le faisons parfois seulement quand nous sommes éveillés. Dans la majorité des cas, chaque centre vit par lui-même. Il croit tout ce qu'il entend, sans critique, et enregistre tout ce qu'il a entendu. S'il entend quelque chose qu'il a déjà entendu, il l'enregistre tout simplement. Si quelque chose qu'il entend est incorrect, par exemple, quelque chose était rouge avant et est bleu maintenant, il résiste, non pas parce qu'il veut savoir ce qui est correct, mais tout simplement parce qu'il ne croit pas immédiatement. Mais en fait il croit, il croit tout. Si quelque chose est différent, il n'a besoin que de temps pour que les perceptions s'installent. Si un autre centre ne regarde pas à ce moment-là, il met le bleu sur le rouge. Et ainsi bleu et rouge restent ensemble et plus tard, quand nous lisons les enregistrements, il commence par répondre: «rouge.» Mais « bleu » est tout aussi susceptible de surgir.

Il est possible que nous assurions une perception critique d'un nouveau matériel si nous veillons à ce que, lors de la perception, un autre centre regarde et perçoive ce matériel de son côté.

Supposons que je dise maintenant quelque chose de nouveau. Si vous m'écoutez avec un centre, il n'y aura rien de nouveau pour vous dans ce que je dis; vous devez écouter différemment. Sinon, comme il n'y avait rien avant, il n'y aurait donc rien maintenant. La valeur sera la même: le bleu sera rouge, ou vice versa, et encore une fois il n'y aura pas de connaissances. Le bleu peut devenir jaune. *Si vous souhaitez entendre de nouvelles choses d'une nouvelle façon, vous devez écouter d'une manière nouvelle.* Ceci est nécessaire non seulement dans le travail, mais aussi dans la vie. Vous pouvez devenir un peu plus libres dans la vie, mieux assurés, si vous commencez à vous intéresser à toutes les nouvelles choses et à vous en souvenir par de nouvelles méthodes.

Cette nouvelle méthode peut être facilement comprise. Elle ne serait plus entièrement automatique, mais semi-automatique. *Cette nouvelle méthode consiste en ceci: quand la pensée est déjà là, essayez de sentir. Lorsque vous vous sentez quelque chose, essayez de diriger votre pensée sur votre sentiment. Jusqu'à présent, la pensée et le sentiment étaient séparés.*

Commencez à regarder votre esprit: sentez ce que vous pensez. Préparez-vous pour demain et protégez-vous contre la duperie. D'une manière générale, vous ne comprendrez jamais ce que je souhaite transmettre si vous écoutez simplement.

Prenez tout ce que vous savez déjà, tout ce que vous avez lu, tout ce que vous avez vu, tout ce qu'on vous a montré—je suis certain que vous ne comprenez rien à tout cela. Même si vous vous demandez sincèrement pourquoi deux et deux font quatre, vous constaterez que même de cela, vous n'êtes pas sûr. Vous avez tout simplement entendu quelqu'un d'autre le dire, et vous répétez ce que vous avez entendu. Et non seulement dans les questions de la vie quotidienne, mais également dans des choses sérieuses, plus élevées, vous ne comprenez rien. Tout ce que vous avez n'est pas vôtre.

Vous avez une poubelle et, jusqu'à présent, vous avez continué à jeter des choses dedans. Il y a là-dedans beaucoup de choses précieuses dont vous pourriez vous servir. Il y a des spécialistes qui recueillent toutes sortes de déchets dans les poubelles; certains se font beaucoup d'argent de cette façon. Dans vos poubelles, vous avez assez de matériel pour tout comprendre. Si vous comprenez, vous saurez tout. Vous n'avez pas besoin de recueillir davantage dans cette poubelle—tout est là. Mais il n'y a pas de compréhension—la place de la compréhension est vide. Tout comme dans la poubelle— tout ce qui s'y trouve n'est pas à vous.

Si vous avez beaucoup d'argent qui ne vous appartient pas, il serait préférable pour vous d'avoir même une centaine de dollars qui sont les vôtres. Mais rien de ce que vous avez ne vous appartient.

Pourtant, il est possible de vous approprier tout cela. Le fait que vous avez du matériel rend les choses plus faciles—vous ne devrez pas chercher loin pour les recueillir, donc du temps sera gagné. Essayez de comprendre ce matériel et de le rendre vôtre.

Faites-le très lentement. Vous pouvez prendre tout ce que vous voulez et y penser, mais pensez-y d'une manière différente de celle que vous avez utilisée jusque là.

QUESTION : Comment donner à la pensée et au sentiment une bonne direction ?

RÉPONSE : Vous devez d'abord essayer ; puis, quand vous avez déjà une certaine expérience, nous serons en mesure d'en parler.

[Réponse à une question sur les influences planétaires:]

Au moment de la conception, des principes positifs et négatifs se trouvent à certains endroits. L'influence planétaire agit comme le principe de neutralisation. Cette influence émane de toutes les planètes. Ensuite, la matière planétaire continue d'exercer son influence durant la vie de l'homme. Le résultat de l'influence de cette matière est la combinaison des deux forces.

L'homme est construit sur la base de cette matière. D'autres influences planétaires ultérieures arrivent tout le temps, mais elles sont d'une importance secondaire. L'influence importante est celle présente dans la construction, car ce n'est qu'au moment de la création que la matière constituant la base de notre existence future est formée.

De nombreuses combinaisons différentes sont possibles ici; des matériaux différents produisent des résultats différents. La même matière planétaire peut produire des résultats tout à fait différents, selon la matière avec laquelle elle se combine.

Les influences planétaires changent à chaque instant. La matière des influences planétaires est rarement pure dans sa couleur; ses couleurs ont beaucoup de gradations, de nombreuses nuances de transition.

Outre les principes positifs et négatifs et la matière planétaire, le commencement de la vie dépend des facteurs suivants:

1. La création de nouvelles vies nécessite un moment spécial. Cette création ne peut pas toujours avoir lieu.

2. Les combinaisons spéciales. Le principe négatif doit avoir le poids atomique de 768, le principe positif—384, l'influence planétaire—192. La vie ne peut naître que d'une correspondance exacte des poids atomiques. La matière doit être pure, par exemple, elle doit être exactement 192, et toutes les matières doivent se trouver dans la proportion juste.

... Un nouvel être ne peut pas être créé à n'importe quel moment. Il exige une certaine combinaison spéciale de trois forces dans une proportion spéciale. Si le poids atomique d'une matière est 768, et de l'autre 384, alors la troisième matière doit avoir 192 (les influences planétaires). Sans cette combinaison spéciale, il est impossible. Ce n'est que lorsque ce centre de gravité se réunit avec les deux autres que la cristallisation devient possible. Ce n'est possible que lorsque l'influence planétaire est d'un degré particulier et ne contient pas un grand mélange de matières appartenant à d'autres planètes.

DEUX RIVIÈRES
NEW YORK
MARDI, LE 26 FÉVRIER 1924

Il serait utile de comparer la vie humaine en général avec une grande rivière qui provient de diverses sources et coule en deux courants distincts, c'est-à-dire qu'il se produit dans cette rivière un partage des eaux, et nous pouvons comparer la vie d'un seul homme à l'une des gouttes d'eau qui composent ce fleuve de vie.

En raison de la vie indigne des gens, il a été établi, aux fins de l'actualisation commune de tout ce qui existe que, en général, la vie humaine sur la terre devrait couler dans deux cours d'eau. La Grande Nature a prévu et progressivement fixé dans la présence commune de l'humanité une propriété correspondante, de sorte que, avant la séparation des eaux, dans chaque goutte qui a cette « lutte avec sa propre partie qui nie, » subjective, intérieure, ce « quelque chose-là » pourrait se produire, grâce auquel certaines propriétés sont acquises qui donnent la possibilité, à l'endroit de la ramification des eaux de la vie, d'entrer dans l'un ou l'autre courant.

Ainsi, il y a deux directions dans la vie de l'humanité: active et passive. Les lois sont les mêmes partout. Ces deux lois, ces deux courants se rencontrent sans cesse, tantôt se croisant, tantôt courant en parallèle. Mais ils ne se mélangent jamais; ils se soutiennent mutuellement, ils sont indispensables l'un pour l'autre.

Il a toujours été ainsi et il le restera.

Maintenant, la vie de tous les hommes ordinaires pris ensemble peut être envisagée comme l'une de ces rivières où chaque vie, que ce soit celle d'un homme ou de tout autre être vivant, est représentée par une goutte dans la rivière, et la rivière elle-même est un maillon de la chaîne cosmique. En conformité avec les lois cosmiques générales, la rivière coule dans une direction fixe. Tous ses coudes, tous ses virages, tous ces changements ont un but précis. Dans ce but chaque goutte joue un rôle dans la mesure où elle fait partie de la rivière, mais la loi de la rivière dans son ensemble ne couvre pas les gouttes individuelles. Les changements de position, de mouvement et de direction des gouttes sont complètement accidentels. A un moment donné, une goutte est ici; l'instant d'après, elle est là; elle est tantôt la surface, tantôt partie vers le fond. Accidentellement, elle monte, accidentellement elle entre en collision avec une autre et descend; maintenant elle se déplace rapidement, le moment d'après, lentement. Que sa vie soit facile ou difficile dépend de l'endroit où elle se trouve. Il n'y a pas de loi individuelle pour elle, aucun destin personnel Seule la rivière entière a un destin, qui est commun à toutes les gouttes. La douleur personnelle et la joie, le bonheur et la souffrance—dans ce courant, tout cela est accidentel.

Mais la goutte a, en principe, une possibilité d'échapper à ce courant général et de sauter de l'autre côté, dans le ruisseau voisin. Cela aussi est une loi de la Nature. Mais, pour cela, la goutte doit savoir comment faire usage des chocs accidentels, et de la dynamique de l'ensemble de la rivière, de manière à remonter à la surface et à être plus proche de la rive à ces endroits où il est plus facile de sauter de l'autre côté. Il faut non seulement choisir le bon endroit, mais aussi le bon moment, faire usage des vents, des courants et des tempêtes. Ensuite, la goutte a une chance de remonter avec la vaporisation et de sauter dans l'autre rivière.

A partir du moment où elle pénètre dans l'autre rivière, la goutte est dans un autre monde, dans une autre vie, et se soumet donc à des lois différentes. Dans ce second fleuve il existe une loi pour gouttes individuelles, la loi de progression alternative. Une goutte vient vers le haut ou va vers le bas va, cette fois non pas par accident, mais par la loi. En arrivant à la surface, la goutte devient progressivement plus lourde et coule; au fond, elle perd du poids et monte à la surface à nouveau.

Flotter à la surface est bon pour elle—se trouver au plus profond est mauvais. Tout dépend ici de l'habileté et de l'effort. Dans cette seconde rivière, il y a différents courants et il est nécessaire d'entrer dans le courant idoine. La goutte doit flotter à la surface aussi longtemps que possible afin de se préparer, de gagner la possibilité de passer dans un autre courant, et ainsi de suite.

Mais nous sommes dans la première rivière. Tant que nous serons dans ce courant passif, il nous entraînera n'importe où ; aussi longtemps que nous serons passifs, nous serons bousculés et à la merci du hasard. Nous sommes les esclaves de ces hasards.

En même temps, la Nature nous a donné la possibilité d'échapper à cet esclavage. Par conséquent, lorsque nous parlons de la liberté, nous parlons précisément du passage dans l'autre rivière.

Mais bien sûr, ce n'est pas si simple—vous ne pouvez pas traversez simplement parce que vous le souhaitez. Un désir puissant et une longue préparation sont nécessaires. Vous devrez connaître l'identification avec toutes les attractions de la première rivière. Vous devez mourir à cette rivière. Toutes les religions parlent de cette mort : « Avant que vous ne mouriez, vous ne pouvez pas naître à nouveau. »

Cela ne signifie pas la mort physique. De cette mort il n'y a pas nécessité de se relever parce que, s'il y a une âme, et elle est immortelle, elle peut se passer du corps, dont la perte est appelée la mort. Et la raison de ressusciter n'est pas de comparaître devant le Seigneur Dieu le jour du jugement, comme les pères de l'Église nous l'enseignent. Non, le Christ et tous les autres ont parlé de la mort qui peut avoir lieu dans la vie, la mort du tyran responsable de notre esclavage, cette mort qui est une condition nécessaire de la première et principale libération de l'homme.

Si un homme était privé de ses illusions et de tout ce qui l'empêche de voir la réalité, s'il était privé de ses intérêts, soucis, attentes et espoirs, toutes ses aspirations s'effondreraient, tout deviendrait vide et il resterait un être vide, un corps vide, qui ne vivrait que physiologiquement.

Ce serait la mort du « je, » la mort de tout ce en quoi il consistait, la destruction de tous les faux recueillis par ignorance ou par manque d'expérience. Tout cela restera en lui simplement comme matériau, mais soumis à la sélection. Ensuite l'homme sera en mesure de choisir par lui-même et non plus de se voir imposer ce que les autres aiment. Il aura un choix conscient.

C'est difficile. Non, difficile n'est pas le mot. Le mot «impossible» est également faux, parce que, en principe, c'est possible; seulement il est mille fois plus difficile que de devenir un multimillionnaire grâce à un travail honnête.

QUESTION : Il y a deux rivières—comment est-ce qu'une goutte peut passer de la première à la seconde?

RÉPONSE : Elle doit acheter un billet. Il est nécessaire de se rendre compte que lui seul peut traverser qui a une possibilité réelle de changer. Cette possibilité dépend du désir, d'une volonté forte d'un genre très spécial—souhaiter avec l'essence, et non pas avec la personnalité. Vous devez comprendre qu'il est très difficile d'être sincère avec soi-même, et un homme a très peur de voir la vérité. La sincérité est une fonction de la conscience. Tout homme a une conscience—c'est une propriété des êtres humains normaux. Mais en raison de la civilisation, cette fonction a été recouverte d'une croûte et a cessé de travailler, sauf dans des circonstances particulières où les associations sont très fortes. Ensuite, elle fonctionne pour un temps très court et disparaît à nouveau. Ces moments sont dus à des chocs violents, à une grande tristesse ou insulte. Dans ces moments, la conscience unit la personnalité et l'essence, qui sont par ailleurs tout à fait distinctes.

Cette question sur les deux rivières se réfère à l'essence, comme toutes les choses réelles le font. Votre essence est permanente; votre personnalité est votre éducation, vos idées, vos croyances— des choses provenant de votre environnement; celles-ci, vous les acquérez et vous pouvez les perdre. L'objet de ces discussions est de vous aider à obtenir quelque chose de réel. Mais maintenant, nous ne pouvons pas poser cette question sérieusement ; il faut d'abord se demander : « Comment puis-je me préparer à poser cette question ? »

Je suppose qu'une certaine compréhension de votre personnalité vous a conduit à une certaine insatisfaction à l'égard de votre vie telle qu'elle est, et à l'espoir de trouver quelque chose de mieux. Vous espérez que je vais vous dire quelque chose que vous ne savez pas et qui vous montrera le premier pas.

Essayez de comprendre que ce que vous appelez habituellement « je » n'est pas le je ; il y a beaucoup de « je » et chaque « je » a un souhait différent. Essayez de le vérifier. Vous souhaitez changer, mais quelle partie de vous a ce souhait? De nombreuses parties de vous souhaitent beaucoup de choses, mais seulement une partie est réelle. Il sera très utile pour vous d'essayer d'être sincère avec vous-même. La sincérité est la clé qui ouvrira la porte par laquelle vous pourrez voir vos parties distinctes, et vous verrez quelque chose de nouveau. Vous devez continuer à essayer d'être sincère. Chaque jour, vous mettez un masque, et vous devez l'enlever peu à peu.

Mais il y a une chose importante à comprendre. L'homme ne peut pas se libérer lui-même; il ne peut pas s'observer tout le temps; peut-être qu'il le peut pendant cinq minutes, mais pour se connaître vraiment, il doit savoir comment il passe toute sa journée. En outre, l'homme n'a qu'une seule attention; il ne peut pas toujours voir de nouvelles choses, mais il peut parfois faire des découvertes par hasard, et celles-ci, il peut les reconnaître à nouveau. Il y a cette particularité: lorsque vous découvrez une fois une chose en vous—vous la voyez à nouveau. Mais, parce que l'homme est mécanique, il peut très rarement voir sa faiblesse. Quand vous voyez quelque chose de nouveau, vous obtenez une image de celle-ci, et ensuite vous voyez cette chose avec la même impression, qui peut être bonne ou mauvaise. Si vous entendez parler de quelqu'un avant de le voir, vous vous faites une image de lui, et si elle porte une quelconque ressemblance avec l'original, c'est cette image et non la réalité qui est photographiée. Nous voyons très rarement ce que nous regardons.

L'homme est une personnalité pleine de préjugés. Il y a deux sortes de préjugés: les préjugés de l'essence et les préjugés de la personnalité. L'homme ne sait rien, il vit sous l'autorité, il accepte et croit toutes les influences. Nous ne savons rien. Nous ne parvenons pas à faire la différence quand un homme parle sur un sujet qu'il connaît vraiment et quand il dit des bêtises—nous croyons tout. Nous n'avons rien à nous; tout ce que nous mettons dans notre poche n'est pas à nous—et à l'intérieur, nous n'avons rien.

Et dans notre essence, nous n'avons presque rien, car depuis que nous étions bébés, nous n'avons presque rien absorbé.

Sauf que parfois, par hasard, quelque chose peut entrer.

Nous avons dans notre personnalité quelque vingt ou trente idées que nous avons ramassées. Nous oublions où nous les avons trouvées, mais quand l'une de ces idées survient, nous pensons que nous la comprenons. C'est juste une empreinte sur le cerveau. Nous sommes vraiment des esclaves, et nous avons dressé un préjugé contre un autre.

L'essence a une impressionnabilité similaire. Par exemple, nous avons parlé des couleurs, en disant que tout le monde a une couleur spéciale qu'il chérit. Ces partialités sont également acquises mécaniquement.

Maintenant, quant à la question. Je peux le dire ainsi. Supposons que vous trouviez un professeur avec une vraie connaissance, qui veut vous aider, et vous souhaitez apprendre: même dans ce cas, il ne peut pas vous aider. Il ne peut le faire que lorsque vous le souhaitez de la bonne manière. Cela doit être votre but; mais cet objectif est également trop loin, il est nécessaire de trouver ce qui vous amènera à lui ou au moins ce qui vous rapprochera de lui. L'objectif doit être divisé. Donc, nous devons avoir comme objectif la capacité de vouloir, et cela ne peut être atteint par un homme qui devient conscient de son néant. Nous devons réévaluer nos valeurs, et cela doit être fondé sur les besoins. L'homme ne peut pas faire cette réévaluation par lui seul.

Je peux vous conseiller, mais je ne peux pas vous aider; l'Institut non plus ne peut vous aider. Il ne peut vous aider que lorsque vous êtes sur la Voie—mais vous n'y êtes pas. D'abord, vous devez décider: est-ce que la Voie est nécessaire pour vous ou pas? Comment allez-vous commencer à comprendre cela? Si vous êtes sérieux, vous devez changer votre point de vue, vous devez penser d'une manière nouvelle, vous devez trouver votre objectif possible. Cela vous ne pouvez le faire seul, vous devez faire appel à un ami qui peut vous aider—tout le monde peut aider—mais surtout deux amis peuvent s'aider mutuellement à réévaluer leurs valeurs.

Il est très difficile d'être sincère d'un coup mais, si vous essayez, vous allez vous améliorer progressivement. Lorsque vous pouvez être sincère, je peux vous montrer, ou vous aider à voir, les choses dont vous avez peur, et vous trouverez ce qui est nécessaire et utile pour vous-même. Ces valeurs peuvent vraiment changer. Votre esprit peut changer tous les jours, mais votre essence reste telle quelle.

Mais il y a des risques. Même cette préparation de l'esprit donne des résultats. De temps en temps, un homme peut sentir avec son essence quelque chose qui est très mauvais pour lui, ou du moins pour sa tranquillité d'esprit. Il a déjà goûté à quelque chose et, bien qu'il l'oublie, cela peut revenir. Si cette chose est très forte, vos associations vont continuer à vous la rappeler et, si elle est intense, vous serez à moitié dans un endroit et à moitié dans un autre, et vous ne serez jamais tout à fait confortable. Ce qui est bon seulement si un homme a une réelle possibilité de changer, et l'opportunité de changer. Les gens peuvent être très malheureux, ni chair ni poisson ni hareng. C'est un risque sérieux. Avant de penser à changer votre siège, il serait sage d'examiner très attentivement et de jeter un bon coup d'œil aux deux types de chaises. Heureux l'homme qui est assis dans sa chaise ordinaire. Mille fois plus heureux est celui qui est assis dans le fauteuil des anges, mais misérable est l'homme qui n'a pas de chaise. Vous devez décider—est-ce que cela vaut la peine? Examinez les chaises, réévaluez vos valeurs.

Le premier objectif est d'oublier tout le reste, de parler à votre ami, d'étudier et d'examiner les chaises. Mais je vous préviens, quand vous commencerez à regarder, vous trouverez beaucoup de mauvaises choses dans votre chaise actuelle.

La prochaine fois, si vous avez décidé de ce que vous allez faire de votre vie, je peux parler différemment à ce sujet. Essayez de vous voir, car vous ne vous connaissez pas vous-même. Vous devez comprendre ce risque; l'homme qui tente de se voir peut être très malheureux, car il verra beaucoup de mauvaises choses qu'il voudra changer—et ce changement est très difficile. Il est facile de commencer, mais, une fois que vous avez renoncé à votre chaise, il est très difficile d'en obtenir une autre, et cela peut causer un grand malheur. Tout le monde connaît les tiraillements du remords. Maintenant, votre conscience est relative, mais quand vous changerez vos valeurs vous devrez arrêter de vous mentir à vous-même. Lorsque vous avez vu une chose, il est beaucoup plus facile d'en voir une autre, et il est plus difficile de fermer les yeux. Vous devez soit arrêter la recherche soit être prêt à prendre des risques.

QUESTIONS ET RÉPONSES
NEW YORK
VENDREDI, LE 29 FÉVRIER 1924

QUESTION : Est-ce que le travail à l'Institut exige l'abandon de notre propre travail pour quelques années, ou bien peut-il être poursuivi en même temps ?

RÉPONSE : Le travail à Institut est un travail intérieur ; jusqu'à présent vous n'avez fait qu'un travail extérieur, mais celui-ci est tout à fait différent. Pour certains, il peut être nécessaire d'arrêter le travail extérieur, pour d'autres non.

QUESTION : Est-ce que le but est de développer et d'atteindre un équilibre, de sorte que nous puissions devenir plus forts qu'à l'extérieur et nous transformer en superman ?

RÉPONSE : L'homme doit se rendre compte qu'il ne peut le faire. Toutes nos activités sont déclenchées par une impulsion extérieure ; c'est entièrement mécanique. Vous ne pouvez pas faire même si vous voulez faire.

QUESTION : Quelle place l'art et le travail créatif occupent-ils dans votre enseignement ?

RÉPONSE : L'art actuel n'est pas nécessairement créatif. Mais pour nous, l'art n'est pas un but mais un moyen.

L'art antique a un certain contenu intérieur. Dans le passé, l'art a servi le même but qui est servi aujourd'hui par les livres—le but de préserver et de transmettre certaines connaissances. Dans les temps anciens, ils n'écrivaient pas de livres, mais exprimaient la connaissance dans des œuvres d'art. Nous allons trouver beaucoup d'idées dans l'art antique qui nous est parvenu, si nous savons comment le lire. Tout art était ainsi à l'époque, y compris la musique. Et les gens des temps anciens envisageaient l'art de cette manière.

Vous avez vu nos mouvements et danses. Mais tout ce que vous avez vu, c'était la forme extérieure—la beauté, la technique. Mais je n'aime pas le côté extérieur que vous voyez. Pour moi, l'art est un moyen de développement harmonieux. Dans tout ce que nous faisons, l'idée sous-jacente est de faire ce qui ne peut être fait automatiquement et sans réfléchir.

La gymnastique et les danses ordinaires sont mécaniques. Si

notre objectif est un développement harmonieux de l'homme, alors pour nous, les danses et les mouvements sont un moyen de combiner l'esprit et le sentiment avec les mouvements du corps et de les manifester ensemble. En toute chose, notre le but est de développer quelque chose qui ne peut être développé directement ou mécaniquement—qui interprète l'homme tout entier: l'esprit, le corps et les sentiments.

Le second but des danses est l'étude. Certains mouvements portent une preuve en eux, une connaissance précise, ou des idées religieuses et philosophiques. Dans certains d'entre eux, on peut même lire une recette pour cuisiner un plat.

Dans de nombreuses régions de l'Est le contenu intérieur de l'une ou l'autre danse est maintenant presque oublié, mais les gens continuent à danser tout simplement par habitude.

Ainsi, les mouvements ont deux objectifs: l'étude et le développement.

QUESTION : Est-ce que cela signifie que tout l'art occidental n'a pas de signification ?

RÉPONSE : J'ai étudié l'art occidental après avoir étudié l'art ancien de l'Est. Pour vous dire la vérité, je n'ai rien trouvé dans l'Ouest qui puisse être comparé avec l'art oriental. L'art occidental a un côté extérieur très développé, parfois beaucoup de philosophie aussi; mais l'art oriental est précis, mathématique, sans manipulations. C'est une forme d'écriture.

QUESTION : N'avez-vous pas trouvé quelque chose de similaire dans l'art ancien de l'Ouest ?

RÉPONSE : En étudiant l'histoire, nous voyons comment tout change progressivement. Il en va de même pour les cérémonies religieuses. Au début, elles avaient un sens et ceux qui les célébraient comprenaient cette signification. Mais peu à peu le sens a été oublié et les cérémonies continuent à être accomplies mécaniquement. Il en va de même pour l'art.

Par exemple, pour comprendre un livre écrit en anglais, il est nécessaire de connaître l'anglais. Je ne parle pas de fantaisie mais d'art mathématique, non-subjectif. Un peintre moderne peut croire et sentir son art, mais vous le regardez de manière subjective: une personne l'aime, une autre le déteste. C'est un cas émotionnel, de plaisir et de répulsion.

Mais l'art antique n'était pas pour le plaisir. Tout le monde qui a lu l'a compris. Maintenant, ce but de l'art est entièrement oublié.

Par exemple, prenez l'architecture. J'ai vu quelques exemples d'architecture en Perse et en Turquie, par exemple, un bâtiment à deux pièces. Tous ceux qui sont entrés dans ces pièces, jeunes ou vieux, Anglais ou Perses, ont pleuré. C'est arrivé avec des gens de différentes origines et éducation. Nous avons poursuivi cette expérience pendant deux ou trois semaines et observé les réactions de chacun. Le résultat était toujours le même. Nous avons spécialement choisi des personnes gaies. Avec ces combinaisons architecturales, les vibrations mathématiquement calculées contenues dans le bâtiment ne pouvaient produire aucun autre effet. Nous sommes sous certaines lois et ne pouvons pas résister à des influences extérieures. Parce que l'architecte de ce bâtiment avait une compréhension différente et a construit mathématiquement, le résultat était toujours le même.

Nous avons fait une autre expérience. Nous avons accordé nos instruments de musique d'une manière spéciale et ainsi nous avons combiné les sons de sorte que même en faisant entrer des passants occasionnels de la rue, nous avons obtenu le résultat que nous voulions. La seule différence était qu'une personne sentait plus, une autre moins.

Vous arrivez à un monastère. Vous n'êtes pas un homme religieux, mais ce qui y est joué et chanté évoque en vous un désir de prier. Plus tard, vous serez surpris par cela. Et il en va de même pour tout le monde. Cet art objectif est basé sur les lois, alors que la musique moderne est entièrement subjective. Il est possible de prouver la provenance de toute chose dans cet art subjectif.

QUESTION : Les mathématiques sont-elles la base de tout art ?

RÉPONSE : Tout l'art ancien de l'Est.

QUESTION : Alors, est-ce que toute personne qui connaissait la formule pouvait construire une forme parfaite comme une cathédrale, produisant la même émotion ?

RÉPONSE : Oui, et obtenir les mêmes réactions aussi.

QUESTION : Alors, l'art est connaissance, ce n'est pas du talent ?

RÉPONSE : Il est connaissance. Le talent est relatif. Je pourrais vous apprendre à bien chanter dans une semaine, même sans voix.

QUESTION : Donc, si je connaissais les mathématiques, je pourrais écrire comme Schubert ?

RÉPONSE : La connaissance est nécessaire -les mathématiques et la physique.

QUESTION : La physique occulte ?

RÉPONSE : Toute la connaissance est une. Si vous ne connaissez que les quatre règles de l'arithmétique, alors les fractions décimales sont des mathématiques supérieures pour vous.

QUESTION : Pour écrire de la musique, n'auriez-vous pas besoin d'une idée aussi bien que de la connaissance ?

RÉPONSE : La loi mathématique est la même pour tout le monde. Toute la musique mathématiquement construite est le résultat de mouvements.

À une époque, j'avais l'idée d'observer les mouvements, de sorte que lors des voyages et des collectes de documents sur l'art, je n'observais que les mouvements. En rentrant à la maison, j'ai joué la musique en accord avec les mouvements que j'avais observés et elle s'est avérée identique à la musique proprement dite, car l'homme qui l'a écrite l'a fait mathématiquement. Pourtant, en observant les mouvements, je n'avais pas écouté la musique, car je n'avais pas le temps.

[Quelqu'un pose une question sur la gamme tempérée.]

RÉPONSE : En Orient, ils ont la même octave que nous—de do à do. Seulement ici, nous divisons l'octave en sept, alors que là, ils ont différentes divisions: en quarante-huit, sept, quatre, vingt-trois, trente. Mais la loi est la même partout: de do à do, la même octave.

Chaque note contient également le sept. Plus fine l'oreille, plus grand le nombre de divisions.

À l'Institut, nous utilisons des quarts de ton parce que les instruments occidentaux n'ont pas de petites divisions. Avec le piano on doit faire un certain compromis, mais les instruments à cordes permettent l'utilisation des quarts de tons. En Orient, ils utilisent non seulement les quarts, mais le septième d'un ton.

Pour les étrangers, la musique orientale semble monotone, ils s'étonnent seulement de sa grossièreté et pauvreté musicale. Mais ce qui pour eux sonne comme une note est toute une mélodie pour les habitants locaux—une mélodie contenue dans une note. Ce genre de mélodie est beaucoup plus difficile que la nôtre. Si un musicien de l'Est fait une erreur dans sa mélodie le résultat est une cacophonie pour eux, mais pour un Européen, le tout est une monotonie rythmique. À cet égard, seul un homme qui a grandi là-bas peut distinguer entre la bonne et la mauvaise musique.

QUESTION : Etant donné la connaissance mathématique, est-ce qu'un homme s'exprimerait lui-même dans l'un des arts ?

RÉPONSE : Jeunes ou vieux, pour le développement, il n'y a pas de limite.

QUESTION : Dans quelle direction ?

RÉPONSE : Dans toutes les directions.

QUESTION : Avons-nous besoin de le souhaiter ?

RÉPONSE : Ce n'est pas seulement un souhait. Je vais d'abord expliquer le développement. Il y a la loi de l'évolution et de l'involution. Tout est en mouvement, la vie organique tout comme la vie inorganique, que ce soit en haut ou en bas. Mais l'évolution a ses limites, ainsi que l'involution. A titre d'exemple, prenons l'échelle musicale de sept notes. D'un do à l'autre il existe un endroit où il y a une pause. Lorsque vous appuyez sur les touches, vous démarrez un do—une vibration qui a un certain élan. Avec ses vibrations, il peut aller à une certaine distance jusqu'à ce qu'il déclenche la vibration d'une autre note, à savoir re, puis mi. Jusqu'à ce point, les notes ont une possibilité interne de continuer, mais ici, s'il n'y a pas une poussée de l'extérieur, l'octave redescend. Si elle obtient cette aide extérieure, elle peut continuer toute seule longtemps. L'homme est construit lui aussi conformément à cette loi.

L'homme sert de dispositif dans le développement de cette loi. Je mange, mais la Nature m'a fait dans un certain but, je dois évoluer. Je ne mange pas pour moi mais pour un but extérieur. Je mange parce que cette chose ne peut pas évoluer par elle-même sans mon aide. Je mange du pain, j'aspire aussi de l'air et des impressions. Celles-ci viennent de l'extérieur et ensuite travaillent selon la loi. C'est la loi de l'octave. Si nous prenons une note au hasard, elle peut devenir un do. Do contient à la fois la possibilité et la dynamique; il pourrait s'élever à re et à mi sans aide. Le pain peut évoluer, mais s'il n'est pas mélangé à l'air, il ne peut pas devenir fa: cette énergie aide à traverser un endroit difficile. Après cela, il n'a pas besoin d'aide jusqu'au si, mais il ne peut pas aller plus loin que cela par lui-même. Notre objectif est d'aider l'octave jusqu'à la fin. Si est le point culminant de la vie animale ordinaire, et c'est la matière à partir de laquelle un nouveau corps peut être construit.

QUESTION : Est-ce que l'âme est séparée ?

RÉPONSE : Toute loi est une ; mais l'âme est lointaine, alors que maintenant nous parlons de choses proches. Mais cette loi, la loi de la trinité, est partout—il n'y a aucune nouvelle chose sans la troisième force.

QUESTION : Pouvez-vous passer outre la pause à l'aide de la troisième force ?

RÉPONSE : Oui, si vous avez la connaissance. La Nature a fait en sorte que l'air et le pain soient chimiquement très différents et ne puissent se mélanger; mais à mesure que le pain change en re et mi, il devient plus perméable, de sorte qu'ils peuvent se mélanger. Maintenant, vous devez travailler sur vous-même, vous êtes do; quand vous arrivez à mi, vous pouvez rencontrez de l'aide.

QUESTION : Par hasard ?

RÉPONSE : Il y a un morceau de pain que je mange, un autre que je jette ; est-ce par hasard ? L'homme est une usine à trois étages. Il y a trois portes par lesquelles les matières premières sont conduites dans leurs chambres de stockage respectives où elles sont stockées. S'il s'agissait d'une usine de saucisses, le monde ne verrait que les carcasses qui entreraient et les saucisses qui en sortiraient. Mais en réalité, c'est un arrangement beaucoup plus compliqué. Si nous voulons construire une usine comme celle que nous étudions, nous devons d'abord examiner toutes les machines et les inspecter en détail. La loi « en haut comme en bas » est la même partout ; c'est une seule loi. Nous avons aussi en nous le soleil, la lune et les planètes, mais à une très petite échelle.

Tout est en mouvement, tout a des émanations, parce que tout mange quelque chose et est lui-même mangé par quelque chose d'autre. La terre a aussi des émanations, et le soleil également, et ces émanations sont la matière. La terre a une atmosphère qui limite ses émanations. Entre la terre et le soleil, il y a trois sortes d'émanations; les émanations de la terre se déplacent sur une courte distance, celles des planètes vont beaucoup plus loin, mais elles ne font pas tout le chemin vers le soleil. Entre nous et le soleil, il y a trois sortes de matières, chacune avec une densité différente. Premièrement—la matière près de la terre, contenant les émanations de celle-ci; puis la matière contenant des émanations des planètes; et plus loin encore, la matière où il n'y a que des émanations du soleil. Les densités se tiennent dans le rapport entre un, deux et quatre, et les vibrations sont dans un rapport inverse, car la matière plus fine a un rythme de vibration plus élevé. Mais au-delà de notre soleil il y a d'autres soleils qui ont aussi des émanations et envoient des influences et de la matière, et au-delà, il y a la source, que nous ne pouvons exprimer que mathématiquement, avec ses émanations également. Ces endroits plus élevés sont hors de la portée des émanations du soleil.

Si nous prenons le matériau à partir de la limite extrême comme 1, alors plus il y a de divisions de la matière selon la densité, plus les chiffres sont élevés. La même loi agit partout, la loi de trois—positif, négatif, neutralisant. Lorsque les deux premières forces sont mélangées avec une troisième, quelque chose de différent est créé. Par exemple, la farine et l'eau restent de la farine et de l'eau—il n'y a pas de changement; mais si vous ajoutez le feu, alors le feu les cuira et une chose nouvelle sera créée qui a des propriétés différentes. L'unité se compose de trois matières. Dans la religion, nous avons une prière: Dieu le Père, Dieu le Fils et Dieu le Saint-Esprit, Trois en Un, exprimant la loi plutôt qu'un fait. Cette unité fondamentale est utilisée en physique et prise comme la norme de l'unité. Les trois matières sont le «carbone,» l'«oxygène» et «l'azote,» et ensemble, elles forment l'«hydrogène» qui est le fondement de toute matière, quelle que soit sa densité. Le cosmos est une octave de sept notes, chaque note de celle-ci pouvant être subdivisée en une autre octave, et ainsi de suite jusqu'au dernier atome divisible. Tout est arrangé en octaves, chaque octave étant une note d'une octave supérieure, jusqu'à ce que vous arriviez à l'Octave cosmique. À partir de l'Absolu, les émanations vont dans toutes les directions, mais nous allons prendre une seule—le Rayon cosmique sur lequel nous sommes: la Lune, la vie organique, la Terre, les planètes, le Soleil, tous les Soleils, l'Absolu. Le Rayon cosmique ne va pas plus loin.

Les émanations de l'Absolu rencontrent d'autres matières et sont converties en une nouvelle matière, devenant progressivement de plus en plus denses et changeant selon la loi. Nous pouvons prendre ces émanations de l'Absolu comme triples, mais lorsqu'elles se mélangent avec le prochain ordre de matière, elles deviennent six. Et puisque, comme dans nous-mêmes, il y a à la fois évolution et involution, le processus peut aller soit vers le haut soit vers le bas, et do a le pouvoir de se transformer en si, ou, dans l'autre sens, en re. L'octave de la Terre a besoin d'aide à mi, qu'elle tire des planètes, pour transformer mi en fa.

QUESTION : Sur la base de l'octave, est-il possible de concevoir d'autres cosmos avec un arrangement différent ?

RÉPONSE : Cette loi est toute-puissante, cela a été prouvé par des expériences.

QUESTION : L'homme a une octave en lui ; mais qu'en est-il des possibilités supérieures ?

RÉPONSE : Tel est le but de toutes les religions, de découvrir comment le faire. Cela ne peut pas être fait inconsciemment, mais est enseigné par un système.

QUESTION : Est-ce un déploiement graduel ?

RÉPONSE : Jusqu'à une certaine limite, mais plus tard, vient l'endroit difficile (fa) et il est nécessaire de trouver comment y arriver conformément à la loi.

QUESTION : Est-ce que la limite est la même pour tout le monde ?

RÉPONSE : Les voies d'approche sont différentes, mais toutes doivent se rendre à « Philadelphia. » Les limites sont les mêmes.

QUESTION : Avec la loi mathématique est-ce que tout le monde pourrait être développé à un degré plus élevé ?

RÉPONSE : Le corps, quand né, est le résultat de beaucoup de choses, et il est juste une possibilité vide. L'homme est né sans âme, mais il est possible d'en fabriquer une. L'hérédité n'a pas d'importance pour l'âme. Chaque homme a beaucoup de choses qu'il doit changer; elles sont individuelles; mais au-delà de ce point, la préparation ne peut pas aider.

Les moyens sont différents, mais tous doivent conduire à « Philadelphia »—c'est l'objectif fondamental de toutes les religions. Mais chacun y va par une voie particulière. Une préparation spéciale est nécessaire; toutes nos fonctions doivent être coordonnées et toutes nos parties développées. Après « Philadelphia, » la route est une.

L'homme est trois personnes avec des langages différents, des désirs différents, un développement et une éducation différents; mais par la suite, tout est identique. Il n'y a qu'une seule religion, car tous doivent être égaux dans le développement.

Vous pouvez commencer en tant que chrétien, bouddhiste, musulman, et travailler le long de la ligne à laquelle vous êtes habitué, et commencer à partir d'un centre. Mais après, les autres doivent être développés aussi.

Parfois, la religion cache délibérément des choses, car autrement nous ne pourrions pas travailler. Dans le christianisme, la foi est une nécessité absolue, et les chrétiens doivent développer le sentiment; et pour cela, il est nécessaire de travailler uniquement sur cette fonction. Si vous croyez, vous pouvez faire tous les exercices nécessaires. Mais sans la foi, vous ne pourriez pas le faire de façon productive.

Si nous voulons traverser la pièce, nous pourrions ne pas être en mesure d'aller tout droit, car le chemin est très difficile. L'enseignant le sait et sait que nous devons aller à la gauche, mais il ne nous le dit pas. Bien qu'aller à la gauche soit notre but subjectif, notre responsabilité est de traverser. Puis, quand nous y arrivons et nous avons dépassé la difficulté, nous devons avoir à nouveau un nouveau but. Nous sommes trois, non pas un, chacun avec des désirs différents. Même si notre esprit sait combien important est le but, le cheval ne se soucie de rien d'autre que de sa nourriture; donc, parfois, nous devons manipuler et tromper le cheval.

Mais quel que soit le côté que nous prenons, notre objectif est de développer notre âme, pour accomplir notre destin supérieur. Nous sommes nés dans une rivière où les gouttes sont passives, mais celui qui travaille pour lui-même est passif à l'extérieur et actif à l'intérieur. Les deux vies sont conformes à la loi: l'une d'elles y va par le chemin de l'involution et l'autre par l'évolution.

QUESTION : Êtes-vous heureux quand vous arrivez à « Philadelphia » ?

RÉPONSE : Je ne connais que deux chaises. Aucune chaise n'est malheureuse: ici, elle est heureuse, et l'autre chaise est également heureuse. L'homme peut toujours chercher une meilleure chaise. Quand il commence à en rechercher une meilleure, cela signifie toujours qu'il est déçu, parce que s'il était satisfait, il n'en chercherait pas une autre. Parfois, sa chaise est si mauvaise qu'il ne peut pas continuer à s'asseoir dessus et il décide que s'il s'y trouve si mal, il va chercher quelque chose d'autre.

QUESTION : Qu'est-ce qui se passe après « Philadelphia » ?

RÉPONSE : Une très petite chose. À l'heure actuelle, il est très mauvais pour le chariot qu'il n'y ait que des passagers, tous donnant des ordres comme bon leur semble—sans un maître permanent. Après « Philadelphia, » il y a un maître responsable, qui pense pour tous, arrange tout et vérifie que les choses soient comme il faut. Je suis sûr qu'il est clair qu'il est meilleur pour tous d'avoir un maître.

QUESTION : Vous avez conseillé la sincérité. J'ai découvert que je préférerais être un imbécile heureux qu'un philosophe malheureux.

RÉPONSE : Vous croyez que vous n'êtes pas satisfait de vous-même. Je vous pousse. Vous êtes tout à fait mécanique, vous ne pouvez rien faire, vous êtes halluciné. Quand vous regardez avec un seul centre, vous êtes entièrement sous l'hallucination; avec deux, vous êtes à moitié libre; mais si vous regardez avec trois centres vous ne pouvez point être sous l'hallucination. Vous devez commencer par rassembler du matériel. Vous ne pouvez pas avoir de pain sans cuisson; la connaissance est l'eau, le corps est la farine, et l'émotion—la souffrance—est le feu.

RELIGION, VOLONTÉ, ÉDUCATION
NEW YORK
SAMEDI, LE 1ER MARS 1924

Au début de chaque religion, nous trouvons une affirmation de l'existence de Dieu le Verbe et du Verbe-Dieu.

Un enseignement dit que quand le monde n'était encore rien, il y avait des émanations, il y avait Dieu le Verbe. Dieu le Verbe est le monde. Dieu dit: « Qu'il en soit ainsi, » et envoya le Père et le Fils. Il envoie toujours le Père et le Fils. Et une fois Il a envoyé le Saint-Esprit.

Tout dans le monde obéit à la loi de trois, tout ce qui existe est entré dans l'existence en conformité avec cette loi. Des combinaisons des principes positif et négatif peuvent produire de nouveaux résultats, différents du premier et du second, uniquement si une troisième force entre en jeu.

Si j'affirme, elle nie et nous nous disputons. Mais rien de nouveau n'est créé avant que quelque chose d'autre ne soit ajouté à la discussion. Puis quelque chose de nouveau surgit.

Prenez le Rayon de la Création. Au sommet se trouve l'Absolu, Dieu le Verbe, divisé en trois: Dieu le Père, Dieu le Fils et Dieu le Saint-Esprit.

L'absolu crée selon la même loi. Seulement dans ce cas, toutes les trois forces nécessaires pour produire une nouvelle manifestation se trouvent dans l'Absolu Lui-même. Il les envoie à partir de Lui-même, Il les émane.

Parfois, les trois forces changent leurs places.

Les trois forces ou principes, issus de l'Absolu, ont créé toute la multitude de soleils, dont le nôtre. Toute chose a des émanations. L'interaction des émanations produit de nouvelles combinaisons. Ceci se rapporte à l'homme, à la terre et au microbe. Chacun des soleils émane aussi et les émanations des soleils, par l'intermédiaire des combinaisons de matière positive et négative, donnent naissance à de nouvelles formations. Le résultat de l'une de ces combinaisons est notre terre, et la combinaison la plus récente est notre lune.

Après l'acte de création, l'existence et les émanations continuent.

Les émanations pénètrent tout en fonction de leurs possibilités. Les émanations atteignent donc l'homme aussi. Le résultat de l'interaction des émanations se traduit par de nouvelles frictions.

La différence entre l'activité créatrice de l'Absolu et les actes ultérieurs de la création réside dans le fait que, comme je l'ai dit, l'Absolu crée de Lui-même. Seul l'Absolu a une Volonté; Lui seul envoie les trois forces à partir de Lui-même. Les actes ultérieurs de création procèdent mécaniquement, au moyen d'une interaction basée sur la même loi de trois. Aucune entité ne peut créer par elle-même, seule la création collective est possible.

La direction de l'activité créatrice de l'Absolu envers l'homme est la direction de l'élan. Conformément à la loi de Sept, le développement ne peut aller que jusqu'à un certain point.

Nous avons pris la ligne sortant de l'Absolu et passant à travers nous. Cette ligne, capable d'avancer seulement jusqu'à uh certain point, se termine dans notre lune. La lune est le dernier point de la création sur cette ligne.

Le résultat est quelque chose comme une échelle, et la lune est la base de cette échelle. Les principaux points de cette ligne de création sont: l'Absolu, le Soleil, la Terre, et le dernier point, la Lune. Entre ces quatre points, il y a trois octaves: Absolut-Soleil; Soleil-Terre; Terre-Lune. Chacun de ces points est un do. Entre eux, à trois points, il y a, pour ainsi dire, trois machines dont la fonction est de faire passer fa dans mi.

Tout au long de l'octave cosmique le choc à fa doit venir de l'extérieur, et le choc à si vient de l'intérieur du do. En conséquence, l'involution se produit de haut en bas et l'évolution de bas en haut. La vie de l'homme joue le même rôle que les planètes par rapport à la terre, la terre par rapport à la lune et tous les soleils par rapport à notre soleil.

La matière qui provient de l'Absolu est l'hydrogène, issu d'une combinaison de carbone, oxygène et azote. Un atome d'hydrogène se combinant avec un autre le transforme en un autre type d'hydrogène avec ses propres qualités et densité.

Tout est régi par la loi, qui est très simple. Je vous ai montré comment la loi fonctionne à l'extérieur; maintenant vous pouvez découvrir comment cela fonctionne en vous. Conformément à la loi, vous pouvez suivre soit la loi de l'évolution soit la loi de l'involution. Vous devez mettre la loi de l'extérieur à l'intérieur.

Dans notre système, nous sommes semblables à Dieu—triple. Si nous recevons consciemment trois matières et nous les envoyons, nous pouvons construire à l'extérieur ce que nous aimons. Ceci est la création. Quand elles sont reçus à travers nous, c'est la création du créateur. Dans ce cas, toutes les trois forces se manifestent à travers nous et se mélangent à l'extérieur. Chaque création peut être subjective ou objective.

QUESTION : Quel est l'élément de neutralisation dans la naissance de l'homme?

RÉPONSE : Une sorte de couleur mélangée avec les principes actif et passif; elle est également matérielle et présente des vibrations spéciales. Toutes les planètes projettent leurs vibrations sur la terre, et toute la vie est colorée par les vibrations de la planète la plus proche de la terre à un moment donné. Toutes les planètes ont des émanations et les émanations de chaque planète en particulier sont les plus fortes quand elle se trouve au plus proche de la terre. Les planètes projettent des influences spéciales, mais chaque influence particulière reste non mélangée pour un court laps de temps seulement. Parfois, l'ensemble a des vibrations spéciales. Ici aussi, les trois principes doivent correspondre l'un à l'autre conformément à la loi; lorsque leur relation est correcte il peut y avoir cristallisation.

[Question sur la lune].

RÉPONSE : La lune est le grand ennemi de l'homme. Nous servons la lune. La dernière fois que vous avez entendu parler de Kundabuffer. Kundabuffer est le représentant de la lune sur la terre. Nous sommes comme les moutons de la lune, qu'elle nettoie, nourrit et cisaille, et garde pour ses propres fins. Mais quand elle a faim, elle tue beaucoup d'entre eux. Toute la vie organique travaille pour la lune. L'homme passif sert l'involution; et l'homme actif, l'évolution. Faites votre choix. Mais il y a un principe: dans un emploi, vous pouvez espérer une carrière; dans un autre, vous recevez beaucoup, mais sans une carrière. Dans les deux cas, nous sommes des esclaves, car dans les deux cas, nous avons un maître. A l'intérieur de nous, nous avons aussi une lune, un soleil et ainsi de suite. Nous sommes tout un système. Si vous savez ce que votre lune est et fait, vous pouvez comprendre le cosmos.

QUESTION : Est-ce que le libre arbitre a une place dans votre système?

RÉPONSE : Le libre arbitre est la fonction du «je» réel, le résultat de la recherche du maître de l'équipage. Celui qui a un maître, a une volonté; celui qui n'en a pas, n'a pas de volonté. Ce que l'on appelle ordinairement la volonté est l'ajustement entre la disponibilité et le refus. Par exemple, l'esprit veut quelque chose, les sentiments ne le veulent pas; si l'esprit se révèle être plus fort que les sentiments, l'homme obéit à son esprit. Si les deux sont également opposés le résultat sera contraire (conflit). Ceci est ce qu'on appelle le libre arbitre de l'homme ordinaire; il est gouverné tantôt par l'esprit, tantôt par les sentiments, tantôt par le corps. Souvent, l'ordre vient du mécanisme automatique. Encore plus souvent l'homme reçoit des ordres du centre du sexe. Réel libre arbitre ne peut être que là où un seul «je» règne, où l'homme a un maître pour son équipage. Mais un homme ordinaire n'a pas de maître—le chariot change constamment de passagers, et chaque passager se désigne lui-même comme «je.» Le libre arbitre est la réalité. Il peut exister; mais nous, tels que nous sommes, ne pouvons pas l'avoir.

QUESTION : Est-ce que personne n'a de libre arbitre?

RÉPONSE : Je parle de la majorité des hommes, ceux qui ont de la volonté, ont de la volonté. Mais le libre arbitre n'est pas un phénomène ordinaire; il ne peut pas être fait sur demander, ni ne peut être acheter dans un magasin.

QUESTION : Quelle est l'attitude de votre système envers la morale?

RÉPONSE : La morale peut être subjective ou objective. La morale objective est la même partout. La morale subjective n'est pas la même partout; et tout le monde la définit différemment; ce qui est bon pour une personne est mauvais pour une autre, et vice versa. La morale est un bâton à deux extrémités, il peut être tourné de ce côté et de l'autre. A partir du moment où l'homme a commencé à vivre sur la terre, depuis le temps d'Adam, s'est progressivement formé en nous—avec l'aide de Dieu, de la Nature et de tout notre environnement—un organe dont la fonction est la conscience. Chaque homme a cet organe; et celui qui est guidé par la conscience, vit automatiquement selon les commandements de Dieu. Si notre conscience était claire et non enterrée, il n'y aurait pas besoin de parler de morale; car consciemment ou inconsciemment, tout le monde se comporterait selon les exigences de la voix intérieure. La conscience n'est pas un bâton à deux extrémités, c'est le constat de ce qui est bon et de ce qui est mauvais, formé en nous à travers les âges. Malheureusement, pour de nombreuses raisons, cet organe est habituellement recouvert d'une sorte de croûte, qui ne peut être percée que par une souffrance intense: alors la conscience parle.

Mais après un certain temps, l'homme se calme, et une fois de plus, l'organe est recouvert. Un choc violent est nécessaire pour que cet organe se découvre automatiquement. Par exemple, la mère de quelqu'un meurt; instinctivement, sa conscience se met à parler en lui. Car aimer, honorer et chérir sa mère est le devoir de tout homme. Mais il est rare qu'un homme soit un bon fils. Quand sa mère meurt, l' homme se souvient de la façon dont il a agi à son égard, et il commence à souffrir de remords. Mais l'homme est un grand porc, et bientôt il oublie et continue à vivre comme avant.

Celui qui n'a pas de conscience ne peut pas être moral. Je peux savoir ce que je devrais ne pas faire, mais, par faiblesse, je ne peux m'empêcher de le faire. Je sais que le café est mauvais pour moi—le médecin me l'a dit—mais je me souviens du café, et c'est seulement quand je ne veux pas boire de café que je suis d'accord avec le médecin et je me retiens d'en boire. Quand je suis plein, je peux, dans une certaine mesure, être moral.

Vous devriez oublier la morale. Les conversations sur la moralité à l'heure actuelle sont tout simplement des discours creux. Votre but est la morale intérieure. Votre but est d'être chrétiens; mais pour cela, vous devez être en mesure de faire- et cela, vous ne le pouvez pas. Lorsque vous serez en mesure de le faire, vous deviendrez chrétiens.

La morale extérieure est différente partout. On devrait se comporter comme les autres et, comme dit le dicton, à Rome, fais comme les Romains; ceci est la morale extérieure. Pour la morale intérieure, l'homme doit être en mesure de faire, et pour cela, il doit avoir un «je.» La première chose nécessaire est de séparer les choses intérieures des choses extérieures, de façon similaire à ce que je disais à propos de l'examen interne et externe.

Par exemple, je suis assis ici, et bien que je sois habitué à la position assise avec mes jambes croisées sur le siège, je prend en considération l'avis des personnes présentes, ce qu'elles sont habituées à faire et alors je suis assis comme elles le font, avec mes jambes pendantes. Mais l'une des personnes présentes me jette un regard désapprobateur. Cela déclenche immédiatement les associations correspondantes dans mes sentiments, et je suis contrarié, étant trop faible pour ne pas réagir en jugeant intérieurement. Encore une fois, je sais que le café est mauvais pour moi, mais si je n'en bois pas, je sais que je ne serai pas capable de parler, je me sentirai trop fatigué; donc je juge par le corps et je bois le café, le faisant pour mon corps. C'est ainsi que nous vivons généralement; ce que nous ressentons à l'intérieur nous le manifestons à l'extérieur. Mais une ligne de démarcation devrait être établie entre l'intérieur et l'extérieur; nous devrions apprendre à ne pas réagir à quoi que ce soit d'extérieur, à ne pas tenir compte des impacts extérieurs, mais de les considérer à l'extérieur, parfois, plus que nous le faisons maintenant. Quand nous devons être polis nous devrions être plus polis que nous le sommes habituellement. On peut dire que ce qui a été jusqu'à présent à l'extérieur devrait être mis à l'intérieur, ce qui était à l'intérieur devrait être mis à l'extérieur. Malheureusement, nous réagissons toujours, mais si nous utilisons le bon sens, pourquoi devrais-je être dérangé par le regard désapprobateur de quelqu'un? Peut-être le fait-il bêtement, ou peut-être quelqu'un l'a-t-il retourné contre moi. C'est un esclave de l'opinion de quelqu'un d'autre, un automate, un perroquet répétant les paroles des autres. Demain, il peut changer d'avis. S'il est faible, moi, quand je suis contrarié, je suis encore plus faible; et je peux gâter ma relation avec d'autres personnes si je suis en colère contre lui, faisant une montagne d'un rien. Vous devriez le comprendre et l'établir comme une règle ferme que vous ne devez pas prêter attention aux opinions des autres—vous devez être libre des personnes qui vous entourent; et quand vous serez libre à l'intérieur vous serez libéré de celles-là. Parfois, à l'extérieur, il peut être nécessaire de faire semblant d'être ennuyé. Par exemple, si l'on vous frappe au visage, cela ne signifie pas nécessairement que vous devez offrir l'autre joue; parfois, il est nécessaire de répondre d'une manière telle que l'autre en oublie sa grand-mère. Mais, à l'intérieur, il ne faut pas juger. Si vous êtes libre à l'intérieur, il peut arriver que si quelqu'un vous frappe au visage, vous deviez lui offrir l'autre joue. Cela dépend du type de chacun. Parfois, l'autre homme ne sera pas prêt d'oublier une telle leçon dans cent ans. Parfois, il faut des mesures de rétorsion, d'autres fois, non, mais le choix de l'action est possible uniquement si l'on est libre à l'intérieur. Un homme ordinaire ne peut pas choisir. Il ne peut pas formuler une estimation critique de la situation—avec lui, son extérieur est son intérieur. Il est nécessaire d'apprendre à être impartial, de trier et d'analyser chaque situation comme si on était un étranger—alors seulement on peut être juste. Être juste au moment de l'action est cent fois plus précieux que d'être juste après. Il en faut beaucoup pour y arriver. Une action impartiale est la base de la liberté intérieure, la première étape vers le libre arbitre.

QUESTION : Est-il nécessaire de souffrir tout le temps pour garder la conscience ouverte?

RÉPONSE : La souffrance peut être de nature très différente. La souffrance est aussi un bâton à deux extrémités. L'une mène à l'ange, l'autre au diable. L'homme est une machine très compliquée. A côté de chaque bonne route, il y en a une mauvaise qui lui correspond. Une chose est toujours côte à côte avec une autre. Là où il y a peu de bien il y a aussi peu de mal; où il y a beaucoup de bien il y a aussi beaucoup de mal. La même chose avec la souffrance— il est très facile de se retrouver sur l'autre route. La souffrance se transforme facilement en plaisir. Vous êtes frappé une fois—vous êtes blessé; la deuxième fois vous avez moins mal. La cinquième fois vous souhaitez déjà être frappé. Il faut être sur ses gardes, il faut savoir ce qui est nécessaire à chaque instant, car de la route, on peut tomber dans le fossé.

QUESTION : Quelle est la relation entre la conscience et l'acquisition du «je»?

RÉPONSE : La conscience aide seulement en ceci qu'elle fait gagner du temps. Un homme qui a une conscience est calme; celui qui est calme a du temps, qu'il peut utiliser pour le travail. Cependant, la conscience sert à cette fin seulement au début, plus tard, elle sert un autre but. Chez l'homme ordinaire, tout son temps est occupé par l'examen—une vibration s'arrête, une autre commence; tantôt il est heureux, tantôt triste, tantôt en colère. La machine fonctionne sans arrêt, le gaspillage se poursuit tout le temps. Nous avons seulement un accumulateur, qui peut contenir seulement une certaine quantité d'énergie. Cette énergie est recueillie tous les jours et dépensée tous les jours. L'énergie collectée et stockée lorsque nous dormons met en mouvement nos associations de jour. Tout au long de la journée, la dépense continue en nous; quand la nuit vient nous recueillons à nouveau. Notre réserve d'énergie est suffisante pour la durée de vie mécanique habituelle, mais pas pour un travail actif sur soi-même. Si l'on compare, par exemple, la dépense d'énergie en expériences mécaniques avec la dépense de courant électrique d'une ampoule électrique de puissance cinq bougies, la dépense de travail actif correspond à une ampoule de puissance cent bougies, qui consomme très rapidement le courant disponible. Par exemple, avec notre réserve, il est possible de travailler, peut-être, le matin, mais il n'y aura pas d'énergie pour l'après-midi, même pour le travail quotidien—et sans cette énergie, l'homme n'est qu'un simple morceau de chair.

Il est nécessaire que cette énergie soit suffisante à la fois pour le nouveau travail et pour le travail de tous les jours. Mais il n'y a pas de place pour un nouvel accumulateur. Il n'y a pas de piles de rechange. Tout ce que nous pouvons faire est de dépenser l'énergie économiquement. La nature nous a fait de telle sorte qu'avec un travail normal, nous pouvons avoir assez d'énergie pour les deux types de travail. Mais nous avons perdu l'habitude du travail normal; il y a un grand gaspillage en nous alors qu'il ne devrait pas y en avoir. En conséquence, toute l'énergie produite par notre dynamo est utilisé par nos mouvements, notre pensée, nos émotions, nos sensations et nos manifestations; et nous dépensons non seulement pour ce qui est nécessaire, mais pour ce qui est inutile également. Par exemple, quand je suis assis et je parle j'ai besoin d'énergie pour ma tête, mais je gesticule aussi. Les gestes peuvent être nécessaires pour mettre des accents, mais aucune énergie n'est nécessaire pour les jambes, alors qu'assis, je suis tendu tout le temps. Et vous ne pouvez pas vous empêcher de crisper vos muscles, même si vous vous en souvenez. Vous êtes impuissants, votre esprit n'a pas le pouvoir de donner des ordres. Pour se libérer des tensions inutiles, de longues exercices sont nécessaires. Cependant, le corps ne consomme pas autant d'énergie que les associations.

A chaque instant, nous avons des milliers de pensées, sentiments et expériences mécaniques et inutiles. En outre, tous ces «expériences» ont lieu sans «moi.» L'énergie est dépensée inconsciemment pour tout—et quand elle est nécessaire, elle n'est pas là. Si nous vivions consciemment, la dépense ne serait pas plus grande. La quantité d'énergie en nous est calculé pour un travail conscient, qui utilise le même type d'énergie.

QUESTION : Comment peut-on économiser l'énergie?

RÉPONSE : On peut apprendre à économiser l'énergie, mais cela prend beaucoup de temps. Commencez par ce qui est plus facile à comprendre pour vous—l'énergie dans le corps. Vous ne pouvez pas, d'un coup, économiser l'énergie dans les sentiments. Ayant appris à économiser l'énergie dans le corps vous allez acquérir un goût qui servira de clé.

QUESTION : Est-ce que la dépense d'énergie est moindre quand un homme est au repos, couché?

RÉPONSE : L'énergie n'est passé dépensée seulement dans les fonctions du corps. Lorsque vous êtes couché, vous avez moins d'impacts externes, mais la dépense d'énergie en associations mentales est beaucoup plus grande que d'habitude. Quand je marche, j dépense moins d'énergie que lorsque je suis assis, parce que les jambes se déplacent par l'élan et je les pousse seulement de temps en temps. La même chose avec une automobile; quand la première vitesse est enclenchée, elle dépense plus d'énergie que lorsqu'elle c'est la vitesse supérieure qui est enclenchée, car alors une grande partie du régime moteur continue sur sa lancée. Ainsi, lorsque vous vous allongez vos dépenses correspondent à la première vitesse d'une voiture. De la même façon la dépense pour le mouvement d'un seul et même muscle peut être différente. Lorsque vous commencez à faire des exercices physiques vous mettez en mouvement des muscles qui travaillaient rarement jusque-là, et par conséquent n'ont aucun élan. Un long temps est nécessaire pour que l'élan soit créé. Ensuite, les mêmes mouvements auront besoin d'une quantité beaucoup plus faible de l'énergie. Mais le résultat n'est pas atteint rapidement.

QUESTION : Est-il vrai que les enfants ont plus d'énergie que les adultes?

RÉPONSE : Non, la quantité d'énergie est proportionnelle à la taille de l'organisme. Une grande machine a plus d'énergie. Mais les enfants ne sont pas gâtés. Ils ont moins de matériel pour les associations que les adultes, et ont donc plus d'énergie pour les manifestations physiques.

QUESTION : Il y a une façon d'éduquer les enfants par la suggestion pendant le sommeil. Est-ce que c'est une bonne idée?

RÉPONSE : Ce genre de suggestion n'est pas mieux que l'empoisonnement progressif, la destruction du dernier vestige de la volonté. L'éducation est une chose très compliquée. Elle doit être multiforme. Par exemple, il est faux de donner aux enfants rien que des exercices physiques. En général, l'éducation est limitée à la formation de l'esprit. Un enfant est obligé à apprendre des poèmes par cœur, comme un perroquet, sans rien comprendre, et les parents sont heureux s'il peut le faire. À l'école, il apprend des choses non moins mécaniquement et, après avoir terminé ses études avec les honneurs, il ne comprend et ne sent toujours rien. Dans le développement de son esprit, il est aussi adulte qu'un homme de quarante ans, mais dans son essence, il reste un garçon de dix ans. Dans son esprit, il n'a peur de rien, mais dans son essence, il a peur. Sa morale est purement automatique, purement extérieure. Tout comme il apprend la poésie par coeur, il apprend la morale aussi. Mais l'essence d'un enfant, sa vie intérieure, est abandonnée à elle-même, sans aucune orientation. Si un homme est sincère avec lui-même, il doit admettre que ni les enfants ni les adultes n'ont de morale. Notre morale est toute théorique et automatique car, si nous sommes sincères, nous pouvons voir à quel point nous sommes mauvais.

L'éducation n'est rien qu'un masque qui n'a rien à voir avec la nature. Les gens pensent qu'une éducation est meilleure qu'une autre, mais en réalité, elles se valent toutes. Toutes les personnes se valent, cependant chacune s'empresse de voir une paille dans l'oeil d'une autre. Nous sommes tous aveugles à nos pires défauts. Si un homme est sincère avec lui-même, il se met à la place d'un autre et sait qu'il n'est pas meilleur lui-même. Si vous souhaitez être meilleur, essayez d'aider quelqu'un d'autre. Mais tels que les gens sont maintenant, ils se gênent mutuellement et se renversent les uns les autres. En outre, un homme ne peut aider un autre, ne peut soulever un autre, parce qu'il ne peut même pas s'aider lui-même.

Avant toute chose, vous devez penser à vous-même, vous devez essayer de vous élever vous-même. Vous devez être un égoïste. L'égoïsme est le premier arrêt sur le chemin de l'altruisme, du christianisme. Mais il doit être un égoïsme pour une bonne cause, et cela est très difficile. Nous élevons nos enfants à être égoïstes d'une manière ordinaire et l'état actuel des choses en est le résultat. Pourtant, nous devons toujours les juger par rapport à nous-mêmes. Nous savons ce que nous sommes; nous pouvons être sûrs que, avec l'éducation moderne, les enfants seront, au mieux, la même chose que nous.

Si vous souhaitez du bien à vos enfants, vous devez d'abord vous souhaiter du bien à vous-même. Car si vous changez, vos enfants changeront aussi. Par souci de leur avenir, vous devez, pour un temps, les oublier et penser à vous.

Si nous sommes satisfaits de nous-mêmes, nous pouvons continuer avec une conscience claire d'éduquer nos enfants comme nous l'avons fait jusqu'à présent. Mais êtes-vous satisfait de vous-mêmes? Nous devons toujours commencer par nous-mêmes et de nous prendre comme exemple, car nous ne pouvons pas voir un autre homme à travers le masque qu'il porte. Seulement si nous nous connaissons nous-mêmes nous pouvons voir les autres, car toutes les personnes se ressemblent à l'intérieur et il y en a même qui sont identiques à nous-mêmes. Elles ont les mêmes bonnes intentions d'être meilleures, mais elles ne peuvent pas l'être; il est tout aussi difficile pour elles; elles sont tout aussi malheureuses, tout aussi pleines de regrets après. Vous devez pardonner ce qu'il y a en elles maintenant et vous rappeler l'avenir. Si vous êtes désolé pour vous-même, au nom de l'avenir, vous devez être désolé en avance pour les autres.

Le plus grand péché de tous est de continuer à éduquer alors que vous avez commencé à avoir des doutes sur l'éducation. Si vous croyez en ce que vous faites, votre responsabilité n'est pas aussi grande que lorsque vous avez commencé à en douter.

La loi exige que votre enfant aille à l'école. Laisse-le. Mais vous, son père, ne devez pas vous contenter de l'école. Vous savez à partir de votre propre expérience que l'école fournit de la connaissance pour l'esprit—l'information. Elle développe un seul centre, vous devez donc essayer de rendre cette information vivante et de combler les lacunes. C'est un compromis, mais parfois même un compromis est mieux que de ne rien faire.

Le problème du sexe. Il y a un problème important dans l'éducation des enfants qui n'est jamais abordé ou discuté correctement. Une caractéristique étrange de l'éducation moderne est que, en ce qui concerne le sexe, les enfants grandissent sans aucune orientation; le résultat en est que l'ensemble de cet aspect est déformé et tordu par des générations de mauvaises attitudes. C'est la principale cause de beaucoup de mauvais résultats dans la vie. Nous voyons bien ce qui résulte d'une telle éducation. Chacun de nous sait par sa propre expérience que ce côté important de la vie est presque entièrement gâté. Il est difficile de trouver un homme qui est normal à cet égard.

Cette altération se produit graduellement. Les manifestations du sexe commencent chez l'enfant dès l'âge de quatre ou cinq ans, et sans un guide, il peut facilement se fourvoyer. Ceci est le temps de commencer à enseigner, et vous avez votre propre expérience pour vous aider. Il est très rare que les enfants soient formés normalement à cet égard. Vous êtes souvent désolé pour l'enfant, mais ne pouvez rien faire. Et quand il commence à comprendre tout seul ce qui est juste et ce qui est faux, il est généralement trop tard et le mal est fait.

Guider les enfants en ce qui concerne le sexe est une chose très délicate, parce que chaque cas nécessite un traitement individuel et une connaissance approfondie de la psychologie de l'enfant. Si vous n'en savez pas assez, le guider est très risqué. Expliquer ou interdire quelque chose signifie souvent mettre une idée dans sa tête, implanter une impulsion vers le fruit défendu, éveiller la curiosité. Le centre du sexe joue un très grand rôle dans notre vie. Soixante-quinze pour cent de nos pensées viennent de ce centre et colorent tout le reste.

Il n'y a que les gens de l'Asie centrale qui ne sont pas anormaux à cet égard. Là-bas, l'éducation sexuelle fait partie des rites religieux et les résultats sont excellents. Il n'y a pas de maux sexuels dans cette partie du monde.

QUESTION : Jusqu'à quel point un enfant devrait-il être dirigé?

RÉPONSE : En général, l'éducation d'un enfant doit être fondée sur le principe que tout doit venir de sa propre volonté. Rien ne doit être donné sous une forme toute faite. On ne peut donner que l'idée, on ne peut guider ou même enseigner qu'indirectement, partant de loin et le conduisant vers ce point par d'autres voies. Je n'enseigne jamais directement, sinon mes élèves ne voudront pas apprendre. Si je veux qu'un élève change, je commence de loin, ou je parle à quelqu'un d'autre, et ainsi il apprend. Car, si on dit quelque chose directement à un enfant, il est éduqué mécaniquement et se manifestera plus tard tout aussi mécaniquement.

Les manifestations mécaniques et les manifestations de quelqu'un qui peut être appelé un individu sont différentes et leur qualité est différente. Les premières sont créées; les dernières créent. Les premières ne sont pas une création—c'est une création à travers l'homme et non de lui. Le résultat est un art qui n'a rien d'original. On peut voir d'où vient chaque ligne d'une telle œuvre d'art.

L'art de l'Est a une base mathématique, c'est une écriture avec un contenu interne et externe. En Perse, il y a une chambre dans un monastère qui fait pleurer, en raison des combinaisons mathématiques des parties de l'architecture. L'art véritable est la connaissance, pas le talent.

QUESTION : Est-il nécessaire d'étudier les fondements mathématiques de l'art, ou bien les œuvres d'art peuvent être créés sans une telle étude ?

RÉPONSE : Sans cette étude, on ne peut espérer que des résultats accidentels ; la répétition ne saurait être prévue.

QUESTION : Ne peut-il pas y avoir d'art créatif inconscient, venant des sentiments ?

RÉPONSE : Il ne peut y avoir d'art créatif inconscient, et nos sentiments sont très stupides. Ils ne voient qu'un côté, alors que la compréhension du tout doit prendre en compte tous les côtés. L'étude de l'histoire nous apprend qu'il y a eu de tels résultats accidentels, mais ce n'est pas la règle.

QUESTION : Peut-on écrire de la musique harmoniquement, sans connaître les lois mathématiques ?

RÉPONSE : Il y aura une harmonie entre une note et une autre et il y aura des accords, mais il n'y aura pas d'harmonie entre les harmonies. Nous parlons maintenant d'influence, de l'influence consciente. Un compositeur peut exercer une influence.

Telles que les choses se présentent à l'heure actuelle, tout peut conduire une personne dans un état ou un autre. Supposons que vous vous sentiez heureux. En ce moment, il se produit un bruit, une cloche, un peu de musique, tous les airs, cela peut être un foxtrot. Vous oubliez tout ce que vous avez entendu, mais plus tard, quand vous entendez la même musique, ou la même cloche, elle évoque le même sentiment par l'association: disons, l'amour. Cela aussi est une influence, mais elle est subjective. Non seulement la musique, mais tout type de bruit peut servir d'association ici. Si elle est liée à quelque chose de désagréable, comme, par exemple, à la perte d'argent, une association désagréable en résultera.

Mais nous parlons d'art objectif, de lois objectives dans la musique ou dans la peinture.

L'art que nous connaissons est subjective, car sans les connaissances mathématiques il ne peut y avoir d'art objectif. Les résultats accidentels sont très rares.

Les associations sont un phénomène très puissant et important pour nous, mais leur signification est déjà oubliée. Dans les temps anciens les gens avaient des jours de fête spéciales. Un jour, par exemple, était consacré à certaines combinaisons de sons, un autre aux fleurs, ou aux couleurs, un tiers au goût, un autre à la météo, au froid et à la chaleur. Ensuite, les différentes sensations étaient comparées.

Par exemple, supposons qu'un jour ce fût la fête du son. Pendant une heure il y aurait un son, pendant une autre heure un autre son. Pendant ce temps, une boisson spéciale était servie à la ronde, ou parfois une «fumée» spéciale. En un mot, certains états et sentiments étaient évoqués par des moyens chimiques à l'aide d'influences extérieures, afin de créer certaines associations pour l'avenir. Plus tard, lorsque les circonstances extérieures similaires étaient répétées, elles évoquaient les mêmes états.

Il y avait même une journée spéciale pour les souris, les serpents et les animaux dont nous avons généralement peur. Les gens recevaient une boisson spéciale et ensuite on leur faisait manipuler des choses telles que les serpents afin de s'y habituer. Ceci produisait une telle impression que par la suite les gens n'avaient plus peur. Ces coutumes existaient depuis longtemps en Perse et en Arménie. Dans les temps anciens les gens comprenaient très bien la psychologie humaine et se laissaient guider par elle. Mais les raisons ne furent jamais expliquées aux masses; on leur a donné une interprétation tout à fait différente, sous un angle différent. Seuls les prêtres connaissaient le sens de tout cela. Ces faits se réfèrent aux temps pré-chrétiens quand les gens étaient gouvernés par des rois-prêtres.

QUESTION : Les danses ne servent-elles qu'à contrôler le corps ou ont-elles une signification mystique ?

RÉPONSE : Les danses sont pour l'esprit. Elles ne donnent rien à l'âme—l'âme n'a besoin de rien. Une danse a un certain sens; chaque mouvement a un certain contenu.

Mais l'âme ne boit pas de whisky, elle ne l'aime pas. Elle aime un autre aliment qu'elle reçoit indépendamment de nous.

L'AUTO-OBSERVATION
NEW YORK
JEUDI, LE 13 MARS 1924

L'auto-observation est très difficile. Plus vous essayerez, plus clairement vous le comprendrez. À l'heure actuelle, vous devriez le pratiquer non pas pour obtenir des résultats, mais pour comprendre que vous ne pouvez pas vous observer. Par le passé, vous avez imaginé que vous vous êtiez vu et que vous vous connaissiez vous-même.

Je parle de l'auto-observation objective. Objectivement, vous ne pouvez pas vous voir une seule minute, car celle-ci est une autre fonction, la fonction du maître.

Si vous avez l'impression que vous pouvez vous observer pendant cinq minutes, c'est faux; que ce soit pour vingt minutes ou pour une minute, c'est tout aussi faux. Si vous comprenez simplement que vous ne le pouvez pas, ce sera bien. Y arriver est votre objectif.

Pour atteindre cet objectif, vous devez essayer encore et encore.

Lorsque vous essayez, le résultat ne sera pas, à proprement parler, l'auto-observation. Mais le fait d'essayer renforcera votre attention, vous allez apprendre à mieux vous concentrer. Tout cela sera utile plus tard. Alors seulement on peut commencer à se souvenir de soi-même.

Si vous travaillez consciencieusement, vous vous souviendrez de vous-même non pas plus, mais moins, parce que le rappel de soi exige beaucoup de choses. Il n'est pas si facile; il coûte cher.

L'exercice d'auto-observation est suffisant pour plusieurs années. Ne tentez rien d'autre. Si vous travaillez consciencieusement, vous verrez ce dont vous avez besoin.

À l'heure actuelle vous n'avez qu'une attention, que ce soit dans le corps ou le sentiment.

L'ACTEUR
NEW YORK
DIMANCHE, LE 16 MARS 1924

QUESTION : Est-ce que la profession de l'acteur est utile dans le développement du travail coordonné des centres ?

RÉPONSE : Plus un acteur joue, plus le travail des centres se sépare en lui. Pour agir, il faut tout d'abord être un artiste.

Nous avons parlé du spectre produisant la lumière blanche. Un homme peut être appelé un acteur seulement s'il est capable, pour ainsi dire, de produire une lumière blanche. Un véritable acteur est celui qui crée, celui qui peut produire toutes les sept couleurs du spectre. Il y a eu et il y a aujourd'hui encore de tels artistes. Mais dans les temps modernes, un acteur n'est généralement un acteur qu'à l'extérieur.

Comme tout autre homme, un acteur a un nombre défini de postures de base; ses autres postures ne sont que des combinaisons différentes de celles-ci. Tous les rôles sont construits à partir de postures. Il est impossible d'acquérir de nouvelles postures par la pratique; la pratique ne peut que renforcer les anciennes. Plus vous continuez, plus il devient difficile d'apprendre de nouvelles postures—moins de possibilités existent.

Toute l'intensité de l'acteur est en vain: c'est seulement un gaspillage d'énergie. Si ce matériel était sauvé et consacré à quelque chose de nouveau, ce serait plus utile. Tel qu'il est, il est dépensé sur des choses anciennes.

Ce n'est que dans son imagination et dans celles des autres que l'acteur semble créer. En fait, il ne peut pas créer.

Dans notre travail, cette profession ne peut pas aider; au contraire, elle gâte les choses pour demain. Le plus tôt un homme abandonne cette occupation, le meilleur est pour demain, et plus facile ce sera pour lui de commencer quelque chose de nouveau.

Le talent peut être fait en vingt-quatre heures. Le génie existe, mais un homme ordinaire ne peut pas être un génie. C'est seulement un mot.

C'est la même chose dans tous les arts. L'art véritable ne peut pas être l'œuvre d'un homme ordinaire. Il ne peut pas agir, il ne peut pas être « je. » Un acteur ne peut pas avoir ce qu'un autre homme a—il ne peut pas sentir comme un autre homme. S'il joue le rôle d'un prêtre, il devrait avoir la compréhension et les sentiments d'un prêtre. Mais il ne peut les avoir que s'il a tout le matériel du prêtre, tout ce qu'un prêtre connaît et comprend. Et il en est ainsi de toutes les professions; une connaissance particulière est nécessaire. L'artiste sans connaissance imagine seulement.

Les associations travaillent de façon précise dans chaque personne. Je vois un homme faire un certain mouvement. Cela me donne un choc, et à partir de là, les associations commencent. Un policier supposerait probablement que l'homme a voulu me faire les poches. Mais en supposant que l'homme n'ait jamais pensé à ma poche, moi, tout comme le policier, je n'aurais pas compris le mouvement. Si je suis un prêtre, j'aurai d'autres associations; je penserai que le mouvement a quelque chose à voir avec l'âme, bien que l'homme pense en réalité à ma poche.

Seulement si je connais la psychologie à la fois du prêtre et du policier, et leurs différentes approches, je peux comprendre avec mon esprit; seulement si j'ai les sentiments et les postures correspondantes dans mon corps je pourrai connaître avec mon esprit quelles seront leurs associations de pensée, et aussi quelles associations de pensée évoquent en eux certaines associations de sentiment. C'est le premier point.

Connaissant la machine, je donne des ordres à chaque instant pour que les associations changent—mais je dois le faire à chaque instant. Les associations changent automatiquement à tout moment, une en évoque une autre et ainsi de suite. Si j'agis, je dois donner des ordres à chaque instant. Il est impossible de le laisser à l'élan. Et je ne peux donner des ordres que s'il y a quelqu'un de présent qui est capable de diriger.

Ma pensée ne peut pas diriger—elle est occupée. Mes sentiments sont également occupés. Donc, il doit y avoir quelqu'un là-bas qui ne participe pas à l'action, qui ne participe pas à la vie—alors seulement, il est possible de diriger.

Un homme qui a un «je» et qui sait ce qui est nécessaire à tous les égards peut agir. Un homme qui n'a pas de «je» ne peut pas agir.

Un acteur ordinaire ne peut pas jouer un rôle—ses associations sont différentes. Il peut avoir le costume approprié et garder à peu près les postures appropriées, faire les grimaces que le producteur ou l'auteur lui demande. L'auteur doit également savoir tout cela.

Pour être un véritable acteur, il faut être un vrai homme. Un vrai homme peut être un acteur et un véritable acteur peut être un homme.

Tout le monde devrait essayer d'être un acteur. C'est un objectif élevé. Le but de toute religion, de toute connaissance, est d'être un acteur. Mais à l'heure actuelle tout le monde est un acteur.

La cause principale de tous les malentendus dans les relations entre les gens réside dans l'idée erronée de la structure de ce qu'on appelle l'individualité de l'homme. C'est une grande erreur que d'utiliser le mot «homme» au singulier et de le considérer comme une entité unique qui se manifeste et se considère comme un tout.

Quand nous disons « l'homme, » nous entendons par là : Je suis un homme, vous êtes un homme, il est un homme ; Je veux, je peux, je fais ; vous voulez, vous pouvez, vous faites ; il veut, il peut, il fait, et ainsi de suite. En d'autres termes, par cette forme d'expression un homme veut montrer qu'il fait, il parle, il sent, avec l'ensemble de son organisme contenu dans sa peau: la tête, le tronc et les extrémités.

Si tel était le cas, nous serions en effet autorisés à utiliser le mot homme comme définissant un individu séparé, avec les bases et les causes de toutes ses manifestations et perceptions concentrées à un seul endroit en lui-même.

Mais en réalité, ce n'est pas ainsi. Les fonctions de l'homme, dont les résultats constituent toutes ses manifestations et perceptions, ont leur origine dans des endroits complètement séparés et indépendants et n'ont rien en commun, que ce soit dans leur nature ou dans les lois qui les gouvernent. En outre, le moment de leur action ou inaction ne dépend pas de l'action des autres.

L'homme, pris comme un tout, est simplement la résidence de plusieurs individus indépendants. Les actions que nous voyons comme provenant de l'homme ne sont pas nécessairement l'action conjointe de tous les individus qui se trouvent dans cette résidence, c'est-à-dire dans l'homme. Ces actions peuvent être les manifestations de l'un ou d'un autre ou d'un troisième ou d'un quatrième d'entre eux, ou de deux, trois, quatre ou plus ensemble.

Les manifestations qui sont issues d'un homme et qui peuvent paraître identiques à un regard superficiel, ne proviennent pas toujours d'un seul et même centre, mais ont leur origine dans des sources différentes représentant des centres indépendants de formation des idées et des expériences.

Il y a, pour ainsi dire, plusieurs hommes vivant dans un seul homme, indépendants les uns des autres, enfermés ensemble par quelqu'un dans un logement.

Imaginez que quelque part il y ait eu une révolution, des émeutes de rue et des arrestations, et que quelques personnes, toutes différentes, aient été conduites au même endroit et enfermées dans la même cellule. Elles y ont vécu longtemps et ont complètement oublié le temps où elles étaient libres.

Tous ces gens sont venus des milieux les plus divers de la société et de la race et ont des éducations et des habitudes différentes.

LE DÉPARTEMENT
NEW YORK
LUNDI, LE 17 MARS 1924

L'organisme de l'homme est une entité indépendante, et son organisation interne peut être comparée à un petit État. L'une des questions les plus importantes, touchant à l'existence même de l'État, est le système d'administration. Un département spécial est responsable de chaque branche distincte de l'administration, subordonnée à l'autorité supérieure, mais indépendante dans son activité. Il en va de même pour l'organisme de l'homme : le contrôle est divisé entre les différents centres indépendants, conformément à leurs fonctions.

Imaginez un petit État, où les institutions gouvernementales principales sont situées à différents étages du même bâtiment. Il y a le service de police, le département ecclésiastique, le ministère des Affaires étrangères, et ainsi de suite. Un grand nombre de documents, télégrammes, demandes, enquêtes et pétitions arrivent quotidiennement, et un grand nombre d'autres documents, ordres, résolutions et ainsi de suite sont quotidiennement envoyés du bâtiment.

Dans la salle de réception du bâtiment se trouve une fonctionnaire, dont le devoir est d'enregistrer tous les documents entrants dans le livre des entrées et de les envoyer ensuite, par des messagers spéciaux, aux départements correspondants, ou de communiquer leur contenu par téléphone. Elle entre également tous les documents sortants qui passent également par elle.

Cette salle de réception dans l'organisme de l'homme est l'appareil formateur. La fonctionnaire qui est assise là-bas est semblable à la dactylo dans l'autre exemple. Elle ouvre toutes les lettres entrantes, les trie, écoute des demandes des visiteurs et envoie tous les documents sortants. Toutes nos impressions, tout ce que nous apprenons, entendons ou voyons d'un côté, et toutes nos manifestations, actions, aspirations, désirs, de l'autre, sont ces documents entrants et sortants. Ils passent tous par notre appareil formateur, de même que tous les documents passent par cette fonctionnaire.

Dans un État efficacement gouverné, chaque ministère a son propre travail spécifique qui n'interfère pas avec le travail des autres ministères. Seuls les problèmes relatifs à l'État dans son ensemble sont décidés par tous ensemble.

Malheureusement toutefois, l'État particulier dont nous parlons maintenant se trouve dans un très mauvais état (tout comme nombre de grands États en Europe à l'heure actuelle). L'une des raisons en est le chaos total qui s'est peu à peu insinué dans l'administration des services, parfois parce qu'un document a été mal adressé, par l'ignorance de l'expéditeur, mais le plus souvent parce que, par négligence, la réceptionniste peut envoyer le messager à un mauvais service.

Les messagers ne sont pas très intelligents et comprennent souvent mal ce qu'on leur dit. De plus, les ascenseurs dans ce bâtiment sont hors service et les messagers sont souvent trop paresseux pour monter les escaliers et porter les papiers à un département plus éloigné; ils essaient donc de les transmettre à un fonctionnaire qui se trouve par là, ou les transportent dans leur poche, ou bien ils les perdent.

La salle de réception est pleine de bruit, de bousculade et de désordre, ce qui est dû en grande partie à la réceptionniste elle-même. Si elle doit téléphoner à un département, elle ne peut pas expliquer correctement les choses. Elle est incompétente dans son emploi et souvent elle ne sait pas bien vers quel département elle devrait diriger un document. Il n'y a personne à qui le demander, et donc elle doit compter sur son propre jugement, et plus tard, tous les documents similaires continueront à être envoyés au même endroit, même si elle s'est trompée au début. En recevant un mauvais papier, un employé y répond habituellement au mieux par lui-même, soit qu'il est mû par un sens général de la responsabilité, soit par un désir d'avoir de l'avancement et d'obtenir l'éloge de ses supérieurs.

Vous pouvez imaginer ce qui se passe si un fonctionnaire du département ecclésiastique décide des affaires et répond à des questions relatives à la sécurité de l'État dont il est totalement ignorant. Par exemple, en supposant qu'il arrive une catastrophe -mettons un incendie—qui nécessite une action immédiate et décisive. Mais en revanche, les responsables de ce ministère, à la réception du message, se lamentent sur les péchés humains et méditent longuement sur la punition divine. Ou bien une autre demande, destinée au département ecclésiastique, trouve son chemin vers le département de police. Le fonctionnaire commence à le lire et trouve une certaine violation des règlements et ordres de la police. En conséquence, l'affaire prend une tournure tout à fait inattendue pour l'auteur de la demande.

Il arrive parfois qu'un document urgent qui nécessite une réponse immédiate soit porté à un ministère en fin de journée, après que le fonctionnaire compétent en la matière soit rentré chez lui. Alors, la réceptionniste l'envoie à un autre fonctionnaire qui se trouve encore là. La même chose se produit le lendemain, encore une fois l'homme qu'il faut n'est pas là et encore une fois le papier est remis au même fonctionnaire. Par zèle ou par nécessité, cet homme reste dans son bureau de plus en plus tard et tout le monde commence à la voir comme une chose normale. La réceptionniste commence à lui envoyer des documents des types les plus variés tout au long de la journée, s'imaginant qu'il est en mesure de les traiter tous.

Tous ces événements, accidentels au début, deviennent progressivement chroniques. Les fonctions des différents départements se mélangent. Les affaires qui concernent d'autres ministères se concentrent dans l'un d'entre eux.

Cet état de fait reçoit une confirmation officielle du fait que le fonctionnaire qui fait ainsi le travail d'un autre département voit son salaire augmenter, tandis qu'un certain nombre de fonctionnaires d'autres départements sont renvoyés. Le chaos qui règne dans l'administration a un effet déplorable sur l'ensemble de l'État.

Même si le fonctionnaire qui fait le travail d'autres personnes est intelligent et capable, même s'il souhaite peut-être sincèrement faire de son mieux et même fait tout ce qu'il peut, il ne sait pas et ne peut pas connaître les règles, règlements et arrangements du département auquel un certain papier appartient de droit, et il lui applique les règles et règlements de son propre département.

Plus important encore est le fait que, en raison de ses capacités naturelles et de la formation spéciale qu'il a reçue, une certaine façon de penser s'est formée en lui, ce qui est tout à fait en accord avec le travail du service auquel il appartient, mais ne correspond d'aucune manière au travail qu'il fait actuellement. Il est bien qualifié dans son propre travail, mais maintenant il est obligé de faire face à des choses complètement nouvelles pour lui.

Naturellement, même s'il fait consciencieusement ce travail, il le fera moins bien que le fonctionnaire qui a été désigné pour traiter ce genre de question à l'origine; parfois leur travail est tout à fait incompréhensible.

Il faut comprendre que l'état d'un homme ordinaire est exactement similaire à l'état d'un pays où tous les ministères sont mélangés, certains d'entre eux croulant sous le travail et d'autres restant inactifs; où les choses sont traitées par des personnes au hasard plutôt que par des spécialistes et des gens bien informés, où tout est fait sans rime ni raison.

On doit mettre fin à cette situation immédiatement et prendre les mesures nécessaires pour sauver l'État de la ruine totale. Sinon, il n'en restera plus que le souvenir.

LA RESPIRATION ARTIFICIELLE
CHICAGO
MERCREDI, LE 26 MARS 1924

QUESTION : Est-ce que l'expérience avec la respiration peut être utile ?

RÉPONSE : Toute l'Europe est devenue folle au sujet des exercices de respiration. Pendant quatre ou cinq ans, j'ai fait de l'argent en traitant les gens qui avaient ruiné leur respiration par de telles méthodes ! De nombreux livres sont écrits à ce sujet, tout le monde essaie de l'enseigner aux autres. Ils disent : « Plus vous respirez, plus grand sera l'apport d'oxygène, » etc., et, en conséquence, ils viennent me voir. Je suis très reconnaissant aux auteurs de ces livres, aux fondateurs d'écoles, et ainsi de suite.

Comme vous le savez, l'air est le deuxième type de nourriture. Les proportions correctes sont nécessaires en toutes choses, dans les phénomènes étudiés par la chimie, la physique et ainsi de suite. La cristallisation ne peut avoir lieu qu'avec une certaine correspondance, alors seulement quelque chose de nouveau peut être atteint.

Chaque matière a une certaine densité de vibrations. L'interaction entre les matières ne peut avoir lieu qu'avec une correspondance exacte entre les vibrations des matières différentes. J'ai parlé de la Loi de Trois. Par exemple, si les vibrations de la matière positive sont de 300 et celles de la matière négative de 100, la combinaison est possible. Autrement, si, dans la pratique, les vibrations ne correspondent pas exactement à ces chiffres, aucune combinaison n'en résultera ; ce sera un mélange mécanique qui pourrait être à nouveau résolu dans ses composants d'origine. Ce n'est pas encore une matière nouvelle.

La quantité de substances à combiner devrait également être dans une certaine proportion définie. Vous savez que pour obtenir une pâte dont vous avez besoin d'une quantité déterminée d'eau pour la quantité de farine que vous souhaitez utiliser. Si vous mettez moins d'eau que nécessaire, vous n'aurez pas la pâte.

Votre respiration ordinaire est mécanique, et mécaniquement vous inspirez autant d'air qu'il vous faut. S'il y a plus d'air, il ne pourra pas se combiner de la façon dont il devrait ; de sorte qu'une proportion juste est nécessaire.

Si la respiration contrôlée artificiellement est pratiquée comme elle l'est habituellement, une disharmonie s'ensuivra. Par conséquent, afin d'échapper à la nocivité que la respiration artificielle peut apporter, il faut modifier en conséquence les autres aliments. Et cela est possible seulement avec une connaissance complète. Par exemple, l'estomac a besoin d'une certaine quantité de nourriture, non seulement pour la nutrition, mais aussi parce qu'il y est habitué. Nous mangeons plus que nous n'en avons besoin tout simplement pour le goût, pour la satisfaction, et parce que l'estomac est habitué à une certaine pression. Vous savez que l'estomac à certains nerfs. Quand il n'y a pas de pression dans l'estomac, ces nerfs stimulent les muscles de l'estomac et nous avons une sensation de faim.

De nombreux organes fonctionnent mécaniquement, sans notre participation consciente. Chacun d'eux a son propre rythme, et les rythmes des différents organes se trouvent dans une relation mutuelle définie.

Si, par exemple, nous changeons notre respiration, nous changeons le rythme de nos poumons ; mais puisque tout est lié, d'autres rythmes aussi commencent peu à peu à changer. Si nous continuons avec cette respiration pendant une longue période, elle peut changer le rythme de tous les organes. Par exemple, le rythme de l'estomac va changer. Et l'estomac a ses propres habitudes, il a besoin d'un certain temps pour digérer les aliments ; disons, par exemple, que la nourriture doit y rester une heure. Si le rythme de l'estomac change, la nourriture peut passer à travers plus rapidement et l'estomac n'aura pas le temps d'y prendre tout ce dont il a besoin. Dans un autre endroit, l'inverse peut se produire.

Il est mille fois préférable de ne pas interférer avec notre machine, de la laisser en mauvais état plutôt que de la corriger sans les connaissances nécessaires. Car l'organisme humain est un dispositif très complexe comportant de nombreux organes avec des rythmes différents et des exigences différentes, et de nombreux organes sont reliés les uns aux autres. Soit on change tout, soit on ne change rien, autrement, au lieu du bien, on peut faire du mal. La respiration artificielle est la cause de nombreuses maladies. C'est seulement par hasard, dans les cas isolés où un homme parvient à s'arrêter à temps, qu'il peut éviter de se blesser. Si un homme le pratique longtemps, les résultats seront toujours mauvais.

Pour travailler sur soi-même, il faut connaître chaque vis, chaque clou de sa machine—alors vous saurez quoi faire. Mais si vous ne connaissez qu'un peu et vous essayez, vous risquez de perdre beaucoup. Le risque est grand, car la machine est très compliquée. Elle a de très petites vis qui peuvent être facilement endommagées, et si vous poussez plus fort vous pouvez les briser. Et ces vis ne peuvent pas être achetées dans un magasin. Il faut être très prudent. Si vous vous y connaissez, c'est autre chose. Si quelqu'un ici fait l'expérience de la respiration, il vaut mieux arrêter pendant qu'il est encore temps.

CHICAGO
1924

Le serpent à la base de la colonne vertébrale nous empêche de voir les choses comme elles sont. Si nous nous voyions tels que nous sommes, nous nous pendrions. L'homme doit désirer un chemin avec son essence—il a vraiment peur de se demander s'il veut vraiment un chemin. Il peut vouloir ce chemin très fort avec son esprit, mais quand le travail commence, il découvre qu'il n'a même jamais pensé à le vouloir.

Lorsque l'émotion est positive, elle doit aussi être négative. Transcendez les deux pour être libre. La croyance forte dans une direction signifie une croyance forte dans la direction opposée. À l'Institut, la souffrance est ajustée et répartie entre les centres. La conscience est la particularité de l'homme.

Nous connaissons souvent les autres bien mieux que nous-mêmes; par conséquent, l'entraide est très profitable. Une activité mono-centrée est une hallucination—une activité à deux centres est une semi-hallucination—avec trois centres, elle ne l'est plus du tout.

La classification scientifique, vertèbres et non-vertèbres. Celle de Gurdjieff, par le nombre de cerveaux. Beaucoup d'animaux ont même nombre de cerveaux que l'homme—qui se trouve être une sorte d'animal par hasard; d'autres animaux par la loi d'adaptation, et avec les conditions environnementales nécessaires, peuvent devenir comme l'homme. L'homme a beaucoup de cerveaux, dont certains ont la propriété de la conscience cosmique, d'autres de la conscience mécanique instinctive. L'appareil de formulation est de ce dernier type. Par conséquent, notre pensée doit être mécanique.

Au cours des âges, en raison de la mauvaise éducation, etc., l'appareil de formulation a usurpé la fonction du centre mental réel. A l'origine, il devait recueillir des impressions. Les pensées dans l'appareil de formulation changent tout le temps. Ce que nous avons dans d'autres centres reste toujours. C'est le nôtre. Le but de toutes les voies est le même. A la fin d'une formation de Yogi, commencez une formation de Moine, ensuite une de Fakir, et vice versa. La Quatrième Voie, la voie Haida, on peut étudier toutes celles que l'on connaît. Celle-ci se distingue des autres voies en étant beaucoup plus rapide et donc plus difficile. Trois centres se développement simultanément. Le corps astral n'est pas immortel, il est mécanique comme notre corps, mais plus fin. De là, le corps mental peut être développé, ensuite le corps divin, et alors seulement peut-on commencer à développer l'âme immortelle et alors seulement est la réincarnation possible. Le possesseur du corps astral meurt, quand le corps astral se désintègre. La même chose avec le corps mental et le corps physique. Celui qui a une âme immortelle ne meurt jamais.

En parlant, l'appareil de formulation parle à l'appareil de formulation. Les vibrations du premier sont reçues dans le second. Si le message est senti en parlant, alors il est ressenti par d'autres dans le centre émotionnel. Tout est vibration. Pécher dans l'ignorance n'est pas aussi grave que de pécher en sachant que ce n'est pas bien. Toutes les actions produisent des vibrations qui produisent un résultat. Nous devons souffrir pour nos péchés avant de pouvoir commencer le développement réel. Le jugement impartial n'est possible que lorsque l'on est libre intérieurement. L'acceptation d'un centre ne critique jamais, nous le faisons lorsqu'un centre met en cause l'impression d'un autre. L'appareil de formulation n'a pas d'énergie inhérente, il la vole à d'autres centres. Tout est imprimé dans les cerveaux. Des expériences ont été faites avec des nouveau-nés. Une action dans un centre se répercute sur les autres, dans toutes les parties du corps, même dans des points à l'extérieur du corps. L'intelligence de l'homme varie en proportion de sa capacité à empêcher que ces fluctuations passent d'un centre à un autre.

ESSENCE ET PERSONNALITÉ
AMÉRIQUE
SAMEDI, LE 29 MARS 1924

Afin de mieux comprendre ce que l'examen externe et interne est, il faut comprendre que chaque homme a, pour ainsi dire, deux hommes différents en lui. Ce sont son Essence et sa Personnalité. *L'essence*—c'est « je. » C'est tout—hérédité, type, caractère, nature. *La personnalité*—c'est une chose accidentelle -éducation, idées, points de vue—tout ce qui est extérieur. C'est comme une robe que vous portez, votre masque artificiel, le résultat de l'éducation, de l'influence de votre entourage, des opinions, comprenant des informations et des connaissances qui changent tous les jours, s'annulant réciproquement. Aujourd'hui, vous êtes convaincu d'une chose—vous la croyez et vous la désirez. Demain, sous une autre influence, vos croyance et désirs seront différents. Tout le matériel constituant votre personnalité peut être modifié artificiellement ou accidentellement par le changement des conditions environnantes et du lieu—et ce, dans un délai très court. Mais l'essence ne change pas. Par exemple, j'ai un teint basané, et je reste comme je suis né. Il appartient à mon type.

Quand nous parlons de développement et de changement, nous parlons de l'essence. Notre personnalité reste; mais elle peut être modifiée très rapidement, en une demi-heure—par exemple, par l'hypnose, il est possible de changer vos convictions. Cela se passe parce qu'elles ne sont pas les vôtres. Mais, ce que nous avons dans notre essence est à nous.

Nous examinons toujours en essence, mécaniquement. Chaque influence produit mécaniquement un examen correspondant. Vous m'aimez mécaniquement, et donc, mécaniquement, vous recevez une impression correspondante. Mais ce n'est pas vous, elle ne vient pas de la conscience; tout se passe mécaniquement. Les sympathies et les antipathies sont une question de correspondance des types. Intérieurement vous m'aimez, et bien que dans votre esprit vous savez que je suis mauvais, que je ne suis pas digne de votre amour, vous ne pouvez pas me détester. Un autre exemple; vous voyez que je suis bon, mais vous ne m'aimez pas—et on en reste là. Mais nous avons la possibilité de ne pas examiner intérieurement. À l'heure actuelle, vous ne pouvez pas le faire, parce que votre essence est une fonction. Notre essence se compose de nombreux centres—notre personnalité d'un seul centre, l'appareil formateur. C'est précisément le cheval qui ne devrait pas penser. Mais même si vous vous en rendez compte, le cheval ne le sait pas, parce qu'il ne comprend pas votre langue. Vous ne pouvez pas lui commander, enseigner, dire de ne pas penser, de ne pas réagir, de ne pas répondre. Avec votre esprit vous souhaitez ne pas penser, mais tout d'abord il est nécessaire d'apprendre la langue du cheval. Si vous connaissez sa langue, vous pouvez lui apprendre à ne pas penser; si vous ne la connaissez pas, vous devriez étudier la nature du cheval, sa psychologie, afin d'être en mesure de lui parler. Ensuite, vous serez en mesure de faire ce que la logique, l'esprit souhaite. Mais si vous essayez de le lui enseigner maintenant, vous ne serez pas en mesure d'enseigner ou de changer quoi que ce soit dans cent ans; cela restera comme un désir vide. À l'heure actuelle, vous avez seulement deux mots à votre disposition: «droite» et «gauche.» Si vous tirez les rênes, le cheval se déplacera, et encore pas toujours, mais seulement quand il est plein. Mais si vous commencez à lui dire quelque chose, il continuera à chasser les mouches avec sa queue—et vous pouvez imaginer qu'il vous comprend. Avant que notre nature soit gâtée, dans cette organisation, tous les quatre—cheval, chariot, conducteur, maître ne faisaient qu'un; toutes les parties avaient une compréhension commune, toutes travaillaient ensemble, peinaient, se reposaient, se nourrissaient en même temps. Mais la langue a été oublié; chaque partie est devenue séparée et a vécu à l'écart du reste. Maintenant, parfois, il est nécessaire pour elles de travailler ensemble, mais il est impossible—une partie veut une chose, une autre partie une autre chose. *La question est de reconstruire ce qui a été perdu, non pas d'acquérir quelque chose de nouveau.* Tel est l'objet du développement. Pour cela, il est nécessaire de faire la distinction entre la personnalité et l'essence, et de les séparer. Lorsque vous aurez appris à le faire, vous apprendrez ce qu'il faut changer. À l'heure actuelle, vous avez seulement une possibilité—étudier. Vous êtes faibles, vous êtes dépendants, vous êtes esclaves. Il est difficile de briser d'un coup les habitudes accumulées au cours des années. Plus tard, il sera possible de remplacer certaines habitudes par d'autres. Celles-ci seront également mécaniques. L'homme est toujours dépendant des influences extérieures; il y en a qui entravent, d'autres qui ne gênent pas.

OBSERVATION

Au début, il est nécessaire de préparer les conditions de travail. Il peut y avoir de nombreuses conditions. À l'heure actuelle, vous ne pouvez qu'observer et recueillir des éléments qui seront utiles pour le travail; vous ne pouvez pas distinguer d'où viennent vos manifestations—de votre essence ou de votre personnalité. Mais si vous regardez attentivement, vous pouvez comprendre post factum. Pendant que vous recueillez du matériel vous ne pouvez pas le voir. Ceci est parce que l'homme n'a qu'une seule attention—dirigée vers ce qu'il fait. Son esprit ne voit pas ses sentiments, et vice versa.

SINCÉRITÉ

Beaucoup de choses sont nécessaires pour l'observation, la première étant la sincérité envers soi-même. Et cela est très difficile. Il est beaucoup plus facile d'être sincère avec un ami. L'homme a peur de voir quelque chose de mauvais; et si par accident, en regardant au plus profond, il voit ce qui est mauvais en lui, il contemple son néant. Nous avons l'habitude de chasser les pensées sur nous-mêmes parce que nous craignons les remords. La sincérité peut être la clé qui ouvrira la porte à travers laquelle une partie peut voir une autre partie. Avec la sincérité, l'homme peut regarder et voir quelque chose. La sincérité envers soi-même est très difficile, car une croûte épaisse a enveloppé l'essence. Chaque année, l'homme met une nouvelle robe, un nouveau masque, l'un après l'autre. Tout cela devrait être progressivement retiré—on doit se libérer, se découvrir. Tant que l'homme ne se découvre pas il ne peut pas voir.

ENTRER DANS LA POSITION D'UN AUTRE

Au début du travail, il y a un exercice très utile, car il aide à se voir soi-même, à rassembler du matériel. Cet exercice est: se mettre à la place d'un autre. Il devrait être assumé comme une tâche. Pour expliquer ce que je veux dire, prenons un simple fait. Je sais que vous avez besoin d'une centaine de dollars d'ici demain, mais vous ne les avez pas. Vous essayez de les obtenir et vous échouez. Vous êtes triste. Vos pensées et vos sentiments sont occupés par ce problème. Le soir, vous êtes ici à la conférence. La moitié de vous ne cesse de penser à l'argent. Vous êtes distrait, nerveux. Si je suis rude avec vous à une autre occasion, vous ne serez pas aussi en colère que vous l'êtes aujourd'hui. Peut-être que demain, quand l'argent sera trouvé, vous allez rire de cette même chose. Quand je vois que vous êtes en colère, puis en sachant que vous n'êtes pas toujours comme ça, je vais essayer de me mettre à votre place. Je me demande comment je devrais agir à votre place si quelqu'un était désagréable avec moi. Si je pose cette question souvent, je vais bientôt comprendre que si la grossièreté blesse ou met en colère un autre, il y a toujours une raison à cela à un moment donné. Je vais bientôt comprendre que toutes les personnes se ressemblent—je change, un autre change également. Si vous comprenez cela et vous vous le rappelez; si vous pensez et remplissez votre tâche au bon moment, vous verrez beaucoup de nouvelles choses en vous-même et votre entourage, des choses auxquelles vous n'aviez jamais pensé. Voici la première.

La deuxième chose est—la pratique de la concentration. Grâce à cet exercice vous pouvez atteindre une autre chose. L'auto-observation est très difficile, mais elle peut donner beaucoup de matériel. Si vous vous souvenez comment vous vous manifestez, comment vous réagissez, comment vous vous sentez, ce que vous voulez— vous pouvez apprendre beaucoup de choses. Parfois, vous pouvez apprendre à la fois ce que c'est que l'esprit, ce que c'est que le sentiment, ce que c'est que le corps. Chaque partie de nous a des influences différentes; et si nous nous affranchissons d'une d'entre elles, nous devenons les esclaves d'une autre. Par exemple, je peux être libre dans mon esprit, mais je ne peux pas changer les émanations de mon corps—mon corps réagit différemment. Un homme assis à côté de moi me touche par ses émanations. Je sais que je devrais être poli, mais je sens de l'antipathie. Chaque centre a sa propre longueur d'émanation, et parfois il n'y a pas moyen de leur échapper. Il est très bien de combiner cet exercice avec l'auto-observation—se mettre à la place d'un autre.

SE SOUVENIR

Nous oublions toujours. Nous ne nous souvenons que plus tard. Mais au moment nécessaire notre attention est occupée, par exemple, avec le fait que vous n'aimez pas l'homme, et vous ne pouvez pas vous en empêcher. Mais les faits ne devraient pas être oubliés, ils devraient être enregistrés dans la mémoire. Le goût ne reste que pour un certain temps. Sans attention, les manifestations disparaissent. Les choses devraient être notées dans la mémoire, sinon vous allez les oublier. Il y a beaucoup de choses qui sont rarement répétées. Accidentellement vous voyez quelque chose; mais si vous ne la confiez pas à la mémoire, vous l'oublierez et la perdrez. Si vous voulez connaître l'Amérique, vous devez l'écrire dans la mémoire. Assis dans votre chambre, vous ne verrez rien, et vous devriez observer dans la vie. Dans votre chambre, vous ne pouvez pas développer le « maître. » Un homme peut être fort dans un monastère, mais faible dans la vie, et nous voulons de la force pour la vie. Dans un monastère un homme pourrait vivre sans nourriture pendant une semaine, mais dans la vie, il ne peut rester sans nourriture même pas trois heures. A quoi sert donc cet exercice?

Bien que portant un lourd rocher, G. cria de loin, « Metz, Metz, repos, repos. » Je fus étonné. Pendant deux ans, il m'avait entraîné, ainsi que les autres, sans relâche, sans pitié vers des efforts de plus en plus grands. Nous avons dû y aller tous, sans nous épargner, même pendant les jeûnes. Donc, je l'ai approché plus tard et j'ai demandé : « Pourquoi se reposer ? » Il a répondu : « Si l'on travaille avec une bonne conscience, si l'on connaît son corps, si le corps est obéissant et peut être amené à travailler à volonté, alors on peut et on doit lui donner du repos, tout comme on donne du repos à un cheval, parce qu'il en a besoin. Lorsque le corps se révolte contre le travail, la fatigue s'installe bientôt, alors il ne faut pas se reposer, parce que ce serait une victoire pour le corps. Lorsque le corps désire le repos, ne le lui donnez pas; quand l'esprit sait qu'il doit se reposer, faites-le, mais il faut connaître le langage du corps et de l'esprit et être honnête. Lorsque le corps est soumis, la fatigue est rare et vice versa. Nous devrions être en mesure de produire de meilleurs résultats jour après jour. Plus le résultat est meilleur, plus grande sera l'énergie. Regardez les résultats—s'ils sont bon, alors l'énergie a été bien dépensée. Le travail d'une demi-heure peut-être plus productif que celui d'une journée entière; il en va de même avec la pensée. Si le corps est fort, l'esprit doit devenir proportionnellement fort, donc laisser le corps se reposer et travaillez avec l'esprit et les sentiments. »

AOÛT 1924

Après son accident quelqu'un a demandé à G., « Pourquoi devons-nous souffrir ? » Il a répondu : « Eh bien, essayez de ne pas souffrir, ni de lutter. Pouvez-vous vous allonger sur votre lit et mépriser Dieu et ne rien faire pour Le vexer ? »

Les végétariens sont insensés parfois. Si on respire de l'air, on doit manger quelque chose. Pourtant, c'est parfois nécessaire.

Les Russes ne sont ni de vrais Asiatiques, ni de vrais Européens, ni corbeaux ni paons. S'ils étaient l'un ou l'autre, je pourrais les aider, mais ils ont toujours été des dindes avec rien de fixe à l'intérieur. Des organismes de corbeaux, des esprits de paons, je ne peux rien en faire. Je préfère les corbeaux ou les paons ; les dindes sont inutiles.

Il y a des années, j'ai aidé un jeune homme à bien des égards, matériel et spirituel, et j'ai voulu changer sa vision, pour qu'il puisse voir plus loin et plus petit que les autres, et « télescoper » sa vue, mais le jeune ne pouvait pas remplir certaines conditions et maintenant il ne sait pas qu'il a été tout près de l'élargissement de sa vision.

Gurdjieff dit une fois au dîner que, alors que nous étions payés pour le travail, lui devait payer pour les repas, etc. En travaillant ici pour un salaire, vous saurez et sentirez comment vivent les neuf dixièmes du monde. En travaillant dur pour notre nourriture, nous allons gagner beaucoup plus. Quelqu'un a demandé pourquoi nous sommes nés et pourquoi nous mourons, etc., et quelle est la fin et le but de tout cela. Gurdjieff a répondu : « Vous voulez savoir ? Pour le savoir vraiment, vous devez souffrir. Pouvez-vous souffrir ? Vous ne pouvez pas souffrir pour un franc alors que pour savoir un peu, vous devez souffrir pour un million de francs. »

Chaque mauvaise pensée et sentiment réagit sur nous à nouveau, ou sur un autre, et sur moi. Si vous aidez les autres, vous serez aidé, peut-être demain, peut-être dans une centaine d'années, mais vous serez aidé. La nature doit rembourser la dette. C'est la loi. Si nous faisons ce que nous aimons faire, nous sommes immédiatement récompensés par le plaisir du faire, etc., par notre sentiment de satisfaction. Si c'est le contraire, les récompenses doivent venir plus tard. C'est une loi mathématique et toute la vie est mathématique, la souffrance ne peut jamais être futile—elle peut être stupide et inutile, mais jamais futile. Rétrospectivement, on ne se souvient que des périodes difficiles de notre vie, jamais les temps sereins ; ces derniers sont le sommeil, les premières sont la lutte et donc la vie.

MARDI, LE 26 AOÛT 1924

[*M. Gurdjieff m'a dicté tout un discours, qu'il voulait donner dans la soirée. Après le dîner, il a appelé tout le monde à venir au salon. Il ne voulait plus parler après deux phrases et m'a dit de lire ce qu'il avait dicté plus tôt:*]
J'étais très malade. Maintenant, Dieu merci, je me sens mieux et je continue à me rétablir. Ce qui m'est arrivé, comment c'est arrivé, je l'ignore. Je ne me souviens de rien. Je suis allé à l'endroit où s'est arrivé et j'ai imaginé comment c'est arrivé. Il n'y a pas beaucoup de gens qui pourraient vous parler ainsi après un tel accident. En principe, je devais mourir, mais accidentellement je suis resté en vie.

Maintenant, je suis en bonne santé, mais ma mémoire est faible. Au début, je n'avais plus de mémoire du tout, ensuite elle était faible. Quand je suis entré et j'ai parlé avec vous au début, j'ai tout oublié. Voilà pourquoi, si, pendant ce temps, j'ai fait quelque chose de désagréable, si je l'ai offensé certains d'entre vous, je vous demande pardon. Il y a seulement quelques jours que j'ai commencé à vivre comme avant. Ma mémoire est revenue et je peux vivre comme avant, non pas comme un animal. Donc, je le répète, si j'ai dit quelque chose de désagréable à quelqu'un, vous devez l'oublier. J'ai également oublié tout ce que j'ai fait et il y a seulement trois ou quatre jours que j'ai commencé à me souvenir.

Quand je suis revenu à moi-même, ma première pensée a été : « Suis-je mort ou pas ? Comment seront les choses maintenant ? Et l'Institut ? » J'ai vu que je vivais, et j'ai décidé de fermer l'Institut pour de nombreuses raisons.

Tout d'abord, il y a très peu de gens qui comprennent. J'ai donné toute ma vie pour mon travail, mais le résultat pour d'autres personnes en général n'a pas été bon et voilà pourquoi je pense qu'il n'est pas nécessaire que ces quelques personnes sacrifient leur vie ici. Et je ne veux pas continuer comme je l'ai fait jusqu'à présent. Toute ma vie, j'ai donné tout mon argent à d'autres personnes, mais maintenant j'ai décidé de fermer l'Institut. Pardonnez-moi. Je voudrais maintenant vivre pour moi et dire à tous que l'Institut est fermé.

Je vais liquider cette maison. Il y a beaucoup de gens ici ; ils peuvent vivre ici en tant qu'invités. J'ai toujours reçu des invités pour deux semaines, et maintenant ma maison est également ouverte pour deux semaines, mais après, je vais demander à tout le monde de partir. Cependant, je ne peux pas jeter tout mon travail.

Maintenant chacun doit penser. Veut-il s'en aller demain ou dans deux semaines ? J'ai toujours aidé les gens et maintenant je vais aussi les aider à organiser leurs affaires.

En attendant, ceux qui restent ici seront seulement des invités, mais ils devront suivre toutes les règles qui existaient ; même les nouveaux venus devront le faire. Ceux qui ne le font pas devront partir sur le champ.

Dans deux semaines, je vais commencer un nouveau travail. Les noms de ceux qui pourront rester seront affichés. D'autres devront partir.

Mais même maintenant, la vie continuera et les tâches seront accomplies par ceux à qui je le demande. D'autres, s'ils souhaitent travailler, peuvent travailler dans le jardin, dans le jardin de la cuisine et dans les bois ; mais ils doivent me le demander et vivre comme des invités.

Avant, je pouvais m'occuper de tout moi-même. Maintenant, je ne peux plus le faire et ne peux pas tout surveiller. De cette façon, tout sera écrit à l'avance. Quand je suis ici, je vais m'occuper de tout moi-même. Mais mes assistantes seront Mme de Hartmann et, dans le ménage, madame Ostrovsky. Demain, je vais dire qui sera de service. En attendant, ce sera Dr. Stjernvall et M. de Hartmann et quelques autres.

Chacun doit se demander : veut-il rester ou non ? Mais j'espère que maintenant ce sera mieux qu'avant.

Encore une fois, je répète que l'Institut est fermé. Je suis mort. La raison en est que je suis déçu par les gens après tout ce que j'ai fait pour eux et j'ai vu comment ils m'ont « bien » payé pour cela. Maintenant, à l'intérieur de moi tout est vide. Voilà ma première raison. La deuxième raison est que je veux vivre pour moi-même. Je dois me reposer et utiliser tout le temps pour moi-même. Je ne veux pas continuer comme avant, et mon nouveau principe est—tout pour moi-même. À partir d'aujourd'hui l'Institut ne sera plus rien. Mon travail sera différent et ceux qui ne sont pas invités ne pourront pas participer à ce travail. Demain vous me direz qui souhaite rester, mais pour l'instant, ça suffit . . .

LUNDI, LE 22 DÉCEMBRE 1924

Toutes les nations sont comme les gens, comme les individus, c'est la même loi. Certains sont nés pour vivre une centaine d'années, d'autres, une dizaine, d'autres encore, un an. Amérique est maintenant un bébé; pour autant que je puisse voir, elle ne peut pas grandir. La nourriture en conserves est très mauvaise pour l'estomac et le psychisme. La fondation sexuelle est mauvaise. Il n'y a pas de honte.

L'EXTASE DE LA RÉVÉLATION

Aujourd'hui, j'ai fini d'écrire ce premier livre dédié au vénéré Belzébuth, et maintenant je veux écrire un épilogue, ou comme d'autres auteurs l'appellent le « Mot de l'auteur. » Je tiens à le faire parce que, comme je l'ai déjà dit dans la préface du livre, j'ai observé que tous les écrivains le font, c'est-à-dire qu'ils écrivent quelque chose pour eux-mêmes, et l'appellent une postface, ou « Mot de l'auteur. » Voilà pourquoi je tiens également à écrire quelque chose de ce genre à la fin de mon livre sur Belzébuth.

Comme je l'ai déjà dit, je ne fais pas tout comme tout le monde.

Je vais donc, tout d'abord, ne pas l'appeler comme tous les autres écrivains ; Je ne vais l'appeler ni « Postface » ni « Mot de l'auteur, » mais ni plus ni moins qu'« Extase de la Révélation. »

Maintenant, je vais commencer à écrire le texte. . . . Et ainsi, avec l'aide des forces les plus élevées et les plus basses, je commence. . . .

Bon ! Que dois-je écrire, ah oui, tout d'abord je dois dire pourquoi je l'appelle « Extase de la Révélation. » Je l'appelle ainsi parce que maintenant, comme d'habitude, je ne sais pas pourquoi, j'ai la folie de parler sincèrement. J'ai eu cette maladie plusieurs fois au cours de ma vie, et bien que je sache très bien aujourd'hui comment cette sincérité prendra fin, et je le sais très bien parce que j'ai déjà eu beaucoup d'expérience en obtenant pour cette sincérité ce que même Maker a refusé d'accepter, je dois néanmoins parler, ou dans ce cas écrire, parce que je ne peux pas faire autrement. . . .

Il est certainement connu de vous que cette « Extase » ne dépend pas de ma volonté, mais, en un mot, de ma folie. J'espère que, après avoir lu ce premier livre, vous comprendrez que je suis l'un de ceux qui aiment la sincérité, et je vais donc écrire quelque chose de très sincère.

S'il vous plaît, dites la vérité, vous, précieux acheteur de mes livres ; aimez-vous la sincérité ? . . . Quoi ? . . . Vous dites que vous l'aimez beaucoup ? Certes, tout homme le dit, je le sais ! . . . Mais comment vous sentez-vous à l'intérieur quand on vous dit une vérité ? . . . Je le sais bien aussi ! . . . Quoi ? . . . Pas tout à fait comme ça ? . . . Bon ben . . . Je vais vous l'expliquer tout de suite ! . . . Vous dites qu'en règle générale vous êtes heureux quand on vous parle sincèrement. Puis-je vous dire que, même si vous dites toujours ainsi, en réalité vous mentez toujours. Vous ne l'aimez pas et vous ne l'avez jamais aimé, quand on vous dit la vérité au visage. Vous êtes habitué à n'aimer que la flatterie et le chatouillement de votre amour-propre. Chaque révélation qu'on vous fait vous gâte l'appétit et la bonne humeur heureuse pour plusieurs jours.

Alors écoutez ! Par exemple, vous, avec toutes les fibres de mon âme, comme on dit, je vous hais. Peu importe que vous soyez homme ou femme, jeune ou vieux, en un mot, si vous êtes un être humain, je vous hais !!! Maintenant, vous serez rongé par la curiosité ; d'où me vient cette haine pour l'homme ? Eh bien, je vais tout de suite vous expliquer cela également. Je vous déteste parce que toute ma vie—c'est-à-dire un demi-siècle, j'ai travaillé et souffert pour vous, jour et nuit, pour découvrir pourquoi vous étiez malheureux, et s'il était possible de rendre heureux un homme qui m'était tout à fait indifférent. J'ai travaillé si dur que je peux dire ouvertement, plus que tout homme sur la terre. Le résultat de tout cela est que tous ceux qui ne m'ont jamais connu me haïront ou m'appelleront un spéculateur, ou un visionnaire psychopathe enthousiaste et ainsi de suite. Cela concerne l'homme.

En outre, qu'est-ce que ce demi-siècle de ma vie m'a donné ? Comment ai-je conclu cette vie de souffrance ? Simplement en m'écrasant, dans ma voiture bien-aimée, contre un bel arbre vieux d'un siècle, poussant sur le côté de la route bien connue Fontaine-bleau-Paris. Et tout serait fini s'il n'y avait pas eu une chance, une chance sur cent . . . et grâce à cette chance je suis resté en vie, et maintenant, un demi-homme, je végète dans un lit.

Et quand, après ce malheur, ma conscience me revint, mais mon corps, en raison des diverses blessures consécutives à ce malheur, était incapable de bouger, il m'était impossible de penser aux affaires courantes ; et en même temps, connaissant très bien la médecine, mes chances de rester en vie ont augmenté jour après jour, et moi, étant libre, j'ai commencé à penser.

Mes pensées, tout d'abord, m'ont clairement prouvé que si je restais en vie, ce serait un cas tout à fait exceptionnel ! Après ce qui est arrivé, je peux encore vivre ! Car, selon toutes les théories de la probabilité, ma vie aurait dû se terminer soit au cours de mon accident, soit pendant la période de la lutte de l'organisme pour la vie, suite à cet accident. C'est la raison pour laquelle on peut dire que ma vie a déjà pris fin.

Mais si je reste maintenant en vie, ce sera pour moi une nouvelle vie, comme si j'étais né à nouveau, à cette différence près que, naissant, pour ainsi dire, à nouveau, j'ai l'expérience et la mémoire de mon ancienne vie.

Après un tel raisonnement, une question a surgi involontairement en moi. Comment ai-je vécu ma vie antérieure, et est-ce la peine de vivre de la même manière ma nouvelle vie ? Et quand j'examiné tout cela en fonction des résultats de mon ancienne vie, j'ai compris que dans mon ancienne vie, j'ai été un idiot du dernier degré. Que, ayant eu de très nombreuses possibilités, comme presque personne n'en avait jamais eues, de bien vivre sur un lit de roses, une vie toujours pleine de plaisirs, j'ai souffert volontairement, et j'ai enduré ce qui était insupportable pour un homme.

Et après un tel raisonnement je suis arrivé à la décision, que dans cette nouvelle vie, je vivrai seulement pour ce qui me fait plaisir, c'est-à-dire de cette connaissance et expérience que, par chance, j'ai obtenues dans mon ancienne vie.

Et donc je l'ai décidé, dans cette nouvelle vie, de vivre d'une manière nouvelle, c'est-à-dire, j'ai fait le programme suivant :

Comme lorsque je m'inquiétais et je souffrais, vous par exemple, mon très cher, vous dansiez le fox-trot, maintenant je veux aussi danser le fox-trot. Mais si nous allons tous danser le fox-trot maintenant, comme vous le savez, d'abord le fox-trot ne sera plus intéressant, ensuite, il n'y aura plus assez de place pour danser. Voilà pourquoi j'ai décidé d'échapper à cette difficulté de la manière suivante : comme vous avez déjà beaucoup dansé et moi, pas une seule fois, la justice exige que maintenant je danse, et que vous fassiez un peu de ce que j'ai fait toute ma vie—et quant à ce qui devrait être fait pour que nos rôles changent, je vais y réfléchir.

Vous vous souvenez de ce qu'au début de ce livre, j'ai dit que j'ai goûté à tout dans ma vie, et que c'est la raison pour laquelle je peux maintenant faire cela tout aussi bien.

Mais entretemps, comme mon état me permet seulement d'écrire des livres, et puis . . . eh bien, nous allons le voir, surtout maintenant que Belzébuth est devenu mon ami. Oui, mon précieux acheteur ! Je pense que vous savez déjà aussi que pour danser le fox-trot, il faut beaucoup d'argent ; et comme vous devez également savoir, je n'ai pas cet argent. Tout l'argent que j'ai eu jusqu'à présent, que j'ai gagné en travaillant jusqu'à la septième sueur ; tout cet argent, je l'ai dépensé dans mon ancienne vie stupide, en voyages et recherches

444

pour aider ceux qui avaient besoin d'argent et d'autres choses, de sorte qu'à à l'heure actuelle je n'ai pas un sou à moi. Et en même temps, je ne veux pas avoir à gagner de l'argent comme je l'ai fait dans mon ancienne vie stupide, et cependant, danser le fox-trot sans argent—tous ceux qui savant faire travailler leurs méninges comprennent qu'il faut de l'argent pour y arriver. Et donc, cet argent, je souhaite maintenant le faire par la vente de ces livres que je suis en train d'écrire.

Quoi ! Vous dites que c'est une mauvaise façon de le gagner ? Non, mon très cher, il me semble qu'ils apporteront un bon revenu. Par exemple, vous personnellement . . . pouvez-vous vous empêcher d'acheter mes livres ?

NEW YORK
MARDI, LE 9 DÉCEMBRE 1930

M. J : Comment pouvons-nous attirer l'attention ?
GURDJIEFF : Aucune attention chez les gens. Devez viser à l'acquérir. L'auto-observation n'est possible qu'après avoir retenu l'attention. Démarrez sur les petites choses. M. A : Quelles sont les petites choses sur lesquelles nous pouvons commencer ? Comment faire ?
GURDJIEFF : Les mouvements nerveux ou agités de M. A. font que tout le monde sait, consciemment ou inconsciemment, qu'il n'a aucune autorité et qu'il est un benêt.
Avec ces mouvements agités, il ne peut rien être.
La première chose à faire pour lui est d'arrêter ces mouvements. Qu'il en fasse son but, son Dieu. Qu'il demande même à la famille de l'aider. C'est seulement après qu'il pourra, peut-être, attirer l'attention. Ceci est un exemple de faire.

Un autre exemple—un aspirant à apprendre à être un pianiste ne peut jamais apprendre autrement que peu à peu.

Si vous souhaitez jouer des mélodies d'abord sans avoir pratiqué, vous ne pourrez jamais jouer de vraies mélodies, et les mélodies que vous jouerez seront cacophoniques et feront souffrir les gens qui vous détesteront. Il en va de même dans la vie avec des choses psychologiques. Pour obtenir quelque chose de réel, une longue pratique est nécessaire.

Essayez d'accomplir de très petites choses d'abord. Si vous visez de grandes choses au début, vous ne serez jamais rien, et vos actions agiront comme les mauvaises mélodies cacophoniques sur tous et les amèneront à vous haïr.

M. W : Qu'est-ce que le magnétisme ?
GURDJIEFF : L'homme a deux substances en lui; la substance des éléments actifs du corps physique, et la substance composée des éléments actifs de la matière astrale.

Ces deux-là forment une troisième substance en se mélangeant. Cette troisième substance est une « substance mixte.» Elle se rassemble dans certaines parties d'un homme et forme une atmosphère autour de lui comme celle d'une planète.

Les atmosphères planétaires gagnent ou perdent continuellement des substances en raison d'autres planètes. L'homme est entouré par d'autres hommes tout comme les planètes sont entourées par d'autres planètes. Lorsque, à l'intérieur de certaines limites, deux atmosphères se rencontrent, et si les atmosphères sont «sympathiques,» une connexion est faite entre elles et des résultats légitimes se produisent. Quelque chose coule. La quantité d'atmosphères restent la même, seule la qualité change. L'homme peut contrôler son atmosphère.

C'est comme l'électricité—parties positives et négatives. Une partie peut être augmentée et mise en circulation comme un courant. Tout a de l'électricité positive et négative. Chez l'homme, les souhaits et les non-souhaits sont positifs et négatifs. Le matériau astral oppose toujours la matière physique.

Dans les temps anciens, les prêtres étaient capables de guérir une maladie par la bénédiction avec la main. Certains prêtres devaient poser leurs mains sur la personne malade. Certains autres pouvaient guérir à courte distance. D'autres encore pouvaient guérir à grande distance. Un prêtre était un homme qui avait les «substances mixtes» et pouvait donc les utiliser pour guérir les autres. Un prêtre était un magnétiseur. Jésus-Christ était aussi un magnétiseur.

Les personnes malades n'ont pas assez de « substance mixte, » de « magnétisme » ou de « vie. »

Cette «substance mixte» peut être vue si elle est concentrée. Une aura ou un halo sont une chose réelle et peuvent parfois être vus dans des lieux saints ou dans certaines églises.

Mesmer a redécouvert l'utilisation de cette substance. Pour pouvoir l'utiliser, vous devez d'abord avoir cette substance.

C'est la même chose que l'attention. Elle est acquise seulement par le travail conscient et la souffrance intentionnelle—en faisant de petites choses volontairement.

Faites d'un petit but votre Dieu. Vous acquérez ainsi du magnétisme. Dans un groupe mésotérique une vraie réponse pourrait être donnée à cette question. Le magnetisme, tout comme l'électricité, peut être concentré et mis en circulation par l'esprit.

Gurdjieff, vers 1930

QUESTION : Que dois-je faire ??

GURDJIEFF : Il existe deux types de faire. Le faire automatique et celui selon le souhait.

Prenez une petite chose que vous voulez faire, que vous n'êtes pas en mesure de faire, et faites-en votre Dieu. Ne laissez rien vous gêner. Visez-le seulement. Ensuite, si vous réussissez à le faire, je pourrai vous donner une tâche plus importante. Maintenant, vous avez un appétit pour faire des choses qui vous dépassent. C'est un appétit anormal. Vous ne pourrez jamais faire ces choses-là, et cet appétit vous empêche de faire les petites choses que vous pourriez faire. Détruisez cet appétit, oubliez les grandes choses. Visez la rupture d'une petite habitude.

Si vous « voulez, » vous « pouvez. » Sans le « souhaiter » vous ne « pourrez » jamais. Le souhait est la chose la plus puissante au monde. Plus haut que Dieu. Tout vient avec un souhait conscient. Un exemple: je souhaite de l'argent. J'en demande à quelqu'un. Mon souhait met en place un « souhait automatique » dans ce « quelqu'un » qui ira alors voir beaucoup de gens pour emprunter de l'argent pour moi. Le souhait automatique dans ce quelqu'un provoque un désir de donner chez ceux qu'il voit, mais le premier souhait a été le mien.

Si je voulais, je pourrais vous faire vendre vos vêtements pour me donner de l'argent, mais je ne veux pas d'argent. Je veux seulement que vous souhaitiez m'en donner.

QUESTION : Est-ce qu'une bonne tâche serait de supporter les manifestations des autres ?

GURDJIEFF : Supporter les manifestations des autres est une grande chose. La dernière chose pour un homme. Seul un homme parfait peut le faire. Commencez par faire votre «but» ou votre «Dieu» de la capacité à supporter une manifestation d'une personne que vous pouvez maintenant subir sans nervosité. Prendre un but volontaire et l'atteindre donne du magnétisme et la capacité de « faire. »

M.W : Je pense que mon pire défaut est de parler trop. Est-ce qu'essayer de ne plus parler tellement serait une bonne tâche? GURDJIEFF : Pour vous, c'est un très bon objectif. Vous gâchez tout avec votre bavardage. Ce discours entrave même votre entreprise. Quand vous parlez beaucoup, vos paroles n'ont pas de poids. Essayez de surmonter cela. Beaucoup de bénéfices se dirigeront vers vous si vous réussissez. En vérité, c'est une très bonne tâche. C'est une grande chose, pas une petite.

Je vous promets, si vous atteignez cet objectif, même si je ne suis pas ici, je vais apprendre votre réussite, et je vais envoyer quelqu'un pour vous instruire sur ce qu'il faut faire par la suite.

NEW YORK
LUNDI, LE 29 DÉCEMBRE 1930

M. S : Je me souviens souvent de mon but, mais je n'ai pas l'énergie pour faire ce que je sens que je devrais faire.

GURDJIEFF : L'homme n'a pas d'énergie pour répondre aux objectifs volontaires, parce que toute la force qu'il acquiert la nuit au cours de son état passif est utilisée dans ses manifestations négatives. Ce sont ses manifestations automatiques, à l'opposé de ses manifestations positives ou délibérées.

[*Pour gagner de l'énergie, M. Gurdjieff a donné un exercice pour ceux qui sont déjà en mesure de se rappeler souvent, automatiquement, leur but, mais qui n'ont pas la force de le faire.*]

Rester assis tout seul pour au moins une heure. Détendez tous vos muscles. Permettez aux associations de continuer, mais ne vous laissez pas absorber par elles. Dites-leur : « Si vous me laisser faire mon travail maintenant, j'exaucerai vos vœux plus tard. » Regardez les associations comme un autre être pour éviter de vous identifier avec elles.

Au bout d'une heure prenez un morceau de papier et écrivez votre objectif sur celui-ci. Faites de ce papier votre Dieu. Tout le reste n'est rien. Sortez-le de votre poche et lisez-le en permanence tous les jours. De cette façon, il deviendra une partie de vous. Dans un premier temps, théoriquement, par la suite, en réalité.

Pour gagner de l'énergie, pratiquez cet exercice de rester assis et de détendre complètement vos muscles. Seulement quand tout en vous est calme, au bout d'une heure, prenez votre décision au sujet de votre but. Ne laissez pas les associations vous absorber.

451

Vers 1930

L'EXERCICE « DU COMPROMIS »
NEW YORK
1930

La totalité de l'attention de l'homme reçu de son ensemble, de toutes ses parties spiritualisées, il peut la diviser en deux directions. Pour l'homme réel il y a une certaine attention. Seule cette attention peut être divisée en deux directions. En général, si les sources de l'attention de l'homme sont prises en compte, il y a trois sortes d'attention. Vous devez d'abord comprendre et reconnaître la différence. Lorsque cette attention est concentrée, alors nos associations sont « dans des galoches. »

Les associations ne peuvent jamais s'arrêter. Si elles s'arrêtaient, les hommes mourraient. Les associations coulent toujours. Même après la mort, elles continuent d'affluer par l'élan. Seulement lorsque l'attention est sérieusement occupée, les associations ne sont pas observées, cependant elles coulent automatiquement. Même dans le sommeil elles continuent et on s'en souvient parfois— ce sont les rêves. Ceux qui se souviennent de leurs rêves étaient seulement à moitié endormis. Si un homme dort vraiment, son attention dort aussi.

L'homme réel a une attention. Lorsqu'elle se concentre sérieusement quelque part, que ce soit sur son corps ou sur quelque chose au dehors, et toutes les forces de son attention sont concentrées, ses associations ne le gênent pas. Par exemple, je suis maintenant en train de regarder L. . . . et mon attention est dirigée vers mon pied droit, alors même si je regarde, je ne vois qu'automatiquement, mon attention étant ailleurs.

Je vais maintenant vous montrer ce nouvel exercice, celui auquel est attaché le risque dont j'ai parlé, l'exercice du « compromis. »

C'est une expérience sérieuse, beaucoup d'entre vous ont de telles données en vous pour l'autosuggestion que les impressions peuvent être obtenues qui seront le résultat d'une sorte d'auto-hypnotisme.

Si vous êtes maintenant une non entité, vous pouvez devenir mille fois plus. Vous pourriez, veuillez me pardonner le mot, « puer. » Soyez prudent avec l'expérience. Ce n'est pas la qualité qui est nécessaire, mais la quantité. Faites-le souvent. N'essayez pas d'obtenir

453

des résultats absolus. Faites des efforts répétés. Ensuite, petit à petit seulement, vous pouvez valoriser les résultats. Alors seulement vous serez en mesure de « faire. » Et parallèlement au désir de « faire, » s'éveillera en vous la possibilité de « faire. »

Faites-le sans excès de zèle, sans l'auto-enthousiasme, qui est une propriété très dommageable. Si vous répétez cet exercice souvent, votre auto-suggestivité diminuera.

Voici l'exercice.

Extérieurement, au premier coup d'œil, cet exercice est simple. Par exemple, vous voyez, je suis assis ici dans ma posture habituelle. Je partage mon attention. Mais personne ne peut voir ce processus interne. Je divise mon attention consciemment en deux parties. Avec une partie je perçois maintenant, sens et constate simultanément avec une concentration consciente. Maintenant je respire. Je sens que quelque chose arrive à l'air que j'inspire. Une partie de celui-ci entre, une partie sort, et une partie reste. Mon organisme, c'est-à-dire mes poumons, en prennent une partie, ensuite une partie s'en va et une partie reste. Je sens ce qui se passe dans mes poumons. Quand je respire, une partie de l'air est assimilé et je sens son écoulement dans tout le corps. Il va partout. Je garde mon attention fixée, je sens, je perçois comment cet air est assimilé en moi et comment il circule en ma présence. Il n'est pas besoin de savoir où il va, il coule simplement en ma présence.

Une partie de mon attention est occupée par cela—l'inspiration, l'assimilation et l'écoulement de l'air. Déjà, mes associations mentales sont très faibles. Je les remarque parfois, au fait, parce qu'une partie de mon attention est libre, et est capable de constater les associations mentales.

Maintenant, je vais concentrer l'autre moitié de mon attention sur mon esprit, ma tête-cerveau. Je sens que dans ma tête-cerveau quelque chose s'élève de l'ensemble de l'écoulement des associations de là-bas. Je ne sais pas ce qui se passe là-bas, mais il y a quelque chose, et avec ma moitié d'attention je remarque ce quelque chose de très mince qui s'élève, si petit, si léger, si mince, que personne ne le sent les premières fois, pas avant qu'une pratique constante ne donne le sentiment. Je sais cela subjectivement parce que je l'ai pratiqué. Je sens, je perçois, je constate que quelque chose surgit dans ma tête-cerveau. Tout le temps, bien sûr, l'autre moitié de mon attention est occupée par le processus de respiration. Même en parlant, cet exercice se fait automatiquement.

Maintenant, je dirige mon attention pour aider ce quelque chose dans mon cerveau à se diriger vers mon plexus solaire. Ce qui surgit dans le cerveau n'a pas d'importance. Ce qui est important est que la chose qui surgit coule dans le plexus solaire. Maintenant je sens comment elle coule. Mon attention est entièrement occupée et je ne vois pas d'autres associations. Toute mon attention est occupée avec le sentiment, la détection, et l'assimilation du flux d'air, et aussi avec cette chose qui surgit dans ma tête-cerveau.

Ce flux d'air assimilé et ce quelque chose qui surgit dans ma tête-cerveau, je me concentre spécialement, consciemment, avec ma volonté pour les laisser couler dans mon plexus solaire. Maintenant, par la façon dont je sens et constate que je respire, j'assimile, et que ce flux se dirige vers le plexus solaire. Et tout ce temps l'écoulement de l'air que je respire et le flux des associations dans ma tête se dirigent vers le plexus solaire bien qu'ils soient émis à partir de sources différentes.

Car moi, personnellement, en même temps, je sens très fort que *je suis*. Je sens que je suis dix fois plus fort. Mon « je » puise dans cet aliment plus intensément, mais vous, à l'heure actuelle, ne devez pas faire cet exercice pour être plus forts. Pour vous, cet exercice est seulement une préparation pour avoir un « je » et pour que vous constatiez les deux sources à partir desquelles ce « je » peut se produire. Pour moi, il donne de la nourriture à mon « je. » Il le rend plus fort, de sorte que maintenant je ne suis pas une « queue d'âne. » *Je suis.*

Mais vous ne pouvez pas encore utiliser cet exercice pour vous rendre plus forts, vous devez d'abord apprendre et constater les deux sources à partir desquelles cette possibilité peut surgir, pour avoir un vrai « Je »—de l'air et de l'activité mentale, même une activité mentale automatique, et puis, quand vous aurez beaucoup pratiqué cet exercice, vous pourriez être en mesure d'avoir une activité mentale réelle. Et puis avec une véritable activité mentale, le « je » peux devenir plus fort.

Cela suffit. Je m'arrête et laisse ces processus se dérouler en moi automatiquement. Maintenant, sans chatouillement, sans philosophie et manipulation, essayez de comprendre tout cela et de le formuler selon votre compréhension subjective, selon le type d'idiot que vous êtes. Ensuite faites.

N'imaginez pas des choses.

Ne soyez pas l'esclave des données que vous avez en vous-mêmes pour l'autosuggestion, mais essayez très dur.

Il y a deux parties dans l'air, l'évolution et l'implication. La partie implication seule vivifie le « je. » Seulement une bonne partie de celle-ci est prise maintenant pour le Trogo-afto-ego-crat. Avant d'avoir un désir conscient, vous ne pouvez pas assimiler davantage de cette bonne partie de l'air. Cette partie d'implication provient de la Source Première.

Le secret d'être capable d'assimiler la partie d'implication de l'air est d'essayer de comprendre votre propre insignifiance et l'insignifiance de ceux qui vous entourent. Vous êtes mortel et allez mourir un jour. La personne sur qui votre attention s'arrête est votre voisin. Il va également mourir. Vous êtes tous les deux des non entités. À l'heure actuelle la plus grande partie de votre souffrance est une « souffrance en vain » qui vient d'un sentiment de colère et de jalousie envers les autres. Si vous obtenez des données afin de toujours réaliser l'inéluctabilité de leur mort, et de votre propre mort, vous aurez toujours de la pitié envers les autres et vous aurez raison parce que la plupart de leurs manifestations qui vous déplaisent sont dues simplement au fait que quelqu'un a marché sur leurs « cornes » ou encore à la sensibilité de vos propres « cornes, » mais vous ne pouvez pas le voir. Mettez-vous à la place des autres. Ils ont la même signification que vous. Ils vont mourir, comme vous; ils souffrent, comme vous.

Seulement si vous essayez toujours de sentir cette insignifiance jusqu'à ce qu'elle devienne une habitude chaque fois que vous voyez quelqu'un, alors seulement vous serez en mesure d'assimiler la bonne partie de l'air et d'avoir un vraie « je. »

Chaque homme a des souhaits et des choses qui lui tiennent à cœur qu'il va perdre à la mort. En regardant votre voisin et en comprenant son insignifiance, car il va mourir, la pitié et la compassion s'éveilleront en vous pour lui et finalement vous l'aimerez.

[Lorsque M. S. a parlé de sa conviction qu'il pourrait gagner quelque chose de cet exercice, Gurdjieff a arrêté la conférence à ce moment-là. Il voulait utiliser cette conviction automatique de M. S. pour expliquer la vraie foi.]

En faisant cet exercice sans arrêt, la vraie foi surgira dans une certaine partie et se propagera à d'autres parties. Alors, déjà, l'homme sera heureux parce que de cette foi surgira l'espoir objectif, l'espoir en une base pour la continuation.

EXERCICE
1939

Quinze minutes de détente. Casser le tempo de la vie ordinaire avant de faire l'exercice.

Respirez—« Je. » Expirez—« suis. » Faites-le avec les trois parties. Non seulement avec l'esprit. Le sentiment et le corps aussi. Faites-le de toutes vos forces. Ce n'est pas facile.

Lorsque vous expirez, imaginez qu'une partie de l'air reste dedans et circule vers les endroits correspondants. Vers où il circule, comment il circule, c'est son affaire. Seulement sentez cette partie qui reste.

Avant de commencer l'exercice dites : « Je tiens à garder cette substance pour moi-même. »

Sans ce travail conscient et volontaire de votre part rien ne sera recouvert. Tout va s'évaporer avec le temps.

Juste cette petite propriété dans le sang rend possible de très grands résultats si le travail est fait consciemment. Sans cela, vous devez travailler un mois pour atteindre un tel résultat.

Quand vous le faites, vous devez prendre soin de ne pas changer l'extérieur. C'est une chose intérieure. Personne n'a besoin de le savoir. Au dehors, gardez le même extérieur. C'est à l'intérieur que vous le faites.

Ne retenez pas votre souffle. Il suffit d'inspirer et d'expirer. Bien sûr, il faudra du temps pour changer la façon de penser. La respiration se réglera automatiquement.

Pour être en mesure de ne pas faire l'exercice de manière déséquilibrée, vous devez concentrer toute votre attention là-dessus. Pour susciter le sentiment, l'intérêt et l'attention, pour coopérer, vous devez penser les choses suivantes avant de commencer : « Je suis maintenant sur le point de commencer cet exercice. Avec toute mon attention je vais attirer mon souffle à l'intérieur, en disant «je» et en éprouvant la totalité de moi-même. Je souhaite beaucoup le faire afin de pouvoir digérer l'air. »

Pour éveiller le corps à coopérer, prenez la posture correspondante. La tension intérieure des forces mobilise vos centres pour qu'ils travaillent ensemble dans ce but.

En expirant: imaginez que quelque circule, comme lors de l'inhalation de la fumée de cigarette.

« Je suis maintenant sur le point de commencer cet exercice, que j'ai eu la chance d'apprendre de M. Gurdjieff, et qui me permettra, à l'aide du travail conscient, de recouvrir des corps supérieurs en moi-même à partir d'éléments actifs dans l'air que je respire. »

1948

L'EXERCICE DES QUATRE IDÉAUX*
VENDREDI, LE 1ER OCTOBRE 1948

Sur la terre, tous les gens ont un idéal qu'ils situent loin dans l'espace, au-dessus d'eux-mêmes. Vers cet idéal ils envoient leurs émanations. Ils prient, ils tendent vers celui-ci, leurs émanations montent vers lui. Leurs émanations n'ont pas toutes la même force. Certaines d'entre elles peuvent à peine s'élever, d'autres vont plus loin, plus loin encore que l'atmosphère de la terre, et d'autres encore montent presque jusqu'à l'idéal en question.

Les émanations, en quittant la terre, sont dispersées, puis elles montent, plus loin, elles se rassemblent pour former, à un certain niveau au-dessus de l'atmosphère de la terre, une sorte de réservoir ou foyer de substances.

Nous nous représentons que ce foyer de substances est situé à mi-chemin entre la terre et le point de concentration qui représente l'idéal des croyants. L'idéal est lui-même trop loin pour un homme non préparé à être capable d'entrer en contact avec lui, mais l'homme peut, s'il essaie avec détermination, entrer en contact avec ce foyer de substances formé à partir de la concentration des vibrations transmises par les croyants vers leur idéal, et l'homme peut assimiler ces substances et les accumuler en lui-même. Il peut le faire en établissant, par la concentration de sa volonté, une connexion sous la forme d'une ligne ou d'un fil entre ce foyer et une partie ou l'autre de son propre corps.

L'exercice est donné pour atteindre cet objectif. Nous choisissons quatre idéaux: Mahomet, Christ, Bouddha, Lama. Nous nous représentons que leur essence existe quelque part dans l'espace, dans un endroit situé au-dessus du pays où ils ont vécu:

Mahomet au-dessus de la Mecque et de Médine
Christ au-dessus de Jérusalem
Bouddha au-dessus de l'Inde
Lama au-dessus du Tibet

---

* La pièce entière avec le commentaire de Joseph Azize est publié dans le Aries, Volume 13, Numéro 2, pp. 173-203.

En nous représentant chacun de ces idéaux, la pensée se dirige immédiatement dans la direction de l'espace où l'idéal est situé. L'exercice consiste à établir un contact entre l'un des membres du corps et le foyer de substances formées par les vibrations des fidèles dans la direction de l'idéal.

Maintenant suit la deuxième partie de l'exercice :

Inspirez l'air consciemment tout en attirant en vous les substances accumulées dans les membres afin qu'elles puissent circuler pour rencontrer l'air que vous inspirez. Elles se mélange avec l'air par elles-mêmes, au niveau de la poitrine. Puis versez-le dans les organes sexuels.

Je suis, en deux parties.

Avec « *je* » sentez les organes sexuels, avec « suis » remplissez les sept parties du corps l'une après l'autre.

1. « *Je* » sentez les organes sexuels
   « *suis* » avec la substance accumulée dans ceux-là remplissez
   la jambe droite en y versant cette substance

2. « *Je* » sentez les organes sexuels
   « *suis* » remplissez la jambe gauche

3. « *Je* » sentez les organes sexuels
   « *suis* » remplissez la partie inférieure de l'abdomen

4. « *Je* » sentez les organes sexuels
   « *suis* » remplissez la totalité de l'abdomen

5. « *Je* » sentez les organes sexuels
   « *suis* » remplissez la poitrine

6. « *Je* » sentez les organes sexuels
   « *suis* » remplissez les deux bras et les épaules

7. « *Je* » sentez les organes sexuels
   « *suis* » remplissez la tête

Ensuite « *Je suis* » à plusieurs reprises. « *Je* » suis conscient de l'ensemble du corps avec un sentiment centré dans le plexus solaire.

« *Suis* » à nouveau suis conscient de l'ensemble du corps, avec une sensation centrée dans la colonne vertébrale.

Après cela, reposez-vous dix ou quinze minutes dans un état rassemblé, pour ainsi dire, ne laissez pas la pensée ou un sentiment ou un instinct organique passer à l'extérieur de la limite de l'atmosphère du corps. Restez contenu afin que votre nature puisse assimiler dans le calme les résultats déposés en vous, qui seraient autrement perdus en vain.

Au-dessus et au-dessous: Gurdjieff en 1948

FRAGMENTS

LA SOUFFRANCE INTENTIONNELLE

Il semble que l'un des grands adeptes de cette méthode ait été le célèbre sage grec Socrate qui, souhaitant obtenir des chocs constants pour l'incitation et la manifestation intensive de sa lutte intérieure, aurait expressément recherché pour lui-même une femme idoine et, l'ayant trouvée, il a très patiemment subi, à l'extérieur, durant le reste de sa vie, les innombrables réprimandes de sa Xanthippe.

PATRIARCHALITÉ

Je viens seulement de comprendre, grâce aux mots du Prince, pourquoi je vous aime à ce point. Il est tout à fait clair pour moi maintenant que, malgré nos différences d'origine, race, religion, éducation, etc., je vous aime comme si vous étiez mon propre frère.

J'y pensais depuis longtemps, sans pouvoir comprendre pourquoi il en était ainsi, et c'est seulement maintenant qu'il est devenu clair pour moi que ma sympathie pour vous est due au fait que je sens instinctivement qu'en vous est développée cette qualité psychique qui prévaut également chez moi et qui, à mon avis, si elle était présente chez tous les gens, rendrait la vie sur terre moins horrible que nous ne la trouvons quand nous y réfléchissons profondément et impartialement.

À mon avis, l'essence de toutes les qualités spirituelles présentes exclusivement chez l'homme, comme par exemple, les diverses impulsions, aspirations, etc., prennent naissance et se développent ultérieurement dans la force et l'intensité de son amour pour ses parents.

Ce n'est pas en vain que, dans l'un des anciens enseignements philosophiques, il est dit:

«Par-dessus tout sur terre, même par-dessus Dieu lui-même, se trouve l'amour pour ses parents, en particulier pour ceux qui vivent encore.»

Tant que les parents sont vivants, Dieu doit être envisagé seulement comme le futur occupant, dans le cœur de l'homme, de la place restée vide après leur mort, voilà pourquoi Dieu aime seulement l'homme qui aime ses parents, parce que cet homme deviendra sûrement un réceptacle pour Lui.

Parce que vous, en plus d'être un ami dévoué, êtes aussi mon frère dans cet amour pour vos parents, je vous confierai le résultat d'un tel amour plusieurs fois vécu et vérifié et je vous avouerai également l'un des secrets de mon monde intérieur.

Chaque fois que je me trouve en danger, ou dans une situation difficile, ou dans l'amertume de ne pas avoir atteint un certain objectif, j'entends distinctement les voix apaisantes ou encourageantes de ma mère ou de mon père, selon qu'il y a un besoin de forces physiques ou morales, et cela me fortifie immédiatement à tel point que je surmonte ce que, une minute plus tôt, me paraissait tout à fait insurmontable, et cela m'apaise de sorte que je sens que je suis sous leur protection constante et indéfectible.

En ce qui concerne le secret, il consiste en ce que chaque matin et chaque soir, partout où je me trouve, j'évoque instamment leurs chers visages et je formule pour moi-même, comme une prière, toutes sortes de bonnes pensées à leur égard.

RÉMÉMORATION

Un jour j'ai remarqué que je n'avais plus la capacité que j'avais obtenue dans ma jeunesse, la qualité et la force qui étaient un sujet d'envie pour tous mes camarades, vous compris.

Je n'avais pas la capacité "de me souvenir" de moi-même et de me sentir moi-même dans cette «réceptivité,» comme on l'appelle, une qualité qui, auparavant, lorsque je concentrais mon attention en moi-même, je pouvais obtenir pour une action intérieure, tout comme pour une action extérieure.

Je commençais à réfléchir à ce qu'il fallait faire pour rétablir à nouveau cette capacité depuis longtemps subjectivisée, juste cette capacité qui à mon avis doit être considérée par tout homme comme le «noyau» de son être.

J'ai recouru à de nombreux moyens différents, mais en vain.

Toutes ces tentatives infructueuses pur arriver à cette fin m'ont affligé, comme vous pouvez aisément le concevoir, jusqu'au fond de mon âme, parce que sans une telle capacité précédemment existante, et surtout sans le bénéfice qu'elle entraînait, la vie n'aurait plus de valeur.

Chaque vie représente Dieu.

Qui aime le représenté aime aussi le représentant. Chaque vie est réceptive à l'amour, le sent, y est sensible. Même une fleur cueillie, morte, comprend si elle est aimée ou pas. Même la vie inconsciente réagit à l'amour, et cet amour se reflète dans l'homme.

Vous récoltez ce que vous semez.

Un homme, inconsciemment, est plus réceptif qu'une graine.

Un animal sent également beaucoup, bien que moins qu'un homme.

Un homme est plus sensible, mais inconsciemment.

Un homme éprouve des sentiments négatifs à l'égard d'un autre homme parce que, à l'évidence, cet autre homme en a.

L'homme a quitté son modèle d'origine . . .

La civilisation de notre temps, avec ses moyens illimités pour étendre son influence, a arraché l'homme aux conditions normales dans lesquelles il devrait vivre. Il est vrai que la civilisation a ouvert pour l'homme de nouvelles voies dans les domaines de la connaissance, de la science et de la vie économique, élargissant ainsi sa perception du monde. Mais, au lieu de l'élever à un niveau supérieur de développement, la civilisation a développé uniquement certains aspects de sa nature au détriment des autres facultés, dont elle a complètement détruit quelques-unes. La civilisation a enlevé à l'homme les avantages naturels de son genre, sans par ailleurs lui fournir ce qui est nécessaire pour le développement harmonieux d'un nouveau genre.

La perception du monde de l'homme et son propre mode de vie ne sont pas l'expression consciente de son être pris comme un tout. Bien au contraire, ils ne sont que les manifestations inconscientes d'une partie de celui-ci ou d'une autre.

En raison de nombreuses influences perturbatrices qui affectent l'homme moderne, le fonctionnement des centres psychiques est presque déconnecté. Par conséquent, ses fonctions intellectuelles, émotionnelles et instinctives ou mobiles ne parviennent plus à se compléter ou à se corriger mutuellement, bien au contraire, elles se déplacent le long de routes différentes qui se rencontrent très rarement, et permettent ainsi très peu de moments de conscience.

L'échec des trois centres de coordination est dû au fait qu'il y a, pour ainsi dire, trois hommes différents dans un seul individu, dont le premier ne fait rien, mais pense, le second sent, et le troisième ne vit que par ses instincts et ses fonctions motrice: un homme logique, un homme émotionnel, et un homme automatique.

Ces trois hommes en un seul ne se comprennent jamais l'un l'autre; consciemment et inconsciemment, ils contrecarrent les plans, les intentions et le travail d'un autre; et pourtant chacun d'entre eux au moment où il est dans l'action occupe une place dominante et se désigne soi-même par "je."

L'observation des actions désunies et contradictoires des centres montre que l'homme ne peut pas être maître de lui-même, car il n'est pas celui qui dirige ses centres, et lui-même ne sait pas lequel de ses centres se mettra à fonctionner par la suite. Les gens ne le remarquent pas, parce qu'ils sont dans l'illusion de l'unité de leurs «je» et de leur constitution psychique générale.

EXTRAIT

Tout ce qui existe sur la terre a deux sources: la matière et la force, et est le résultat de leur combinaison. Chaque résultat est psyché et l'étude du résultat est la psychanalyse.

L'homme a la possibilité d'avoir plusieurs corps, l'un dans l'autre, jusqu'au quatrième, qui est parfois appelé le corps divin. Dans votre corps physique, il y a tous ces corps. Pour votre corps mental vous avez votre esprit, pour votre corps astral vous avez vos sentiments. Les manifestations des différents corps sont égales, seule la qualité en est différente.

Tous les «faire» sont semblables. Mais l'un d'entre eux a une centaine de vibrations tandis qu'un autre a, mettons, cent fois plus. Notre machine peut convertir le "faire" d'une octave dans le «faire» de l'octave suivante.

Pour le travail ordinaire de la machine, les deux premiers aliments sont nécessaires. Si le troisième aliment, les impressions, manque, l'homme peut exister.

Peu à peu une certaine substance peut s'accumuler dans l'homme. Si une quantité suffisante est accumulée, elle peut être cristallisée.

Cette cristallisation, tout comme d'autres cristallisations, est faite selon des lois spéciales.

Chaque substance a sa limite de cristallisation. Tout peut dissoudre quelque chose d'autre, mais cette dissolution peut continuer jusqu'à ce que la substance dans laquelle elle est dissoute est saturée.

Le corps qui peut être cristallisé dans notre corps physique prend la forme exacte de ce dernier. Mais ce corps, l'astral, ne peut émerger que pendant la vie. Il n'existe jamais au moment de la naissance. En rapport avec le corps physique, ce corps est le maître.

Cette substance qui peut être cristallisée dans un nouveau corps peut être élaborée dans l'organisme, mais pas sauvegardée. Même pour une élaboration normale, seulement la moitié peut être dirigée vers l'évolution; l'autre moitié sera dépensée dans le corps pour l'huilage de la machine.

Dans chaque machine, il y a des roues de dimensions différentes. L'huile qui est bonne pour les petites roues n'est pas forcément bonne pour l'huilage des grandes roues. Plus la roue est mince, plus l'huile est chère.

Nous parlons de l'évolution des substances du premier aliment, la première octave do-si. Nous sommes loin d'avoir la quantité totale de cette substance alimentaire convertie de do à re aller de do à si. Sur le chemin, de nombreuses matières sont dépensées dans différentes parties du corps de telle sorte que "si" ne peut être atteint par l'économie.

Dans notre organisme, comme dans une automobile, l'énergie électrique est générée. Dans une automobile, il peut arriver que la machine soit en état de fonctionnement ordre, mais, même avec un moteur puissant, si l'accumulateur n'est pas chargé, il n'y aura pas d'étincelle.

Notre machine est une automobile avec un accumulateur. Chaque mouvement, chaque association est alimentée par cette force. Sans cette force rien ne peut exister. Tout est mort. Si vous enlevez cette force à un homme, il sera pareil à un mannequin. Pour faire circuler le sang, les dépenses d'énergie sont nécessaire. Pour chaque expérience, un courant est utilisé. S'il n'y en a pas, le moteur s'arrête. En un mot, sans cette force, nous ne sommes rien.

Dans notre organisme cette force se trouve dans une boîte spéciale. Cette boîte est grande, mais en plus, il y a de petites boîtes qui sont remplies avec la force de la grande boîte. Nos différents centres y puisent constamment de la force pour leurs vibrations. Toute la force vient de là. Parfois, quand la force est trop utilisée, la boîte principale se vide et il est nécessaire d'attendre jusqu'à ce qu'elle puisse être remplie à nouveau.

Apprenez à savoir comment utiliser l'inertie de toute la rivière. (La première rivière, pour pouvoir sauter dans la seconde.)

Si nous enlevons à quelqu'un toutes ses illusions, tout ce qui l'empêche de voir la vraie réalité, ses intérêts, ses excitations, ses éveils, ses espoirs, toutes ses aspirations disparaîtront avec. Tout sera vide. Toutes les impulsions de son psychisme seront arrêtées. Il restera un être vide, un corps vide qui ne vivra que physiologiquement. Telle est la mort du "je." La mort de tout ce dont il est composé, la destruction de tout ce qui est faux, accumulé par ignorance et manque d'expérience.

Tout ce qui restera en lui sera là seulement en tant que matière, non pas en tant que lui, lui-même. Alors seulement il sera possible, s'il y a assez de force, de recueillir un nouveau matériau—et cela seulement par choix. Ensuite c'est l'homme lui-même qui prend, ce n'est plus comme auparavant, quand quelque chose était mise en lui, selon la volonté de quelque chose d'autre. Il est difficile—mais ce mot n'est pas approprié—le mot «impossible» est aussi mauvais, parce que, en principe, il est possible, même s'il est mille fois plus difficile que de devenir millionnaire à travers un travail honnête.

DICTONS

S'attarder sur les sentiments blessés empêche la « vie » d'entrer.

L'art véritable est connaissance, non pas du talent.

Celui qui peut aimer peut-être ; celui qui peut Être peut Faire ; celui qui peut Faire, Est.

Nous ne pouvons aimer que lorsque nous oublions l'amour.

Faites de l'amour de votre objectif et de commencer à chercher la direction.

Nous n'aimons que nos propres émotions. Tels que nous sommes, nous ne pouvons pas aimer avant d'être libres de l'influence extérieure.

Nous ne sommes influencés que parce que nous le permettons.

Être passif crée un vide. Donc, soyez calme, sentez et «écoutez.»

Luttez contre la suggestion.

La sincérité envers soi est la clé de la connaissance de soi.

L'acquisition de la sincérité envers soi apporte beaucoup de souffrances.

La sincérité est une fonction de la conscience, le pont entre la personnalité et l'essence. L'essence est le vrai penseur, la personnalité théorise.

L'essence est toujours la même; les changements de l'esprit ne peuvent pas influencer l'essence par l'argument. L'esprit sait que l'essence est timide.

Pensez à ce que vous sentez, et sentez ce que vous pensez.

Avant de chercher la voie nous devons devenir conscients de notre néant.

Plus grande sera la compréhension, moins nombreux seront les mots.

L'imagination dépense beaucoup d'énergie.

Chaque émotion a son contraire. Pour être libre, on doit transcender les deux.

Nous devons souffrir pour nos péchés avant de pouvoir commencer le développement réel.

Observer les réactions mutuelles des gens est plus amusant que d'aller au cinéma.

Le actions dans un centre se répercutent sur tous les autres (même à l'extérieur du corps), et l'intelligence d'un homme varie selon sa capacité à localiser ces actions.

Kundalini à la base de la colonne vertébrale nous empêche de voir les choses comme elles sont; il est le représentant de la lune; il est nécessaire à la vie, car si nous voyions les choses comme elles sont, nous nous penderions.

Celui qui sait ce que sa lune est et fait peut comprendre le cosmos.

N'exprimez pas les sentiments, économisez l'énergie.

Pour voir votre caractère réel, surveillez votre imagination.

Ne parlez à personne qui ne désire pas écouter.

Agissez parce qu'il faut le faire.

Je ne fais rien. Les sens se déplacent parmi les objets des sens.

Aucun homme n'est un ami, aucun homme n'est un ennemi, tous sont des enseignants.

Ne jamais justifier ni excuser le soi—le soi n'a pas de droits individuels.

Nous ne pouvons pas avoir de pain sans cuisson: la connaissance est l'eau, les émotions, la farine, et la souffrance, le feu.

«Je» est le corps astral.

Il est nécessaire d'avoir eu toutes les illusions et tous les désillusions.

Si vous voulez faire du thé, peut-être que je peux vous montrer comment faire.

L'homme est plus fort qu'un mulet.

Vous croyez: si je vous dis de vous asseoir au milieu de la rue, vous vous y asseyez. Je crois seulement ce que je peux mesurer, et puis je sais.

Rappelez-vous le désespoir dans les périodes de triomphe; souvenez-vous du triomphe dans les périodes de désespoir. L'échec dans le succès, et le succès dans l'échec.

L'homme est l'être qui peut *faire*, c'est-à-dire agir consciemment et selon sa volonté. Les différences dans les hommes peuvent être réduites à des différences dans la conscience de leurs actions. Il doit d'abord se réveiller. Ensuite, il verra que, tel qu'il est maintenant, il ne peut pas faire. Il devra mourir volontairement. Puis, quand il est mort, il peut naître. Mais le nouveau-né ne peut rien faire. Il doit grandir et apprendre.

Personne ne m'est d'aucune utilité à moins qu'elle ne soit d'abord utile à elle-même.

Je mets les gens dans des situations pour voir comment ils vont s'en sortir par eux-mêmes. Vous devez faire les premiers efforts, puis plus tard, je peux vous aider.

Il faut connaître et utiliser non pas la grammaire de la langue, mais la «grammaire» des associations de la psyché.

Ce n'est jamais le temps, mais toujours la main qui sème.

La limace est supérieure à l'âne, parce que la limace est mangée par certaines personnes, l'âne par personne.

Nous parlons de surhomme, mais nous n'avons jamais vu un homme.

Il faut être très sûr pour être sévère.

Une nouvelle fonction crée un nouvel organe, c'est-à-dire une nouvelle compréhension.

Nous ne pouvons pas tout comprendre, même si c'est clairement exposé.

Si toutes les cellules d'un arbre essayaient de devenir des graines, la loi et la structure de l'arbre seraient détruits. Mais pour cette même loi et structure, un certain nombre de graines sont nécessaires.

APHORISMES

1. Aimez ce qu'« il » n'aime pas.

2. La limite la plus élevée de l'accomplissement humain est d'être capable de faire.

3. Pires les conditions de vie, plus productif le travail, à condition toujours que vous vous souveniez du travail.

4. *Rappelez-vous toujours et partout.*

5. *Rappelez-vous que vous êtes venu ici après avoir déjà compris la nécessité de lutter avec vous-même—et rien qu'avec vous-même. Par conséquent, remerciez tous ceux qui vous donne cette possibilité.*

6. *Ici, on ne peut que diriger et créer les conditions, non pas aider.*

7. *Sachez que cette maison ne peut être utile qu'à ceux qui ont déjà reconnu leur insignifiance et qui croient en la possibilité de changer.*

8. Si vous savez déjà que c'est mauvais et vous le faites, vous commettez un péché difficile à corriger.

9. La réalisation suprême pour une vie heureuse est la capacité de toujours examiner à l'extérieur, jamais à l'intérieur.

10. N'aimez pas l'art avec les sentiments.

11. Un vrai signe d'un homme bon est s'il aime son père et sa mère.

12. *Jugez tout le monde par vous-même et vous vous tromperez rarement dans les gens.*

13. *Aidez seulement celui qui n'est pas un oisif.*

14. Respecter toutes les religions.

15. Aimez celui qui aime le travail.

16. Nous aspirons à être capables d'être des chrétiens.

17. Ne jugez pas un homme d'après ce que les autres vous racontent.

18. Examinez ce que les gens pensent de vous—pas ce qu'ils disent.

19. Prenez la compréhension de l'Est et les connaissances de l'Ouest et ensuite cherchez tout simplement.

20. *Seul celui qui est capable de prendre soin de ce qui appartient à autrui peut posséder quelque chose lui-même.*

21. Seule la souffrance consciente a un sens.

22. Il est préférable d'être un égoïste temporairement que de ne jamais être juste.

23. Pratiquez l'amour sur les animaux d'abord, ils sont plus sensibles.

24. En enseignant aux autres, vous allez apprendre vous-même.

25. *Rappelez-vous que le travail ici n'est pas pour l'amour du travail, mais qu'il est seulement un moyen.*

26. Est capable d'être juste seulement celui qui apprend à être capable de se mettre à la place des autres.

27. Si vous n'avez pas un esprit critique par nature, votre séjour ici est inutile.

28. *Celui qui s'est libéré de la maladie « Je vais le faire demain » à une chance d'atteindre la fin pour laquelle il est venu ici.*

29. Béni soit celui qui a une âme, béni soit celui qui n'en a pas, mais malheur et chagrin à celui qui l'a en gestation.

30. Le repos par le sommeil ne provient pas de la quantité mais de la qualité du sommeil.

31. Aspirez à être capable de dormir peu sans dommage.

32. La consommation d'énergie par le travail interne actif est alors transformée en une nouvelle réserve, mais le travail interne passif est perdu à jamais.

33. L'un des meilleurs moyens pour la mobilisation de la volonté de travailler sur soi-même est de garder à l'esprit cette vérité, que vous pouvez mourir à tout moment. Mais avant de pouvoir le faire cela, vous devez apprendre comment le faire, c'est-à-dire, comment le garder à l'esprit.

34. L'amour, conscient, appelle la même chose en retour. L'amour, émotionnel, appelle le contraire. L'amour, physique, dépend de la polarité.

35. La foi, consciente, est la liberté. La foi, instinctive, est l'esclavage. Faith, mécanique, est une bêtise.

36. L'espoir, hardi, est la force. L'espoir, avec le doute, est une lâcheté. L'espoir, avec la peur, est la faiblesse.

37. L'homme reçoit un nombre déterminé d'expériences. Celui qui les économise prolongera sa vie.

38. Il n'y a ici pas de Russes ou d'Anglais, de Juifs ou de Chrétiens, mais seulement des gens qui suivent un seul but—être en mesure de *faire*.

BIBLIOGRAPHIE

Gurdjieff, G. I.
The Struggle of the Magicians: Scenario of the Ballet.
Book Studio, 2014.
L'Annonciateur du bien qui viendra.
Originel-Charles Antoni, 2000.
Recits de belzebuth a son petit-fils.
Janus, 1972.
Rencontre avec des hommes remarquables.
J'ai lu, 2008.
La vie n'est réelle que lorsque « Je suis »
Editions du Rocher, 2010.
Transcripts of Gurdjieff's Wartime Meetings 1941–46.
Book Studio, 2009.

Ouspensky, P. D.
Fragments d'un enseignement inconnu.
J'ai lu, 2012.

Hartmann, Thomas, et Olga de Hartmann.
Notre vie avec Monsieur Gurdjieff.
Editions du Rocher, 2004.

Nott, C. S.
Teachings of Gurdjieff: The Journal of a Pupil.
Routledge & Kegan Paul, 1961.
Further Teachings of Gurdjieff: Journey Through This World.
Routledge & Kegan Paul, 1969.

Solano, Solita, et Kathryn Hulme.
Gurdjieff and the Women of the Rope: Notes of Meetings in Paris and New York 1935–1939 and 1948–1949.
Book Studio, 2012.

INDEX

abdomen, 259, 463
absorption, 19, 138, 377, 451
acceptation, 20, 146, 167, 251, 326, 430, 442
accumulateurs, 215, 220, 229, 246, 277, 361, 408-409, 470
actif, 15, 17, 53, 57, 69, 76, 84, 100, 105, 110, 188, 248, 251, 262, 265, 273, 348, 369, 400, 404, 408, 478
    état, 84, 248
    force, 342, 347
    homme, 404
    raisonnement, 262, 265
action, 15, 19, 31, 45-46, 48, 53, 68, 75, 83, 94, 111, 113, 125, 139, 152, 173, 213, 217, 244, 252, 258, 278-279, 287, 312, 323-325, 333, 342, 353, 373-374, 407, 418, 420, 423, 430, 467, 469
    acteur, xi, 123, 141, 181, 364, 417-419
actionner, 218
Adam, 405
adaptation, 27, 95, 191
affirmation, 380
Afghanistan, 165-166, 304, 309
agir consciemment, 323, 474
aimer, 108, 145, 147, 192-193, 257, 270-271, 291-292, 338, 372-373, 379, 406, 443, 472
Aisors, 165
alchimie, 47, 58-59
Ali, 309
aliments, 71, 415, 455, 469-470

Allemagne, 167
Allemands, 308
allongée, 83
altruisme, 411
âme, x, xv, 43, 91, 179, 182, 190, 231, 243-244, 257, 264, 322, 330, 341, 345-348, 350, 371, 387, 396, 399-400, 415, 418, 430, 443, 467, 477
Amérique, xii, 290, 431, 435, 441
Amériques, 293, 339
anachronismes, 36
analyse, xvii, 4-5, 53, 172, 177, 263, 265, 311, 317
ânes, 218, 308, 455, 475
anges, xix, 215, 251-252, 390, 408
anglais, iv, 168, 172, 176, 192, 217, 298, 351, 393-394, 478
Angleterre, 133, 168
animaux, 211, 221, 234, 243, 291-292, 314, 323, 325, 343, 377, 415, 429, 477
anormalité, 182, 224, 236
appareil formateur, ix, 215, 222, 238-244, 357, 422, 429-430, 432
apprentissage, 17, 48, 91, 93, 135, 180
Arabie, 166
Ararat, 310
arbres, xv, 17-18, 110, 224-225, 256, 275, 368, 374, 443, 475
architecture, 394, 413
Arménie, 165-166, 415
art, vii, 30-31, 35-36, 98, 103, 120, 152, 163, 166, 172, 176, 258, 304, 324, 392-395, 413-414, 417,

472, 476
    objectif, 394, 414
    art sacré, vii, 30, 35-36, 98, 103, 152
    art subjectif, 394
ascension, 17, 34, 80, 423
Asie, 167, 307-308, 310, 413, 437
    Centrale, 308, 310, 413
associations, xviii, 35, 87, 89-91, 127, 135, 138, 140-141, 172, 177, 181, 192, 213, 215, 222-223, 226, 238, 241-242, 244, 247, 276, 286, 312-313, 328, 338, 373-375, 388, 390, 406, 408-410, 415, 418, 451, 453-455, 475
Assyrie, 98, 103
astronomie, 166, 318, 320
atmosphères, 49-50, 82-83, 111-112, 228, 346-347, 359, 374, 376-377, 397, 446-447, 462, 464
atomes, 20-21, 34, 190, 318, 343
attachement, 88
attention, ix, xii, 2, 4, 6, 10, 14, 18, 24, 30, 32, 85, 87, 89, 92, 100-102, 105, 136, 140, 171-173, 176-178, 217, 220, 223, 226-228, 230, 235, 247, 250, 282, 288-289, 308, 312, 315, 372, 388, 407, 416, 433-435, 446-447, 453-455, 457, 459, 467
attitudes, 5, 13, 25, 28, 35, 55, 90, 122-123, 138, 171-173, 192, 237, 257, 292, 306, 311-312, 363, 365, 379, 405, 412
attraction, xii, 14, 92, 102,

446, 459
aura, 35, 43, 56, 86, 110,
124, 181, 186, 211-212,
229, 270, 307, 364, 382,
387, 408, 414, 427, 444,
447, 470
auto-altération, 217
auto-hypnotisme, 453
auto-illusion, 86
auto-initiation, 27, 77
automates, 91, 325, 407
automatique, 172, 177,
191-192, 230, 294, 312,
327, 382, 405, 410-411,
449, 455, 457, 469
automatisme, 92, 172-173,
191, 230, 311-312
auto-séparation, 273
azote, 68-69, 398, 403
Baloutchistan, 164
Belzébuth, 262, 442, 444
body
physique, 43, 56-57,
71, 312, 346-348, 357,
430, 446, 469-470
bonheur, 42, 386
Bouddha, 11, 113, 462
Brahman, 320
Brahmanes, 154
brûler, 220
cacao, 335
café, 10, 12, 24, 40, 88-89,
244, 271, 335, 350,
373-374, 406
carbone, 68-69, 398, 403
Carême, 280
cathédrales, 119
Caucasie, 167, 310
centre de gravité, 1, 81,
158, 179, 191, 231, 326,
384
centre de la pensée, voir
centres
centre émotionnel, voir
les centres
centre intellectuel, voir
centres
centre locomoteur, voir
centres
centres

pensée, 130, 223, 231,
338, 357
sentiment, 56, 110-111,
113, 127, 130, 135-136,
179, 182, 213, 215, 225,
231-232, 242-243, 281,
338, 357, 430
supérieurs, 45-46,
126-127, 151
voir aussi, appareil
formateur
Centre sexuel, voir
centres
chaises, 358, 390, 400
change, 82, 232, 258, 292,
312, 315, 341, 359, 365,
371, 393, 397, 405, 413,
427, 431, 434, 447
chariot, voir l'equipage
charlatanisme, 93, 95,
103, 112
charme, 15, 257
cheval, voir l'équipage
Chicago, iii, xii, 426, 429
chiens, vi, 82-83, 121
chimie, 13, 20-21, 23, 72,
165-166, 334, 343, 355,
426
Chine, 281, 309
Chitral, 166, 304, 311
chocs, 16-17, 23, 42, 49,
64, 69-71, 73, 181,
222-223, 226, 296, 323,
327, 332, 336, 351, 355,
373-374, 380, 386, 388,
403, 406, 418, 466
choix, 16, 42, 44, 88, 99,
119, 133, 189, 254, 265,
292, 313-314, 348, 377,
386-387, 404, 407, 471
chrétien, 143, 232,
270-273, 280, 291, 399
chrétiens, 144, 270-271,
273-274, 280, 399, 406,
477-478
Christ, 11, 43, 82, 143-144,
258, 340, 387, 462
christianisme, 82, 144,
232, 271, 310, 399, 411
cigarette, 141, 212, 460

cinéma, 380, 473
civilisation, 81, 166, 190,
256, 281, 387, 468
clairvoyance, 45, 96, 163,
165
colère, 380
combinaisons, 18, 23, 29,
33-34, 110, 316, 332-335,
342-344, 356-357, 359,
373, 375-376, 384, 394,
402, 413, 415, 417
commandements, 192,
251, 271, 405
compassion, 457
compétence, 97
compréhension, 14, 16-19,
25-27, 34-35, 53-54,
56-60, 77-78, 84, 124,
131, 148, 150, 217, 219,
255, 257, 259, 272, 304,
317-319, 326, 337, 341,
351, 370, 380-381, 383,
388, 394, 414, 418, 432,
455, 473, 475, 477
littérale, 35, 59
concentration, 87, 127,
140, 213, 304-305, 334,
339, 434, 454, 462
conditions, xviii, 26, 35,
46, 48-50, 53, 59, 72,
81, 85, 88, 119, 122, 130,
161, 179-181, 187-188,
226, 239-240, 242,
253-254, 275, 295, 306,
332, 334, 343, 347-349,
356-357, 429, 431, 433,
437, 468, 476
connaissance de soi,
53-54, 60, 85, 87-88, 99,
102, 119, 132, 337, 472
connexions, 83, 110, 140,
219, 238, 242, 247-249,
conscience, xvii, xx, 15,
18, 20, 40, 46-47, 86-87,
96, 121, 126, 132-133,
255-256, 275, 278-279,
291, 298, 323, 325, 381,
387-388, 391, 405-406,
408, 411, 429, 431, 436,
443, 468, 472, 474

conscience de soi, 132-133
Constantinople, iii, 167
contrôle, 27, 131, 133, 139,
  275, 295, 422
conversation, vi, 4-5,
  7, 9, 12-14, 23-29, 31,
  34-36, 52, 84, 90, 98,
  103, 106-107, 122, 181,
  237, 315, 317, 324, 328,
  338-339, 350, 352, 380
corps
  deuxième, 82, 346
  mental, 113, 348, 430,
  469
  troisième, 348, 358
corps astral, voir le corps
corps supérieur, voir le
  corps
corrélation, 183, 319
cosmique, 20, 41, 73,
  75-76, 155, 161, 334, 342,
  362, 385, 398, 403, 429
cosmos, 53-54, 71, 75, 154,
  336, 339, 398, 404, 473
couleur, 11, 158, 376, 384,
  389, 404
couleurs, 10-11, 13, 52,
  376, 384, 389, 415, 417
courage, 6, 60, 103, 173,
  180, 268, 326, 350, 467
craintes, 48, 55, 106-107,
  179-180, 269
création, 30-31, 36, 53, 61,
  84, 87, 255-256, 258, 273,
  287, 318, 342, 359, 384,
  402-404, 413
cristallisation, 346, 348,
  357, 361, 384, 404, 426,
  469-470
croyance, 144, 355, 429,
  431
culte, xv
curiosité, 47, 58, 86, 101,
  105, 164-165, 233
cycles, 14, 54, 58, 332
cynisme, 133
dance, 29-30, 98, 103,
  135, 138, 154, 304-305,
  307-308, 311, 327-328,
  337, 340-341, 392-393,

415, 444
danses, 29-30, 98, 103,
  138, 154, 304-305, 307,
  337, 340-341, 392-393,
  415
décisions, 56, 88, 129, 133,
  145, 152, 186, 192, 249,
  268, 319, 326, 345, 365,
  390, 400, 423, 444, 451
de Hartmann, M., iv, 159,
  439, 479
Delhi, 165
demandes, xvi, 169, 241,
  267, 422
densité, 20-22, 25, 68, 80,
  244, 330, 356, 359-360,
  397-398, 403, 426
dernière Cène, 82
derviches, 309-311
désaccord, 95, 165, 184,
  381
des forces, 95, 325, 333,
  442, 459
désir, 35, 43, 60, 84, 93,
  95, 111-112, 136, 165, 218,
  220-221, 223, 231, 262,
  266-270, 277, 289, 345,
  367, 387, 394, 423, 432,
  449, 454, 457
désirs, xvi, 40, 113-114,
  147, 185, 218, 221, 226,
  269, 325, 345, 365, 369,
  399-400, 422, 431
des sens, 185, 473
détente, 135, 140, 289, 451
deux courants, 41, 354,
  385
deux rivières, xi, 41, 337,
  339, 385, 387-388
développement, voir
  aussi> développement
  personnel et
  développement
  harmonieux
développement
  personnel, 148
devoir, 84, 86, 236-237,
  256, 269, 406, 422
diable, 93, 216, 232,
  251-252, 262, 264,

267-268, 369, 373, 408
Dieu, vi, x, 43, 82, 91,
  137-138, 143, 192-193,
  249, 251, 264-265, 271,
  291-292, 294, 318, 322,
  329, 342, 354, 360,
  369-370, 387, 398, 402,
  404-405, 437-438,
  446-447, 449, 451, 466,
  468
digestion, 72, 91, 93
discrimination, 99, 137,
  156
doctrines, 113, 190
dolmens, 165
driver, voir l'equipage
dynamo, 409
eau, 20, 41-42, 165,
  183-184, 314, 339, 346,
  357, 361, 380, 385, 398,
  401, 426, 474
échange réciproque, 81
échelle, vi, xvii, xviii,
  16-17, 33, 60-61, 80,
  149, 162, 253, 313, 332,
  334-335, 342, 354-355,
  396-397, 403
échelle musicale, 16, 355,
  396
écoles, xv, 45-48, 50, 122,
  151, 154, 156, 158, 167,
  190, 232, 261, 304-305,
  309, 345, 349, 357-358,
  365, 410, 412, 426
économie, x, 140, 247,
  286-288, 345, 409, 470
écoute, 27, 123, 422
éducation, xi, 402
éffort, xix, 12, 14, 16,
  19-20, 23-24, 26-27,
  32-33, 35-36, 40-41, 43,
  49, 52, 59-60, 71, 73,
  77, 90, 92, 94, 102, 125,
  129-131, 136, 138-139,
  141, 176, 183, 193, 216,
  220, 222, 228-229, 233,
  236, 238, 268-270,
  274-275, 278, 281-282,
  286, 289, 316, 319, 321,
  325, 328, 348, 360, 363,

365, 371, 377, 380-381,
383, 385, 387, 397, 400,
406-407, 424-425, 432,
436, 449, 451, 454-455,
457, 459, 478
Église, xv, 43, 340
Église grecque, 340
égoïsme, x, 81, 127, 158,
295-296, 306, 338, 340,
411, 477
égoïste, 296, 411, 477
élixir de vie, 47
émanations, 49-50, 112,
252, 338, 346-347, 359,
361, 373-374, 377-379,
397-398, 402-404, 434,
462
EMOTIONS, 255
encens, 47
énergie, viii, ix, x, xix,
49-50, 53, 56, 61, 71,
95, 111-112, 119, 128,
135, 137-140, 149, 154,
161, 191, 215, 220, 222,
229, 236, 245-247, 249,
277, 286, 288, 294, 312,
318, 329, 332-334, 336,
342, 361, 396, 408-410,
417, 430, 436, 451, 470,
473, 478
enfants, 106, 132, 135,
138-139, 155, 235, 241,
263, 269-270, 273, 343,
345, 410-413
en mesure, pour être, 183,
377, 459
ennéagramme, la, v, ix,
52, 273
enregistrer, 181, 229, 422
entité, xi, 80, 84, 244,
255, 320, 322, 325,
359-360, 403, 420, 422,
453
équilibre, 15, 127, 137, 289,
369, 392
équipage, ix, 110, 231, 275,
277, 404-405
esotérisme, 46-47, 50, 81,
93, 131, 304, 309, 447
espoir, xx, xxi, 4, 26, 29,

131, 151, 164, 275, 388,
458, 478
esprit, x, xvi, 6-7, 14, 18,
25-27, 31, 36, 52, 59, 83,
88, 91, 94, 100, 104,
108, 113, 123-125, 128,
132, 135, 137-138, 143,
145, 147, 151, 156, 161,
164-165, 182, 186, 188,
191-192, 212, 217-224,
227, 231-232, 246, 251,
264, 266-277, 282, 292,
306, 317, 321, 337, 349,
364, 381-382, 390, 393,
400, 405, 409-410, 412,
415, 418, 429, 431-434,
436, 447, 454, 459, 469,
472, 477-478
Esséniens, 310
essentiel, xv, 92, 102, 169,
178, 212, 222, 254, 280,
312, 341, 361
Essentuki, iii, v, 80, 84,
102, 106, 154, 167
états, v, 45, 123, 132, 178,
192, 225, 248-249, 267,
286, 297, 334, 415, 423
éternité, 30, 53, 65-66, 91,
319, 334
éther, 374, 377
étoiles, 89, 318, 320
étude, vi, x, 3, 24, 27,
29-30, 34, 58, 61, 63, 67,
97, 129, 136, 147, 154,
165-166, 172, 177, 282,
296, 304-306, 312, 315,
326, 378, 393, 414, 469
études, 164-165, 410
Europe, v, 50, 110, 112,
147, 164, 189, 281, 423,
426
Européens, 8, 10, 29, 164,
395, 437
évangiles, 82
éveil, 5, 106, 111, 247-248,
324, 382
évolution, vii, xii, 45, 53,
80, 163, 273, 324, 342,
355-356, 396, 398, 400,
403-404, 457, 470

exercice, viii, xi, xii,
xiii, xx, 26, 73, 131,
135, 171, 173, 176-178,
226, 229-230, 260, 276,
289-290, 311-314, 358,
363, 416, 433-435,
451, 453-455, 457-460,
462-463
exercices, viii, x, 73, 113,
150, 176-177, 191, 213,
219, 221, 225, 229-230,
250, 276, 290, 304-305,
308-309, 311, 313-314,
399, 409-410, 426
exhalant, 259
exotérisme, 81
expériences, 40, 43,
45-46, 48, 91, 135, 138,
141, 189, 245, 263, 293,
306, 308, 327, 333, 398,
408-409, 421, 430, 478
faiblesse, xvii, xix,
1, 9, 14, 24, 45, 48,
85, 92, 98, 113, 119,
123, 129, 131-132, 135,
140-141, 161, 178-179,
181, 186-187, 217-218,
266-269, 275, 277, 306,
349, 354, 364, 377, 388,
406-407, 410, 432, 435,
438, 454, 478
fakir, 119, 429
fatigue, 182, 436
femmes, x, 122, 131, 138,
166, 169, 236, 240, 282,
307, 311, 337, 341, 443,
466
feu, 183-184, 398, 401, 474
folie, 3, 121, 263, 296, 339,
437
fonctions, viii, 46-47,
123, 129-130, 137, 150,
172-173, 177-178, 211,
235, 255, 269, 287,
312-313, 345, 350, 399,
409, 420, 422, 424,
468-469
Fontainebleau, iii, viii, x,
xviii, 191, 217, 223, 295
force, vii, xvi, xx, 16-17,

19, 44, 57, 59, 88, 96,
100, 104, 113, 127-129,
135, 137-141, 148, 153,
156-157, 163, 178, 186,
222, 238, 245, 247,
266-267, 273, 276,
287-290, 294, 304-305,
313, 325, 329-331, 337,
341-342, 347, 355, 361,
376, 396-397, 402, 435,
451, 462, 466-467,
469-471, 478
formateur, ix, 45, 150, 153,
215, 222, 238-244, 357,
422, 432
formule, 14, 53-55, 58-59,
64, 86-87, 394, 467
fox-trot, 414, 444-445
friction, 367, 377, 403
fusion, 256, 337, 341
Gogol, 31-32, 34-35
Golos Moskvi, 5
Grande Connaissance,
16, 19-20, 30, 35, 81, 98,
103, 257
grand-mère, 212, 219, 367,
407
grand-père, 212, 367
gratitude, v, xv, 36, 96,
297
gravité, centre de, 1, 81,
158, 179, 191, 231, 326,
384
Grèce, 98, 103
Grecs, 280, 310, 466
groupes, xviii, xix, 17, 83,
135, 149, 154, 167, 219,
254, 308, 310, 320, 373
guide, 3, 67, 82, 96,
99-100, 104, 144, 412
gymnastique, 304-305,
309, 340, 392
habitude, 135, 140, 150,
217, 234, 246, 256,
259-260, 273, 304, 393,
409-410, 433, 442, 449,
457
Haida yoga, 358, 429
hallucinations, 48, 180,
400-401, 429

halo, 447
harmonie, 3, 11, 16, 18, 27,
55-57, 78, 167, 173, 177,
183, 185, 304, 312, 375,
392-393, 414, 468
haschisch, 45
hébreu, 273
hérédité, 179-180, 284,
287, 343, 399, 431
Hermès Trismégiste, 53
hindou, 273
historique, 85, 190
honte, 441
Horasan, 308
horloge, x, 284-285, 373
Hudarikar, 311
humanité, 14-15, 17, 30,
41, 52-53, 81, 98, 119,
127, 130-131, 154, 156,
161, 255, 320, 354, 376,
385
humeurs, v, x, xvi, xx,
11-12, 19, 31, 49, 52,
55, 86-87, 90-92, 102,
108-109, 122-124,
127, 135, 139-141, 147,
149, 151, 153-154,
156, 161-162, 172-173,
177-179, 182, 184, 186,
191-192, 211, 215-220,
224-226, 228-229, 231,
253, 256-258, 275-277,
285, 287, 289, 294, 312,
318, 327-328, 337-338,
349, 357, 369, 373-375,
377, 379, 381-383, 393,
399, 405-406, 409,
414-416, 418, 433-434,
436, 438, 454-455, 457,
459, 463-464, 468-469,
472-473, 476
hydrogène, 20, 68, 398,
403
hypnose, 36, 43-44,
110-112, 327, 431
identification, v, ix, 92,
102, 106, 161, 261, 270,
387
imagination, xv, 35, 113,
128, 135, 137-138, 140,

315, 417, 473
immortalité, 190, 347
impartialité, xi, 119, 136,
306, 352, 355, 407, 430,
466
impressions, xv, 8, 11,
22, 36, 52, 55, 73, 93,
113, 119, 123, 125, 135,
138-139, 151-152, 165,
185-186, 215, 241, 297,
324-327, 347, 356, 381,
389, 396, 415-416, 422,
429-431, 453, 469
inconscience, 89, 106,
113, 121, 147, 161, 172,
177, 230, 234, 251, 282,
291, 312, 323, 327, 339,
369, 414, 468
Inde, 4, 98, 103, 132, 164,
166, 190, 462
individualité, xvii, 47, 161,
171, 176, 188, 326-327,
420
influences, xi, 56, 75,
81, 113, 125, 188, 232,
261-262, 266, 320,
324, 331-336, 338, 371,
373-379, 383-384, 389,
394, 397, 404, 415,
433-434, 468
inhaler, 259, 460
initiation, 26-27, 47, 61, 77,
98, 103, 182, 309
initiative, 259
initiés, xix, 27, 61, 98,
103, 182
injustice, 257
inspiration, 30, 85, 369,
454
intelligence, 244, 255-256,
342, 360, 430, 473
intensité, 49, 71, 327, 390,
405
intention, xviii, xx, 5, 24,
28, 95, 99, 104, 107-108,
138, 141-142, 148, 188,
235-236, 246, 260, 267,
278, 286, 296, 337, 411,
447, 466, 469
interne, 69, 71, 90, 219,

370, 379, 396, 406, 413,
422, 431, 454, 478
intervalle, xvii, xviii, xix,
xx, 49, 57, 61, 75, 235,
248, 325, 338
involution, 53, 80, 273,
355, 396, 398, 400,
403-404
jalousie, xvi, 182, 256,
258, 457
James-Lange, 173
Jérusalem, 462
jours de fête, 415
jugement, 9-10, 26, 91, 99,
193, 235-236, 264, 298,
306, 314, 387, 406-407,
411, 423, 430, 476-477
Juifs, 44, 192, 478
Kabbale, 57-58
Kadıköy, 167
Kafiristan, 304, 309
Kaljander, 309
Karnarhu, 310
Kashkar, 309-310
Keria, 307-309
Khavar, 309
Kidgera, 309
Kisilgan, 309
Kshatriyas, 154
Kubrari, 309
Kumushana, 307
Kundabuffer, 404
Kundalini, 362, 473
lâcheté, 44, 135, 179-180,
436, 478
la confiance, 26, 221, 315,
326, 340
lacunes
voir aussi, intervalles
la loi de trois, vii, 68,
152-153, 156, 333, 355,
359, 362, 367, 398, 402,
426
Lama, 462
la Mecque, 462
langue, 1, 47, 52-54, 59,
81, 84, 217-218, 231, 276,
278, 280, 289, 314-316,
351, 365, 367-368, 432,
475

La Quatrième Voie, 119,
358, 429
la Voie lactée, 99, 318, 320
légendes, 47, 98, 103
le libre arbitre, 325,
404-405, 407
l'esclavage, 41-44, 123,
141, 249, 264, 289, 291,
337, 354, 363, 373-375,
377, 386, 389, 404, 407,
432, 434, 456
leviers, 180-182, 193
libération, ix, 41, 43, 249,
257, 261, 362, 387
liberté, 88, 90, 216, 232,
264, 309, 386, 407, 478
logique, xx, 52, 81, 97,
124, 221, 269-270, 287,
322, 350, 359, 432, 469
loi des octaves, 20, 60-62,
71, 334
Loi du Sept, vi, 148
lois, 14, 16-17, 20-22, 29-32,
34-35, 41-42, 53-54,
57-58, 60, 62, 66-68,
70, 73, 77, 81, 148, 154,
165, 181, 191-192, 244,
252, 255, 273, 287, 306,
331-332, 334, 337, 342,
346, 355, 362, 373-374,
379, 385-386, 394, 414,
420, 469
lois de Manu, 154
lois subjectives, 192
lois universelles, 81, 273
lumière, xvi, xix, 1, 10-11,
14, 16, 98, 103, 220-221,
224, 258, 268, 311, 361,
372, 376, 417
lune, 17, 127, 137, 320, 337,
359, 366, 370, 397-398,
402-404, 473
lutte, 5-6, 9, 29, 35, 54-55,
157, 173, 234, 255, 273,
369, 378, 385, 438, 443,
466
machine, vi, viii, 39-40,
46, 56, 71, 75-76, 92,
94-95, 97, 102, 113, 123,
127, 129, 131-133, 135-137,

140, 144, 180-181, 184,
229, 235-237, 239-243,
246-247, 249, 263, 273,
287, 308, 326, 352, 362,
366, 368, 408, 410, 418,
427-428, 469-470
machines, viii, 75, 119,
129-130, 133, 150,
179-182, 184-186, 325,
340, 366, 397, 403
magicien, 82
magique, 81
magnétisme, 379
Mahomet, 11, 462
maître, 96, 99, 125, 141,
183, 275, 340, 345,
347-349, 357, 361, 368,
371-372, 400, 404-405,
416, 432, 435, 469-470
maîtrise de soi, 119
maladie, 50, 246, 442,
447, 477
maladies, 49-50, 106,
187, 233, 246, 427, 442,
447, 477
manger, 108, 228, 233,
235, 280, 345, 349-350,
372, 437
maquillage, 97, 287
masque, 32-33, 297, 378,
388, 411, 431, 433
matérialisme, 20-21
matérialité, 244
matériel, xx, xxi, 3, 20-22,
48, 60, 88, 165, 172,
191, 213, 220, 244, 257,
269-270, 276, 287, 339,
345, 347, 370, 382-383,
401, 410, 417-418, 431,
433-434, 437
mathématiques, 13, 27,
34, 77, 394-395, 413-414
matière astrale, 446
matières fines, 82, 330,
357
maux, 91, 223, 413
Mazar-i-Sharif, 309
mécanicité, 230, 249, 326
Médine, 462
méditation, 25

mélange, 15, 62, 72, 241, 258, 325, 373, 384, 426, 463

mémoire, 113, 119, 151, 176, 218, 220, 224, 229, 247, 249, 313-314, 327, 381, 435, 438, 444

mentir, 130, 161, 350, 391

Mesmer, 447

mesotericism, 447

Metz, Bernard, 436

microbes, x, 50, 80, 294, 314, 343, 359, 402

Microcosme, 16, 21, 53

micro-organismes, voir les microbes

miracle, xv, 257, 324

miroir, 89-90, 240, 296

«Moi» = voir aussi, «Moi» réel

moines, 113, 119, 190, 309-310, 358, 372, 429

moines Matchna, 309

Moïse, 11

moment, xvi, xix, 2-3, 7, 13, 15-16, 20, 24, 31, 36, 39-42, 46, 49, 57, 60, 62, 65, 76, 84, 90-91, 106, 123-124, 129-130, 132, 136, 138, 141, 152, 161, 170-171, 176, 181-182, 186, 218, 221, 224-226, 228, 230, 235-237, 246-247, 259, 262, 266, 269-270, 284-286, 288, 290, 297, 311, 313, 316, 327, 339, 342-343, 346, 357, 367, 376, 383-386, 404-405, 407, 414, 418, 420, 434, 469-470, 478

monastère Sukari, 310

morale, 86, 127, 130, 191-192, 255-256, 258, 287-288, 305, 405-406, 410-411, 467

moralité, 192, 406

mort, 39-40, 43-44, 155, 166, 179, 181, 190, 247, 278, 281, 285, 293, 324, 337, 340-341, 346-348,

387, 438-439, 453, 457, 466, 470-471, 474, 478

Moscou, iii, 5, 7-8, 31, 167

mouton, 243, 350, 362

Muhammad, 11, 462

multiplicité, 17, 129

muscles, 122, 135, 161, 171, 176, 182, 185, 215, 224, 245, 259-260, 287-290, 294, 311, 409-410, 427, 451

musique, xvii, 11, 35, 98, 103, 229-230, 308, 314, 356, 392, 394-395, 414

musique sacrée, 35

Musulmans, 399

naissance, 52-53, 141, 155, 181, 187, 226, 284, 324, 326, 334, 341, 343, 361, 373, 376, 399, 402, 404, 431, 444, 466, 470

Naksbendi, 309

néant, 15, 389, 433, 473

négatif, 153, 273, 342, 347, 367, 384, 398, 402

New York, iii, x, xi, xii, 304, 315, 337, 339, 342, 345, 349, 352, 354, 361, 363, 371, 385, 392, 402, 414, 416-417, 420, 422, 446, 449, 451, 453, 457, 479

nez, 31-35, 82, 192, 246, 372-373

nier, 323, 380

Nil, 164

niveaux, xvii, 80, 151, 329-332

obéissance, 256

objectif art, 394, 414 espoir, xx, xxi, 458 sommeil, 248

objective connaissance, 148

objectives lois, 192, 414

occultisme, 3, 14, 26-27, 63, 93-96, 99, 189, 273, 394

octaves, 17-23, 32-34, 57-58, 60-62, 64-71, 73-76, 148, 273, 331, 334-336, 356-357, 361-362, 368, 395-396, 398-399, 403, 469-470

ogmes, 94, 318

onanisme, 185

opinions, 8, 30, 32, 59, 90-91, 164, 188-189, 214, 241, 255, 263-264, 287, 323, 407, 431

opium, 335

Ornitopulo, Dr., 167

Orphée, 35

Ostrovsky, JI, 169, 439

oublier, 24, 26, 87, 95, 100, 227-228, 236, 269, 292, 338, 372, 390, 406-407, 411, 435, 438

Ouspensky, PD, iv, 143, 159, 168, 479

oxygène, 20, 68-69, 398, 403, 426

Paiement, 170, 362

pain, v, 82, 113, 119, 183-184, 244, 356, 369, 396-397, 401, 474

Palestine, 166

Pamir, 166

Pandjee, 308

papillon, vii, 155

paresse, 219, 275-276, 297, 367, 423

Paris, iii, iv, viii, 159, 164, 168-169, 171, 179, 185, 189, 236, 479

passagers, 217-218, 350, 366, 368, 371, 374, 400, 405 voir aussi, equipage

passif, 15, 17, 52-53, 69, 76, 84, 133, 248, 251, 273, 289, 342, 347-348, 367, 369, 377, 386, 400, 404, 451, 472, 478

patriarchalité, 466

péché, 43, 412, 476

perception, 39, 49, 124, 173, 183, 221-224, 227,

229, 257, 326, 382, 468
Perse, 165-167, 218, 273,
276, 308, 394, 413, 415
persuasion, 375
Petersburg, 8, 35
phénomène, 53, 60-61,
65, 69, 72, 84, 165, 180,
296-297, 305, 346, 348,
355, 405, 415
philosophie, xvi, 31, 52,
62, 119, 163, 273, 295,
316, 318, 324, 355, 374,
393, 455
phonographe, 181
photographies, 125
physico-chimique, 321
physique, 13, 15, 20,
43, 56-57, 71, 97, 119,
130-131, 154, 165, 173,
189, 235, 245-246, 258,
287-288, 305, 312-313,
318, 321, 346-348, 355,
357, 387, 394, 398, 426,
430, 446-447, 469-470,
478
planètes, 29, 127, 137, 251,
318, 320, 332, 346-347,
359, 361, 374-376,
383-384, 397-398,
403-404, 446-447
plantes, xv, 119, 291-293,
323, 334-336, 343
plexus solaire, 343, 455,
463
polarité, 478
positif, 99, 153, 273, 277,
342, 347, 367, 384, 398,
402
positivisme, 93
possibilités, xv, 1, 3, 17-19,
23, 26-28, 39, 41-42, 45,
49, 65, 69, 71, 84, 88,
95-96, 138, 154, 171, 173,
181, 189-190, 211-212,
221, 224, 236, 238, 247,
255, 270, 273, 277, 284,
289, 313, 317, 319, 325,
330, 339, 343, 345-346,
349, 354, 356, 359-360,
362, 376, 385-387, 390,

396, 399, 403, 417, 432,
444, 454-455, 469, 476
postures, 12, 122-123, 135,
154, 171-174, 176-178,
181-184, 224, 226-227,
307, 311-313, 417-418,
454, 459
pouvoir, xvi, 8, 92-93,
95, 102, 110-111, 141,
157-158, 218, 236, 266,
270-271, 275, 287-288,
290, 317, 323, 341, 367,
398, 409, 430, 447, 459,
466, 471, 473, 478
pouvoirs, x, 45, 47, 84,
88, 92-93, 102, 236, 268,
287-288, 305
pratique, xvi, 62, 73,
91, 94, 145, 153, 178,
189-190, 212, 217, 220,
226, 251, 259-261,
265-268, 273, 281,
288-289, 292, 296,
305-306, 308, 315, 321,
339, 378, 417, 426-427,
434, 446, 454
préjugés, 389
prêtres, 188, 279, 418, 447
prévoyance, 39
prière, ix, 119, 278, 281,
309, 398, 467
prison, xi, xvi, 420
progrès, 121, 273
propriétaire, 362
pseudo-connaissances,
93
pseudo-occultisme, 95
psychanalyse, 361, 469
psyché, 84-85, 136, 255,
306, 352, 469, 475
psychiatre, 97
psychique, 95, 256, 287,
290, 327, 466, 469
pyramides, 164
Pythagore, 19
Pythie, 311
quatre chambres, 371
quatrième corps, voir le
corps
raja yogi, 119

rappel de soi, vii, 133, 151,
154, 215, 220, 222-223,
226-227, 416
rapports, 236
Rayon de la Création, 402
réception, 52, 60, 137-138,
169, 185-186, 327,
422-423
recherche, 3-5, 25-26,
29, 32, 50, 52, 77, 86,
88, 90, 92-95, 97-99,
103-104, 134, 164,
166-167, 239, 241, 269,
295, 352, 391, 400, 404,
444
réelle volonté, 348
réévaluation, 389
réincarnation, 190, 341,
348, 430
relâchement, 135
relativité, xvii, 69, 290,
322
religion, xi, xv, xviii, 43,
52, 82, 119, 131, 144-146,
163, 166, 193, 251, 261,
271, 278, 280, 287, 291,
304, 318, 324, 337, 340,
345, 349, 354-355, 357,
373, 387, 398-399, 402,
419, 466, 476
rémémoration, 467
remords, 48, 211, 391,
406, 433
renaissance, 340
repos, 24, 40, 88, 100,
104, 176, 178, 228, 247,
286, 311, 329, 342, 355,
367, 409, 436, 478
répulsion, 257, 338,
378-379, 393
respiration, ix, xii, 72-73,
76, 150, 181, 224, 234,
253-254, 259-260, 325,
335, 358, 426-428, 454,
459
rêves, 15, 220
rire, 87, 143, 434
risque, xx, 46, 108, 351,
370, 390, 428, 453
rituels, 47, 98, 103, 309,

311, 337, 340, 413
rois-prêtres, 415
rôles, 17, 22-23, 25, 30, 48,
  60, 69, 71, 106, 122-123,
  141, 151, 161, 181, 187,
  230, 255, 313, 336, 339,
  364, 385, 403, 413,
  417-418, 444
romans, 240
Rome, 406
rondes, 307, 415
rouleaux, 87, 89, 138-139,
  157, 327
russe, 12-13, 31, 217,
  278-279, 319, 351
Russes, 44, 164, 172, 176,
  280, 298, 437, 478
Russie, 2, 8, 164, 167
rythme, 8, 29, 185-186,
  234, 238, 259, 278, 308,
  397, 427
sagesse, xx, 54, 96, 131,
  192, 263, 304, 390, 466
Sari, 309
Schubert, Franz, 394
science, 25, 33, 50, 93,
  119, 165-166, 189, 258,
  306, 316, 320, 324-325,
  328, 346, 354-355, 376,
  468
sel, 23, 72, 346, 357, 361,
  381
sensation, 18, 31, 39, 52,
  55, 91, 109, 179, 186,
  191, 220, 224-228, 231,
  249, 253, 255, 304, 409,
  415, 427, 464
sentiments, x, xvi, 19,
  55, 86, 91-92, 102, 109,
  122, 127, 135, 139-141,
  147, 149, 151, 153, 156,
  161-162, 172-173, 177,
  179, 186, 191, 215-216,
  218, 220, 225-226, 231,
  253, 256-258, 275-277,
  285, 294, 312, 318,
  337-338, 373-375, 379,
  393, 405-406, 409,
  414-415, 418, 433-434,
  436, 468-469, 472-473,

476
séparation, ix, 230, 266,
  269, 385
sérieux, 2, 236, 266, 268,
  370, 390
sexe, viii, 56, 136, 215, 235,
  242-244, 405, 412-413
Siam, 166
sin, 43, 412, 476
soleils, 15-17, 29, 71, 73,
  80, 89, 163, 318, 320,
  330, 332, 341, 346-347,
  359, 370, 374, 397-398,
  402-404
solitude, 100, 104, 192,
  350
sommeil, ix, 40, 106, 112,
  119, 127, 132, 136, 150,
  181, 215, 245, 247-249,
  311, 324, 410, 438, 453,
  478
sort, 39, 240, 243, 265,
  351-352, 371, 454
souffrance, 50, 337, 457
  intentionnelle, 141-142,
    447, 466
  volontaire, 339-340
Soufis, 252
Soufisme, 310
source, 1, 40, 48, 183, 211,
  230, 305, 318, 397, 457
sperme, 235
Stjernvall, Dr., 79, 439
subconscience, 293, 368
subjectif, 119, 152, 191-192,
  338, 394, 400
subjectivité, xx, 31, 35,
  127, 130, 148, 152,
  179, 191-192, 219, 228,
  237-238, 248, 338-339,
  381, 385, 393-394,
  404-405, 414, 454-455,
  467
Sudras, 154
suggestibilité, 45, 84,
  282, 314
suggestion, 375, 380-381,
  410, 472
super-con, 96
Superiorité, 338

superman, 392
superstition, 165, 306
symboles, ix, 13, 53-54,
  56-70, 76-77, 273,
  334-336
système solaire, 15, 29,
  320, 332, 348
tabac, 11, 335
tablettes d'émeraude,
  14, 53
Tachtamiroff, 167
Takmur, 309
talent, 36, 87, 152, 212,
  394, 413, 417, 472
Tamoot, 307
tampons, vii, 150
Tangi-Gissar, 309
tapis, 10-11, 25, 36, 90,
  212, 307-309
Tarot, 58
Tbilissi, v, 110, 167
télépathie, 83, 96
ténèbres, 16, 35, 224
tension, 10, 94, 122, 140,
  161, 171, 176, 245-247,
  249-250, 259-260,
  289-290, 311, 317, 409,
  459
terre, xiii, xix, 15-17, 21,
  41, 73, 80, 99-100,
  104, 111, 119, 127, 137,
  161, 163, 243, 256, 280,
  314, 318-320, 329-330,
  332-334, 340-341,
  345-347, 359, 374-376,
  379, 385, 397-398,
  402-405, 443, 462, 466,
  469
Thèbes, 164-165
Theodore, St., 280
théosophie, 62
Tibet, 164, 166, 190, 304,
  309, 462
Tikens, 307-308
Transcaspia, 307
Transcaucasie, 310
transformation, 358, 392,
  398
travail conscient, 135,
  140, 142, 154, 409, 447,

459-460
travail intérieur, 82, 392
triades, 329
trinité, 396
triple, 404
triunité, 15, 17, 69-70, 74, 76
Trogo-afto-ego-crat, 457
trois forces, 346, 360, 379, 384, 402-404
troisième force, 153, 156, 329-331, 396-397, 402
Turkestan, 304, 308-310
Turquie, 165-166, 307, 394
types, v, 22, 56, 71, 73, 97, 113, 119, 126, 132, 163, 211, 215, 222, 230, 234, 254, 278, 281, 284, 291, 294, 306, 308, 326, 339, 349, 363, 369, 378, 390, 409, 424, 431, 449
Uchan-su, 310
un cerveau, 211, 243, 343
unité, 14-17, 19-20, 52-54, 58-61, 66-67, 273, 356, 367, 398, 469

univers, vi, xvii, 14, 16-18, 20-22, 24, 30, 53, 71, 84, 119, 149, 162, 258, 319, 331, 340
usine de trois étages, voir l'usine
usine, de trois étages, 21, 356, 397
Vaishyas, 154
valeurs, 389-391
vampirisme, 112
Vanité, 216, 232, 258, 261-262, 264
Vanka, 349
Vaugirard, rue de, vii, 164, 169
vérification, xx, 20, 31-32, 84, 94-95, 131, 186, 326, 388, 400, 467
vérité, v, 1-3, 14, 18, 30, 53, 58-59, 62, 77, 84, 86, 92-93, 96-98, 102-103, 130, 141, 189-190, 261, 273, 277, 309, 337, 341, 355, 387, 393, 442-443, 450, 478

vibrations, 50, 54, 70, 127-128, 137-138, 148, 151, 161, 227-228, 238, 306, 318, 329, 337, 347, 356, 374, 376, 379-380, 394, 396-397, 404, 408, 426, 430, 462-463, 469-470
vices, 32, 34, 53, 61, 125, 177, 189, 221, 277, 354, 379, 382, 405, 429, 433, 436
vie organique, 127, 137, 332-334, 396, 398, 404
vin, 82, 350
vivacité, 6, 16, 29, 50, 88, 91, 97, 119, 139, 187, 190, 218, 232, 242-244, 251, 273, 277, 286, 296, 309, 320, 345, 437, 466
voies, xv, 93, 99, 357-358, 399, 413, 429, 468
whisky, 374, 415
Yézidis, 165
yogis, 113, 119, 355, 358, 429

principale musique
commencé atmosphère Mars prendre
fonctions Février condition vibration rôle
mi sommeil recherche
phénomène développement soleil qualité actuelle
association est-il faible cerveau jeûne
conférence Gurdjieff livre personnalité Prieuré
direction posture méthode deuxième
unité possibilité passif
atteindre sentiment aider matériel
période souffrance art pensée âme choc forme vérité élément
émanation terre do conséquent matière idée émotion
physique essence corps connaissance cheval
enseignement Institut mort École pratique
mouvement ancien
rivière étude ligne esprit mesure respiration
mécanique point résultat individu combinaison
impression science énergie York nature note relation
travailler obtenir chariot New soi-même
maître ordinaire amour influence organisme morale
centre danse sortes planète substance quantité
raison apprendre connexion
Institute action souvenir
maison Lundi extérieure objectif appareil complète
mécaniquement libre processus humain
parlons nombre changer enfant gaîté
groupe manifestation volonté genre conducteur
attitude système ordre vide utiliser
propriété compréhension sensation
émotionnel élève langage
formateur effort forces vivre machine homme vie